KB271385

고려시대 교통운수사 연구

고려시대 교통운수사 연구

한 정 훈 지음

혜안

머리글

지금으로부터 30여 년 전 필자는 부산을 빠져나가는 변두리 마을 어귀에
살았다. 그 유년 시절 친구들과 도로변 나무 그늘의 너럭바위에 앉아 쌩쌩
내달리는 고속버스를 한없이 바라보곤 하였다. 이들 버스가 향하는 행선지는
어떤 곳일까라는 궁금증으로 언젠가는 그곳에 가보고 싶다는 막연한 생각을
하였다. 초등학교 고학년이 되어 사회과부도라는 지도책을 통해 어린 시절
버스에 적혀 있던 행선지의 위치를 알게 되었고, 우리나라의 영토를 구성하고
있는 산, 평야, 바다, 강 등의 자연환경에 대해서도 학습하였다.

　이런 필자에게 초·중·고 시절 수학여행은 버스를 타고 그곳으로 가볼 수
있는 절호의 기회였다. 더욱이 대학 시절 산천을 누비고 다녔던 답사는 어린
시절 떠나고 싶다는 동경심과 그러지 못한 아쉬움에 대한 보상으로 충분하였
다. 물론 그때 나의 손에는 항상 지도가 함께 하였다. 어릴 시절의 열망이
답사를 습관화시켜 요즘도 한 달에 한 두 차례는 그곳으로 떠난다. 수많은
답사의 여러 장면 중 가장 가장에 남는 것은 목포에서 호남선을 타고 논산까지
3시간 이상 이어지는 창밖의 풍경이었다. 고향인 부산 인근과 달리, 외국도
아닌 한국에서 산이 없이 나지막한 구릉이 계속되는 것이 너무나 이색적이었
다. 그때 필자는 두 가지를 생각했다. 인간의 삶은, 아니 역사는 자연환경으로부
터 자유로울 수 없다는 것과 옛날 사람들도 나처럼 낯선 곳으로 떠나고
싶어 했고 또 떠났다는 것을. 이렇게 돌아다니는 것에 관심이 많던 필자가
대학원에서 교통사를 전공으로 택한 것은 어찌 보면 당연한 일이었다.

한편 필자가 공부하는 고려시대사는 예나 지금이나 연구자가 많지 않은 분야이지만, 대학원 시절 주변에는 훌륭하신 선생님들이 많이 계셨다. 지금 생각해 봐도 고려시대사를 공부하기에는 좋은 연구 환경이었던 것 같다. 막연한 흥미와 관심의 영역에 머물러 있던 수많은 소재들이 대학원 수업이나 연구소 세미나를 통해 연구 주제로 발전할 수 있음을 깨닫고 배울 수 있었다. 하지만 선학의 연구를 통해 축적된 고려시대사 연구성과를 공부할수록 고려의 역사가 제도 속에 갇혀 있어 역동성은커녕 너무나 정체되어 있는 것은 아닌가 하는 원망을 하기도 하였다. 그래서 정치사나 경제사로부터 탈피하여 좀 더 다이나믹(Dynamic)한 역사상을 찾아내기 위해 장소의 이동을 전제로 하는 교통사에 관심을 가지게 되었다.

本書는 석사논문 준비 이래로 줄곧 가져 왔던 굵직한 문제의식에서 출발하여 집필되었다. 우선 수상 교통과 육상 교통의 통합적인 관점에서 접근하는 것을 전제로 삼았다. 그리고 고려 건국부터 멸망까지 전 영토를 대상으로 삼아 포괄적인 연구 범위를 설정한 다음, 水陸 兩用의 교통운수 양상을 좀 더 효과적으로 살피고자 노력하였다. 이에 본서는 고려왕조의 중앙집권적 재정구조 아래에서 稅穀이 국가재정 운영뿐 아니라 교통운수 분야에서 차지하는 비중이 적지 않았음에 착목하였다. 본서에서 다루는 주된 내용이 세곡 운수사임에도 불구하고 굳이 책의 제목을 『고려시대 교통운수사 연구』로 정한 이유는 驛站制로 상징되는 육상교통사와 漕運制로 대변되는 수상교통사를 함께 다루었기 때문이다. 이렇게 편성된 官營 교통운수 네트워크는 민간에서 이루어지는 교통운수활동의 주요 공간이기도 하였다.

본서는 2009년 2월에 제출한 박사학위논문 『高麗時代 交通과 租稅運送體系 硏究』를 수정·보완한 것이다. 그 때 이후 여러 연구자들이 격려와 함께 미비점을 알려 주어서 책의 완성에 도움이 되었다. 그럼에도 불구하고 여전히 부족한 점이 있는 것은 필자의 아둔함에 비해 이루고자 하는 목표가 너무 크기 때문일 것이다. 현재 한국사학계에는 交通史라는 연구분야가 정립되어 있지 않다. 특히 전근대사 연구에서는 자료의 한계로 더욱 그러하다. 이러한 상황 속에서도 근래에 조금씩 고려시대사에서 관련 연구가 이어지고 있다. 이것은 아마 서해상에서의 수중 고고학 성과의 영향이 크지 않나 추측해 본다. 어쨌든 여러 가지 연구 환경이 이 책의 출간을 재촉했다고 변명하고 싶다. 이에 필자도 목차 구성 등 크게 문제가 될 만한 내용이 없다고 판단하여 장·절의 제목과 세부 내용을 다듬질하여 출판하기에 이르렀다. 두려움도 컸지만 작은 성과라도 매듭짓고 또 다른 연구주제에 매진하기 위한 시도라고 생각하니 조금은 위안이 되었다.

필자가 이렇게 연구자로서 성장할 수 있도록 물심양면으로 도움을 주신 여러분들을 생각하면 본서가 너무 작게 느껴진다. 가장 먼저, 학부 때부터 든든한 후견인이 되어 주신 지도교수 김기섭 부산대학교 총장님의 學恩은 잊을 수 없다. 대학원 입학과 동시에 『고려사』등의 기본 사료를 함께 읽어 주시며 교통사 관련 자료의 수집부터 분석방법까지 세심하게 초심자인 필자를 인도해 주셨다. 아마 그때의 당근과 채찍이 없었다면 필자는 지금의 자리까지 와있지 못했을 것이다. 언제나 온화한 미소로 필자를 인간적으로 대해 주신 지도교수님의 은혜를 일생토록 간직할 것이다.

그리고 학부 때부터 고려시대사를 가르쳐 주었으며 고려사 전공자로 이끌어 주신 채상식 선생님께도 머리 숙여 인사드린다. 석사학위논문 심사뿐 아니라 박사과정 중 장학생의 기회를 주신 것도 기억이 난다. 선생님께서는 잘 알려지지 않은 교통사를 공부하는 제자를 걱정하여 일본의 연구 성과가 소개된 책자를 주시며 항상 넓고 큰 시각에서 연구하는 역사적 안목을 강조하셨다. 지금도 필자가 편협한 것에 매몰되어 있지는 않나 하며 긴장의 끈을 놓지 않게끔 큰 가르침을 주셨다고 생각한다.

지금은 정년을 하고 노후를 보내시는 정용숙 선생님도 필자의 공부과정에서 잊을 수 없는 분이다. 석사과정 시절 교통사 관련 발표를 준비해 가면 참 많은 관심을 가져 주셨다. 그때의 격려가 지금까지 공부할 수 있게끔 힘을 주신 듯하다.

2008년 추운 겨울의 박사학위논문 심사 때에 지도교수님과 함께 채웅석 선생님, 전기웅 선생님, 이수훈 선생님, 이종봉 선생님께서 많은 가르침을 주셨다. 채웅석 선생님께서는 서울-부산 간 먼 길을 세 차례나 오가시면서 그때마다 논문의 부족한 점이나 앞으로의 연구 방향에 대해서 노트를 작성하여 전달해 주셨다. 지금도 그때의 세심한 지도를 잊을 수 없다. 2011년에는 한국연구재단 학문후속세대 양성사업 연수지도교수로서 필자가 연구에만 전념할 수 있도록 많은 배려를 아끼지 않으셨다. 전기웅·이수훈·이종봉 선생님께서는 필자의 대학원 시절부터 연구뿐 아니라 생활적인 면까지 늘 가까이서 걱정해 주신 고마운 분들이다. 이 책의 모태가 된 학위논문을 꼼꼼히 지도해 주신 심사위원들께 다시 한 번 감사의 말씀을 드린다.

또한 필자가 연구자로서의 영역을 넓힐 수 있도록 많은 지원을 아끼지 않은 곳이 바로 부산대학교 한국민족문화연구소이다. 본서가 연구소 민족문화총서로 간행될 수 있도록 해주었을 뿐 아니라 연구소 HK사업 연구인력이나 박사후연수생의 혜택 등 많은 후원을 해주었다. 연구소 소장이신 김동철 선생님은 필자의 학부 1학년 때 한국사개론 수업을 통해 역사라는 학문을 처음 가르쳐 주신 恩師님이다. 이후 학부와 대학원 수업의 답사에 늘 동행하여 생생한 지식을 전해 주시면서 역사 연구에서 문헌 고증과 함께 현장성이 가지는 의미를 강조하시던 모습이 지금도 기억난다. 그 덕분인지 필자는 연구논문을 작성한 후 가급적이면 현장을 가서 확인하는 습관이 생겼다.

부산대학교 사학과 최원규 선생님과 역사교육과 윤용출·장동표·백승충 선생님께서는 학자로서의 자세를 몸소 가르쳐 주시면서 항상 따뜻한 격려를 해주셨다. 전공 분야만 파고드는 학문적 편협성에 빠지지 않고 더 폭넓은 시야로 한국사를 공부할 수 있도록 늘 관심을 가져 주셨다.

2005년부터 2년간 영남대학교 민족문화연구소에서 진행한 '고려 율령의 복원과 정리' 프로젝트에 참여하여 한·중·일 자료와 비교하면서 고려 율령에 대한 체계적인 이해가 가능하도록 배움의 기회를 주신 위은숙 선생님을 비롯한 김호동·한기문·전영섭 선생님의 은혜도 잊을 수 없다. 또한 1990년대 후반 오늘날의 한국중세사학회가 부산과 대구지역의 연구자를 중심으로 운영되던 시절에 애송이였던 필자를 당당한 연구자로 대접하며 격려해 주신 여러 선생님과 선배 연구자들의 무뚝뚝한 情도 많이 그립다. 명실 공히 한국사 분야 최고의 학회인 한국중세사학회 발표장에서 받은 가르침과 학문적 자극은 필자가 성장하는 자양분으로 많은 도움이 되었다.

마지막으로 함께 세미나도 하고, 곁에서 마음으로 서로를 걱정하고 챙겨 주는 모교의 고려시대 전공 선생님들을 떠올려 본다. 이정희 선생님, 구산우 선생님, 정용범 선생님, 조명제 선생님, 김현라 선생님, 정은정 선생님. 그리고 늘 선배의 귀찮은 부탁을 마다않는 후배 정영현. 이 분들의 학문적인 열정과 인간적인 모습이 그 무엇보다 고마울 따름이다. 이외에 이름을 일일이 열거하기 어렵지만 역사를 전공하는 많은 선·후배 연구자들이 항상 나의 힘이 되어 주었다. 이 자리를 빌려 모든 분들께 삼가 감사의 말씀을 올린다.

2013년 7월 한여름
금정산 자락 연구실에서 필자 씀

목 차

Ⅰ. 서론

교통로는 정복·통치·교역 등 다양한 기능을 지니며 일찍부터 국가의 통치수단으로 제도화되었다. 삼국통일 이후 신라는 새로이 확보한 영역을 통제하기 위해 교통망과 교통기구를 정비해 나갔고, 고려 초기에는 중앙집권체제 확립 과정의 일환으로 陸路와 水路가 결합된 교통운송망을 마련하였다. 이러한 交通·運輸 운영기반을 활용하여 중앙정부는 지방에서 수취한 租稅를 주요 財政源으로 삼는 재정운영체제를 마련하였다. 서론에서는 고려시대 交通運輸史 연구성과를 소개하면서 그 특징과 문제점을 지적하여 本書의 서술방향을 제시하고자 한다.

1. 연구성과

지금까지 고려시대 교통운수사 연구는 크게 육상교통과 수상교통 분야로 나뉘어 개별적으로 진행되었다. 즉 육상교통 연구는 郵驛制를, 수상교통 연구는 漕運制를 각각 주요 연구 범주로 삼아 논의를 진행하였다. 郵驛制와 漕運制로 대변되는 교통운수사 연구의 세부 주제는 교통제도와 기관의 변천, 제도의 운영과 구조에 대한 고찰이 주종을 이루었다. 각 분야의 주요 성과를 본서의 연구 주제와 관련지어 살펴보고자 한다.

14

1) 육상교통

먼저 '郵驛制'·'驛制'로 대표되는 육상교통에 관한 연구는 수상교통에 비해
상대적으로 관심이 높아 이른 시기에 적지 않은 성과를 축적하였다. 일본인
학자로부터 시작된 고려시대 郵驛制 연구는 1992년과 2008년 박사학위논문을
통해 두 차례에 걸쳐 정리되었다.[1] 지금까지의 연구성과를 크게 세 부분으로
나누어 소개하면 다음과 같다.

첫째, 驛制의 형성과 변천과정에 관한 내용은 근래의 연구를 통해 전체적인
흐름과 변화양상이 어느 정도 밝혀졌다. 1980년대 초에 驛制의 성립과 변천과
정을 본격적으로 다룬 연구논문이 연이어 발표되었다.[2] 呂恩暎은 이전 연구에
서 '22驛道'와 '6科體制'를 동일시하는 등 양자의 관계가 불명확한 것을 지적하
며 전국적인 驛制인 22역도망 이전에 6과체제가 선행하였음을 밝혔다.[3] 또한
22驛道體系의 성립시기에 관한 기존의 연구성과를 비판하면서, 이 驛制가
현종 9년 대폭적인 군현제 개편의 변화와 더불어 형성되기 시작하였음도

---

1) 일본인 학자의 초기 연구와 박사학위논문은 다음과 같다(內藤儁輔,「高麗驛傳考」,
『歷史と地理』 34-4·5, 1934/『朝鮮史硏究』, 京都大東洋史硏究所, 1961 재수록 ; 江原
正昭,「高麗時代の驛について」,『鎭西學院短期大學紀要』 創刊號, 1971 ; 劉善浩,『高麗
郵驛制硏究』, 檀國大學校博士學位論文, 1992 ; 鄭枖根,『高麗·朝鮮初의 驛路網과 驛
制 硏究』, 서울大學校博士學位論文, 2008). 鄭枖根의 박사학위논문은 최근까지의
연구동향을 정리하면서 고려전기~조선초기의 驛制와 교통망에 대해 고찰한 연구이
다. 특히 이전 연구에서 소홀히 다루었던 驛·驛民에 대한 고찰을 통해 驛의 운영구조를
밝혔고, 원간섭기 驛制를 복구하는 연결선상에서 조선초기 驛制까지 함께 다루어
체계적인 이해를 가능하게 하였다.

2) 呂恩暎,「麗初 驛制形成에 대한 小考」,『慶北史學』 5, 1982 ; 姜英哲,「高麗驛制의
成立과 變遷」,『史學硏究』 38, 1984.

3) 1980년대 이전의 연구성과에 대한 자세한 소개와 그것에 대한 비판은 劉善浩의
박사학위논문이 참고된다(劉善浩, 앞의 박사학위논문, 1992, 35~36쪽). 6科體制와
22驛道를 동일시하거나 뚜렷한 근거를 제시하지 않은 채 驛制의 성립시기를 피력한
논자는 다음과 같다(內藤儁輔, 앞의 논문 ; 李丙燾,『韓國史』 中世編, 震檀學會, 1961 ;
金龍德,「部曲의 規模 및 部曲人의 身分에 대하여(上)」,『歷史學報』 88, 1980/『韓國制度
史硏究』, 一潮閣, 1983 재수록).

언급하였다. 이와 같이 6과체제와 22역도가 先後관계라는 논지를 바탕으로 이후의 연구에서는 6과체제에 뒤이은 22역도의 형성 및 확립시기에 대한 논의가 이어졌다.

1980년대 연구에서는 22역도의 형성시기를 밝혀내기 위한 방법으로『高麗史』卷82, 兵2 站驛에 나오는 개별 驛名에 附記된 邑名을 분석하였다.[4] 이에 대해 劉善浩는 "22역도에 附記된 邑名이 일정한 시기의 것을 사용하지 않은 점을 들어 邑名을 통해 郵驛制의 성립과 변천의 시기를 논함은 무리"라고 이해하였다.[5] 이러한 관점을 받아들인 이후의 연구에서는 22역도의 형성시기에 대해 이해방식을 달리하였다.

鄭枃根은『高麗史』卷82, 兵2 站驛에 나오는 22역도의 일람은 22역도의 형성 당시의 상황을 기록한 것이 아니라, 예종 12년(1117)에서 인종 14년(1136) 사이의 상황을『高麗史』편찬자가 옮겨 적은 것으로 이해하였다.[6] 또한 이전의 분석대상인 驛名에 附記된 邑名 대신 驛道 名稱에 대한 세밀한 접근을 통해 22역도의 형성시기와 편성 원리를 고찰한 연구도 있다.[7] 이들 연구는 고려중기에 525개 驛으로 구성된 22역도체계가 완성되었다 하더라도, 현종연간에 전국의 주요 거점을 연결하는 22개의 기본적인 역도망과 더불어 驛制 운영방식(대·중·소로 구분)의 정착 그리고 供驛署를 비롯한 驛政관할조직의 재정비가 일단락되었다는 공통된 견해를 보인다.

이러한 고려전기 驛制의 형성과정에 대한 여러 논의에 비해, 고려후기 역제의 변화과정에 관한 연구성과는 미진한 편이다. 內藤雋輔의 초기 연구는

---

4) 呂恩暎, 앞의 논문 ; 姜英哲, 앞의 논문 ; 조영옥,『高麗時期 驛制의 整備에 대한 研究-22역도를 중심으로』, 연세대 석사학위논문, 1986.
5) 劉善浩, 앞의 박사학위논문, 35~39쪽.
6) 鄭枃根,「高麗前期 驛制의 整備와 22驛道」,『韓國史論』45, 2001 ; 앞의 박사학위논문, 2008, 64~65쪽. 22역도와 고려 영역을 비교하여 형성시기를 추정하였는데, 義州의 경우를 예외로 삼는다면 그 상한은 문종 15년(1061)까지 올려 잡을 수 있다고 하였다.
7) 한정훈,「고려전기 驛道의 형성과 기능」,『한국중세사연구』12, 2002, 56~60쪽.

고려의 驛傳조직이 元制의 영향을 받으면서 箚字의 발행, 驛站의 감독, 水站·急遞鋪의 설치 등 조직 전반에 걸쳐 정비가 이루어졌다는 논지를 전개하였다.[8] 이후의 연구에서는 정도의 차이는 있지만 脫脫禾孫의 설치, 站赤의 재편성을 필두로 한 元朝의 驛制가 고려의 驛制에 영향을 끼친 것을 인정하였다.[9] 姜英哲은 元의 간섭으로 驛制의 일부가 바뀌고 새로운 기구가 설치되는 등 적지 않은 영향을 받은 것은 사실이지만, 그것은 일시적인 현상이었고 元의 퇴거 후에는 다시 이전의 驛傳體制로 환원된 것으로 이해하였다.

하지만 森平雅彦은 站赤의 부설과 站赤루트의 배치에 元의 영향력이 작용한 것으로 이해하였다.[10] 鄭枎根은 이 견해를 비판적으로 수용하면서 鋪馬箚子色, 急遞鋪, 站官 파견 및 站戶 확보 방식 등이 元의 영향 보다는 고려의 驛傳조직과 그 운영 속에서 논의되었기 때문에 그 역사적 의미를 크게 두지 않았다. 元制 중 그나마 고려 驛制에 적지 않은 영향을 미친 것으로 이해되는 脫脫禾孫이나 站赤의 설치마저도 당시 고려의 驛傳制度의 모순을 위한 해결책이 되지 못하였기 때문에 驛制 운영에 직접적인 영향을 끼치지 못한 것으로 판단하였다.[11] 특히 元간섭기에 주요 站赤를 중심으로 편성된 역로망의 운영 주체를 고려 朝廷으로 보면서 元의 간섭 정도를 최소화하였다. 두 연구를 통해 元간섭기에 설치된 站赤의 比定과 그것을 바탕으로 한 역로망 복원에 많은 성과를 거두었지만, 그에 반해 站赤의 설치 및 역로망의 운영에 있어 元-高麗 朝廷의 역할과 상호관계에 대해서는 앞으로 보완이 필요하다.[12]

---

8) 內藤儁輔, 앞의 논문, 1934.

9) 姜英哲, 「高麗驛制의 構造와 運營」, 『崔永禧華甲紀念 韓國史學論叢』, 1987 ; 劉善浩, 앞의 박사학위논문 ; 森平雅彦, 「高麗における元の站赤—ルートの比定を中心に—」, 『史淵』 141, 九州大學 大學院 人文科學硏究院, 2004 ; 정요근, 「고려 역로망 운영에 대한 원(元)의 개입과 그 의미」, 『역사와현실』 64, 한국역사연구회, 2007.

10) 森平雅彦, 위의 논문, 2004.

11) 鄭枎根, 앞의 박사학위논문, 139~148쪽.

12) 鄭枎根뿐 아니라 森平雅彦도 元의 일방적인 간섭 아래에 驛制가 운영된 것으로는 보지 않는다. 하지만 森平雅彦에 비해 鄭枎根은 상대적으로 역로망의 운영주체로서

이처럼 고려후기 驛制 연구가 元간섭기에 치중하여 논의되었기 때문에, 고려말·조선초의 변화양상에 대한 검토가 부족하였다. 이러한 공백을 메우는 의미에서 鄭枎根은 고려말 驛制 운영 개선에 대한 포괄적인 검토를 통해 원간섭기 이래의 정책들이 조선초기 역제 개편으로 계승·발전되었음을 밝혔다.13)

둘째, 육상교통의 주요 기관인 驛의 운영방식을 고찰한 연구주제이다. 驛制를 비롯하여 郡縣制나 身分制 등의 주변 연구분야의 관심 속에서 일정한 수준의 성과가 축적되었다.14) 주요한 관심내용은 驛의 人的 구성과 物的 기반 그리고 행정단위인 驛의 성격 등이다.

驛의 人的 구성과 함께 身分에 관한 연구는 江原正昭가 賤民集團說을 제기한 이후 몇 차례의 논의를 거쳐 근래의 연구성과에서는 驛吏(驛長 포함), 驛丁(戶), 驛白丁, 驛奴婢 네 부류로 분류하였으며,15) 驛丁과 驛白丁의 신분은 賤民이 아닌 백정농민 보다 낮은 賤役良人으로 이해하였다.16)

驛 운영의 경제적 기반인 토지지급방식을 검토하면서, 지급기준인 大·中·小

고려조정의 독자성을 강조하였다.

13) 鄭枎根, 앞의 박사학위논문, 157~191쪽.

14) 驛의 운영방식을 고찰한 연구성과는 다음과 같다(江原正昭,「高麗時代の驛について」, 『鎭西學院短期大學紀要』創刊號, 1971 ; 魏恩淑,『高麗時代 驛에 대한 一考察－특히 郡縣制와의 관련을 중심으로』, 부산대석사학위논문, 1982 ; 姜英哲,「高麗驛制의 構造와 運營」,『崔永禧華甲紀念 韓國史學論叢』, 1987 ; 劉善浩, 앞의 박사학위논문, 1992 ; 鄭枎根, 앞의 박사학위논문, 2008). 이외에 주변 연구분야의 성과도 참고된다(金龍德,「部曲의 規模 및 部曲人의 身分에 대하여(上)」,『歷史學報』88, 1980 ; 李樹健, 「土姓研究」,『韓國中世社會史研究』, 一潮閣, 1984 ; 朴宗基,「高麗 部曲制 成員의 身分」,『高麗時代部曲制研究』, 서울大學校出版部, 1990 ; 金蘭玉,「高麗時代 驛人의 社會身分에 관한 研究」,『韓國學報』70, 1993/『高麗時代 賤事·賤役良人 研究』, 신서원, 2001 재수록).

15) 驛吏層은 驛丁戶層의 상층부로 고유의 職役인 立馬役을 담당하였다. 하지만 인력난에 시달리던 많은 驛들에서 驛吏와 驛丁戶의 직무가 명확히 구분되지는 않았을 것으로 이해하였다(鄭枎根, 앞의 박사학위논문, 97~103쪽).

16) 金蘭玉, 위의 책, 244~258쪽.

18

路의 구분과 각 驛에 소속된 丁數의 비교를 통해 驛 규모를 추정하는 논의도 이어졌다. 驛道의 중요도에 따라 구분된 大·中·小路는 성종대 公廨田柴와 같은 驛의 物的 기반 지급이나 문종대 館驛의 公須田租 수취규정에도 적용되었다. 즉 大·中·小路의 구분이 고려시대 교통기관의 재정운영과 관련하여 기본적인 잣대였음을 뜻한다. 唐制로부터 수용되어 고려는 물론 조선왕조에까지 계승된 大·中·小路의 교통로 관리방식은 한국전근대시기의 交通史를 이해하는 중요한 요소이다.

교통로의 大·中·小路 구분에 관심을 먼저 보인 분야는 古道路를 발굴한 고고학계였는데, 이들 연구에서는 도로폭[路幅]의 차이에 따라 교통로를 대·중·소로로 나눈 것으로 이해하였다.[17] 이러한 구분은 통일신라시기 도시계획에 따라 건설된 왕경의 古道路를 路幅에 따라 임의로 분류한 것으로, 고려·조선시대 교통로의 대·중·소로 구분과는 별개로 이해해야 할 것이다.[18] 『經國大典』卷6, 工典 橋路에서 都城내의 도로만을 路幅에 의하여 대·중·소로로 구분하

---

17) 閔德植,「新羅王京의 都市設計와 運營에 關한 考察」,『白山學報』33, 1986, 13~15쪽 ; 朴方龍,「新羅 都城의 交通路」,『慶州史學』16, 1997, 178쪽 ; 朴方龍,「新羅 王京의 都市計劃」,『文物研究』3, 동아시아문물연구학술재단, 1999, 32~42쪽. 그 내용과 『經國大典』路幅 규정을 비교하면 아래의 표와 같다. 최근까지도 고고학 연구에서는 路幅을 도로 구분의 중요한 잣대로 이해하고 있다.

	大路	中路	小路	인용 자료
閔德植	東魏尺 80척(약28m)	東魏尺 40척(약14m)		위의 논문, 14쪽
朴方龍	15.5m-23m 내외	9m 내외	5.5m 내외	위의 논문, 42쪽
『經國大典』	營造尺 56척(17.2m)	營造尺 16척(4.9m)	營造尺 11척 (3.4m)	卷6, 工典 橋路條

18) 일본인 학자 木下良의 견해가 참고된다. 그는 古道에 대한 발굴 결과와 율령상에 나타나는 대·중·소로라는 규모 차이를 비교하였다. "大路인 山陽道는 幅員이 10m, 中路의 東海道 驛路와 東山道 驛路는 12m, 北陸道 驛路는 6m정도이다. 따라서, 율령상 규모의 규정은 실제 도로의 폭원 등 구조적 차이가 아니라, 교통정책 수행상의 관리규정임을 지적할 수 있다"고 하였다(木下良,「日本の古代道路」,『古代文化』47-4, 古代學協會, 1995, 218쪽).

는 것을 고려하면, 고려시대의 驛道를 도로 폭의 차이에 따라 구분하였다기
보다는 개별 驛과 역도를 효율적으로 관리·운용하기 위한 규정이라고 보는
것이 타당할 것이다.

또한 고려시대 연구자 대부분은 각 驛에 배속된 驛丁數를 기준으로 大·中·小
路를 구분한 것으로 이해하였는데, 이것은 성종 2년(983) 驛長 배정 규정[19]을
잘못 이해한 데서 비롯하였다. 즉 기존의 연구에서는 大路驛은 40丁 이상이,
中路驛은 10丁 이상이 각각 배속된 것으로 이해하였다. 대·중·소로 구분을
이와 같이 이해한 것은 驛의 등급에 따라 丁數가 달리 배속된 '6과체제'와
동일하게 파악한 것에서 기인한다.[20] 따라서 양자의 내용을 비교하여 고려전
기 驛의 규모를 추정하는 것 정도는 가능하지만 동일시하는 것은 문제가

---

19) "成宗二年判 諸驛長 大路四十丁以上 長三 中路十丁以上 長二 小路亦依中路例差定"(『
高麗史』 卷82, 兵2 站驛). 사료의 내용을 자세히 분석하면 "大路驛이라 하더라도
40丁 이상의 驛 이외에 40丁 이하의 驛도 존재하고, 中路驛이라 하더라도 10丁
이상의 驛뿐 아니라 10丁 이하의 驛도 존재하였음"을 알 수 있다. 여러 연구자
중 정요근(앞의 논문, 2001, 20~22쪽)만 驛長 규정을 위와 같이 이해하였다.

20) 江原正昭는 양자를 동일시하고 대·중·소로역의 기준을 丁數로 보았다(앞의 논문,
60쪽). 부연하면 당시 대·중·소로역 구분은 배속 丁數를 기준으로 나눈 것이 아니라,
중앙정부가 교통활동의 중요도에 따라 구간을 나눈 것이다. 여러 연구자들이 제시한
대·중·소로역 구분과 丁數와의 관계를 표로 나타내면 다음과 같다.

구 분	유선호, 강영철	최영준, 여은영, 안병우	정요근
大路驛	1과, 2과	1과 (驛丁 75) 2과 (驛丁 60) 3과 (驛丁 45)	1과, 2과, 3과, 4과
中路驛	3과, 4과	4과 (驛丁 30) 5과 (驛丁 12)	5과, 6과
小路驛	5과, 6과	6과 (驛丁 7)	

만약 대·중·소로역 구분을 6과체제와 연결시킨다면 崔永俊(『嶺南大路―韓國古道路
의 歷史地理的 研究』, 高麗大 民族文化研究所, 1990)·呂恩暎(앞의 논문)·安秉佑(『高麗
前期의 財政構造』, 서울대출판부, 2002, 311쪽)와 같이 1·2·3科가 대로역, 4·5科가
중로역, 6科가 소로역에 해당하는 것으로 보는 것이 타당할 것이다. 그러나 대·중·소로
역 구분과 6과체제는 별개의 驛운영방식이므로 위와 같은 구분은 무의미하다.

있다.

驛에 배속된 丁數를 추정하여 역의 규모를 밝히고자 하는 시도는 고려사회에
서 驛이 차지하는 사회경제적 위상을 구명하기 위한 기초작업이라는 의미가
있다.[21] 하지만 驛丁의 규모를 추정하기 위한 근거로 '6과체제'의 내용을
활용하는 것에 대해서는 신중할 필요가 있다. 6과체제는 성종대 戰時체제하에
서 개경 以北지역을 주요 대상으로 삼아 임시로 운영된 역제이다. 군사적
목적을 위해 긴급히 편제된 驛丁 규모를 그대로 활용하기에는 무리가 있다.

驛丁을 포함한 驛屬層과 驛田 등의 경제적 기반을 보유한 驛은 교통·통신을
위한 특수 행정단위이면서 上位의 郡縣에 편제되어 있었다. 이러한 이중적
지배구조에 놓여 있는 역의 위상에 관해 여러 차례 논의가 진행되었다.[22]
최근 鄭枖根의 연구에 따르면, 개별 驛은 영역적인 면이나 수취체제의 면,
그리고 행정체계의 면 등에서 일반 군현의 하부단위로 존재하면서도 驛役
담당층의 재생산과 재정운영 등을 비롯한 자율성이나 館驛使에 의한 각 驛道의
운영구조로 인해 公的 교통·통신의 역할을 담당하는 독자적인 특수 행정단위
이기도 하였다. 군현제의 행정구조와 별도로 館驛使를 통한 통치체제는 중앙
정부가 역로망의 운영을 직접적으로 통제·장악하고자 하는 의도에서 비롯된
것이었다.[23]

셋째, 육상교통활동의 기본 요소인 驛·驛道의 복원을 시도한 연구이다.
여러 연구 중 고증을 바탕으로 構想圖를 작성한 연구가 주목되는데 선행
연구자는 김은택이다.[24] 郡縣의 領屬관계를 바탕으로 界首官을 중심으로
幹線交通區(기본도로망)와 여러 屬郡縣들을 거느리고 있는 支線交通區(말단

---

21) 劉善浩, 앞의 박사학위논문, 114~117쪽 ; 鄭枖根, 앞의 박사학위논문, 93~97쪽.
22) 江原正昭, 앞의 논문 ; 魏恩淑, 앞의 석사학위논문 ; 呂恩暎, 앞의 논문 ; 鄭枖根,
「고려전기의 驛屬層과 지방 행정단위로서의 驛」,『震檀學報』101, 震檀學會, 2006/
앞의 박사학위논문 재수록.
23) 鄭枖根, 앞의 박사학위논문, 103~113쪽.
24) 김은택, 「고려시기 역참의 분포」,『력사과학』1986-3, 1986.

도로망)를 略圖로 제시하였다.[25] 이후 劉善浩는『高麗史』站驛條 22역도의 분포망을 驛名에 附記된 주요 邑名을 중심으로 재구성하고, 그것과 비교하여 6과체제의 분포도 지도화하였다.[26] 鄭枖根은 22역도체계의 525驛名에 附記된 邑名의 古地名을 검토하여 22역도의 지역적 편성양상을 構想圖로 제시하였다.[27] 驛道網의 전체적인 윤곽이 확인됨으로써 지방사 연구 등 다양한 연구분야에서 손쉽게 활용할 수 있게 되었다. 이들 성과를 바탕으로 驛의 위치와 주변 자연지형 그리고 역도망의 이용 사례 등을 고려하여 향후에 더 자세한 驛道網의 복원을 기대한다.

기존의 대다수 연구가 육상교통로에 머문 것에서 더 나아가 근래에는 22역도와 水上交通과의 결합을 염두에 두고 포구(津·渡·浦)의 분포와 인근의 역도망을 비교한 연구, 주요 교통·운송거점인 13漕倉 주변의 육상교통로 복원 그리고 兩界지역의 교통운수활동을 살핀 일련의 연구가 이어졌다.[28] 또한 주요 교통영역인 개경~남경간 교통로를 연구대상으로 삼아 신라통일~고려후기의 사회 변화에 따른 해당 교통로의 변화양상을 고찰한 연구도 교통사 연구의 또다른 시도로 평가된다.[29] 이러한 연구 성과를 고려하면, 앞으로의 연구는 전체 역도망 복원 보다 지역별 교통로의 이용양상을 고찰하면서 주요 교통거점을 중심으로 형성된 교통망을 세밀히 고증하는 방향으로

---

25) 김은택의 연구성과를 계승한 북한 연구성과의 특징은 지방행정단위(계수관 및 군현)를 연결하는 간선·지선 교통구의 행정군사도로망과 驛站을 연결하는 22역도 도로망을 별도로 설정하고 있는 점이다(장국종,『조선교통운수사(고대-중세편)』, 사회과학출판사, 2012, 99~108쪽).

26) 劉善浩의 박사학위논문과 함께 조영옥의 연구성과(앞의 석사학위논문)도 참고된다.

27) 鄭枖根, 앞의 논문, 2001/ 앞의 박사학위논문 재수록.

28) 한정훈,「고려전기 驛道의 형성과 기능」,『한국중세사연구』12, 2002 ; 한정훈,「고려시대 13조창과 주변 교통로 연구」,『한국중세사연구』23, 2007 ; 한정훈,「고려전기 兩界의 교통로와 운송권역」,『韓國史研究』141, 韓國史研究會, 2008.

29) 정요근,「7~11세기 경기도 북부지역에서의 간선교통로 변천과 '長湍渡路'」,『韓國史研究』131, 한국사연구회, 2005 ; 정요근,「고려중·후기 '임진도로(臨津渡路)'의 부상(浮上)과 그 영향」,『역사와현실』59, 한국역사연구회, 2006.

나아갈 것이다.

그리고 또다른 교통시설인 院이나 關 그리고 渡津 등에 대한 개별적인 연구도 육상교통 분야에서 빠트릴 수 없는 성과이다. 고려사회에서 寺院이 차지하는 위상과 역할을 검토한 연구성과[30]에서 지적하였듯이, 院 경영의 주체인 사원은 교통 요충지에 위치하면서 교통로 정비, 숙박시설 제공과 같이 여행자에게 편의를 제공하였으며 교역활동도 수행하였다. 육상교통로상에 위치하는 關과 渡가 집권적 거점통제의 기능을 담당한 것으로 이해한 연구도 참고된다.[31]

이상에서 살펴본 육상교통 분야의 연구성과 대부분은 제도사의 관점에서 벗어나지 못한 채 연구를 진행하였다. 근래의 연구동향이 초기 연구시각을 상당 부분 탈피한 양상을 보이지만, 여전히 육상교통로가 고려사회에서 어떠한 역할을 하였는지에 대한 실질적이고 구체적인 고찰은 더 진행되어야 할 것이다.

2) 수상교통

다음은 '漕運制'로 대변되는 수상교통 분야의 연구성과에 대한 검토이다. 지금까지의 연구성과를 시기별로 구분하면 1980년대까지는 조운제 전반에 대한 심도있는 논의를 통해 문제를 제기한 시기이고, 2000년 전후 시기는 기존의 성과를 답습하면서 개별 漕倉에 대한 고찰이 연구의 주종을 이루었다.[32] 그리고 근래에 수중고고학 성과에 힘입어 조운제 전반에 대해 재논의하

---

30) 韓基汶, 『高麗寺院의 構造와 機能』, 民族社, 1998 ; 李炳熙, 「高麗時期 院의 造成과 機能」, 『靑藍史學』 2, 1998 ; 정동락, 「고려시대 對民統治의 측면에서 본 寺院의 역할」, 『民族文化論叢』 18·19, 1998 ; 김병인, 「高麗時代 寺院의 交通機能」, 『全南史學』 13, 1999 ; 康賢子, 「高麗 顯宗代 奉先弘慶寺의 機能 − '奉先弘慶寺碣記'를 중심으로」, 『史學研究』 84, 韓國史學會, 2006.

31) 추명엽, 「高麗前期 關·津·渡의 기능과 商稅」, 『國史館論叢』 104, 국사편찬위원회, 2004.

는 단계에 이르렀다.[33] 조운제의 연구성과를 변천과정, 운영구조 그리고 주요 구성요소 세 부분으로 나누어 살펴보면 다음과 같다.

첫째, 조운제의 역사적 추이에 관한 고찰인데, 주요 논의점은 조운제의 성립시기와 고려후기 국내외의 상황 변화로 인한 조운제의 변동 양상에 대한 문제이다. 먼저 조창 중심의 조운활동이 이루어진 漕倉制의 성립시기에 대한 견해는 크게 네 가지로 나뉜다.[34] 國初에 파견한 임시 外官인 今有·租藏, 轉運使가 조운제 시행과 깊은 관련이 있는 것으로 이해하여 태조가 후삼국을 통일한 직후로 보는 견해,[35] 輸京價 기사에 근거하여 늦어도 成宗代로 보는 견해,[36] 군현제 개편·재정운영체제 확립·22역도망 형성 등을 근거로 顯宗代로 보는 견해,[37] 그리고 고려 군현제와 호족에 대한 통제를 배경으로 靖宗代로

---

32) 앞 시기에 해당하는 주요 연구성과는 다음과 같다(丸龜金作, 「高麗の十二漕倉に就いて」, 『靑丘學叢』 21·22, 1935 ; 孫弘烈, 「高麗 漕運考」, 『史叢』 21·22合輯, 1977 ; 北村秀人, 「高麗初期の漕運についての一考察−≪高麗史≫食貨志漕運の條所收成宗11年の輸京價制定記事を中心に」, 『古代東アジア論集』 上, 1978 ; 北村秀人, 「高麗時代の漕倉制について」, 『朝鮮歷史論集』 上, 1979 ; 崔完基, 「高麗朝의 稅穀運送」, 『韓國史硏究』 34, 1981). 다음 시기의 주요 연구성과는 본장 주53)에 열거해 두었다.

33) 韓禎訓, 『高麗時代 交通과 租稅運送體系 硏究』, 釜山大學校 博士學位論文, 2009 ; 국립해양문화재연구소, 『고려 뱃길로 세금을 걷다』, 2009 ; 정홍일, 『고려시대 전라도 지방 조창연구』, 목포대학교 석사학위논문, 2012 ; 문경호, 『고려시대 조운제도의 연구와 교재화』, 공주대학교 박사학위논문, 2012.

34) 고려시대 漕運制度는 운영형태에 따라 몇 가지로 구분할 수 있다. 자세한 내용은 본장 주67)에 제시하였는데, 그 중 漕倉이 중심이 된 운영방식을 漕倉制라 부른다. 운영방식상의 차이를 이해하기 위해서는 조운제와 조창제를 구분할 필요가 있으며 현재 학계에서 논의 중인 조운제의 성립 시기는 결국 조창제의 성립을 의미한다.

35) 孫弘烈, 앞의 논문, 1977 ; 姜錫五, 『高麗時代 漕運制度에 關한 硏究』, 成均館大 석사학위논문, 1994 ; 崔圭成, 「고려 태조의 경제정책」, 『祥明史學』 3·4합집, 1995/ 『高麗 太祖 王建 硏究』, 주류성, 2005, 203~208쪽 재인용 ; 金日宇, 『고려 초기 국가의 地方支配體系연구』, 일지사, 1998.

36) 丸龜金作, 「高麗の十二漕倉に就いて」, 『靑丘學叢』 21·22, 1935. 최근에 문경호는 기존의 연구성과를 비판하면서 성종대의 제도 정비와 관련하여 이해하였다(문경호, 「고려시대의 조운제도와 조창」, 『지방사와 지방문화』 14-1, 2011/ 앞의 박사학위논문 재수록).

24

보는 견해[38]가 그것이다.

성립시기를 비롯하여 조운제 전반에 대한 주요 연구성과로 北村秀人의 것을 꼽을 수 있다.[39] 그에 따르면 당시 豪族의 존재라든가『高麗史』漕運條 輸京價 제정기사에 대한 분석을 통해 輸京價가 제정된 성종 11년(992)에는 漕倉制가 존재하지 않았다. 즉 조창제는 성종대에 운영되지 않았으며, 漕倉의 漕船배속규정이 정해지는 靖宗代에 성립하여 문종대에 13漕倉制로 확립한 것으로 이해하였다. 이러한 논지를 받아들여 조창제 성립 이전에 운영된 60浦制에 대한 연구도 이어졌다.[40] 성종 11년 이전에 조창제가 성립하지 않았음은 인정되지만, 이후 시기 중 조창제가 언제 성립하였는지에 대해서는 현재에도 논의 중이다.

주지하듯이 고려전기에 성립하여 조선왕조 멸망 때까지 거의 1,000년 가까이 운영된 조운제의 최고의 수난시기는 元간섭기~고려 말엽이었다. 기존 연구에서는 조운제 붕괴를 몇몇 요인에 편중하여 이해하는 경향이 강하였다. 단적인 예로, 12·13세기의 사회경제적 변동과 14세기 중엽의 왜구 약탈을 거론했지만, 정작 前者의 구체적인 내용을 조운제에 결부시키지 못한 채 後者에 치중하여 설명하였다. 결국 두 요인에 한정시켜 조운제의 붕괴를 고찰하였기 때문에 시기적인 차이가 존재할 뿐 아니라 양자의 상관성도 제대로 밝혀내지 못하였다.[41] 이러한 간격을 메우기 위해 원간섭기의 조운제

---

37) 한정훈,「고려시대 漕運制와 마산 石頭倉」,『한국중세사연구』17, 2004/ 앞의 박사학위 논문 재수록 ; 윤용혁,「중세의 관영 물류 시스템, 고려 조운제도」,『고려 뱃길로 세금을 걷다』, 국립해양문화재연구소, 2009.

38) 北村秀人, 앞의 논문, 1979 ; 崔完基, 앞의 논문, 1981.

39) 北村秀人, 앞의 논문, 1978 ; 北村秀人, 앞의 논문, 1979.

40) 한정훈,「고려 초기 60浦制의 실시와 그 의미」,『지역과역사』25, 부경역사연구소, 2009.

41) 주요한 연구성과로 다음의 논문이 참고된다(北村秀人, 앞의 논문, 1979 ; 六反田豊, 「高麗末期の漕運運營」,『久留米大學文學部紀要』2號(國際文化學科編), 1993). 北村秀人은 전자에 의해 조운제가 해이해지고 후자에 의해 제도적으로 정지되었다고 보았다.

운영 양상에 대한 고찰과 그것이 고려후기 조운제 변동에 어떤 영향을 미치는
지에 대한 검토가 이루어졌다.[42]

또한 고려후기 조운제를 바라보는 시각의 전환도 이루어졌다. 당시 조운제
운영이 쇠퇴 일로에 있었던 것은 사실이지만 정상화를 위한 다양한 대책도
논의·시행되었다. 그 결과 고려말 漕轉 복구를 위한 노력이 조선초기 조운제
확립에 영향을 미친 것으로 이해하게 되었다.[43] 驛制 연구와 마찬가지로
고려후기 조운제 연구도 漕倉制가 형성된 고려전기에서 官船漕運體制로 재편
되는 조선초기까지의 조운제 전개과정 속에서 논의되고 있다.

둘째, 조운제의 운영방식에 관한 내용이다. 근래처럼 조운제 연구가 활발하
지 않았던 시기에 고려시대 연구자들은 北村秀人의 선행 연구에 근거하여
조운비용, 私船 동원 그리고 漕倉의 주민 구성 등의 조운제 양상을 이해하였다.
그에 따르면, 조창제 성립 이후 官用 漕船과 賤民에 해당하는 漕倉民의 身役만
으로 운영되었기 때문에 輸京價, 漕輓之費와 같은 운송비 항목은 필요가
없었고, 단지 耗米만 거두어 들였다고 한다.[44] 즉 조운 비용의 징수는 조운에
대한 국가 통제력이 미비한 조창제 이전(초기 조운제) 시기와 고려후기에만
이루어졌다는 의미이다.[45]

이러한 조운제의 운영원리와 관련하여 과연 조운활동이 漕倉民의 身役과
漕倉 소속의 官用 漕船만으로 가능했는가 하는 점이다. 이 문제는 조운활동에

---

42) 한정훈, 「고려 후기 漕運制의 운영과 변화」, 『東方學志』 151, 延世大 國學硏究院,
2010.

43) 六反田豊은 漕轉城 수축을 비롯한 조운제의 재건책이 조선초기 조운제 정비의 출발점
이라는 시각에서 고려후기 조운제의 운영 양상을 검토하였다(앞의 논문, 1993).

44) 대부분의 연구자가 이러한 논지를 비판없이 받아들이는 데 반해, 일부 연구자들은
의문을 제기하기도 하였다(姜晋哲, 「農民의 負擔」, 『高麗土地制度史硏究』, 高麗大
出版部, 1980, 264쪽 ; 金玉根, 『高麗財政史硏究』, 一潮閣, 1996, 90~91쪽 ; 權寧國
外 6명, 『譯註≪高麗史≫食貨志』, 韓國精神文化硏究院, 1996, 217쪽).

45) 北村秀人은 靖宗代 漕倉制가 성립하기 이전에 운영된 조운활동을 初期 漕運制라
불렀다(北村秀人, 앞의 논문, 1979).

26

동원된 私船의 존재와 그에 따른 조운 비용의 발생과 밀접한 관련이 있다.

초기의 일부 연구에서 조운활동에 漕倉에 배속된 漕船 이외의 私船이 동원되었을 가능성을 제기하였다.[46] 이후 13漕倉의 漕船에 의해 운반된 1회 稅穀量과 左·右倉의 한 해 세입량을 비교한 결과를 근거로 漕倉 소속 漕船(=官船)만이 아니라 私船이 조운활동에 참여하였음을 再論한 연구가 이어졌다.[47] 이러한 분위기 속에서 최근에는 漕運을 비롯하여 고려시대 水運활동에 참여한 私船의 존재가 주목받고 있다.[48] 조운활동에 참여한 선박에 대한 연구는 초기의 문헌 연구에 더하여 2005년 이후 서해상에서 침몰된 高麗船이 발굴되면서 선박의 규모나 구조 등에 대한 논의가 활발해졌다.[49] 현재에도 진행 중인 수중 발굴 성과를 적극 활용한다면 고려시대 해운활동을 이해하는 데에 많은 도움이 될 것으로 기대된다.

또한 北村秀人의 논지는 조운활동에 輸京價와 같은 조운비용이 필요 없는 대신에, 賤民 신분에 해당하는 漕倉民들에게 부과된 가혹한 身役을 통해 운영되었다는 것이다. 이러한 시각은 흔히 말하는 ‘郡縣制의 身分的 編成論’의 입장에서 漕倉의 운영원리를 파악한 것으로, 1980년대 이후 축적된 身分制의 연구성과를 통해 재검토될 여지가 있다.[50] 漕倉과 漕倉民의 사회적 지위에

---

46) 孫弘烈, 앞의 논문, 1977. 이 논문은 성종대에 漕倉이 존재하였고 輸京價를 漕倉 소속의 官船 이외의 私船 이용료로 파악하였다.

47) 吉田光男, 「高麗時代の水運機構 '江'について」, 『社會經濟史學』 46-4, 1980 ; 한정훈, 앞의 논문, 2004 ; 문경호, 앞의 박사학위논문, 202~204쪽. 吉田光男은 江民의 소유 선박(私有船)이 조운에 동원된 것으로 보았다.

48) 한정훈, 앞의 논문, 2010 ; 한정훈, 「12·13세기 전라도지역 私船의 해운활동」, 『한국중세사연구』 31, 2011.

49) 문헌을 통한 조운선 연구와 근래의 고려 선박 구조에 대한 성과는 다음의 연구가 참고된다(문경호, 「태안 마도 1호선을 통해 본 고려의 조운선」, 『한국중세사연구』 31, 2011/ 앞의 박사학위논문 재수록).

50) 良人說의 대표적 연구성과는 朴宗基의 연구서이다(『高麗時代 部曲制研究』, 서울대출판부, 1990). 이 책은 旗田巍를 비롯한 일본인 연구자들이 ‘郡縣制의 身分的 編成論’과 결부시켜 部曲지역을 賤民적인 행정구역으로 이해한 견해에 대해 비판하고 있다.

대한 연구는 앞에서 언급한 驛·驛民의 경우와 달리 본격적인 논의가 이루어지지 않았다. 다만 조운을 보완하는 수운기관인 江이 軍役·租稅를 부담하면서 추가로 漕運관련 勞役을 담당하여 所·部曲·驛 등과 같이 군현제의 최하층에 속하는 것으로 이해한 吉田光男의 연구가 있다.51)

셋째, 조운 운영의 주요 거점인 漕倉을 비롯하여 漕運路, 漕渠 등에 대한 연구성과이다. 조운제에서 漕倉이 차지하는 중요성 때문에 최초의 연구자인 丸龜金作도 고려시대 漕倉을 12漕倉으로 보면서 조선시대의 漕倉과 비교하여 12조창의 위치, 收稅區劃, 배속 漕運船 등에 대해 고찰하였다.52) 長淵縣의 安瀾倉을 포함시키지 않고 12漕倉으로 이해하면서 조운 비용, 왜구에 의한 조운의 변질 등 조운제 전반에 대해 검토하였다. 이후 北村秀人·崔完基를 비롯한 연구자들에 의해 조운제에 대한 기본적인 이해가 일단락되자, 1990년대 이후로 한동안 지역사 연구의 일환으로 개별 漕倉과 그곳을 중심으로 이루어진 조운활동을 검토하는 경향이 두드러졌다.53) 일련의 연구를 통해 13개의 漕倉 중 대략적인 내용이 확인된 조창은 德興倉(忠州), 永豊倉(富城縣), 興元倉(原州), 石頭倉(合浦縣), 通陽倉(泗州), 海龍倉(昇州) 정도이다.

---

51) 吉田光男, 앞의 논문, 1980. 이 연구도 일본학계의 입장인 賤民集團說에 準하여 논지를 전개한 한계가 있지만, 江民이 漕運에 請負되어 船價를 받은 것으로 이해하고 있다. 고려전기 津·江의 주민들이 驛民과 함께 良人과 구별되는 雜尺層이라는 연구도 참고된다(오일순, 『高麗時代 役制와 身分制 變動』, 혜안, 2000, 51~54쪽).

52) 丸龜金作, 「高麗の十二漕倉に就いて」, 『靑丘學叢』 21·22, 1935.

53) 朴正賢, 「韓國中世의 漕運과 泰安漕渠—掘浦 및 漕倉遺蹟을 중심으로—」 공주사범대학교 교육대학원논문, 1988 ; 崔壹聖, 「德興倉과 慶原倉 考察」, 『忠州工業專門大學論文集』 25, 1991 ; 尹龍爀, 「서산·태안지역의 漕運관련 유적과 高麗 永豊漕倉」, 『百濟硏究』 22, 1991 ; 崔壹聖, 「興元倉 考察」, 『祥明史學』 3·4合輯, 1995 ; 李志雨, 「傳統時代 馬山地域의 漕運과 漕倉」, 『加羅文化』 16, 2002 ; 한정훈, 「고려시대 漕運制와 마산 石頭倉」, 『한국중세사연구』 17, 2004 ; 金載名, 「高麗의 漕運制度와 泗川 通陽倉」, 『한국중세사연구』 20, 2006. 이외에 부분적으로 고려시대 漕倉을 다룬 논문도 참고된다(邊東明, 「해룡산성과 순천」, 『전남사학』 19, 2004 ; 서영일, 「남한강 수로(水路)의 물자유통과 흥원창(興元倉)」, 『史學志』 37, 2005).

28

근래에는 13漕倉의 收稅區域과 조창 인근의 교통로를 검토하면서 육상교통 망과 결합된 조운경로상에서 漕倉이 지니는 水·陸運 據點으로서의 성격을 강조하거나,54) 조창이 집중된 전라도를 중심으로 조창의 위치나 수세구역에 대해 세밀히 검토한 연구가 진행되었다.55) 이러한 추세 속에서 개별 漕倉에 대한 연구는 지속되면서 내용도 심화될 전망이다. 이와 함께 두 번째 연구사 소개에서 언급하였던 운영방식이나 내부구조에 대한 적극적인 고찰을 통해 조운제 연구를 보충하고, 더 나아가 해안지역 개발이나 수상(해운 포함) 교역활 동 등으로 영역을 확대시켜 접근할 필요가 있다.

漕倉 이외에 津·渡·浦·江과 같은 수운교통기관과 漕運路 그리고 漕渠도 조운제 연구에서 빠질 수 없는 주제이다. 漕倉의 구조적 보완기관으로 하천변 이나 연안에 위치한 '江'에 대해서는 비교적 자세히 다루었다.56) 또한 서·남해 연안과 한강 연안의 조운로 연구와 함께 항로상의 주요한 遭難지대인 安興梁을 안전하게 항해하기 위해 掘鑿한 漕渠에 관한 연구 성과도 상당히 축적되었 다.57)

이상의 조운제 연구는 2000년대 초반까지 개별 漕倉의 고찰로 양적인 성장은 있었지만 질적인 측면에서는 앞서 소개한 역참제 연구에 비해 다소 미진하였다. 그 이유는 고려시대 교통사 분야뿐 아니라 한국사 연구가 지나치

---

54) 한정훈, 「고려시대 13조창과 주변 교통로 연구」, 『한국중세사연구』 23, 2007.

55) 정홍일, 「고려시대 전라도 지방 조창연구」, 목포대학교 석사학위논문, 2012 ; 문경호, 앞의 박사학위논문, 42~98쪽.

56) 吉田光男, 앞의 논문, 1980. 추명엽은 수운기관인 津·渡의 기능과 성격을 교통운송시설 보다는 치안과 통제 거점으로 파악하였다(앞의 논문, 2004).

57) 고려시대 조운로에 관해서는 다음의 연구가 참고된다(한정훈, 「고려시대 연안항로에 관한 기초적 연구」, 『역사와 경계』 77, 2010 ; 문경호, 앞의 박사학위논문, 149~207쪽). 그리고 漕渠 관련 대표 연구성과는 다음과 같다(李鍾英, 「安興梁 對策으로서의 泰安漕 渠 및 安民倉 問題」, 『東方學志』 7, 1963 ; 朴正賢, 앞의 석사학위논문, 1988 ; 곽호제, 「고려~조선시대 태안반도 조운의 실태와 운하굴착」, 『지방사와 지방문화』 12-1, 2004).

게 육지에 치우친 관점의 문제이면서, 경제사를 비롯하여 고려사의 축적된 여러 분야의 연구성과를 받아들여 조운제를 새로이 검토해 보려는 시도가 부족하였기 때문이다. 하지만 근래에는 수중 고고학 발굴성과에 힘입어 많은 관심 속에서 조운 연구뿐 아니라 浦口 조사나 해운활동을 비롯한 海洋史에 대한 논의가 심화되고 있다.[58]

이처럼 조운제 연구는 역사 공간의 이동이라는 시각에서 관심이 높은 '海洋史'분야로의 연결이 가능하다. 해양사관을 통해 한국사를 살펴보는 것은 그동안 大陸史에 파묻혀 있던 역사의 풍토를 반성하고, 대륙사와 해양사를 정당하게 평가하고 결합하여 새로운 역사방법론으로서의 海陸史觀을 정립하고자 하는 목적을 가진다.[59]

하지만 지금껏 한국해양사 연구에서 논의된 주요 내용은 일정기간에 이루어진 海上의 군사활동이나 해외무역에 초점을 맞추어 특정인물이나 역사적 사건을 대상으로 삼았기 때문에 평상시의 해양 역량을 가름하기에는 한계가 있다.[60] 이들 주제와 달리 국가재정체계의 일부인 조운제는 고대로부터의

---

58) 이러한 분위기 속에서 국립해양문화재연구소에서 2009년 하반기에 漕運 특별전을 개최하였다. 전시도록 안에 조운제도 개관·조창·조운경로·조운선에 관한 논고 4편을 수록하였다(국립해양문화재연구소, 『고려 뱃길로 세금을 걷다』, 2009). 이외의 여러 성과 중 전국의 연해와 하천 연안에 분포한 포구를 총망라한 조사보고서가 주목된다 (고석규·강봉룡 외, 『장보고 시대의 포구조사』, 해상왕장보고기념사업회, 2005).

59) 2000년대 들어서 해양사관의 시각으로 한국사를 재정리하려는 움직임이 끊임없이 이어지고 있다. 수많은 연구성과 중 주요 단행본을 소개하면 다음과 같다(해양수산부, 『한국의 해양문화』 4권, 해양수산부, 2002 ; 윤명철, 『한국 해양사』, 학연문화사, 2003 ; 하우봉 외, 『해양사관으로 본 한국사의 재조명』, 해상왕장보고기념사업회, 2004 ; 강봉룡, 『바다에 새겨진 한국사』, 한얼미디어, 2005 ; 정진술 외, 『다시보는 한국해양사』, 신서원, 2008).

60) 기존 연구성과는 해양사적 가치가 높다고 판단되는 몇 가지의 주제에 편중되어 있는데, 대표적인 내용으로 張保皐의 해양 경영, 三別抄의 대몽항쟁, 李舜臣의 해군력 등을 꼽을 수 있다. 심지어 혹자는 연근해를 경유해 稅穀을 운송하는 漕運制가 해운발전단계라는 견지에서 본다면 시대 역행적이며, 후퇴현상이 농후한 한국해운사 의 最衰退期라고까지 말하기도 하였다(孫兒鉉, 『韓國海洋史』, 韓國船員船舶問題研究

해양 전통을 계승하여 해양역량을 최대로 발휘한 해양활동이었다. 그것도 고려·조선왕조 全 기간(거의 1,000년)동안 전국을 대상으로 1년에 한 차례 이상의 정기적인 해운활동을 펼쳤다는 점에서 그 의미가 더 크다 하겠다.[61]

2. 연구방향

앞서 (郵)驛制 분야와 漕運制 분야의 연구성과 소개를 통해 고려시대 交通運輸史의 연구동향을 대략적으로 살펴보았다. 편의상 연구사 소개를 육상교통과 수상교통 분야로 나누어 서술하였지만, 실제로 교통사 연구가 개별적으로 진행된 한계가 있다. 이렇듯 육상교통 연구가 우역제를 중심으로, 수상교통 연구가 조운제를 중심으로 이루어졌기 때문에, 자칫 육상교통로의 기능을 군사·행정적인 측면에, 수상교통로의 기능을 경제적인 측면에 국한시켜 이해할 우려가 있다. 또한 두 분야의 연구가 제도적 범주에 묶여 交通運輸史에서 논의될 수 있는 다양한 연구주제를 제대로 구명하지 못하는 문제점도 지적할 수 있다.[62]

기존의 육상교통 연구가 주요 요소인 驛과 그 운영방식 고찰에 몰두한 나머지, 교통로의 다양한 사회적 기능을 축소시켜 버린 측면이 있다. "긴급한 軍務의 대비, 公文의 전달, 공무여행자에 대한 馬匹·숙식의 제공 그리고 進上을 비롯한 官物의 수송"이라는 驛의 1차적인 기능을 근거로 육상교통로를 군사적,

---

所, 1982). 이러한 평가는 遠洋을 횡단하였는가 하는 잣대만으로 행해진 것이므로 재논의의 여지가 있다.

61) 한정훈, 「고려시대 漕運制의 海洋史的 의미」, 『해양문화재』 2, 국립해양문화재연구소, 2009.

62) 우리나라의 개별적인 연구성과와 달리 북한에서는 한국 고·중세시기 육상교통과 수상교통을 포괄하는 연구서가 최근에 출판되었다(장국종, 『조선교통운수사(고대~중세편)』, 사회과학출판사, 2012). 비록 개설서의 성격을 지니지만 한국 고·중세시기 교통운수 분야의 전개과정을 개관하였다는 의미가 있다.

정치·행정적인 차원에서만 접근한 한계가 있다. 즉 교통시설(驛)의 역할과 교통로(22驛道)의 기능을 동일시한 것이다. 설령 驛의 기능이 그렇다 하더라도, 개별 驛으로 구성된 22역도망은 "物貨와 정보의 장소 이동로"라는 교통로의 사전적 기능을 수행하였을 것이다. 따라서 지금까지 (郵)驛制라는 범주 속에서 진행된 육상교통 분야의 연구시각을 전환하고 연구대상을 확대시킬 필요가 있다.

앞서 소개한 海陸史觀이 '해양과 대륙 역사의 상호관계'에 초점을 맞추듯이, 교통운수사 연구도 육상교통과 수상교통을 결합시켜 접근할 필요가 있다. 本書는 고려시대 水上交通과 陸上交通의 통합적인 이해를 목적으로 한다.

수상교통로의 경우는 漕運制를 비롯한 연구성과를 통해 稅穀을 포함한 물자의 교역이 이루어지던 공간으로 이해되고 있다. 따라서 육상교통로의 기능을 경제적 측면으로 초점을 이동하여 수상교통로와 연결시키면, 고려시대 교통사를 陸運과 水運이 결합된 형태로 이해하는 것이 가능해질 것이다.[63] 본서에서는 고려시대 전국적인 육상교통망인 22驛道가 수운교통로와 결합하여 物貨 交易網의 일부로 기능하였음을 밝히고자 한다.

이 내용은 22驛道로 대표되는 육상교통로가 고려사회에서 어떤 역할을 하였는가 하는 문제와도 맞닿아 있다. 水陸交通網을 이용한 교통운수활동은 운영주체뿐 아니라 취급 물품도 매우 다양하였다. 公文書의 전달이나 軍需·貢物의 운수 등 국가운영에 필요한 公的인 영역뿐 아니라 田主의 私田租 운송을 비롯하여 商人層이나 寺院 등과 같은 民間 영역에서도 광범위하고 활발한 교통운수활동이 이루어졌다. 이러한 여러 활동 양상을 포괄하여 고찰하기에는 현존하는 史料 등에서 여러 제약이 따른다. 따라서 본서는 상대적으로 자료가

---

63) 이와 관련하여 중세 일본의 물자교류 양상을 개설한 연구서가 참고된다(藤原良章·村井章介 編, 『中世のみちと物流』, 山川出版社, 1999). 내용에 따르면, 당시의 물류 형태는 陸上 혹은 海上만으로 완결한 교통체계가 아니라 양자가 유기적으로 결합한 수륙교통 체제임을 밝히고 있다.

32

풍부하고, 당시 교통운수활동의 중추적 영역인 租稅의 운송활동을 중심으로 交通運輸史를 살피고자 한다.

고려시대는 田柴科체제 아래에서 일반 民田으로부터 수취한 租稅가 중앙정부의 주요한 財政源이었다. 그런 만큼 조세의 수취와 운송은 중앙집권적 정치운영체제의 존립을 위한 선결조건이었다. 그래서 조세의 운송체계는 주요 財政源을 수송하는 動脈에 비유되었고, 중앙정부는 그것의 원활한 운영을 위해 심혈을 기울였다. 이처럼 租稅輸送體系가 財政運營體制의 주요한 성립요인임에도 불구하고, 지금까지의 고려시대 財政史 연구에서 본격적으로 다루어진 바가 없었다.

조세의 운송활동은 전국을 단위로 정기적이고 대규모로 이루어졌기 때문에 운송경로와 운송권역 등 당시의 교통운수 양상을 파악하는 데 있어 매우 유익한 주제이다. 고려시대 陸路와 水路가 결합된 조세운송 네트워크(Network)를 복원하기 위해 歷史地理學의 연구방법을 활용할 것이다. 이렇게 작성된 그림은 단순히 點과 線으로 구성된 驛站路나 漕運路의 개별적인 構想圖가 아닌, 교통거점[點]·운송경로[線]·운송권역[面] 그리고 운송방향[화살표]이 더해진 좀 더 통합적이면서 구체적인 교통운수 네트워크의 구상도인 것이다.[64]

이러한 운송경로는 租稅뿐 아니라 여타 분야의 교통운수활동에도 활용되었을 것이다. 예를 들면, 驛站을 통해 受發되던 公文書도 지역과 문서의 종류에 따라 漕運經路를 통해 전달되었고, 貢物이나 私田租도 租稅의 운송체계를 이용하여 운반되었다.[65] 水·陸路를 막론하는 이러한 이용 양상은 民間 영역의

---

64) 點과 線에 화살표와 面이 더해진 것이 이전의 성과 보다 진일보한 측면이다. 조세운송의 경우는 郡縣(倉)→ 漕倉→ 京倉이라는 운송 방향과 각 조창의 수세구역이라는 운송 범위(面)가 명확하기 때문에 위와 같은 설정이 가능하다.

65) 단편적인 내용이지만 관련 기록을 제시하면 다음과 같다["文簿也付漕船以送"(『高麗史』卷28, 忠烈王 3年 11月 乙未) ; "諸州縣貢船"(『高麗史』卷25, 元宗 4年 4月 癸酉) ; 水運을 이용한 私田租 운반 사례(『高麗史』卷102, 列傳15, 權守平)].

교통운수활동에서도 마찬가지였을 것이다.

또한 본서의 주요한 고찰대상 중 하나는 漕運制로 알려진 조세운송체제의 변천과정이다.[66] 고려시대의 漕運시스템은 각 시기의 상황에 따라 그 운영방식을 달리하였다. 조세운송방식은 조세행정 外官 파견－60浦制－漕倉 중심의 조운제(漕倉制)－군현별 조운체제－漕轉城 체제 순으로 전개되었다.[67] 각 시기의 운영방식에 대한 고찰을 통해 고려시대 교통운수 분야의 변화양상을 확인할 것이다.

앞에서 소개한 연구 성과와 함께 언급한 몇 가지의 문제점을 염두에 두면서, 陸·水運의 통합적 시각으로 交通史를 조망하기 위해 설정한 연구방향에 따라 고려시대 交通運輸史에 대해서 살펴보고자 한다.

Ⅱ장에서는 고려초기 교통과 조운시스템의 형성과정에 대해서 고찰할 것이다. 통일신라와 고려시대의 교통운수 분야를 구성하는 몇 가지 내용을 연속성과 단절성이라는 관점에서 비교할 것이다. 통일신라의 조세운송활동을 고려시대의 그것과 비교한 다음, 고려 건국기 王建을 비롯한 호족세력의 교통운수활동이 고려시대 開京 중심의 교통망 편성에 어떻게 작용하였는지에 대해서 알아보고자 한다. 이와 함께 통일신라~고려초기 교통운송기구의 변천과정 속에서 태조대 교통운수 분야의 진전된 모습에 대해서도 살필

---

66) 목차나 내용상의 '체제'와 '방식'은 운영 시스템(System)을 지칭하는 동일한 의미로 사용하였다. 반면 '체계'는 좁게는 교통로의 전체적 구성, 즉 네트워크(Network)를 의미하지만, 넓게는 운영시스템과 네트워크를 포괄하는 의미로 사용하였다. 본서는 기본적으로 驛制와 漕運制로 대변되는 교통운송시스템과 교통네트워크를 함께 고찰할 계획이다.

67) 고려시대 조세운송방식의 변화과정을 표로 나타내면 아래와 같다. 조세행정 外官으로 태조대는 租藏이, 성종 2년에는 轉運使가 각각 파견되었다. 이어 성종 11년에 60浦制가 실시되었다. 세부적인 내용은 Ⅱ장 2절 참고.

태조대~	성종대~	현종 20년~	14세기 전후~	공양왕대
조세행정 外官 파견	------ 60浦制	漕倉 중심의 조운제(漕倉制)	군현별 조운체제	漕轉城 체제

것이다. 또한 고려초기 교통분야의 정비작업이 구체화되는 성종대의 6科體制와 60浦制를 살펴보고, 그 내용을 태조대나 현종대와의 비교를 통해 고려전기 교통과 조운시스템과의 상호 관계도 명확히 밝힐 것이다.

Ⅲ장에서는 교통운영조직과 수륙교통망을 바탕으로 마련된 交通運輸體系의 운영에 대해서 살필 것이다. 고려전기 교통운수체계는 22驛道와 漕倉制로 상징된다. 국가통치체제의 일환으로 형성된 22역도체계와 군현체제의 관계, 수운시설과의 결합 관계를 확인함으로써 편성상의 특징이 명확히 드러날 것이다. 이렇게 內陸水運과 결합된 전국단위의 22驛道網이 海路와의 연계를 통해 조세운송체계의 일부로 기능하였을 것이다. 주요 조운 거점에 漕倉이 설치됨으로 인해 일어나는 조세운송체계의 변화를 군현별 조세수납유형과 각 조창의 조세수납지역을 중심으로 밝힐 것이다. 조세수납유형의 구분은 Ⅳ장에서 다루는 권역별 조세운송 양상의 전제가 된다. 또한 조세운송의 제도적 장치인 漕倉制 운영에 필요한 여러 규정을 검토하면서 운영상의 몇몇 쟁점에 대해서도 언급할 것이다.

Ⅳ장의 내용은 漕倉制 운영시기 권역별 조세운송활동 양상에 관한 것이다. 고려시대 지방행정단위가 3元的 構造(京畿－5道－兩界)로 구성되어 있듯이, 조세 수납유형도 현지의 재정구조와 교통여건에 따라 京倉直納地域, 漕倉經由地域, 現地輸納地域으로 나뉘었다. 각 유형에 따라 조세운송방법과 운송경로가 달라지기 때문에, 節을 나누어 권역별 조세운송활동이 이루어지는 교통네트워크의 개략적인 모습을 그려 볼 계획이다. 세 권역에서 이루어진 조세운송 양상의 상호간 비교를 통해 고려시대 교통운수활동의 다양성과 그 특징을 밝힐 것이다.

마지막 Ⅴ장에서는 고려후기의 교통과 조운시스템의 변화양상을 고찰하고자 한다. 22驛道와 漕倉制로 대변되는 고려전기의 교통운송체제가 후기에 어떠한 변동을 보이는지를 살펴볼 것이다. 驛·浦口 그리고 漕倉과 같은 교통운수시설은 고려후기 국내·외 위기상황의 최일선에 자리하였기 때문에 심하게 동요하였다. 그래서 12·13세기 국내의 사회경제적 변동, 元간섭 초기 元朝의 강제적 징발, 14세기 왜구의 약탈 등과 관련지워 세분화하여 접근할 것이다. 이를 통해 고려후기 군현별 조운체제－漕轉城체제로 이어지는 조운방식의 변화상을 전후 내용과 비교하여 차이점을 확인하고 상관성을 밝힐 것이다. 아울러 고려 말엽 漕運시스템의 복구 노력이 韓國漕運史에서 지니는 역사적 의미에 대해서도 주목할 것이다.

Ⅱ. 고려초기 교통과 조운시스템의 형성

고려와 조선왕조는 각 군현에서 수취하여 중앙으로 운반해 온 조세를 국가재정의 원천으로 삼았다. 그런 만큼 조세제도에서 교통운송체계가 차지하는 비중은 적지 않았다. 중앙정부는 한반도의 지형을 고려하여 각지의 조세를 京倉으로 효과적으로 운반하기 위해 육상교통로와 수상교통로를 적극 활용하였다. 고려 이래로 조선왕조 멸망 이전까지 漕倉 중심의 조운제는 한국중세의 전형적인 조운방식으로 자리 잡았다. 본장에서는 고려시대 漕倉制와 함께 운영되었던 22驛道체계 이전의 교통운송 시스템이 어떠하였는지에 대해 알아볼 것이다. 통일신라시기 조세운송활동부터 태조대의 교통운송체제 그리고 성종대의 6科體制와 60浦制까지 해당 내용을 개관할 것이다. 각 시기별 차이점을 확인하는 것은 물론, 단계별 발전 양상이 고려전기 22驛道와 漕倉制 성립의 바탕이 되었음을 염두에 두고 논지를 전개해 나갈 것이다.

1. 통일신라시기 조세운송활동

삼국통일을 이룩한 문무왕과 신문왕대에 국가재정정책에 병행하여 乘府·船府의 增員이나 교통로의 개편 등 교통운수 시스템을 정비한 이면에는 국가재정 원인 지방 郡縣의 現物稅를 실어 나르기 위한 운송체계의 정비도 포함되었을 것이다.[1] 신문왕 9년(689) 중앙과 지방관리에게 祿俸형태로 租를 차등 지급한 것은 지방 租稅를 국가재정원의 주요 원천으로 삼는 재정운영구조를 전제로 한 것이다. 즉 지방 租稅에 대한 국가의 公的인 수취 및 운송체계가 운영되었음을 의미한다.

지방 郡縣의 租稅를 王京으로 운송하였음을 확인할 수 있는 직접적인 자료는 「開仙寺石燈記」(891년)이다. 記文에서 확인되는 京租의 의미를 가까운 某縣倉에 보관되었다가 곧 王京으로 옮겨질 租로 이해한다면,[2] 이 租는 육상교통망인 五通 중 海南通의 지리산 北路,[3] 즉 南原京을 경유하여 八良峴을 넘어 함양—합천에서 낙동강을 건너는 경로를 이용하여 왕경의 창고로 운반되었을 것이다.

이러한 조세운송활동은 五通뿐 아니라 水路나 연근해 항로를 이용하여 이루어졌을 것이다. 그렇다면, 통일신라의 조세운송경로에서 海路가 차지하는 비중은 어느 정도였을까. 명확한 내용을 밝히기는 어렵지만, 陸運(內陸水運과 연계된)과 海運의 비중을 고려시대와의 비교를 통해 내용의 실마리를 찾고자 한다.

일반적으로 稅穀과 같이 중량이 많이 나가는 物貨의 수송은 陸運 보다 水運(海運 포함)이 훨씬 효과적이었다. 이러한 이유로 인해 삼국통일전쟁 수행 중 대규모의 軍糧 수송을 위해 특별히 船團을 편성하여 조운활동을 펼치기도 하였다.[4] 이때의 漕運은 軍糧을 배에 실어 운반한다는 辭典的 의미일

---

1) 한정훈, 「6·7세기 新羅 交通機構의 정비와 그 성격」, 『역사와 경계』 58, 부산경남사학회, 2006.

2) 구문회, 「신라통일기 지방재정의 구조」, 『역사와현실』 42, 2001, 36~43쪽.

3) 五通의 하나인 海南通은 크게 지리산 北路와 지리산 南路로 구성된다. 필자는 예전 연구(한정훈, 「신라통일기 육상교통망과 五通」, 『釜大史學』 27, 2003)에서 지리산 南路만을 海南通으로 간주하였다. 기존의 견해를 수정하여 海南通을 왕경에서 지리산 방면의 남·북 루트를 포괄하는 육상교통망으로 이해하고자 한다. 海南通을 포함한 五通의 방향과 루트를 포함한 여러 논의에 대해서는 다음 절에서 상세히 다룰 것이다.

4) "所貯倉粮 漕運並盡 新羅百姓 草根猶自不足 熊津漢兵 粮食有餘"(『三國史記』 卷7,

것이다. 이후 통일신라시기에도 海運을 통한 稅穀의 운송활동이 이루어졌다.[5] 하지만 이 시기의 漕運활동은 官制로 확립한 고려시대의 漕運制와는 여러 측면에서 차이가 있다. 王京의 교통운수 여건, 海運據點의 부재, 미비한 운영조직 등을 고려하면, 통일신라시기에 漕運을 통한 조세운송의 비중은 크지 않았을 것이다. 단적으로 왕경의 교통 입지를 비교하면, 고려의 開京과 조선의 漢陽이 河港都市인데 반해, 신라의 慶州는 그렇지 못하였다.

그럼에도 불구하고 張保皐를 비롯한 해상세력의 존재를 강조하거나 신라 倉庫制의 성립을 언급하면서 통일신라시기 漕運制의 시행 가능성을 제기하는 견해도 있다.[6] 해상세력의 활약을 감안하면 沿近海를 통한 稅穀의 漕運활동은 어려운 일이 아니었다. 하지만 新羅 下代 해상세력의 해양활동과 신라정부의 官制로서의 조운활동은 별개로 이해할 필요가 있다. 고려왕조는 알려져 있듯이 해상세력의 후예들이 건국을 주도하였고, 이들의 탁월한 해운 역량을 國政 운영에 적극 활용하였다. 위와 같은 몇몇 내용을 고려하면, 통일신라와 고려시대 海運을 통한 조세운송활동의 차이점을 짐작할 수 있다.

통일신라의 조세 운송 양상을 좀 더 명확하게 밝힐 수 있는 또 다른 근거는 지방 주요도시인 9州에서 王京으로의 조세수송경로를 확인하는 것이다. 이 내용은 전체 운송체계에서 海運이 차지하는 비중은 물론, 고려·조선시대 漕運制와의 비교를 통해 조세운송방식의 역사적 변천과 의미도 알려 줄 것이다.[7]

文武王 11年 7月).

5) 통일신라시기 漕運활동의 직접적인 내용은 다음의 자료를 통해서 확인할 수 있다. "羅人金巴兄金乘弟金小巴等三人申云 去年被差本縣運穀 海中逢賊 同伴盡沒"(『日本後紀』 卷21, 弘仁 2年 8月 甲戌).

6) 장보고 등의 해상세력에 대한 여러 연구성과에 비해 漕運과 같은 신라 중앙정부의 해운정책이나 해운활동에 관한 연구는 미진한 편이다. 신라 倉庫制를 검토하면서 조운제의 시행을 전제한 연구 정도가 참고된다(金昌錫, 「신라 倉庫制의 성립과 租稅運送」, 『韓國古代史研究』 22, 2001, 243~250쪽).

7) 본서의 연구대상 시기가 고려시대이므로, 9州에서 王京으로의 구체적인 운송경로는

지방에서 王京으로의 조세운송경로는 왕경의 지형조건과 지방의 주요도시 (9州 5小京)~王京간의 교통로 분포를 통해 추측할 수 있다.[8] 한반도 동남부에 치우쳐 있는 왕경(경주)의 자연환경은 산지로 둘러싸인 분지지형으로, 교통로의 주요 진출방향인 서쪽 방면을 斷石山脈이 가로막고 있어 水系의 분포가 미약하였다. 그나마 서쪽에서 발원하여 東北쪽의 迎日灣으로 빠져나가는 兄山江 水系도 流路가 길지 않았다. 따라서 신라의 主진출방향인 서쪽으로 향하는 교통로에서 내륙하천의 이용은 매우 제한적이었다. 즉 王京에서 西方으로 나아가기 위해서는 琴湖江이나 密陽江과 같은 낙동강 지류를 따라 형성된 川邊 小路를 통해 낙동강 유역에 도달하였고, 여기서 渡河하여 또 다시 육상교통로를 이용하였다.[9]

또한 海路를 이용하여 왕경에 이르고자 할 경우, 동해 연안지역은 迎日灣을 통해 형산강 수로의 이용이 일부 가능하지만 그 외 대부분의 지역에서는 인근의 蔚山灣이나 낙동강 하류의 黃山津과 같은 나루에 이른 뒤에 五通의 한 갈래인 東海通이나 海南通의 경로를 통해 진입하였다. 慶州는 漕運 입지가 좋지 않았기·때문에, 신라의 조세운송활동은 水運이나 海運을 이용하여 최대한 왕경 가까이에 접근한 다음, 교통 요지에서 陸運으로의 전환을 통해 이루어졌다. 그러한 만큼 조세운송활동은 海運 보다 陸運에 의존하는 바가 컸다.

배를 이용하는 水運(海運 포함)은 사람·牛馬·수레 등의 육상교통수단을 이용하는 陸運 보다 훨씬 많은 양을 적재·운반할 수 있다.[10] 이러한 이점에

추적하지 않을 것이다. 다만 본문에서 밝히고 있듯이, 9州에서 海路를 통해 王京으로 운수활동을 하는 경우는 제한적이었다.

8) 한정훈, 「고려 초기 60浦制의 실시와 그 의미」, 『지역과역사』 25, 2009, 151~153쪽.

9) 밀양강의 상류인 동창천 수계를 이용하여 밀양-청도-건천을 경유하여 王京으로 연결되는 통로에 대해서는 이미 지적된 바 있다(李基東, 「新羅 中古期 淸道 山西지방의 戰略的 중요성」, 『尹容鎭教授停年退任紀念論叢』, 1996 ; 『新羅社會史研究』, 一潮閣, 1997 ; 金昌錫, 앞의 논문, 2001).

10) 『延喜式』木工寮式에 나오는 材木의 운반 사례를 통해 사람 : 말 : 수레 : 뗏목의 적재량 비율이 1 : 2 : 10 : 30이라고 하였다(高橋美久二, 「古代の交通路」, 『古代史の

반해 안전한 海運활동을 위해서는 해상 기후·潮流·航路 등의 해양 정보와 항해에 능통한 인원이 필요하였다. 海運이 적재량과 輸役의 난이도에서 많은 이점이 있지만, 王京의 해운 입지까지 고려하면 통일신라의 조세운송활동에서 내륙수운과 결합된 陸運 보다 海運의 비중이 크지 않았을 것이다.

지방의 조세운송 거점인 9州 중 沿近海 航路의 이용이 가능한 지역은 漢州·熊州·全州·武州·康州·溟州 管內 정도이다. 이들 광역의 행정단위인 州 管內에서도 해운거리가 먼 漢州·熊州·全州 管內는 물론이고, 그 밖의 지역에서도 海運의 활용이 용이한 일부 沿海지역에서만 海路를 이용했을 것이다. 대부분의 내륙 郡縣은 陸路를 통해 조세를 수납하였다. 이것은 開京으로의 조세운송에 水運(海運 포함)을 기본원칙으로 삼았던 고려왕조와는 확연히 다른 모습이었다.[11]

이와 같이 王京 입지 등의 교통운수 요건과 9州의 조세운송경로를 감안하면, 海路를 이용하여 조세를 운반하는 지역은 그렇게 넓지 않았음을 짐작할 수 있다. 그나마 海路를 이용한 운송활동이 가능한 곳은 康州·溟州·武州 管內의 연안지역 정도일 것이다. 이들 지역은 王京까지의 陸路에 비해 海路의 운송거리가 크게 차이가 나지 않기 때문에 海運의 이점을 활용하였을 것이다.

통일신라시기에 대규모의 조세운송에 적합한 海運활동이 제한적이었다는 것은 왕경의 입지를 비롯한 교통운수 여건이 좋지 않았기 때문이고, 이것은 교통운수활동의 어려움을 의미한다. 따라서 지방 군현에서 중앙(왕경)으로 조세를 운반하기 보다는 지방의 재정원으로 활용하였을 가능성이 크다. 조운 활동을 통해 중앙재정원의 대부분을 충당하는 고려시대와 비교하면, 통일신라

論点③―都市と工業と流通』, 小學館, 1998, 294쪽). 부피가 크고 중량이 나가는 物貨의 운수활동은 배를 이용한 水運이 훨씬 효과적이었다.

11) 고려시대에 조세운송을 위해 海運을 적극 이용하였음은 漕倉의 존재를 통해 명확히 알 수 있다. 각 漕倉마다 수세구역이 정해져 있는 것은 漕運을 통한 조세운송체계가 확립되었음을 의미한다. 자세한 내용은 Ⅲ장 2절 1항 참고.

시기는 지방재정에 비해 중앙재정의 비중이 적었을 것이다. 다시 말해 교통운
송로의 개척과 활발한 운수활동은 중앙재정원을 확대시키는 주요한 요인
중 하나인 것이다. 이러한 관점에서 본다면, 통일신라의 재정구조는 海運의
이용이 더 적극적이었던 고려시대에 비해 재정의 중앙집권화가 덜 진전된
것으로 평가할 수 있다.12)

한편 통일신라시기 육로를 통한 조세운송활동을 위해 내륙하천 수운을
적극 활용하였을 것이다. 특히 東－西를 잇는 육상교통로의 편성을 위해
南－北으로 흐르는 낙동강변의 주요 교차지점에 渡河시설이 다수 분포하였다.
당시 낙동강의 주요 나루로 黃山津·伽倻津(양산), 加兮津(고령), 伽倻津(창녕
영산), 買利浦(함안 칠원) 등이 확인된다.13) 이들 나루시설은 渡河 기능으로
주요 육상교통로를 이어주는 역할과 함께 군사·치안업무와 관련하여 출입을
통제하고 검문하는 역할도 병행하였을 것이다.

근래에 발굴·보고된 道路遺構와 수레바퀴 흔적 등의 考古學 자료는 육로를

---

12) 고려에 비해 통일신라의 재정구조에서 중앙재정의 비중이 낮았던 것은 중앙재정의
주요 지출항목인 祿俸制가 아직 제대로 정립하지 못한 점, 일정 지역에 대한 수취권을
지급한 점이나 祿邑의 부활, 왕실재정의 높은 비중 등에서 기인한다(安秉佑,『高麗前期
의 財政構造』, 서울대학교출판부, 2002, 4~6쪽). 이와 관련하여 고려말기 재정비율을
비교한 연구가 주목된다. 내용에 따르면, 중앙재정과 지방재정의 비율이 2：1로
唐代 후반에 비해 중앙재정의 비중이 훨씬 높은 것으로 파악하였다(위은숙, 「고려전기
東界지역의 지배체제와 재정구조」,『전근대 동해안 지역사회의 운용과 양상』, 경인문
화사, 2005, 113~116쪽). 또한 中國史에서 唐代 後半~宋代 初期에 중앙의 재정지휘권
이 지방에 침투하여 집권적인 재정 운영이 가능하게 된 것도 참고된다(渡邊信一郞,
「唐代後半期の地方財政」,『中國專制國家と社會統合』(中國史硏究會 編), 文理閣,
1990).

13) 삼국시대 낙동강에 위치한 나루시설에 대한 槪況은 다음의 연구가 참고된다(전덕재,
「삼국시대 황산진과 가야진에 대한 고찰」,『韓國古代史硏究』47, 2007). 이외에
낙동강 중상류에 위치한 나루의 존재는 확인되지 않지만, 鹽池通과 北傜通으로 진출하
기 위해 조선초기에 확인되는 餘次尼津이나 洛東津과 같은 나루시설에서 낙동강을
渡河하였을 것이다. 또한 密城郡 領縣으로 密津縣이 있는 것(『三國史記』卷34, 雜志3
地理1 良州)으로 볼 때, 密津의 존재도 생각해 볼 수 있다.

42

이용한 교통운수활동의 방증자료이다.14) 연구성과에 따르면, 왕경의 도로유구에서뿐 아니라 지방의 비포장 도로유구에서 너비 1.5~2m의 수레바퀴자국과 수레를 끌었던 것으로 추정되는 동물의 발자국이 조사되었다.15) 앞으로 더 많은 자료의 축적이 필요하지만, 지금까지의 발굴성과만으로도 7~8세기경에 王京을 왕래하는 간선도로에서 수레를 이용한 物貨의 운수활동이 이루어졌음을 짐작할 수 있다.

한편 지방 수취물을 王京으로 운송하는 업무는 지방의 유력한 토착세력이 맡았을 것으로 추측된다. 관련 사례 중 하나는 효소왕대(692~701) 推火郡(밀양)의 能節租 30石을 管收하여 富山城 안으로 輸送한 使吏 侃珍의 경우이다.16) 使吏는 중앙의 집권세력이 지방 지배를 위해 현지의 유력자에게 붙여 준 직책으로, 조세의 수취 및 운송업무를 담당한 것으로 파악된다.17) 이후 810년 (헌덕왕 2)에 고을의 곡식을 海運으로 운반하다가 海賊을 만난 金巴兄·金乘弟·金小巴도 마찬가지로 지방의 현지인들이었다.18) 세 명 모두 金氏 姓을 갖고 있는 점 등을 이유로 중앙에서 조세운송을 위해 임시로 파견한 지방관일 가능성도 제기되었다. 하지만 이들이 大宰府에 '本縣'의 곡식을 운송하기

---

14) 최근까지 조사된 도로 유구에 대한 내용은 다음의 논문을 참고하였다(張容碩, 「新羅 道路의 構造와 性格」, 『嶺南考古學』 38, 영남고고학회, 2006 ; 朴相銀, 「嶺南地域 古代 地方道路의 研究」, 嶺南大學校 碩士學位論文, 2006 ; 朴晟煥, 「고대 왕경도로와 간선도로에 대한 일고찰」, 『考古廣場』 9, 부산고고학연구회, 2011).

15) 張容碩이 제시한 지방의 도로 유적(11곳) 중 수레바퀴 자국이 확인된 유적은 총 7곳이다(위의 논문, 2006, 114~119쪽). 고구려·백제·신라 왕경의 평균 수레바퀴폭이 1.23m인데 반해 신라의 간선도로에 나타난 수레바퀴의 폭은 평균 1.81m로 왕경도로보다 1.5배정도 크다(朴晟煥, 위의 논문, 153쪽).

16) 『三國遺事』 卷2, 紀異, 孝昭王代 竹旨郎.

17) 蔡雄錫, 「新羅下代 사회변동과 豪富層의 성장」, 『高麗時代의 國家와 地方社會』, 서울대학교출판부, 2002, 23~27쪽. 이러한 견해와 달리 중앙에서 파견한 수취·운송 책임자이거나 京位를 소지한 지방관으로 파악한 견해도 있다(김창석, 『삼국과 통일신라의 유통체계 연구』, 일조각, 2004, 116~117쪽).

18) "大宰府言 新羅人金巴兄金乘弟金小巴等三人申云 去年被差本縣運穀 海中逢賊…" (『日本後紀』 卷20, 弘仁 2年 8月 甲戌).

위해 차출되었다고 아뢴 내용으로 볼 때, 곡식을 수취한 縣의 재지세력일 가능성이 높다. 효소왕대의 侃珍과 헌덕왕대의 金巴兄 등은 곡식을 운반하는 輸役을 부담하는 지역민을 거느리면서 운송 책임을 진 관리자였다. 이러한 형태는 고려 현종 10년(1019)에 康州(경남 진주)의 쌀을 京倉으로 漕運하는 임무를 맡은 未斤達[19]과 예종 3년(1108)에 方物을 운반하는 長吏·從卒의 존재[20]에서도 확인된다. 바꾸어 말하면, 고려시대 지방의 수취물을 현지인의 감독 하에 운반하는 형태는 신라시대부터 시작되었을 개연성이 크다.

이와 같은 운송형태의 유사성이 일부 확인되지만 통일신라의 조세운송방식과 경로는 고려시대의 그것과 비교하면 많은 차이가 있다. 흔히 '漕運制'로 설명되는 고려시대 이래의 전통적인 조세운송방식과 달리, 통일신라시기는 매년 정기적으로 海路를 통해 王京으로 조세를 수납하는 漕運활동이 국가제도로서 정착되지 않은 것으로 이해된다.

통일신라시기 지방 郡縣의 조세는 각각의 交通運輸 여건에 따라 海運과 陸運(內陸水運과 연계된)을 통해 왕경으로 운반되었다. 이러한 조세운송활동은 여타 분야의 교통·운수활동을 촉진시키는 계기가 되었다. 이에 따른 유통체계의 변화는 효소왕 4년(695) 왕경에 西市와 南市의 추가 설치로 확인된다.[21] 신문왕대 官人의 급여체제 변화에 따라 왕경의 귀족과 관료들은 이전과 달리 필요한 물품의 일부를 시장에서 획득하였다.[22] 이처럼 지배층을 위시한

---

19) "…高麗人未斤達五月二十九日到着築前國志摩郡申云 去年三月十六日從彼國康州隨身米千石參着京都 六月十五日罷歸之間…"(『小右記』寬仁 3年 6月 21日 ; 김기섭 외 6인, 『일본 고중세 문헌 속의 한일관계사료집성』, 혜안, 2005, 530~531쪽 참고).

20) 『高麗史』卷80, 食貨3, 賑恤, 恩免之制 睿宗 3年 2月 ; 박종진, 「조세제도의 구조」, 『고려시기 재정운영과 조세제도』, 서울대학교출판부, 2000, 127~128쪽.

21) "…置西南二市…"(『三國史記』卷8, 孝昭王 4年) ; "東市典…南市典…南市典…"(『三國史記』卷38, 職官 上).

22) 김창석, 앞의 책, 90~92쪽. 또한 같은 책 63쪽에서 "신문왕 9년에 祿邑을 혁파하고 逐年賜租하게 한 조치는 상당한 곡물의 집적과 이동을 요구했을 것이고, 이것이 효소왕대 시장 증설의 주요한 배경이 되었을 것"이라고 하였다.

44

王京人의 수요가 확대되자, 효소왕 4년에는 西市·南市를 추가로 설치한 것이다. 이것은 지증왕 10년(509)에 東市를 개설한 이후 180년이 지난 시점의 일로, 新羅의 유통체계상 커다란 변화임에 틀림없다.

이러한 시장의 추가 설치는 문무왕·신문왕대 이래로 지속된 교통운송 분야의 정비가 이어졌기 때문에 가능하였다. 대동강—원산만 以南의 확대된 영토 내의 교역활동은 그 횟수와 규모면에서 이전에 비해 월등하였고, 이로 인해 왕경에서는 四方의 物貨유통이 활발하였고 이를 효과적으로 관리하기 위해 효소왕대에 西市典과 南市典을 설치하였다. 그 결과 효소왕대는 왕경에 세 곳의 상설시장(東市·西市·南市)인 三市체제가 확립되었다.[23]

그러나 신라 하대에 농민층의 몰락으로 시작된 사회경제적 변동은 조세수취 체제를 와해시켰다. 8세기 후반부터 자연재해로 인한 잦은 흉년은 농민층을 流亡과 饑饉으로 내몰았다. 농민층의 빈곤이나 몰락과 달리, 지배층은 9세기경 부터 토지소유를 확대시켜 대토지소유의 한 형태인 田莊 경영을 확대시켜 나갔다. 이러한 富의 양극화 현상은 일반 농민층의 몰락을 가속화하면서 公民의 私民化를 촉진시켰고, 그에 따라 기존 農民層에 대한 과도한 수취가 가중되었다.[24] 그 결과 진성여왕 3년(889)에는 지방 州郡에서 貢賦를 보내오지 않아 國庫가 텅 비어 국가재정이 궁핍하게 되었다. 이에 왕이 使者를 보내 독촉하자, 곳곳에서 盜賊들이 벌떼처럼 일어나 전국적인 농민항쟁으로 번지게 되었다.[25] 이와 같이 농민층이 조세 납부를 거부하는 것은 조세수취체제의 근간을 흔드는 일이었다.

당시 국가재정의 궁핍은 貢賦 수입의 감소에서 기인하는데, 이것은 지방사

---

23) 憬興國師가 마른 고기(枯魚)를 샀다(『三國遺事』 卷5, 感通7, 憬興遇聖)는 三市를 『周禮』에 나오는 大市, 朝市, 夕市로 譯註한 연구도 있다(이재호, 『三國遺事』 2, 솔출판사, 1997, 344쪽 ; 姜仁求 外 4인, 『譯註 三國遺事』 4, 以會文化社, 2003, 266쪽).

24) 金琪燮, 『韓國 古代·中世 戶等制 硏究』, 혜안, 2007, 165~176쪽 참고.

25) "國內諸州郡 不輸貢賦 府庫虛竭 國用窮乏 王發使督促 由是 所在盜賊蜂起"(『三國史記』 卷11, 眞聖王 3年).

회가 貢賦를 부담할 능력이 한계에 도달한 것이기도 하지만, 수취된 貢賦가 재지세력의 부정으로 인해 京倉에 운송되지 않았을 가능성도 있다.[26] 이렇게 중앙정부로 운반되지 않은 貢賦는 지방 호족세력들의 중요한 경제기반으로 활용되었다. 지방에서 중앙으로 운반할 수취물의 급감은 조세운송체제뿐 아니라 신라왕조의 존립을 위태롭게 하였고, 결국 후삼국 혼란기로 접어들게 되었다.

2. 驛路網의 편성과 驛制의 운영

1) 開京 중심의 교통망 편성

新羅에서 高麗로의 왕조 교체에 따라 사회체제 전반에는 연속적 요소와 단절적 요소가 공존하였다. 교통분야도 마찬가지인데, 交通路는 교통운수체계를 구성하는 다른 요소 보다 경험적 측면이 중시되었다. 고려의 교통로는 통일신라의 교통로를 계승하면서도, 건국 전후시기부터 開京 중심의 교통로를 형성해 나갔다. 王建을 비롯한 지방 호족세력의 활동은 새로운 교통망의 개설에 주요한 계기로 작용하였다. 개경 중심의 역도망은 계승과 변화의 요소를 포괄하여 편성되었다.

우선 慶州 중심의 신라 교통로와 開京 중심의 고려 교통로가 기준 軸을 달리한다는 점을 인정하면서, 통일신라의 五通체계가 고려의 22驛道網과 어느 정도의 연계성을 가지는지를 알아보기 위해 경주 인근의 驛과 驛道를 비교해 보고자 한다.

---

26) 이와 관련하여 경덕왕대의 祿邑 부활의 의미를 색다르게 이해한 견해가 있다. 祿邑을 귀족관료들에게 지급하면 정부가 조세 수취나 운반 때에 소요되는 비용과 행정력의 낭비를 줄일 수 있기 때문에 중앙재정의 지출을 크게 줄일 수 있다고 해석하였다. 즉 녹읍의 부활을 재정 궁핍을 타개하기 위해 취해진 조치라고 보았다(전덕재, 「녹읍제의 성격과 그 변천」, 『한국고대사회경제사』, 태학사, 2006, 340~356쪽).

통일신라시기 王京 인근 五門驛을 비롯한 驛과 고려시대 22驛道의 하나인 慶州道 소속 驛을 비교하면 아래 <표-1>과 같다.

<표-1>은 五門驛에 관한 이전의 연구성과와 『高麗史』 卷82, 兵2 站驛 慶州道에 나오는 驛을 바탕으로 작성한 것이다.[27] 즉 통일신라 五門驛(乾門驛·坤門驛·坎門驛·艮門驛·兌門驛)의 각 명칭에서 나타나는 方位名과 고려시대 경주 인근에 위치하는 각 驛을 연결시켜 두 시기 경주 인근 驛을 비교하였다.

<표-1> 통일신라와 고려시대 경주 인근 驛 비교

新羅		高麗
五通	驛名(方位)	驛名(연결 驛-方面)
東海通	坤門驛(南西)	慶州道 仇於且驛 (-②울산 방면)
海南通	兌門驛(西)	慶州道 奴谷驛 (-仍己驛-③양산 방면)
鹽池通	乾門驛(北西)	慶州道 知里驛 (-牟良驛-④청도·경산 방면)
北傜通	坎門驛(北)	慶州道 阿弗驛 (-淸通驛-⑤영천 방면)
北海通	艮門驛(北東)	慶州道 安康驛 (-仁比驛-六叱驛-①영덕 방면)
	活里驛(北6里)	慶州道 活里驛

일부 연구에서는 五通과 五門驛, 五門驛의 五方位와 驛의 위치가 일치하지 않는 것으로 간주하였다.[28] 통일신라의 방위개념을 정확히 알 수는 없지만, 北岳(태백산)·北原小京(원주)·北漢山州(서울)로 향하는 北傜通의 出發驛인 坎門驛(=阿弗驛)을 正北(坎)방향으로 삼아 나머지 4방향과 驛名을 비교해 보면

---

27) 五門驛과 고려·조선시대 경주 인근 驛名을 연결시켜 이해한 연구성과는 다음과 같다(朴方龍, 「新羅 都城의 交通路」, 『慶州史學』 16, 1997 ; 한정훈, 「고려전기 驛道의 형성과 기능」, 『한국중세사연구』 12, 2002 ; 田中俊明, 「新羅의 交通體系에 대한 豫備的 考察」, 『馬事博物館誌』, 한국마사회 마사박물관, 2003).

28) 朴方龍, 앞의 논문, 1997, 191쪽 ; 徐榮一, 「新羅 五通考」, 『白山學報』 52, 1999, 599쪽. 徐榮一은 五通이나 五門驛의 '五'라는 숫자를 다분히 관념적인 의미로 파악하였다. 최근에도 五門驛·五通의 실체를 파악할 수 있는 근거가 미약하여 구체적인 결론을 제시하기에는 한계가 있다는 견해가 있다(정요근, 「통일신라시기의 간선교통로」, 『한국고대사연구』 63, 2011). 하지만 필자는 왕경에서 각 방면으로 뻗어나간 5대 간선도로망과 관련이 있다고 본다. 이러한 경로는 고려시대 22역도 형성에도 마찬가지 양상으로 나타난다.

方位가 별 무리없이 이해된다.29) 설령 <표-1>과 같이 五門驛을 고려시대 慶州道의 각 驛으로 대비시키는 것이 무리라 하더라도, 통일신라의 五通·五門驛을 통해 확인되는 왕경 중심의 다섯 방면으로 뻗은 幹線交通網이 고려시대 다섯 방면으로 뻗은 慶州道의 형성에 많은 영향을 끼쳤을 것이다. 신라 王京에 소재한 活里驛은 고려시대 慶州道에서 명칭까지 그대로 계승되었다.30)

고려시대 慶州道의 분포 범위는 界首官인 慶州 屬郡縣과 防禦郡 禮州를 포함하였다. 慶州道는 ① 禮州(영덕군 영해면 ; 北海通), ② 蔚州(울산 ; 東海通), ③ 梁州(양산 ; 海南通 南路), ④ 章山郡(경산 ; 鹽池通)·淸道郡(海南通 北路), ⑤ 永州(영천 ; 北傜通) 방면을 연결하는 다섯 개의 路線을 관할하였다.31) 慶州 인근의 慶州道 소속 驛 중 安康驛(安康)·仁比驛(杞溪)·六叱驛(神光)은 ①방면으로, 仇於且驛(경주)은 ②방면으로, 奴谷驛·仍己驛(경주)은 ③방면으로, 牟良驛32)·知里驛(경주)은 ④방면으로, 阿弗驛(경주)·淸通驛(永州)은 마지막 ⑤방면으로 향하는 각각의 경로상에 위치하였다. 이곳에서 각 방면으로 더 뻗어나가면 인접한 다른 驛道網과 연결된다.

이와 같이 통일신라와 고려시대 경주 인근 역도망의 비교를 통해 고려시대의 그것이 신라의 간선로를 최대한 이용하여 형성되었음을 분석하였다. 이러한 모습은 근래에 대구·경산지역과 울산지역에서 발굴된 道路遺構를 통해서도

---

29) 井上秀雄이 제시한 경로에 따르면, 坎門驛(正北방향)을 통해서 北原小京이나 北漢山州에 이르고, 乾門驛(西北방향)을 통해 西原小京에 이른다(井上秀雄, 「新羅王畿の構成」, 『新羅史基礎硏究』, 東出版, 1974, 399~405쪽).

30) 活里驛이 驛傳체계의 중심 驛인 京都驛이라는 견해(朴方龍, 앞의 논문, 192쪽)와 그것과 별개로 왕경 내에 위치한 驛이라는 견해(田中俊明, 앞의 논문, 5~8쪽)가 있다.

31) 慶州道는 Ⅲ장 1절의 <표-6>의 驛道명칭 유형 중 領屬 郡縣과의 연결을 목적으로 하면서 界首官을 중심으로 발달한 '한 개의 邑名을 붙인' 驛道의 전형이다.

32) 鹽池通의 출발역으로 상정한 乾門驛(知里驛)과 北傜通의 출발역으로 상정한 坎門驛(阿弗驛)에 이르기 전에 위치한 牟良驛(西 23리)이 두 幹線路의 분기점일 가능성이 있다. 물론 牟良驛이 鹽池通의 출발역일 가능성도 배제할 수 없다.

확인된다. 道路遺構 斷面 土層의 보수·보강 흔적과 출토 유물을 통해 삼국시대에 조성된 일부 도로가 고려~조선시대까지 장기간에 걸쳐 사용되었음을 알 수 있다.[33] 신라 경주 인근의 역로망이 이후 시기 이 일대 교통로 형성의 밑그림이 되었다.

하지만 신라 하대에 지방 호족세력이 성장하면서 지역 거점고을을 중심으로 하는 새로운 주요 교통권역이 형성되었다. 鐵圓·松嶽(개성)의 弓裔·王建과 完山州(전주)의 甄萱을 비롯한 지방 호족세력이 펼치는 정복활동 속에서 경주를 벗어난 여러 지역에서 교통로가 재편되었다. 특히 후삼국통일전쟁 중 해상교역을 기반으로 성장한 해상호족의 군사활동은 고려초기 연근해 교통로의 개설에 중요한 계기로 작용하였다.

고려 건국시기 교통로의 개설 현황을 확인하기 위해 궁예·왕건과 견훤의 정복활동에서 확인되는 이동경로를 추적하고, 이후 편성된 22역도와의 관련성을 찾아보기로 한다.[34] 892년(진성여왕 6)에 北原(원주)의 盜賊 梁吉의 휘하에 있던 弓裔는 酒泉(영월군 주천면)·奈城(영월읍)·鬱烏(평창읍)와 태백산맥 너머의 御珍(울진읍)까지 항복시켰다. 궁예가 유년시절을 보낸 世達寺가 있는 영월을 비롯하여 원주·평창 등 남한강 상류지역의 이동 경로는 고려시대 22驛道의 平丘道 경로에서 확인된다.[35] 이듬해 태백산맥 以東지역에서 세력을

---

33) 고대 영남지역의 지방도로 중 新羅는 물론 고려·조선시대까지 사용된 흔적이 확인되는 도로유구는 대구 봉무동 유적, 대구 두산동 유적, 울산 하삼정 유적, 울산 매곡동 유적 정도이다(朴相銀, 『嶺南地域 古代 地方道路의 硏究』, 嶺南大學校 碩士學位論文, 2006).

34) 본문의 해당 내용에서 달리 典據를 밝히지 않은 내용은 『三國史記』 卷50, 弓裔傳·甄萱傳에서 인용한 것이다. 이와 관련하여 후삼국시기 高麗와 後百濟의 爭覇과정을 다룬 연구성과가 참고된다(柳永哲, 『高麗의 後三國 統一過程 硏究』, 景仁文化社, 2004 ; 문안식, 『후백제 전쟁사 연구』, 혜안, 2008 ; 金明鎭, 『高麗 太祖 王建의 統一戰爭 硏究』, 경북대 박사학위논문, 2009).

35) 『高麗史』 卷82, 兵2 驛站에 따르면, 원주에는 平丘道 소속 역 4곳(幽原驛·丹丘驛·安壤驛·神林驛), 영월 3곳(延平驛·溫山驛·正陽驛), 평창 1곳(樂壽驛)의 驛시설이 각각 분포하였다.

규합한 궁예는 894년에 溟州에서 西進하여 猪足(인제읍)-狌川(화천읍)-夫若(김화군 김화읍)-金城(김화군 금성면) 순으로 城을 격파한 뒤, 鐵圓(철원)에 이르렀다. 이어 896년에 임진강 건너편의 僧嶺縣(철원군 인목면)과 臨江縣(장단군 강상면)을 攻取하였고, 이듬해에 仁物縣(개풍군 봉동면)을 차지하였다. 이동 경로 중 夫若에서 鐵圓을 경유하여 臨江縣으로 이르는 루트는 고려시대 東北界로의 역로망인 桃源道의 일부 구간이다.

그 해에 松嶽郡(개성)을 都邑으로 삼고 孔巖(서울 강서구)·黔浦(김포군 김포읍)·穴口(강화읍) 등의 城을 함락시키고, 898년에 臨津江 以南의 楊州와 見州(양주군 주내면)를 쳤다. 896년 孔巖·黔浦·穴口지역의 함락은 祖江을 건너 漢江유역으로 진입하는 水軍作戰으로 감행되었을 가능성이 높다. 899년에는 梁吉의 농민군을 非惱城(안성시 죽산면)에서 격파하고,[36] 廣州·忠州·唐城(화성군 남양면)·靑州(괴산군 청천면)·槐壤(괴산읍)을 차지하였다. 후술하는 바와 같이 松嶽郡의 弓裔세력과 北原의 梁吉세력이 대치한 非惱城 부근은 廣州道의 分行驛(竹州)이 있던 지역으로 비정된다.[37] 이곳의 전쟁에서 승리한 궁예군은 서쪽의 唐城郡과 동쪽의 忠州·靑州·槐壤지역을 점령하였다. 896년 楊州를 비롯한 한강 하류지역을 점령한 이후, 한강 以南지역뿐 아니라 남한강 수운과 하천변의 陸路를 통해 내륙 깊숙한 槐山지역까지 통제권역으로 포섭하였다. 이러한 행보를 통한 해당 지역의 영역화는 임진강을 건너 한강유역을 연결하는 22驛道 중 靑郊道 루트와 남한강변에 분포하는 廣州道·平丘道 일부 구간의 교통망 이용 사례로 생각해 볼 수 있다.

鐵圓城을 서울로 정한 904년에는 尙州 등의 30여 州縣을 쳐서 취하고, 公州將軍 弘奇가 항복해 왔다. 이 사실은 이미 槐壤에서 소백산맥의 鷄立嶺을 넘어 낙동강 상류의 여러 州縣과 公州를 비롯한 錦江 以南의 일부 지역이

---

36) 『三國史記』 卷12, 孝恭王 3年 7月.
37) 자세한 내용은 Ⅲ장 1절 1항 해당내용 참고.

50

궁예의 영향권으로 들어왔음을 알려 준다.[38] 905년 8월에는 嶺南지역으로
향하는 또다른 고개인 竹嶺을 넘어 쳐들어갔다.[39]

그리고 浿西지역으로의 진출도 감행하였다. 905년(효공왕 9)에 궁예가 浿西
지역에 13鎭을 설치하자, 平壤城主 將軍 黔用과 甄城(평남 강서군)의 재지세력
이 복속하여 왔다.[40] 당시 鐵圓城이 都邑이었으므로, 22역도체계의 전형적인
개경~서경간 交通經路(개경－평주－봉주－서경) 보다 鐵圓郡－俠溪縣－
遂安縣을 경유하여 平壤에 이르렀을 것이다.[41] 이들 州縣을 포함하여 당시
浿西지역으로의 진출범위는 大同江유역까지 도달한 것으로 추측된다.

이상의 905년까지 진행된 궁예세력의 정복활동은 지역적으로 크게 세
가지로 나눌 수 있다. 영월에서 강원도지역의 재지세력을 규합하여 松嶽에
정착하는 과정, 이후 임진강을 넘어 한강 이남과 남한강 유역으로의 진출,
그리고 대동강 以南의 패서지역 복속이 그것이다. 이들 영역 내에는 고려시대
22驛道 중 桃源道를 비롯하여 靑郊道·平丘道와 狻猊道·金郊道·興嶺道의 경로

---

38) 당시 충청지역의 정세에 대해서는 다음의 내용을 유념할 필요가 있다. 904년 公州將軍
弘奇가 항복한 이후, 충남지역이 궁예의 세력권으로 계속 남아 있었던 것이 아니라,
918년에 熊州·運州 등 10여 州縣이 모반하여 백제로 歸附하였다(『高麗史』卷1, 太祖
元年 8月). 또한 『高麗史』 해당 내용에 따르면, 고려 태조의 즉위를 축하하기 위해
견훤이 보낸 사절을 甘彌縣(경기도 안성 지방)에서 맞이하였다. 이러한 정황은 904년으
로부터 14년이 지난 918년경에는 충청 방면에서 후고구려(고려)의 안전이 보장되는
범위가 경기만 일대까지 축소되었음을 알 수 있다. 관련 연구는 다음과 같다(金明鎭,
「충청지역 공략과 아산만 확보」,『高麗 太祖 王建의 統一戰爭 硏究』, 경북대 박사학위
논문, 2009 ; 김갑동, 「고려의 건국과 충남」,『충남역사의 이해』, 충청남도역사문화연
구원, 2010).
39) 『三國史記』卷12, 孝恭王 9年 8月.
40) 『三國史記』卷50, 弓裔 天祐 2年.
41) 통일신라나 고려 건국기의 이 일대 교통로 개설 현황에 대한 관련 연구성과는
다음과 같다(李基東, 「新羅下代의 浿江鎭－高麗王朝의 成立과 關聯하여－」,『韓國學
報』 4, 1976/『新羅骨品制社會와 花郞徒』, 韓國硏究院, 1980 재수록 ; 정요근, 「7~11
세기 경기도 북부지역에서의 간선교통로 변천과 '長湍渡路'」,『韓國史硏究』 131,
2005, 194~195쪽).

가 각각 편성되어 있었다. 이들 驛道는 대표 驛名(桃源驛, 靑郊驛·平丘驛, 㺚猊驛·金郊驛·岊嶺驛)으로 驛道 名稱을 정한 특징이 있다(Ⅲ장 1절 <표-6> 참고). 후술하는 바와 같이, 이들은 22역도체계가 형성되기 이전 고려건국기 이래로 開京을 중심으로 새로이 편성된 육상교통망이다.

고려전기 22역도체계의 개별 驛道가 편성되기 이전까지 이들 루트는 궁예정권의 세력 형성과정 때부터 人的·物的 이동경로로 이용되었다. 궁예는 鐵圓·松嶽을 중심으로 하는 군사활동을 통해 남쪽으로는 公州와 尙州 인근까지, 북쪽으로는 대동강유역과 東北방면의 金城[42] 以南에 해당하는 영역을 영향력 아래로 편입시켰다. 이와 같은 궁예정권기의 활발한 정복활동은 開京 중심의 교통망 형성에 중요한 계기가 되었다. 그리고 당시의 교통운수활동은 위와 같은 驛道의 명칭 유래에도 일정한 영향을 미쳤을 것이다.[43]

또한 후백제 甄萱의 정복활동에서도 여러 갈래의 경로가 확인되고 있다. 이 중 고려와의 최대 충돌지점인 新羅 西北方으로의 이동경로를 중심으로 교통로를 추정해 보고자 한다. 통일신라 때에 王京에서 百濟 舊地로의 이동통로는 五通 中 鹽池通과 海南通이었다. 武珍州로 향하는 海南通 北路는 武珍州 管內의 「開仙寺石燈記」(891)에 확인되는 京租가 경유한 교통로이다. 이 경로는 진성여왕 10년(896)에 西南의 赤袴賊이 왕경의 서쪽 牟梁里를 약탈할 때도 이용되었을 것이다.[44] 이러한 王京~武珍州간 교통로에서 주요 요충지로 大耶城(江陽郡 : 陜川지역)을 꼽을 수 있다. 大耶城은 낙동강유역에서 東西간의 교통로 형성에 중요한 역할을 하는 黃江이 경유하는 지점이다. 920년에 견훤이 신라를 침공하여 大良(=大耶城)을 점령한 후, 924년 7월에 大耶城의

---

42) 894년 강원지역 세력을 규합하는 과정 중 경유한 최북단이 金城(김화군 금성면)이다. 여기서 조금만 北進하면 동북방면의 정치·군사적 요충지이자 경계선인 鐵嶺이 나온다. 당시 궁예세력의 판세가 鐵嶺까지 미쳤을 가능성도 있다.

43) Ⅲ장 1절 1항의 <표-6>에 있는 B유형의 驛이 여기에 해당한다. 자세한 내용은 해당 부분에서 서술한다.

44) 『三國史記』 卷11, 眞聖女王 10年.

52

군사를 동원하여 曹物城을 공격한 사실[45] 등을 통해 大耶城이 경북 내륙지역으로의 진출을 위한 교두보의 역할을 수행하였음을 알 수 있다. 전라도 지역에서 六十峴이나 八良峴과 같은 고갯길[46]을 통해 소백산지를 넘고 大耶城을 경유하여 낙동강 유역으로 진출하였다.

이 경로와 함께 후백제군이 낙동강 유역으로 진출하는 또 다른 방법은 秋風嶺을 넘는 것이었다. 영남지역에서 秋風嶺을 넘어 영동－옥천－금산분지를 통해 全州로 이르는 교통로는 백제와 신라가 각축을 벌이던 삼국시대에 개설·이용되었다.[47] 秋風嶺을 통해 연결되는 금강 상류지역의 교통로는 백제 부흥군의 활동뿐 아니라 통일 이후 熊州·全州 管內의 租稅 運送經路로 기능한 鹽池通의 한 갈래였다.

930년 1월 古昌(안동)전투에서 왕건이 크게 승리하기 이전까지 경북 내륙지역에서 벌인 兩國의 전쟁에서 후백제가 절대적 우세를 점할 수 있었던 요인 중 하나는 八良峴이나 秋風嶺의 嶺路를 통한 兵站線을 장악하고 있었기 때문이다. 특히 秋風嶺을 넘는 루트는 完山州에서 낙동강 중·상류지역으로 이르는 최단경로였다. 秋風嶺을 넘나들며 수행한 후백제의 군사활동에 이용된 이 경로는 이후 22驛道의 京山府道와 全公州道의 분포망에서 역추적해 볼 수 있다. 京山府를 중심으로 편성된 京山府道는 추풍령을 넘어 順陽驛(陽山)에 이르고, 여기서 錦江을 따라 조금만 내려가면 濟元驛(進醴)에서 全公州道의 경로를 통해 全州에 도달하게 된다. 후백제의 군사활동에 이용된 鹽池通 경로의 일부인 秋風嶺구간도 22역도체계 형성 때에 驛道網으로 편성되었음을 짐작할 수 있다.

---

45) 『高麗史』 卷1, 太祖 3年 10月 ; 『三國史記』 卷50, 甄萱 同光 2年.

46) 六十峴과 八良峴은 신라시대로부터 요해지였다(『新增東國輿地勝覽』 卷39, 雲峯縣 山川·長水縣 山川).

47) 李販燮, 「忠南 珍山·秋富地域의 古代 交通路」, 『錦江考古』 4, 충청문화재연구원, 2007.

　　한편 고려와 후백제가 雌雄을 겨루던 각축장은 海上도 예외가 아니었다.[48] 903년에 松嶽의 해상세력인 王建이 錦城郡(나주)과 인근의 10여 개 郡縣을 점령한 뒤, 909년에 다시 羅州지역으로 이동하다가 鹽海縣(영광군 염산면)에서 후백제의 배를 노획하고 서남해로 나아가 珍島郡과 皐夷島(완도군 고금도)를 함락시켰다.[49] 이 내용은 궁예 집권 중반(909)에 王建이 西南海 주요 島嶼지역과 영산강 하구의 羅州 일대에 대한 지배권을 획득하였음을 전해준다.

　　당시 후고구려의 해상활동범위는 영산강 하구의 羅州와 인근의 浦口에 국한되는 것이 아니라, 북쪽의 鹽海縣에서 壓海縣(島)을 경유하여 珍島郡과 완도의 皐夷島에 이르렀다. 羅州지역을 거점으로 한 西南海의 경영은 군사적인 목적뿐 아니라 해상교역의 이익(舟楫之利)을 가져다 주었다.[50] 또한 서해 북부와 남부 海域을 이어주는 중부 海域의 유력한 해상세력인 槽城郡의 卜智謙이 궁예 집권시기부터 왕건을 도운 사실[51]도 서해 일대에서 왕건세력의 활동범위를 짐작하는 데 도움이 된다.

　　이러한 서·남해 연안의 戰線 형성은 한동안 지속되었다. 莞島 인근의 皐夷島 以東 海域은 順天지역을 중심으로 활약한 親甄萱 성향의 해상세력인 朴英規와 金摠이 차지하고 있었다.[52] 영산강 하구를 비롯한 서남해가 왕건의 통제

---

48) 후삼국시기 해상을 무대로 활약한 豪族과 海戰에 대한 관심도 꾸준하다. 근래에 제출된 대표적인 연구성과를 제시하면 다음과 같다(鄭淸柱,「新羅末·高麗初 順天地域의 豪族」,『全南史學』18, 2002 ; 姜鳳龍,「後百濟 甄萱과 海洋勢力－王建과의 海洋爭覇를 중심으로」,『歷史敎育』83, 2002 ; 이현모,「羅末麗初 晉州地域의 豪族과 그 動向」,『歷史敎育論集』30, 2003 ; 權悳永,「新羅下代 西·南海域의 海賊과 豪族」,『韓國古代史硏究』41, 2006 ; 신호철,「고려 건국기 西南海 지방세력의 동향」,『역사와 담론』58, 2011).

49)『高麗史』卷1, 太祖1 天祐 3年. 912년에 견훤이 궁예의 군대와 德鎭浦에서 싸웠다는 기록(『三國史記』卷50, 甄萱傳)을 참고하면, 909~912년에 서남해상에서 전투가 빈번하였던 것 같다.

50)『高麗史』卷1, 太祖1 乾化 4年.

51) 鄭淸柱,「王建의 成長과 勢力 形成」,『新羅末高麗初 豪族硏究』, 一潮閣, 1996, 126쪽.

52) 邊東明,「海龍山城과 順天」,『全南史學』19, 2002 ; 변동명,「김총의 城隍神 推仰과

하에 놓여 있었기 때문에 후백제에게 있어 보성만·순천만·광양만으로 연결되는 연안벨트는 해양거점으로서 더없이 소중한 곳이었다. 이곳을 통해 해상교역뿐 아니라 중국이나 일본과의 대외교류도 이루어졌다. 성종 11년(992)에 실시한 60浦制에서 남해안의 다른 沿海지역에 비해 이 일대에 비교적 많은 포구시설이 분포하는 것도 이러한 정황을 반영하는 것이다.[53] 물론 성종대의 상황이 반영된 결과이지만, 이 일대에 良港이 입지할 수 있는 灣이 넓게 분포하는 지리적 이점을 활용한 것이다.

順天지역 以東의 경남 서부지역에 위치한 康州 일대의 호족세력도 10세기 초 후삼국 건국세력과 밀접한 관련을 맺으면서 세력교체가 이루어졌다.[54] 920년 왕건에게 歸附한 閏雄을 대신하여 924년에 후백제의 후원을 얻은 해상세력인 王逢規로 교체되었다. 당시 王逢規와 朴英規·金搃 등의 강력한 해상호족을 포섭한 후백제는 남해안에 대한 지배권을 적극적으로 확대해 나갔다. 그 근거로 924년 8월에 견훤이 왕건에게 보낸 絶影島(부산 영도구)의 驄馬 1匹을 들 수 있다.[55] 견훤이 왕건에게 驄馬를 보낸 이유는 泗川灣은 물론이고, 신라의 王京에 근접한 남해안의 最東端인 부산 앞 바다까지 자기의 통제권 내에 포섭하였음을 과시하기 위해서였다. 이처럼 후백제는 康州의 왕봉규세력을 포섭한 이후 남해안의 대부분 海域에서 상대적인 우위를 점하였다.

그런데 927년 4월에 태조 왕건은 海軍將軍 英昌과 能式 등을 보내어 康州 管內의 轉伊山(경남 남해)·老浦(전남 광양)[56]·平西山(남해군 남면 평산리)[57]·

麗水·順天」, 『全南史學』 22, 2004.

53) 해당 사료에 따르면, 고려초기 해당 지역에 夫沙浦(樂安郡), 沙飛浦(昇平郡), 馬西良浦, 麻老浦(光陽郡), 冬鳥浦(兆陽縣), 召丁浦(麗水縣)가 분포한다(『高麗史』 卷79, 食貨2 漕運 成宗 11年). 자세한 내용은 Ⅱ장 3절 2항 <표-4> 참고.

54) 康州지역의 세력 교체는 允雄(친왕건세력) － 王逢規(친견훤세력) － 有文(친왕건세력) 순으로 이어졌다(이현모, 앞의 논문, 2003).

55) 『高麗史』 卷1, 太祖 7年 8月.

突山(여수시 돌산읍) 등 4개의 鄕을 함락시키고 사람들을 포로로 잡아갔다.[58] 고려의 水軍이 점령한 지점은 光陽灣과 蟾津江 하구에서 남해로 빠져나가는 길목에 해당한다. 이 시기 親甄萱 성향을 지닌 해상호족인 전남 동부지역의 박영규·김총세력과 경남 서부지역의 왕봉규세력은 큰 타격을 입었을 것이다. 그 해 8월에 왕건이 康州를 순행하였고[59] 王逢規를 대신하여 有文을 새로운 康州將軍으로 삼았다. 하지만 이듬해(928)에 또다시 康州 元甫 珍景 등이 古子郡(경남 고성군)에 糧穀을 운반하러 간 사이에 견훤은 康州를 습격하여 有文을 항복시켰다.[60]

928년부터 서남해상의 주도권은 後百濟 쪽으로 기우는 듯했다. 태조 18년(935)에 '羅州界의 40餘郡이 백제에 약탈당하였으므로 6년간 海路가 통하지 않는다'[61]는 왕건의 발언을 참고하면, 928년 康州의 재수복과 함께 후백제가 해상 통제력을 강화하였음을 알 수 있다. 932년 9월에는 후백제 水軍이 예성강에 침입하여 고려의 수군기지인 貞州 등 세 고을의 선박 100척을 불사르고 猪山島의 牧馬 300匹을 약탈하기도 하였다.[62] 이와 같이 936년 고려에 의한 후삼국통일 이전까지 서해와 남해 해상은 왕건과 견훤을 비롯한 해상세력들의 격렬한 각축장이었다.

---

56) 성종 11년 輸京價 기사에 海安浦(光陽郡)의 前號가 麻老浦인 점(『高麗史』卷79, 食貨2 漕運 成宗 11年 ; Ⅱ장 3절 <표-4> 참고)을 근거로 麻老浦와 老浦를 동일한 지명으로 보았다.

57) "平山廢縣은 본래 신라 平西山縣인데, 西平이라 하기도 한다. 경덕왕이 지금 명칭으로 고쳐서 來屬시켰으며, 縣 남쪽 25리 지점에 있다"(『新增東國輿地勝覽』卷31, 南海縣 古跡).

58) 『高麗史』卷1, 太祖 10年 4月 壬戌.

59) 『高麗史』卷1, 太祖 10年 8月.

60) 『三國史記』卷12, 敬順王 2年 5月 ; 『高麗史』卷1, 太祖 11年 5月. 이 기사와 관련하여 珍景 등이 운반한 糧穀을 보관한 장소를 巨流山城(경남 고성군)으로 이해한 연구가 참고된다(李鉄勳, 「固城 巨流山城과 咸安 蓬山山城의 검토」, 『釜大史學』30, 2006).

61) 『高麗史』卷92, 列傳5, 庚黔弼.

62) 『高麗史』卷2, 太祖 15年 9月.

왕건은 궁예집권시절부터 통일을 달성하기 직전까지 羅州와 서남해의 주요 島嶼를 근거지로 삼아 서·남해 연안지대를 공략하기 위해 노력하였다. 이렇게 연안지역에서의 장기간 주둔과 海戰을 치루면서 航路나 浦口에 대한 해양 정보가 축적되었다. 이것은 통일 이후 중앙집권체제 구상에 필요한 해양경영을 위한 중요한 밑천이 되었다. 물론 왕건 집안과 후원세력이 보유한 해양역량이 전제되었기 때문에 가능하였다.

통일 이후 확대된 영역에 대한 효율적인 통제와 수취체제의 개선을 위해 서·남해 연안항로의 이용이 요구되었다. 태조대부터 慶尙道지역과 같이 원거리거나 해안에 인접한 郡縣의 경우는 조세운송활동에 海路를 적극 이용하였다. 궁예집권시기부터 고려 건국세력이 수행한 해상활동은 항해기술과 해양지리·정보를 습득하는 좋은 계기가 되었고, 이때 축적한 경험은 이후의 60浦制나 漕倉制와 같이 海運을 바탕으로 하는 조세운송체계의 기반이 되었다.

이처럼 고려 건국세력은 후삼국통일전쟁을 수행하면서 전국 각지의 자연지형과 운송경로를 확인하였고, 이를 바탕으로 開京을 중심으로 하는 새로운 교통로를 개설하였다. 이와 함께 태조대는 북진 개척과정의 일환으로 북방 군사지대에 교통로를 개설하거나 정비하였다. 서경을 발판으로 하여 시작된 태조대 북방 개척은 安北府에서 청천강을 넘어 寧邊 일대에까지 진출하였다. 확대된 영토의 개발과 북방이민족의 침입에 대한 방어태세 구축에 주력함에 따라 개경~서경 인근 지역에도 驛道網이 형성되었다.

연이어 청천강 일대까지 城·鎭을 설치하였고 여러 鎭은 서경을 중심으로 상호간의 연결을 꾀하였다. 태조 14년(931)에는 安北府(寧州)를 설치하여 북방 방어거점을 북상시켰고,[63] 이러한 상황 속에서 개경~청천강 일대의 역도망은 다른 지역에 비해 먼저 정비되었다. 이 일대는 후술하는 '6科體制'나 '22驛道'

---

63) 李根花, 「고려 태조대 북방정책의 수립과 그 성과」, 『박성봉교수회갑기념논총』, 1987, 161~162쪽.

형성 이전에 정치·군사적 중심지로서 驛道의 개설이나 驛制의 뒷받침이 비교
적 빨리 이루어진 곳이었다. 태조대에 築城한 軍鎭인 通德鎭·安定鎭·興德鎭·長
興鎭은 북방 정세가 안정되는 현종 말엽에 22역도의 驛站시설로 활용되기도
하였다.[64]

　태조대 개경 以北의 교통망은 국가권력에 의해 체계적으로 개설·정비되었
다. 이와 달리 南道지역은 예전의 驛이 계승되기도 하지만, 후삼국 통일전쟁을
거치면서 개별 驛의 생성·소멸과 역도의 개설 등 많은 변동을 겪었다. 통일신라
시기 驛 중 고려시대에 전승된 것으로 알려진 驛은 앞에서 추정한 五門驛
이외에 屈歇驛, 屈弗驛, 楡川驛, 長池驛이 있다.[65] 이들 驛은 후삼국시기를
거쳐 고려 현종대에 형성되는 22역도체계에서도 확인된다(<표-2> 참고).
屈歇驛은 고려시대 慶州道의 仇於且驛(경주)으로, 屈弗驛은 金州道의 屈火驛
(울주)으로, 楡川驛은 金州道의 楡川驛(청도)으로, 長池驛은 忠淸州道의 長池驛
(청주)으로 각각 계승되었다. 이와 달리 통일신라시기에 확인되는 褥突驛과
辛熱驛은 신라말·고려초에 소멸되거나 다른 驛으로 그 기능이 이관되었을
것이다.[66]

　또한 이전부터 존재하던 驛이 후삼국통일전쟁을 치루면서 그 기능이 강화·
부각되는 사례도 있다. 대표적인 예로 貞海縣의 夢熊驛과 廣州의 淮安驛을
들 수 있다.

　　Ⅱ-1) 태조 때에 韓氏 성을 가진 夢熊驛의 驛吏가 나라에 큰 공을 세웠으므로
　　　　그에게 大匡 벼슬을 주고 高丘縣지역을 분할하여 이 縣을 설치하고 그의

---

64) 鄭枡根, 『高麗·朝鮮初의 驛路網과 驛制 研究』, 서울대 박사학위논문, 2008, 26~27쪽.
　　네 驛 중 興德驛은 22역도체계 이전의 6과체제에서 확인되지 않으므로 6과체제
　　운영시기에는 興德鎭으로 남아 있었을 가능성이 있다.
65) 한정훈, 「신라통일기 육상교통망과 五通」, 『釜大史學』 27, 2003.
66) 褥突驛은 『三國史記』 卷6, 文武王 8年에서, 辛熱驛은 「仁陽寺 金堂治成碑」(한국고대
　　사회연구소편, 『譯註 韓國古代金石文』 3, 1992)에서 각각 확인된다.

貫鄕으로 삼게 하였다(『高麗史』 卷56, 地理1 淸州牧 貞海縣).

　자료 Ⅱ-1)과 같이 태조는 교통운수와 관련된 功勳을 세운 夢熊驛吏에게 大匡[67] 벼슬뿐 아니라 그 지역의 邑格까지 올려 주었다. 이와 유사한 예로, 태조의 南征 때 車馬를 많이 내어 군량길을 통하게 한 柳車達에게 大丞에 봉하고 三韓功臣의 號를 부여하였다.[68] 후삼국 통일전쟁 수행과정에서 교통시설의 이용과 군수 물자의 원활한 운반은 매우 중시되었다. 특히 Ⅱ-1)에 나오는 貞海縣이 소속된 運州(洪州) 일대는 왕건과 견훤의 군대가 대치하던 주요 격전지대 중 하나였다. 태조 원년(918)에 運州(홍성)·熊州(공주) 등 10여 州縣이 후백제로 귀부한 이후, 고려가 運州를 점령하는 태조 17년(934)까지의 20여 년 사이에 이 일대는 몇 차례 지배권이 바뀌었다.[69] 이 기간에 정해현의 몽웅역리가 왕건의 군사활동을 도왔던 것이다. 육운활동뿐 아니라 정해현(서산시 해미면)의 입지와 관련하여 서해 항로의 이용에도 중요한 역할을 하였다. 이와 관련하여 태안반도의 끝자락에 최고의 遭難地帶인 安興梁이 자리하였다.[70]

　羅州를 비롯한 서남부 해안지역에 이르려면 海路상의 길목이기도 한 安興梁을 거쳐야 하는데, 아무리 강력한 해상력을 가진 王建이라 하더라도 쉬운 일이 아니었다. 이러한 상황 아래에서 정해현 몽웅역의 도움은 運州로의

---

67) 고려초기의 官階는 9품계 16등급으로 구성되었고 이 중 大匡은 三重大匡, 重大匡 다음의 3등급에 속하는 高位 官階名이다(박용운,『高麗時代 官階·官職 硏究』, 고려대 학교출판부, 1997, 34~35쪽).

68) 『新增東國輿地勝覽』 卷42, 黃海道 文化縣 人物 柳車達.

69) 김갑동, 「고려초기 홍성지역의 동향과 지역세력」,『史學硏究』74, 2004 ; 윤용혁, 「나말여초 洪州의 등장과 運州城主 兢俊」,『한국중세사연구』 22, 2007.

70) 安興梁은 신진도와 마도를 거쳐 가의도에 이르는 해역을 말한다. 『萬機要覽』에 의하면 암초가 많고 좁은 수로로서 조류가 빠르며, 간만의 차가 커서 선박 운항이 어려웠다. 따라서 조수의 차가 심하지 않은 밀물을 기다려서 건넜다(이해준, 「해운과 해양사-충청편-」,『한국의 해양문화』 서해안, 해양수산부, 2002, 365쪽).

육상교통로뿐 아니라, 안흥량을 경유하지 않아도 되는 또 다른 서해 항로의 개설을 의미하였다.[71] 安興梁을 거치지 않고 羅州를 비롯한 後百濟의 해안을 공략하고자 할 때, 夢熊驛이 위치한 정해현의 浦口[72]는 매우 중요한 수륙교통 거점이었다. 즉 정해현은 지리적으로 陸路와 海路가 만나는 당시 고려의 최남단으로, 후백제의 해안을 공략하기 위해 안전한 바닷길을 이용할 수 있는 교두보의 역할을 하였다.[73] 夢熊驛의 경우는 활용도가 높아져 교통시설 은 물론 거주한 주민들의 지위까지 격상된 것이다.

淮安驛은 고유명사의 驛名일 수도 있지만, 淮安이 廣州의 成廟所定의 別號[74] 이므로 淮安(광주)에 있는 驛을 의미하였을 가능성이 있다. 이 驛은 현종 말엽에 형성된 22역도의 廣州道 慶安驛이 아닐까 한다.[75] 뿐만 아니라 교통 요지인 忠州의 丹月驛도 944년(혜종 1)에 건립한 영월 「興寧寺 澄曉大師塔碑」

---

71) 정해현·몽웅역과 안흥량을 연결시키는 것이 무리한 점이 없는 것은 아니지만, 천수만의 물길이 닿는 지점에 위치한 정해현의 입지를 감안하면 위와 같은 몽웅역의 역할은 개연성이 있다.

72) 실제로 정해현이 포구로서 주변의 다른 지역 보다 적합한 곳이었음은 다음의 사료에서 확인된다. "羅州道 祭告使 大府少卿 李唐鑑이 아뢰기를, '중국 사절들을 영접하고 전송함에 있어서 高巒島(충남 보령)에 있는 정각은 항구가 약간 멀고 배를 대기도 불편하오니 洪州 관내인 정해현에 정각(=安興亭)을 하나 새로 지어서 사절들을 보내고 맞아들이는 장소로 하시기 바랍니다.'라고 하였다"(『高麗史』卷9, 文宗 31年 8月 辛卯).

73) 夢熊驛은 22驛道의 忠淸州道와 서해 항로를 잇는 교통요지에 위치하였다. 더욱이 최대의 조난지대인 安興梁이 인접하고 있기 때문에 夢熊驛(貞海縣)에서 연결되는 忠淸州道의 이용이 빈번하였다.

74) 『高麗史』卷56, 廣州牧. 본장의 다음 절 <표-4> 성종대 輸京價 규정(『高麗史』 卷79, 食貨2 漕運 成宗 11年)에서 1석/18석을 부담하는 尙原浦와 1석/20석을 부담하는 同德浦의 소재지도 淮安郡으로 되어 있다.

75) 『遁村遺稿』卷4, 附錄 下에는 "先生之先 在新羅奈勿王朝 以內史令(諱自成)爲漆原伯 世襲其爵 羅旣亡 獨漆原嬰城固守 抗節不屈 麗祖大怒 增兵環攻 久而後 屠其城 遷其支 屬 定爲淮安(今廣州慶尙驛)驛吏服役…"이라고 기록되어 있다. 내용에 따르면 태조는 漆原에서 抗命하던 李自成을 廣州의 淮安驛吏로 삼아 役을 지게 하였다. 위의 자료에 보이는 慶尙驛은 22驛道 廣州道에 있는 慶安驛을 가리킬 가능성이 높다.

陰記에서 확인된다.76) 태조대의 夢熊驛·淮安驛(慶安驛)과 혜종대의 丹月驛은 南北을 잇는 교통로상의 주요 지점에 위치하였기 때문에 현종대 22驛道에도 계승되었다.77) 淮安驛(廣州)과 丹月驛(忠州)은 都邑(開京)에서 광주－이천－충주로 연결되는 동남 방면의 幹線路상에 위치한 역참시설이었다.

앞에서 거론한 다수의 驛을 정리하면 <표-2>와 같다. 대부분의 驛은 통일신라부터 신라말·고려초의 혼란기를 거쳐 고려시대에도 존속하였다. 특히 慶州 인근에 위치한 驛의 존속 비율이 매우 높다. 신라에서 고려왕조로 교체되면서 陸上交通網은 경주 중심에서 개경 중심으로 대대적인 전환이 이루어졌다. 그럼에도 불구하고 위의 驛들이 존속한 이유는 두 시기의 교통망에서 주요한 지점에 위치하였기 때문이다. 즉 이들 驛은 경주 중심의 五通체계와 개경 중심의 22역도체계에서 幹線路上의 주요 지점에 위치한 것이다. <표-2>의 '성종·현종 초기'에 확인되는 驛도 태조대에 존재하였을 가능성이 있다. 이들 驛에 관한 설명은 Ⅲ장 첫머리에서 별도로 다룰 계획이다.

이상에서 살펴본 바와 같이, 고려초기 교통로는 통일신라의 그것을 계승한 측면과 새로이 편성된 측면이 공존한다. 통일신라시기에 慶州 인근이나 주요 지점에 위치한 驛시설이 고려초기에도 존속하는 것은 전자의 사례라 할 수 있다. 하지만 두 시기 교통망 구성은 거듭 밝히듯이, 慶州에서 開京으로 교통체계의 기본 軸이 바뀌는 근본적인 변화로 인해 단절적인 측면도 두드러진다. 이러한 양상을 잘 보여주는 사례로 호족세력의 서남해 해상활동과 태조의 북방정책을 통해 새로이 편성된 海路와 陸路를 언급하였다. 태조대는 후삼국 통일전쟁 수행과 북방경계 강화를 위해 신속한 軍令 전달과 軍需 보급에

---

76) 한국역사연구회 편, 「寧越興寧寺澄曉大師塔碑」, 『譯註 羅末麗初金石文』(下), 혜안, 1996 ; 하일식, 「고려 초기 지방사회의 주관(州官)과 관반(官班)」, 『역사와현실』 34, 1999, 68~69쪽.

77) 교통 요충지에 위치한 分行驛(竹州)의 변천과정도 주목된다. 新羅 下代의 非惱城이 있던 지역이 현종 초기 鼻腦驛을 거쳐 22역도에서는 分行驛으로 改名하여 존속하였다 (Ⅲ장 1절 1항 해당내용 참고).

<표-2> 통일신라~고려 초 驛 일람

구 분		통일신라	고려 건국기	성종·현종 초기	22역도	현재 위치
北界			長興鎭		興化道 長興驛	평북 태천
			興德鎭		雲中道 興德驛	평남 은산
			通德鎭		興郊道 通德驛	평남 숙천
			安定鎭	安定驛	興郊道 安定驛	평양
				林原驛	興郊道 林原驛	평양
5道	楊廣道			丹棗驛	青郊道 丹棗驛	파주
			淮安驛		廣州道 慶安驛	廣州
				饒呑驛		廣州 인근
			非惱城	鼻腦驛	廣州道 分行驛	안성
		褥突驛				충주 인근
			丹月驛		廣州道 丹月驛	충주
		長池驛			忠淸州道 長池驛	청주
				石坡驛		천안 인근
			夢熊驛		忠淸州道 夢熊驛	서산
				巴山驛		공주
	全羅道			祗弗驛	全公州道 玉庖驛	완주
				參禮驛	全公州道 參禮驛	전주
				長谷驛		전주 인근
				仁義驛		태인
				水多驛		무안
				伏龍驛		光州
	慶尙道	坤門驛			慶州道 仇於且驛	경주
		兌門驛			慶州道 奴谷驛	경주
		乾門驛			慶州道 知里驛	경주
		坎門驛			慶州道 阿弗驛	경주
		艮門驛			慶州道 安康驛	경주
		屈歇驛			慶州道 仇於且驛	경주
		活里驛			慶州道 活里驛	경주
		楡川驛			金州道 楡川驛	청도
		屈弗驛 (屈井驛)			金州道 屈火驛	울산
		辛熱驛				未詳

힘을 쏟았고, 그 결과 교통 분야에 대한 인식이 한층 더 높아졌다. 당시의
이러한 모습은 開京을 중심으로 하는 교통로의 재편과 제도의 마련으로

62

이어졌다. 건국세력이 체득한 전국의 자연지형과 陸·海路에 대한 해박한 지식은 이후 시행된 지방통치정책에 많은 영향을 미쳤다. 특히 開京을 중심으로 하는 水·陸交通網을 새로이 편성하는 단초를 연 것이다.

2) 大·中·小路 관리방식과 6科體制

고려 건국세력은 통일전쟁을 통해 후삼국의 분립상태를 종식시키고 단일한 통치체제를 지향해 나갔다. 이러한 지배체제 구축 과정 중에 경주 중심의 교통망이 개경을 축으로 하는 새로운 교통운수 네트워크로 재편되어 나갔다. 차후에 확립된 22驛道체계는 아니라 하더라도 기본적인 교통망의 틀은 구축되었다. 이에 병행하여 개별 驛시설과 驛道의 운영에 필요한 제도적 보완이 뒤따르게 되었다.

驛 운영을 위한 인적·물적 기반인 驛長과 驛田 지급규정을 비롯하여 고려 驛制의 본격적인 정비가 성종대에 시작되었다. 성종 원년(982)에 최승로가 작성한 상서문78) 제1조·10조·15조·17조의 일부 내용에서 성종대의 驛 운영상황과 驛制 정비를 위한 조치를 살필 수 있다. 상서문 10조와 17조에서 지적하고 있듯이 亭·驛·館·津·渡가 僧徒나 지방의 세력있는 자(豪右)에 의해 私的으로 이용되었고, 그 폐단으로 인해 驛民은 세력가들에게 투탁하거나 유망하였다.79) 이와 함께 상서문 1조와 15조는 북방 변경지역으로의 신속하고 효율적인 軍糧 수송의 필요성에 대해 언급하고 있다.

북방 이민족과의 대립과 침입에 대비하기 위한 軍需 수송체제의 마련은 성종대 驛制의 형성과 발전에 주요한 배경으로 작용하였다. 최승로가 지적한 폐단을 극복하고 효과적으로 운영하기 위해 이듬해부터 지속적인 규정을

---

78) 『高麗史』 卷93, 列傳6 崔承老.

79) 다음의 내용을 통해 고려전기 驛民의 사회적 지위를 알 수 있다. "…且其曾屬官寺奴婢 津驛雜尺 或投勢移免…"(『高麗史』 卷2, 太祖 26年 4月 訓要8조) ; "車達兄弟等四人 免出驛島 隨其所願 編籍州縣"(『高麗史』 卷3, 成宗 9年 9月 丙子).

마련하였다. 성종대 驛制 정비를 위한 조치를 순서대로 살펴보면 다음과
같다.

> Ⅱ-2) (성종 2년) 6월 州府郡縣, 館驛의 田을 정하였다. 1000丁 이상의 州縣은
> 公須田 300결, 500丁 이상(의 州縣)은 공수전 150결·紙田 15결·長田 5결,
> 200丁 이상(의 州縣)은 기록이 누락되었고, 100丁 이상(의 州縣)은 공수전
> 70결·지전 7결·장전 3결로 하였다. 鄕·部曲은 1000丁 이상은 공수전 20결,
> 100丁 이상은 공수전 15결, 50丁 이하는 공수전 10결·지전 3결·장전 2결로
> 하였다.··· 大路驛은 공수전 60결·지전 5결·장전 2결, 中路驛은 공수전
> 40결·지전과 장전 각 2결, 小路驛은 공수전 20결·지전 2결로 하고, 大路館은
> 전 5결, 中路館은 4결, 小路館은 3결로 하였다(『高麗史』 卷78, 食貨1 公廨田
> 柴).

> Ⅱ-3) 성종 2년 결정하기를 "각 역에 驛長을 두되 大路(驛)[80]의 丁이 40이상이면
> 역장 세 명을 두고 中路(驛)의 丁이 10이상이면 역장 두 명을 두며 小路(驛)은
> 中路(驛)의 예에 의하여 정한다."라고 하였다(『高麗史』 卷82, 兵2 驛站).

　자료 Ⅱ-2)와 Ⅱ-3)에서 확인되듯이 성종대 驛制 정비의 구체적인 모습은
"大路·中路·小路"로 驛道를 구분하여 관리하는 방식이다. 이처럼 중앙정부에
서 전국의 역도를 중요도에 근거하여 대·중·소로 구간으로 구분하여 관리하는
방식은 唐나라에서 시작하여 한국·일본 등지로 전달되었다.[81] 驛道 구분방식

---

80) 자료 Ⅱ-3)에 있는 '(驛)' 부분은 정확한 내용 전달을 위해 필자가 삽입한 내용이다.
　　본문에 해당 내용에 대한 상세한 설명이 있다.

81) 당나라에서 역도를 대·중·소로로 나누어 관리하였음을 다음의 연구에서 간접적으로
　　확인할 수 있다(金子修一, 「唐代前期の國制と社會經濟」, 『中國史』 2, 山川出版社,
　　1996, 381~383쪽). 이와 관련하여 일본의 연구성과에서는 다음과 같이 언급하였다.
　　"율령법문을 보면, 일본 驛制는 거의 唐의 제도를 그대로 받아들인 것 같다. 驛과
　　驛長의 규정이 거의 같고, 도로의 등급(대·중·소로 ; 필자 주)에 따라 驛馬의 數가
　　변하는 구조는 유사하다"(中村太一, 「計劃道路の形成」, 『日本の古代道路を探す』, 平凡

은 중앙집권체제를 마련하기 위해 다방면에 걸쳐 唐制를 받아들이려 노력한 광종~성종대에 도입된 것 같다.[82]

성종 2년(983) 전국의 12개 州牧에 外官을 파견한 지 4개월 뒤에 Ⅱ-2)와 같이 지방지배를 효율적으로 수행하기 위해서 일반 행정구역과 함께 館驛에도 物的 기반인 公廨田을 지급하였다. 교통로상의 요지에 설치한 館·驛은 자료 Ⅱ-2)에서 다른 행정단위가 丁數를 기준으로 하는 것[83]과 달리 대·중·소로의 구분에 따라 公廨田柴 규정을 적용받았다. 이러한 점은 뒤에 제시할 자료 Ⅱ-6)에서 驛이 牧·知州事와 함께 丁數와 무관하게 公須柴地가 지급된 것과 더불어 驛의 특수한 역할을 감안하여 확실한 驛制 관리규정을 세우기 위한 조치였음을 잘 보여 준다.

성종 2년에 정해진 지방공해전 규정은 이후 변동기록이 없는 것으로 보아 이후로도 제도상의 큰 변화가 없었던 것 같다.[84] 뿐만 아니라 Ⅱ-6) 개별 驛의 公廨田柴 지급 時에도 大·中·小路 구간의 구분이 적용된 것으로 볼 때, 역도의 大·中·小路 관리방식은 6科體制가 시행된 시기를 제외하고 고려 일대를 통해 지속된 것으로 이해할 수 있다.

다음 자료인 Ⅱ-3)은 각 驛에 驛長을 배치하는 규정이다. 唐나라와 고대 일본의 경우는 각 驛당 1명의 역장을 배치한[85] 반면, 고려의 경우는 大·中·小路

社, 2000, 111~114쪽).

82) 본문의 인용 자료와 같이 성종 2년에 대·중·소로역 구분이 이루어진 점을 고려하면, 성종대 보다 광종대일 가능성이 더 높다. 이와 관련하여 3성6부제로 대변되는 唐制의 도입 배경으로 과거제를 비롯한 관제 개편, 공복의 제정이 시행된 광종대의 활발한 대외교류를 강조하는 연구성과가 참고된다(김대식, 「高麗 光宗代의 對外關係」, 『사림』 29, 수선사학회, 2008 ; 김대식, 「고려 초기 중앙관제의 성립과 변화」, 『역사와현실』 68, 한국역사연구회, 2008).

83) '丁數'의 구분은 公廨田 지급뿐 아니라 公須柴地 지급, 事審官 정원, 鄕吏 정원 등 군현제의 운영을 위한 기준으로 이용되고 있다(金琪燮, 『韓國 古代·中世 戶等制 研究』, 혜안, 2007, 212~220쪽).

84) 安秉佑, 「高麗前期 地方官衙 公廨田의 設置와 運營」, 『李載龒博士還曆紀念韓國史學論叢』, 1990, 175쪽.

구간과 驛에 배속된 丁數에 따라 역장 수를 1~3명으로 차등을 두었다. Ⅱ-3)을 한 번 더 풀이하면 "각 驛에 배치할 驛長의 수를 정할 때 大路驛 중 丁數가 40이상인 驛일 경우 驛長 세 명을 두고, 中路驛 중 丁數가 10이상인 驛일 경우 驛長 2명을 두며,[86] 小路驛은 中路驛의 예에 의거하여 차이를 두어 정한다"는 것이다.[87] 이것은 大路驛이라 하더라도 40丁 이상의 驛 이외에 40丁 이하의 驛도 존재하고, 中路驛이라 하더라도 10丁 이상의 驛뿐 아니라 10丁 이하의 驛도 존재하였을 가능성을 시사한다. 즉 중앙정부가 역도 구간의 중요도에 따라 대·중·소로역으로 구분하였다 하더라도 각 驛마다 달리 배속된 丁數가 역장 배정의 실질적인 기준이었다. 성종 15년 事審官 정원규정[88]과 현종 9년 鄕吏 정원규정[89]의 기준이 丁數의 多少인 점과 상통한다.

　그러나 대부분의 기존 연구에서는 자료 Ⅱ-3) 역장 배정 규정을 통해 大路驛은 40丁 이상, 中路驛은 10丁 이상을 보유한 것으로 파악하였다. 이렇게 대로역·중로역·소로역에 배속된 丁數를 추정한 다음, 『高麗史』 卷82, 兵2 站驛에 나오는 6과체제의 丁數 배속규정을 연결시켰다.[90] 이것은 大·中·小路驛과 6科體制를 해당 丁數에 따라 동일하게 파악해 보려는 의도에서 나온 결과이다. 하지만 대·중·소로역 구분방식과 후술할 6과체제는 별개의 驛制이므로 고려전기 驛의 규모를 추정하는 것 정도는 가능하지만 양자의 내용을 동일시하는 것은 문제가 있다. 왜냐하면 大·中·小路驛에 배속된 丁數는 일정하지 않은 데 반해 6과체제는 중앙정부가 각 科에 따라 일정한 丁數로 재편성한

---

85) 仁井田陞, 「廐牧令11」, 『唐令拾遺』, 東京大學出版會, 1933 ; 『養老令』 廐牧令15(靑土關井 外3, 『律令』(日本思想大系3), 岩波書店, 1978, 416~417쪽 참고).

86) 본문의 자료 Ⅱ-2) 州府郡縣에 公須田·紙田·長田을 지급하는 규정에서 "○丁이상이면 □結로 하였다"는 방법과 같이 해석하였다.

87) "成宗二年判 諸驛長 大路四十丁以上 長三 中路十丁以上 長二 小路亦依中路例差定"(『高麗史』 卷82, 兵2 驛站).

88) 『高麗史』 卷75, 選擧3 事審官 成宗 15年.

89) 『高麗史』 卷75, 選擧3 鄕吏 顯宗 9年.

90) Ⅰ장 서론의 주20) 참고.

66

역제이기 때문이다.

이후 성종 9년(990)에 西京에 행차하여 발표한 敎書의 내용을 통해 개경~서
경에 존재한 驛의 상황을 확인할 수 있다.

> Ⅱ-4) 겨울 10월 갑자일에 왕이 西都에 가서 교서를 내리기를, "…平壤府,
> 開州, 平州, 黃州, 洞州, 安州, 鳳州, 信州, 白州, 貞州, 鹽州, 海州 등의
> 州와… 安城 등 11개 驛들에는 벼 9,375석을 주어라…"고 하였다(『高麗史』
> 卷3, 成宗 9年 10月 甲子).

자료 Ⅱ-4)에 나오는 "安城 등 11개 驛"은 개경에서 서경에 이르는 주요
驛을 지칭하는 것으로, 공교롭게도 성종 14년·15년에 편성된 6과체제 중
1과에 해당하는 驛數와 일치한다. 성종 9년경의 개경~서경지역은 태조대부터
의 북방정책을 계승·추진하는 과정에서 다른 지역 보다 신속하게 역도망을
정비한 구간이다. 이렇게 성종대는 이전부터 존재하던 전국의 驛 중 북방
변경지역으로 이르는 驛을 먼저 정비·통제한 반면, 상대적으로 재지세력이
강하거나 그 중요도가 덜한 남부지역의 驛에 대한 파악과 역로망 개설은
늦었다.[91]

> Ⅱ-5) (성종 11년) 겨울 11월 계사일에 州, 府, 郡, 縣과 關, 驛, 江, 浦들의
> 이름을 개정하였다(『高麗史』 卷3, 成宗 11年 11月 癸巳).

성종대는 지속적으로 지방통치를 추진하였고 그 성과 중 하나로 자료
Ⅱ-5)와 같이 성종 11년 州府郡縣과 더불어 關·驛·江·浦의 명칭을 바꾸었다.[92]

---

91) 호족의 배경이 없는 새로 개척된 동·서북계지역의 驛 창설은 6과체제로 체계화될
만큼 용이하였으나 신라·후백제 故土에서는 호족의 저항에 부딪히기도 하였다(呂恩
暎, 앞의 논문, 16쪽). 고려초기 중앙집권화를 인정하더라도 재지세력의 존재는 '豪右',
'鄕豪'로 나타난다.

이것은 關·驛의 단순한 명칭 변경이 아니라, 성종 2년 驛田·驛長 규정 등을 통해 전국에 산재하는 교통시설에 대한 통제력 강화의 결과로 볼 수 있다. 특히 성종 11년 輸京價 제정 기사[93]는 자료 Ⅱ-5)의 실질적인 내용이다. 전국의 여러 浦口 중 주요 浦口 60개를 파악하고, 그것을 관리하기 위해 輸京價를 적정한 수준으로 차등을 두어 제정하였다. 다음 절 2항에서 상세히 언급하겠지만, 성종 11년 수경가 제정을 위해 파악된 浦口는 당시 존재하던 수많은 浦 중에서 세곡 운송에 있어 그 중요도가 인정되어 선정된 교통시설이다.

> Ⅱ-6) (성종 12년) 8월 判에, "여러 州府郡縣 驛路에 公須柴地를 다음과 같이 나누어 주기로 결정하였다.… 12牧은 정수의 多少를 논하지 말고 100결을 지급하고 知州事는 비록 100정이하라도 60결을 지급하고 東西道는 대로역은 50결, 중로역은 30결을, 兩界는 대로역은 40결, 중로역은 20결을 지급하고, 東西南北 小路驛은 15결을 지급한다"고 하였다(『高麗史』 卷78, 食貨1 公廨田柴).

위의 자료 Ⅱ-6)은 성종 2년의 것(자료 Ⅱ-2)) 보다 더 자세한 公須田柴 지급규정이다. 성종 12년(993) 새로운 驛田 지급 규정은 전형적인 역도 구분방식(大路·中路·小路)에 '東西道, 兩界, 東西南北'이라는 영역 구분으로 세분화되었다. 즉 성종 2년에는 대·중·소로역 3등급이지만 성종 12년에는 영역 구분이 더해져 5등급으로 나뉘어졌다.[94] 자료 Ⅱ-6)에 보이는 '東西道·兩界의 大·中路

---

92) 성종 11년 邑號 개정의 내용과 성격에 대한 개별 연구성과는 다음과 같다(윤경진, 「고려 성종 11년의 읍호개정에 대한 연구―고려초기 군현제의 구성과 관련하여―」, 『역사와현실』 45, 2002).

93) 『高麗史』 卷79, 食貨2 漕運 成宗 11年.

94) 성종 2년과 성종 12년의 驛田 지급을 위한 驛 등급 구분을 비교하면 아래의 표와 같다.

驛과 東西南北의 小路驛’은 성종 2년 보다 강화된 지방통치력과 이에 따른
역도 관할범위가 확대되었음을 보여 준다.95) 이와 함께 일반 행정단위(州府郡
縣) 보다 상대적으로 公須田柴의 지급량이 증가한 것은 東西道와 兩界지역
驛의 기능이 더 중시되었음을 의미한다.

대·중·소로역에 더해진 ‘東西道·兩界·東西南北’이라는 구분도 교통량 등의
중요도에 따른 지역구분일 것이다. 兩界는 북방 군사지대인 東北界와 西北界96)
를 통칭하는 것이고, 東西南北은 전국을 가리키는 것으로 이해해도 좋을
것이다. 그런데 公須柴地 지급량을 보더라도 최고의 교통 중심지역인 東西道가
어디를 지칭하는지는 명확하지 않다.

지금까지 東西道는 개경과 서경을 잇는 간선로를 중심으로 주변지역의
驛을 포함하는 西道와 개경에서 東州를 거쳐 登州(안변)로 연결되는 간선로를
중심으로 주변지역의 驛을 포함하는 東道를 합쳐 일컫는 것으로 이해하였다.
즉 東西道의 범위를 개경 이북지역으로 한정하였다.97) 하지만 성종대의 10道制
와 60浦制의 내용을 참고하면 東西道는 교통량이 많은 開京을 둘러싼 일정한
지역을 의미할 가능성이 높다. 10道 중 하나인 關內道는 ‘楊州·廣州 등의
주현으로 구성된 東道’와 ‘黃州·海州 등의 주현으로 구성된 西道’로 나뉘어
운영되었다.98) 그리고 다음 절에서 살펴 볼 60浦制에서 한강변에 다수의

시 기	등급 구분				
성종 2년	大路驛		中路驛		小路驛
성종 12년	東西道 大路驛	兩界 大路驛	東西道 中路驛	兩界 中路驛	東西南北 小路驛

95) 이러한 내용과 달리 일부 연구자들은 성종대 역도 관할범위가 6과체제에 속하는
   개경 以北지역에 한정하는 것으로 보기도 한다(呂恩暎, 앞의 논문, 17~18쪽 ; 조영옥,
   앞의 석사학위논문, 13~21쪽).
96) 성종 12년에 西北界라는 명칭이 확인된다(『高麗史』 卷3, 成宗 12年 5月).
97) 대부분의 연구성과에서는 東西道를 개경 以北지역으로 한정하여 이해하였다. 이와
   달리 姜晉哲은 東西道를 兩界를 제외한 일체의 驛路를 가리키는 것으로 이해하였다(『高
   麗土地制度史研究』, 高麗大學校出版部, 1980, 198~200쪽).

포구시설이 파악·운영되고 있는 점을 고려하면, 앞서 언급한 개경 이북지역과 함께 以南의 한강 수운과 연결되는 楊州·廣州 정도까지 東西道의 범위 내에 포함되었을 것이다.

東西道를 이렇게 해석한다면, 성종대 大·中·小路 구간에 대한 설명도 가능해진다. 자료 Ⅱ-6)에 따르면, 大路驛은 兩界와 東西道에만 분포하는데, 달리 말하면 성종대 驛道 편성에서 개경 인근과 以北지역이 중시되었음을 뜻한다. 이에 반해 '小路驛'으로 분류된 중·남부지역의 대부분 驛은 상대적으로 중요도가 낮은 교통시설이었다. 이렇게 전국의 驛道를 대·중·소로로 구분한 역도 관리방식은 성종 14·15년경에 6과체제가 성립함으로써 표면적으로 잠시 사라지게 된다.[99] 하지만 현종 말엽에 전국적인 역도망인 22역도체계가 성립하면서 역도망의 대·중·소로 분포는 성종 12년의 그것을 계승하여 재편성되었다.

성종대 '東西道', '兩界' 이외의 남부지역에 산재한 驛은 小路驛으로 구분되었다. 당시 소로역으로 분류된 驛으로 祗弗驛(雲梯縣)이 확인된다.[100] 祗弗驛은 전주목에서 금강 상류의 내륙지역으로 연결되는 교통로상에 위치하였다. 성종대에 祗弗驛과 같이 예전의 후백제나 신라 영역에 있던 驛은 개경 인근이나 以北의 驛 보다 중요도가 상대적으로 낮았다. 이러한 이유로 인해 중앙정부의 적극적인 통제와 개편의 대상에서 벗어나 이전의 전통을 유지하면서 존재하였다. 현종대 22驛道體系의 정비과정 속에서 祗弗驛의 기능은 全公州道의 玉庖驛(雲梯縣)으로 전승된 것으로 이해된다.[101]

성종대 南道지역 驛道의 재편은 고려초기 지방지배의 강화과정과 연결하여

---

98) 尹京鎭, 「고려초기 10道制의 시행과 운영체계」, 『震檀學報』 101, 2006.

99) 엄밀히 말하면 개경 인근과 以北지역만 大·中·小路驛 구분에서 6과체제로의 변화가 있었다. 나머지 南道지역의 驛道는 이전과 마찬가지로 대·중·소로 구분에 의해 관리되었을 것이다.

100) 『高麗史』 卷3, 成宗 9年 9月.

101) 全公州道 玉庖驛 인근의 교통경로에 대한 설명은 Ⅳ장 2절 1항 臨陂 鎭城倉의 해당 내용을 참고하기 바란다.

70

이해할 필요가 있다. 태조대부터 지방 郡縣과 재지세력을 통제하기 위한 일련의 정책이 시행되었고, 성종 연간도 그것을 실현하는 과정이었다. 성종대는 새로이 도입한 역도 관리방식(대·중·소로 구분)을 바탕으로 전국의 驛시설을 재편함으로써 驛制의 본격적인 정비를 시도하였다. 하지만 현종대에 비해 상대적으로 국가권력의 지방 지배력이 미약한 상태였기 때문에 각 郡縣과 개별 驛의 상황에 따라 관리방식을 달리하였다.102) 이러한 상황은 성종대 이후 현종 초기까지 지속되었는데, 현종 연간에 재지세력에 대한 통제력 강화를 통해 개별 驛에 대한 본격적인 정비작업이 가능해졌다. 그 결과 재위 말엽에 22역도체계가 성립되었다.

이러한 南道지역과 달리 지속적인 관심지역이었던 북방 군사지대에서는 적극적인 정비작업을 거쳐 새로운 驛制를 마련하였다. 성종 12년(993)에 이르러 고려의 영토는 徐熙의 외교적 담판을 통해 강동 6주, 즉 압록강 동쪽 280리에 있는 興化鎭[의주]·龍州[용천]·鐵州[철산]·通州[선주]·郭州[곽산]·龜州[구성] 등을 포함하게 되었다. 이어서 시행된 성종 14년의 郡縣制는 북방 이민족의 침입에 대비하기 위한 군사적 편제라는 특징을 지닌다.103) 당시 지방제도 개편의 배경에는 거란의 침입이 크게 작용하였다. 이와 같은 대외 정세와 지방제도 개편에 맞추어 북방변경 방어태세를 구축하기 위해 새로이 마련된 교통운영체제가 바로 '6科體制'이다.

6과체제가 군사적 목적을 띠고 편성된 驛制라는 점은 성종 14년(995) 군현제 개편 내용과 비교해 보면 알 수 있다. 성종 14년 군사적 편제가 중시되었던

---

102) 성종대 지방제도 개편의 성과를 인정하더라도 향촌지배층을 실질적으로 제압하기 어려운 한계를 지녔다(具山祐,「高麗 成宗代의 鄕村支配體制 强化와 그 政治·社會적 갈등」,『韓國文化研究』6, 釜山大 韓國文化研究所, 1993, 141~143쪽 ;『高麗前期 鄕村支配體制 研究』, 혜안, 2003, 149~165쪽). 이러한 상황은 성종대 驛道정비가 현종대의 그것과 차이를 보이는 요인이기도 하다.

103) 邊太燮,「高麗前期의 外官制」,『高麗政治制度史研究』, 一潮閣, 1971, 124~125쪽 ; 金甲童,『羅末麗初의 豪族과 社會變動研究』, 高麗大 民族文化研究所, 1990, 168~171쪽.

關內道, 浿西道, 朔方道에 外官이 파견된 州는 41곳이다. 이 중 6과체제 범위에 포함되지 않는 楊州(남경) 以南의 6개 州와 海州 以西의 信州·豊州를 제외한 나머지 33개 州 중 6과체제의 驛이 분포하지 않는 州는 浿西道의 殷州·撫州·延州와 朔方道의 湧州 정도이다.[104] 성종 14년 外官 파견지역과 6과체제 驛 소재지역의 높은 중복 비율은 6과체제의 운영 목적이 무엇인지를 잘 알려 준다.

또한 성종 14년의 지방제도 개편과 6과체제의 관계를 고려하면, 6과체제의 성립시기도 그 즈음일 것이다. 성종 14년에 6과체제의 동북계 최북방인 和州에 防禦使가 설치되고 '강동 6주'의 설치가 성종 15년(996)에 완료된 점을 고려하면, 6과체제는 성종 14·15년 경에 성립하였을 것이다.[105]

6과체제는 거란 침입이라는 고려의 현실을 직시하고 마련한 적극적인 대비책이었다. 이 驛制는 북방정책과 관련하여 국초부터 정비되던 역도망이 강동 6주 수복과 성종 14년 군사적 郡縣 편제를 통해 구체화된 산물이었다.[106] 6과체제는 북방 이민족에 대응하기 위한 국방 방어태세 구축이라는 긴박한

---

104) 대상지역 33州 중 29州에 6과체제의 驛이 분포하여 양자의 중복 비율이 88%(29/33)에 이른다.

105) 정요근은 6과체제 성립시기를 성종 15년~현종 3년으로 이해하였다(鄭枖根, 앞 논문, 2001, 24~25쪽). 성립 하한시기를 현종 3년으로 잡은 이유는 6과체제에 포함된 和遠驛(3科)이 위치하는 和州 以北의 長州·定州·元興鎭 등의 州鎭이 현종 3년 이후에 설치되었기 때문이다. 하지만 필자는 광종 24년에 和州·長平鎭·博平鎭에 築城한 점(『高麗史』卷82, 兵2 城堡)과 성종 14년에 和州防禦使를 설치한 점(『高麗史』卷58, 東界 和州)을 근거로 6과체제가 성종 연간에 성립한 것으로 이해하였다. 더욱이 군사방어체계의 지원이라는 6과체제 목적을 고려한다면 성종 14년 지방제도 개편에 맞춰 긴급히 마련되었을 가능성이 높다.

106) 성종대 활동한 정치세력을 크게 華風 추구세력과 土風 고수세력으로 나눈다. 이 견해에 따르면 성종대의 鐵錢 유통정책 시행과 실패를 두 세력의 대립으로 이해한다(具山祐, 「高麗 成宗代 對外關係의 展開와 그 政治的 性格」, 『韓國史研究』 78, 1992 ; 앞의 책, 469~473쪽). 이러한 정치구도와 마찬가지로 華風 추구세력에 의해 수용된 역도 관리방식(大·中·小路 구분)이 북방정세에 적극적인 대비책이 되지 못하자, 土風 고수세력이 6과체제를 운영하여 북방 이민족의 침입을 효과적으로 대응하고자 한 것으로 이해할 수 있다.

현실 속에서 마련된 驛制로, 군사활동이나 북방영토의 방어시설을 축조하기 위한 人的·物的 이동을 지원하였다.

성종 14년에 단행된 지방제도 정비는 별 성과를 거두지 못하고, 목종 8년(1005)에 12節度使·4都護·東西北界 防禦鎭使·縣令·鎭將만을 두고 나머지 觀察使·都團練使·團練使·刺史는 모두 혁파하였다. 이러한 상황에서도 북방경계는 소홀히 할 수 없었기에 東西北界에 防禦鎭使나 鎭將을 여전히 파견하였고 6과체제도 지속적으로 운영하였다. 6과체제는 현종 10년(1019) 거란과의 전쟁이 종식된 이후, 전국적인 역도망인 22驛道를 편성하는 도중에 사라진다. 이렇듯 6과체제는 북방민족과의 대치상황이라는 현실 속에서 일시적으로 개경 인근과 以北 지역을 대상으로 운영된 驛制이다.

> Ⅱ-7) 각 驛의 丁戶 규모에 따라 6科로 나누었는데… 1科에는 丁 75, 2科에는 丁 60, 3科에는 丁 45, 4科에는 丁 30, 5科에는 丁 12, 6科에는 丁 7이다.… 만약 토지가 있고 丁口가 부족하면 그 驛의 白丁 자제의 자원자로 보충해 세운다(『高麗史』 卷82, 兵2 驛站).

자료 Ⅱ-7)에서 언급하는 6과체제에 대한 기본적인 내용은 이미 밝혀진 상태이다.[107] 6과체제는 각 驛을 6등급으로 나누어 驛의 소속 丁戶 數를 달리 편성한 驛制이다. 1科(驛)에서 6科(驛)까지 75丁~7丁을 각각 달리 배속하였다. 이렇게 각 驛의 중요도에 따라 驛 운영기반을 달리 배정한 사례는 唐나라에서도 확인된다. 唐나라의 경우는 중앙의 都亭驛과 諸道의 驛을 총 7등급으로 나누어 각 驛에 75疋~8疋의 驛馬를 次等하여 배정하였다.[108]

---

107) 呂恩暎, 「麗初 驛制形成에 대한 小考」, 『慶北史學』 5, 1982 ; 劉善浩, 『高麗郵驛制研究』, 檀國大 博士學位論文, 1992 ; 鄭枖根, 「高麗前期 驛制의 整備와 22驛道」, 『韓國史論』 45, 2001.

108) "諸量驛之閑要 以定其馬數 都亭七十五疋 諸道之第一等 減都亭之十五 第二第三皆以十五爲差 第四減十二 第五減六 第六減四 其馬官給 有山阪險峻之處 及江南嶺南 暑濕不

각 驛의 중요도에 따라 驛 운영기반을 달리 배정한 高麗의 6과체제와 唐나라의 驛制에 두 가지의 차이점이 확인된다.[109] 하나는 6등급과 7등급으로 구분하였다는 것이고, 다른 하나는 배속한 운영기반이 丁戶와 驛馬라는 점이다. 당나라의 驛制에서 75疋이 배속된 驛은 전국 역로망의 중심 驛인 都亭驛으로, 고려의 靑郊驛이 동일한 역할을 담당하였다. 唐나라의 경우는 중앙의 都亭驛을 포함하여 諸道에 분포하는 驛의 중요도에 따라 7등급으로 구분한 반면, 고려의 6과체제는 전국의 驛을 포함하지 않고 군사적인 목적을 띤 일부 驛만을 포함하였다. 이러한 차이가 있다 하더라도 6과체제는 唐制의 내용을 활용한 驛制이다.[110]

6과체제는 앞서 언급한 성종대 大·中·小路 구분에 따라 驛의 등급이 달라지는 것과 차이가 있다. 성종 말엽에 압록강 하구를 경계로 군사 방어체계가 성립됨에 따라 이전 보다 더 적극적으로 군사지대의 교통망과 개별 驛에 대한 관리가 필요하였다. 그래서 중앙정부는 驛의 중요도에 따라 여섯 등급(科)으로 나누고, 일정하지 않던 각 驛의 丁數를 등급(科)에 따라 재조정하였다.[111] 만약 丁戶의 수가 부족하면 자료 Ⅱ-7)과 같이 驛 소속의 白丁 자제로 충원하여

宜 大馬處 兼置蜀馬"(仁井田陞, 「廐牧令13」, 『唐令拾遺』, 東京大學出版會, 1933 ; 白壽彝, 「隋唐宋時代之交通」, 『中國交通史』, 商務印刷館, 1998, 146쪽).

109) 이 내용을 표로 나타내면 다음과 같다.

구분	내용							비고
高麗	1科 驛 丁 75	2科 驛 丁 60	3科 驛 丁 45	4科 驛 丁 30	5科 驛 丁 12	6科 驛 丁 7		丁戶
唐	都亭驛 75 疋	1等 驛 60 疋	2等 驛 45 疋	3等 驛 30 疋	4等 驛 18 疋	5等 驛 12 疋	6等 驛 8 疋	驛馬

110) 고대 일본의 경우도 唐나라와 같이 丁戶가 아닌 驛馬를 배치하였다. 하지만 고대 일본의 경우는 大·中·小路의 구분에 따라 각 驛의 驛馬 疋數가 달랐는데, 『養老令』 廐牧令16에 따르면 大路는 20疋, 中路는 10疋, 小路는 5疋을 배속하였다(靑土關井外 3人, 『律令』(日本思想大系3), 岩波書店, 1978, 417쪽 참고).

111) 성종 2년 驛長 규정(『高麗史』 卷82, 兵2 站驛)에 개별 驛의 丁戶數를 '40丁 이상', '10丁 이상'으로 표기하여 파악한 것과 달리, 성종 말엽의 6과체제는 75丁, 60丁 등과 같이 중앙정부에서 驛의 중요도에 따라 각 驛의 丁數를 재조정하였다.

丁數를 맞추었다.

이와 같이 6과체제는 성종 2년부터 驛制 운영원리로 적용된 大·中·小路 구분을 따르지 않고, 개별 驛의 중요도에 따라 丁戶 數를 재조정하여 운영된 역제였다. 이러한 점은 대·중·소로 구분을 전제로 하는 韓國 前近代 驛制史에서 이례적이며, 중국·일본의 경우와 비교해 보아도 고려적인 특징으로 이해할 수 있다.

3. 초기 漕運制의 전개 양상

고려시대 중앙집권체제의 기틀을 마련하는 성종대에 戶部와 三司를 주축으로 하는 재정기구가 성립하였다.[112] 이와 함께 교통·운수 분야에서도 적지 않은 변화가 있었다. 唐制를 수용하면서 大·中·小路 구분방식을 驛制에 채용하여 驛道 관리의 효율성을 높이고자 하였다. 하지만 성종 말엽에 북방 이민족과의 군사적 대치 속에서 군사방어체계를 효과적으로 지원하기 위한 6科體制가 운영되면서 고려 驛制는 질적 변화를 맞이하였다.

또한 水運(海運 포함)분야에서도 진일보하였는데, 漕倉을 거점으로 하는 전형적인 조운제도인 漕倉制의 성립 이전 시기에도 전국을 대상으로 하는 정례적인 조운활동을 위해 南道의 주요 浦口를 水運거점으로 활용하는 모습이 확인된다. 태조대 租藏이나 성종대 轉運使와 같은 조세행정 外官의 파견이나 성종대 주요 포구를 파악하고 輸京價를 책정한 '60浦制'가 대표적이다.

1) 교통운송기구의 설치와 변화

건국 직후 고려왕조는 붕괴된 조세징수체계를 재건하기 위해 勸農과 量田을

---

112) 박종진,『고려시기 재정운영과 조세제도』, 서울대학교출판부, 2000, 13~19쪽 ; 安秉佑,『高麗前期의 財政構造』, 서울대학교출판부, 2002, 17~35쪽.

통해 소농민을 안정시키면서 국가 재정구조의 개선에 힘썼다. 그와 병행하여 교통운송체제를 갖추면서 조세의 수취 및 운송업무를 담당하는 外官을 파견하였다. 통일신라~고려초기 교통운송기구의 변천과정 속에서 태조대와 성종대를 중심으로 官署의 설치와 外官의 파견에 대해서 살펴보고자 한다.

　통일신라의 交通官府인 乘府와 船府는 泰封政權의 廣評省체제에서 飛龍省과 水壇으로 계승되었다.[113] 이어서 후삼국을 통일하기 2년 전인 태조 17년(934)에는 都航使와 함께 大馭府를 西京에 설치하였다.[114] 大馭府는 명칭상 乘府의 별칭인 司馭府[115]와 유사하고『東史綱目』의 官職沿革圖에서 乘府와 飛龍省을 계승하였다는 내용[116]을 근거로 육상교통업무를 담당하는 중앙행정관부로 이해할 수 있다. 성종 2년(983)에 唐制를 모방한 官制를 도입하면서 육상교통업무를 담당하는 고려의 중앙행정기구로 太僕寺가 설치되었다.[117] 3省 6部와 함께 설치된 7寺 중 하나인 太僕寺는 乘黃署와 典廐署를 屬司로 거느리는 관청으로 이해된다.[118] 당시 輿馬·廐牧업무를 맡아보던 太僕寺와 함께 兵部도 驛傳·車乘 등의 업무에 관여하였을 것이다.

---

113) 李泰鎭,「高麗宰府의 成立－그 制度史的 考察－」,『歷史學報』56, 1972 ; 趙仁成,「弓裔政權의 中央政治組織」,『白山學報』33, 1986 ; 한정훈,「6·7세기 新羅 交通機構의 정비와 그 성격」,『역사와 경계』58, 2006. 태봉국의 飛龍省은 唐代의 왕실 官制를 모방한 것으로 이해된다. 관련 연구성과에 따르면, 唐 憲宗·德宗연간에 天子의 乘馬用으로 飛龍馬가 사육되었고 그 일을 飛龍使가 관장하였다(靑山定雄,「唐代의 驛と郵び進奏院」,『唐宋時代의 交通と地理地圖의 研究』, 吉川弘文館, 1963, 72~73쪽). 唐의 왕실 官制를 모방하였다 하더라도, 태봉국에서는 왕실뿐 아니라 중앙정부의 교통업무까지 관장한 것으로 이해된다.

114)『高麗史』卷77, 百官2 外職 西京留守官.

115) "乘府의 별칭이 司馭府이다"(『三國史記』卷38, 雜志7 職官 上 乘府).

116)『東史綱目』圖下, 官職沿革圖 諸司沿革.

117)『練藜室記述』別集 卷7, 官職典故 諸司 司僕寺 ; 南都泳,「고려시대의 마정」,『불교사학논총－조명기 박사 화갑기념－』, 1965/「고려시대의 마정」,『韓國馬政史』, 한국마사회 마사박물관, 1996 재수록 ; 李泰鎭, 앞의 논문 ; 趙仁成, 앞의 논문.

118) 이정훈,「高麗前期 各司의 설치와 운영방식의 변화」,『韓國史硏究』128, 2005, 36~44쪽.

태조대에 大馹府 이외에 별다른 陸上交通官署가 없던 것과 달리, 성종대에는 후술하는 바와 같이 임시 外官의 성격을 띤 諸道巡官을 파견하여(자료 Ⅱ-8) 참고) 驛站시설을 비롯한 교통로 관리 및 郵驛 사무에 대한 감독을 강화하였다. 이후 현종대에 이르러서는 兵部 내에 郵驛 사무를 관장하는 供驛署를 설치하였다. 현종 19년(1028)에는 諸道巡官을 諸道館驛使로 고쳤다.[119) 兵部와 供驛署의 관계는 정책기관과 실무기관으로 설명되기도 하는데, 兵部는 郵驛의 개설과 관리·사용규칙의 제정과 같은 국가 차원의 정책을 결정하였고, 供驛署는 郵驛의 실제 사용에 따르는 公貼의 傳送과 使臣의 鋪馬起發에 관한 업무를 담당하였다.[120)

한편 신라의 수상교통관부인 船府의 職掌은 태봉국의 水壇과 태조 원년(918)에 설치된 都航司로 계승되었다.[121) 후삼국시기에 水軍이 循軍部나 兵部의 지휘 아래에 있었기 때문에, 水壇과 都航使는 군사적인 측면 이외의 수상교통과 관련된 舟楫과 하천 관리·감독 업무를 관장하였을 가능성이 크다.[122)

태조대 都航使의 職掌은 성종대에 수용된 3省 6部制 아래에서 工部의 水部로 계승되었는데, 唐制를 따르면 水部는 하천과 河渠를 관리하였다.[123) 현종 2년(1011)에 水部가 혁파되면서 그 職掌은 司宰寺로 이관되었다.[124)

---

119) 현종대 驛政의 전개와 의미에 대해서는 다음의 연구에서 많은 논의가 있었다(劉善浩, 『高麗郵驛制研究』, 檀國大博士學位論文, 1992 ; 鄭枓根, 「高麗前期 驛制의 整備와 22驛道」, 『韓國史論』 45, 2001 ; 한정훈, 「고려전기 驛道의 형성과 기능」, 『한국중세사연구』 12, 2001).

120) 南都泳, 앞의 논문, 1996, 122~123쪽 ; 劉善浩, 앞의 박사학위논문, 84쪽.

121) 『東史綱目』 圖下, 官職沿革圖 諸司沿革에서 船府와 都航使의 계승관계만 확인된다.

122) 이러한 都航使의 명칭과 기능을 감안하여 중국 唐制의 都水監에 비견하는 견해도 참고된다(金大植, 『高麗前期 中央官制의 成立과 六典制의 影響』, 성균관대 박사학위논문, 2004, 36~37쪽).

123) 『大唐六典』 卷7, 尙書工部. 唐나라의 工部 屬司에는 屯田部·虞部·水部가 있지만, 성종대 편성된 工部의 조직에는 屯田部가 없이 虞部와 水部만 있었다. 하지만 후에 虞部와 水部도 폐지하였다(『高麗史』 卷76, 百官1, 工曹).

124) 이정훈, 『高麗前期 三省六部制와 各司의 運營』, 연세대학교 박사학위논문, 2004,

〈표-3〉 통일신라~고려초기 교통운송기구의 변천

구분	통일신라	태봉	고려 태조	성종	현종
육상교통	乘府	飛龍省	大馭府	太僕寺·兵部 諸道巡官	太僕寺 존속 諸道館驛使으로 改名 兵部 供驛署 신설
수상교통	船府	水壇	都航使	水部	司宰寺
조세행정 外官			租藏	諸道轉運使	漕倉判官

후삼국시기 泰封國과 태조대는 군대의 이동과 軍糧의 運輸가 활발하였고, 통일 이후에도 조세의 수취 및 운송활동으로 인해 交通運輸 분야는 재차 정비되었다. 태조 즉위년(918) 6월 신유일에 중앙관부와 관직자를 내정하고, 을축일에 審穀使를 통해 모든 國庫와 東宮 食邑에 저축한 곡식을 조사케 하였다.125) 이어 7월에는 민생경제를 안정시키기 위해 田租의 징수비율을 1/10로 낮추고, 8월에는 勸農策으로 3년간의 租와 役을 면제해 주기도 하였다.126) 이러한 감세정책과 함께 당시의 戰時 상황을 고려하여 군사활동을 지원하기 위해 軍糧을 비롯한 財政源을 확보하고 관리하는 업무에 많은 관심을 가졌다. 태봉과 태조 원년의 官制에서 兵部(徇軍部 포함)에 이어 大龍府나 倉府와 같이 국가재정을 관리하는 官府를 上位에 배치하였다.127)

戰時였던 태조대는 軍糧을 포함한 軍需와 兵站線의 확보가 전쟁의 성패를 결정지을 만큼 중요하였으므로, 이를 위한 재지세력의 도움이 절실하였다. 앞 절에서 언급한 夢熊驛史의 사례와 같이 육로를 통한 軍隊와 軍需의 이동뿐 아니라 태조는 내륙하천의 이용에도 적극적이었다. 태조가 견훤을 정벌할 때에 곡식을 운반하여 군사를 구제한 許宣文의 사례128)와 태조의 부대를

145~146쪽.

125)『高麗史』卷1, 太祖 元年 6월 ; 崔圭成,「고려 태조의 경제정책」,『祥明史學』3·4, 1995, 483~484쪽.

126)『高麗史』卷78, 食貨1, 田制 租稅 太祖 元年 7월 ;『高麗史』卷80, 食貨3, 賑恤 恩免之制 太祖 元年 8월.

127) 安秉佑,『高麗前期의 財政構造』, 서울대학교출판부, 2002, 18~25쪽.

인도하여 南川을 무사히 건너게 도움을 준 徐穆의 사례[129]를 통해 王建은 대하천뿐 아니라 利川의 南川과 같은 중·소하천을 건너거나 이용할 때도 재지세력들의 도움을 받았다.

특히 한강은 태조의 南征에 있어 전략적 가치가 높았기 때문에, 한강유역의 나루시설뿐 아니라 연계 가능한 驛院 등의 교통시설도 주요한 관심의 대상이었다. 이러한 만큼 한강유역은 먼저 정복되었고, 유력한 재지세력은 비교적 이른 시기부터 고려왕실에 歸附 또는 협조하였다.[130] 이러한 정황은 다음 항에서 살펴 볼 성종 11년(992)의 60浦制에서 한강변에 다수의 나루시설이 분포하고 있는 점을 통해 짐작할 수 있다.[131]

이처럼 고려 건국세력은 후삼국통일전쟁을 수행하면서 내륙 수로와 海路의 중요성을 재차 인식하였다. 원활한 물자 수송을 위해 수상과 육상을 막론하고 교통시설을 적극 활용한 것이다. 정복활동 중 西海로의 진출을 위한 夢熊驛(정해현)과 漢江 以南지역으로 진출을 위한 淮安驛(광주) 그리고 한강변의 水運시설들이 그것이다. 李恩言의 사례는 소백산맥을 넘어 대규모의 물자가 운반되는 다른 예이다.[132] 이렇게 본다면 태조대 통일전쟁 수행과정 중의 軍隊 이동로나 軍需 수송로가 이후의 개경을 중심으로 편성된 교통운송로의 시원적 모습을 띠는 것으로 이해할 수 있다.

---

128) 『增補文獻備考』 卷235, 職官考22, 鄕吏 高麗.

129) 『高麗史』 卷56, 地理1, 廣州牧 利川郡.

130) 한강 유역의 대표적인 호족세력인 忠州 劉氏, 楊根 咸氏, 利川 徐氏 가문은 고려초기 중앙정치무대에서 크게 활약하였다(김갑동, 「고려 건국과 한강 유역 호족세력의 편입」, 『鄕土서울』 68, 2006).

131) 『高麗史』 卷79, 食貨2 漕運 成宗 11年에 보이는 浦口의 前號 다수는 태조대의 상황을 반영할 개연성이 높다. 이 기사에서 확인되는 60개의 浦口 중 한강 본류와 지류에 위치한 浦口는 26곳에 이른다.

132) "태조를 따라 정벌에 참가하여… 이총언을 本邑將軍으로 임명하고 인접한 邑의 丁戶 229호를 더 주었다. 또 忠州·原州·廣州·竹州·堤州 창고의 곡식 2,200석과 소금 1,785석을 주고…"(『高麗史』 卷92, 列傳5, 王順式 附 李恩言).

특히 서·남해 해상에서의 대치상황 속에서 건국세력은 沿近海 航路를 이용한 대규모 해운활동의 이점을 인식하게 되었다. 왕건의 羅州상륙작전에서 알 수 있듯이, 바다와 연결되는 내륙하천을 적극 활용하는 것도 관심의 대상이었다. 육지와 바다를 가리지 않고 광범위한 지역에서 전개한 후삼국통일전쟁은 본장의 2절 1항에서 언급한 바와 같이 향후 개경 중심의 교통로 편성뿐 아니라 조세운송체계 형성에도 중요한 요인으로 작용하였다.

태조는 재위 19년(936) 후삼국 통일 이후에 넓어진 영토와 인구를 효과적으로 다스리기 위해 통치체제 전반에 걸쳐 개편을 시도하였다. 여러 내용 중 태조 23년(940) 州府郡縣의 명칭 개정이 주목된다.[133] 이것은 단순히 郡縣 명칭을 고친 것이 아니라 來屬·倂合 등 군현체제의 변화를 수렴하여 재정리한 것으로, 이 작업을 통해 각 군현단위의 조세액수가 정해졌다.[134] 수취액이 정해진 郡縣의 조세 수취 및 운송업무를 관리·감독하기 위하여 租藏이라는 임시 外官을 파견하였다.

> Ⅱ-8) 今有·租藏－外邑에 파견되는 사신들의 칭호로서 國初에 있었던 것들인데 성종 2년에 폐지하였다.
> 轉運使－國初에 諸道轉運使가 있었는데 현종 20년에 폐지하였다.
> 館驛使－國初에 諸道巡官이라 칭하였다. 현종 19년 巡이라는 글자가 왕의 이름과 같은 음이라 하여 諸道館驛使로 고쳤다(『高麗史』卷77, 百官2 外職).

---

133) 『高麗史』卷2, 太祖 23年 3月. 朴宗基, 「高麗 太祖23年 郡縣改編에 관한 研究」, 『韓國史論』 19, 1988/「태조 23년의 군현 개편」, 『지배와 자율의 공간, 고려의 지방사회』, 푸른역사, 2002 재수록.

134) 태조 23년 郡縣名 개정, 役分田 지급, 土姓 분급 등이 각 군현의 조세액수 제정과 연관이 있다(박종진, 『고려시기 재정운영과 조세제도』, 서울대학교출판부, 2002, 32~34쪽).

위의 자료 Ⅱ-8)에 보이는 租藏은 태조대의 감세정책과 토지분급제의 개편 등과 병행하여 조세행정의 효율적인 운영을 위해 파견된 外官으로 이해된다.[135] 租藏은 그 명칭과 관련하여 각 지역의 조세를 징수하고 그것을 보관하는 역할을 담당하였다.[136] 성종 2년(983) 12牧이 설치되면서 폐지된 租藏은 今有와 함께 外邑에 두었는데, 柳潤謙의 사례를 통해 알 수 있듯이 지방사정에 능통한 재지세력을 租藏에 임명하여 지방 조세 수취와 운반업무의 편의를 도모하였다.[137] 이렇게 본다면 租藏은 본장 1절에서 언급한 통일신라의 使吏 侃珍과 金巴兄 등과 같은 현지인에게 수취물을 운반하도록 지시하고 업무를 감독하였을 것이다. 이러한 지방 세곡의 수취 및 운반시스템은 泰封國의 大龍部와 연결되는 태조대의 財政官府인 倉部가 주도하는 재정운영체제 아래에서 이루어진 조치였을 것이다.

하지만 지방관이 파견된 성종 2년(983)에 租藏이 혁파되면서 이들을 대신하여 중앙정부는 諸道轉運使를 파견하였다. 이것은 성종 2년에 도입된 6部體制 중 戶部에 해당하는 民官을 통한 재정운영체제로의 변화와 일정한 관련이 있을 것이다.[138] 司度·金曹·倉曹를 屬司로 거느린 民官은 국가의 재정운영을 총괄하는 官府였다. 이전 보다 國家財政源에 대한 체계적인 관리체계가 마련된 상황 속에서 租藏과 같은 지역의 유력 現地人이 아닌 조세행정 外官으로

---

135) 邊太燮, 『高麗政治制度使研究』, 一潮閣, 1971, 119쪽 ; 金甲童, 『羅末麗初의 豪族과 社會變動研究』, 高麗大 民族文化研究所, 1990, 137~140쪽 ; 최규성, 「고려 태조의 경제정책」, 『祥明史學』 3·4合輯, 1995, 494~498쪽 ; 김아네스, 「高麗初期 地方支配 와 使」, 『國史館論叢』 87, 1999. 이들 견해는 今有·租藏와 함께 轉運使가 태조대부터 병행한 것으로 이해하였다. 이와 달리 최근 연구에서는 성종 2년에 폐지되는 今有·租藏을 대체하여 轉運使가 설치된 것으로 파악하였다(尹京鎭, 「고려초기 10道制의 시행과 운영체제」, 『震檀學報』 101, 2006). 필자도 이전의 논지를 수정하여 이와 같은 입장에서 내용을 정리하였다.

136) 河炫綱, 『韓國中世史研究』, 一潮閣, 1988, 187~188쪽.

137) 河炫綱, 위의 책, 188쪽 ; 安秉佑, 앞의 책, 74~76쪽.

138) 성종 14년에 戶部로 바뀌는 民官을 비롯한 6部가 성종 2년에 설치되었다(李貞薰, 『高麗前期 政治制度 研究』, 혜안, 2007, 106~139쪽).

轉運使를 중앙에서 파견한 것이다. 이처럼 중앙정부가 지방 군현의 조세 수취와 운송활동을 적극 지원하면서 감독하고자 하였다. 이러한 의도는 성종 11년(992) 주요 浦口의 파악·관리 및 輸京價 책정을 내용으로 하는 60浦制에서도 확인된다.

이와 함께 육상 교통로와 교통시설(館·驛)을 통제·관리하기 위해 諸道巡官도 파견하였다. 조세행정업무뿐 아니라 外官을 감찰하는 권한까지 수행한 전운사는 성종 14년(995)에 10道制가 실시되면서 道 長官의 직책을 수행한 것으로 이해된다.[139] 이러한 조세행정 外官의 감독 아래에 수행되었던 조세운송활동은 轉運使가 폐지되는 현종 20년(1029)까지 지속되었다.[140] 운송활동을 비롯한 조세 행정업무를 감독한 轉運使가 폐지되었다는 것은 이전과는 다른 조세운송방식(漕倉制)으로의 변화를 의미한다.

태조대 租藏에서 성종대 轉運使로 이어지는 國初의 조세행정 外官의 파견은 고려초기 재정운영체제를 마련하는 데에 중요한 요소였다. 이들 外官의 파견을 통해 고려 건국 직후부터 전국단위의 조세수취가 실현되어 체계적인 경제적 통제가 이루어지게 되었다.[141] 특히 轉運使의 제반 활동은 교통행정 外官인 諸道巡官의 도움을 받아 보다 효과적으로 수행되었다. 전형적인 조운방식인 漕倉制가 마련되기 이전의 初期 漕運制는 이러한 조세행정 外官의 활약 속에서 제도적 기반을 마련하였고, 성종 11년에 60浦制의 운영을 통해 전국단위의 水運체제를 재구축하게 되었다.

2) 60浦制의 실시

---

139) 邊太燮, 앞의 책, 125~127쪽.

140) 이 기간 동안 轉運使의 존재는 성종 7년(988) 諸道轉運使(『高麗史』卷84, 志38, 刑法1 公式 職制), 현종 2년(1011) 羅州로의 피난 때 확인되는 轉運使 李載(『高麗史』卷94, 列傳7, 智蔡文) 그리고 현종 6년 宋나라에 파견된 郭元이 언급한 '十路轉運司'(『宋史』 卷487, 外國246, 高麗 大中祥符 8年)에서 확인된다.

141) 박종진, 앞의 책, 28~37쪽 ; 安秉佑, 앞의 책, 74~75쪽.

성종 11년(992)에 國家財政源인 稅穀의 원활한 운수활동을 위해 전국에 분포하는 浦口 중 60개의 주요 포구를 선정하여 각 포구의 운송여건에 따라 輸京價라는 운송비용을 책정하는 이른바 '60浦制'를 시행하였다.

중앙정부 차원의 수운교통시설에 대한 파악과 통제는 앞서 제시한 자료 Ⅱ-5) 성종 11년 11월에 州·府·郡·縣과 함께 關·驛·江·浦의 이름을 고친 기사에서도 짐작할 수 있다.[142] 해당 내용에서 驛名 개정이 단순한 명칭 변경이 아니라, 성종 2년 驛田·驛長 규정 등을 통해 전국에 산재하는 교통시설에 대한 통제력 강화로 이해하였다. 마찬가지로 수운시설인 江·浦의 경우도 성종 원년(982) 최승로 상소문 17조에서 지적한 "세력있는 자(豪右)들의 津·渡에 대한 전횡"을 어느 정도 통제해 나갔을 것이다.

이러한 정황을 잘 보여 주는 자료가 『高麗史』 漕運條에 보이는 성종 11년(992) 輸京價 제정기사이다.[143] 수경가 기사에 각 포구의 이전 명칭[前號]이 표기되어 있는 점은 Ⅱ-5)의 郡縣 및 교통시설의 改名작업과 일정한 연관이 있음을 의미한다. 이처럼 군현제 개편의 일환으로 이루어진 포구 명칭의 개정과 해당 포구의 輸京價 제정은 성종대 조운시스템을 살필 수 있는 중요한 내용이다. 같은 해에 水田·旱田의 公田에 대한 收租率 제정[144]을 통해 조세제도의 성립을 시도한 사실까지 고려하면, 국가 차원에서 수취된 조세의 안전한 운송시스템을 구축하고자 하는 의도를 엿볼 수 있다.

아래의 <표-4>는 성종 11년 稅穀을 京倉으로 漕運하는 60개 浦口의 輸京價에 대한 규정을 도표화한 것이다. 『高麗史』 漕運條의 해당 내용에는 輸京價마다 해당 포구와 그것의 前號 및 소재지 일부만 수록되어 있다. 지방의 稅穀을 운반하기 위한 浦口 一覽表이기 때문에 당시 水運활동의 주요 근거지인 예성강

---

142) 『高麗史』 卷3, 成宗 11年 11月 癸巳.

143) 『高麗史』 卷79, 食貨2 漕運 成宗 11年.

144) 『高麗史』 卷78, 食貨1 田制 租稅 成宗 11年.

〈표-4〉 성종 11년 輸京價 규정

구분 / 수경가	浦口-前號	영역 구분		
		소재지 및 漕倉	위치	조세 운송 유형
A 1석/5석	通潮浦-末潮浦	泗州 通陽倉	경상도 해안	조창(통양창)경유지역
	螺浦-骨浦	合浦縣 石頭倉		조창(석두창)경유지역
B 1석/6석	波平浦-夫沙浦	樂安郡	전라도 남해안	조창(해룡창)경유지역
	潮陽浦-沙飛浦	昇平郡 海龍倉		
	風調浦-馬西良浦	[會寧縣]		
	海安浦-麻老浦	光陽郡		
	安波浦-冬鳥浦	兆陽縣		
	利京浦-召丁浦	麗水縣		
	麗水浦-金遷浦	大原郡(忠州)	양광도 漢江岸	조창(덕흥창)경유지역
	銀蟾浦-蟾口浦	平原郡(原州)		조창(흥원창)경유지역
C 1석/8석	潮東浦-薪浦	靈岩郡 長興倉	전라도 서해안	조창(장흥창)경유지역
	南海浦-木浦	通義郡(羅州)		조창(해릉창)경유지역
	通津浦-置乙浦	羅州 海陵倉		
	德浦-德津浦	務安郡		
	崐岡浦-白岩浦	陰竹縣	양광도 漢江岸	조창(덕흥창)경유지역
	黃麗浦-黃利內地	黃麗縣(驪州)		조창(흥원창)경유지역
	海葦浦-葦浦	長淵縣	서해도 해안	조창(안란창)경유지역
D 1석/9석	利通浦-屈乃浦	合豐郡*[咸豐縣]	전라도 서해안	조창(부용창)경유지역
	芙蓉浦-阿無浦	靈光郡 芙蓉倉		
	勵涉浦-主乙在	希安郡*[保安縣]		조창(안흥창)경유지역
	濟安浦-無浦	保安郡 安興倉		
	古塚浦-大募浦	安山郡*[大山郡]		
	速通浦-所津浦	承化郡(全州)		조창(진성창)경유지역
	朝宗浦-鎭浦	臨陂郡 鎭城倉		
	西河郡浦-豊州	豊州	서해도 해안	조창(안란창)경유지역
E 1석/ 10석	澄波浦-登承浦	川寧郡	양광도 漢江岸	경창직납지역
	安石浦-犯貴伊浦			
	柳條浦-柳頂浦			
	梨花浦-梨浦			
	滌花浦-花因守寺浦			
	丈嵓浦-仰嵓浦			
	陽原浦-荒津浦			
	花梯浦-花連梯浦			

구분	浦口	郡縣	위치	조세운송 유형
	恩波浦-仇知津	楊根郡		
	虞山浦-山尺浦			
	神魚浦-小神寺浦			
F 1석/13석	風海浦-松串浦	海豐郡(洪州)	양광도 해안	조창(영풍창)경유지역
	懷海浦-居伊彌浦	新平郡		
	利涉浦-葛城浦	豐山縣*[禮山縣]		조창(하양창)경유지역
	便涉浦-打伊浦	牙州 河陽倉		
G 1석/15석	媚風浦-夫支浦	漢南郡(水州)	양광도 해안	경창직납지역
	息浪浦-加西浦	"漢南郡(水州)"		
	白川浦-金多川浦	大川郡(?)		
H 1석/18석	尙原浦-上津村浦	淮安郡(廣州)	양광도 漢江岸	경창직납지역
	和平浦-無限浦	"淮安郡(廣州)"		
	鹵水浦-未音浦	廣陵郡(楊州)		
	從山浦-居知山浦	廣陵郡(楊州)		
I 1석/20석	德原浦-置音淵浦	廣陵郡(楊州)	양광도 漢江岸	경창직납지역
	深原浦-果州浦	"栗津郡(果州)"		
	同德浦-同志浦	淮安郡(廣州)		
	深逐浦-下置音淵浦	始興郡(衿州)		
	丹川浦-赤於浦	始興郡(衿州)		
J 1석/21석	潮海浦-省草浦	[金浦縣]	양광도 漢江岸	경창직납지역
	淸水浦-加乙斤實浦	[金浦縣]		
	廣通浦-津浦	孔岩縣		
	楊柳浦-楊等浦	金浦縣		
	德陽浦-所支浦	德陽郡(幸州)		
	靈石浦-召斤浦	"德陽郡(幸州)"		
	居安浦-居乙浦	金浦縣		
	慈石浦-甘岩浦	金浦縣		

*참고사항 : ( )은 別號, *은 誤記, " "은 『大東地志』 의거, [ ]은 수정 및 추가 내용.

과 임진강의 浦口는 전혀 포함하고 있지 않다.

<표-4>는 성종대 수운교통 양상을 살펴보기 위해 조창제 성립 이후의 내용과 연계하여 작성하였다. 표의 항목 중 '조세운송 유형'의 내용은 성종 11년 당시의 상황이 아니라, 각 浦口의 위치와 輸京價 책정의 근거를 확인하기

위해서 조창제 운영시기의 내용을 附記한 것이다. '위치와 조세운송 유형'별로 배열하기 위해서 동일한 輸京價 내의 개별 浦口의 순서는 해당 자료와 다르게 조정하여 작성하였다.145) 또한 <표-4>의 '소재지 및 漕倉' 내용 중 ()는 원자료에서 邑號 대신 聖廟所定의 別號로 표기한 것이고, *표시가 있는 邑號는 누락되어 있거나 誤記 혹은 誤讀으로 판단하여 수정한 내용을 [ ] 안에 표기하였다. 聖廟所定의 別號는 소재지가 명확히 확인되지만, 誤記·誤讀 내용은 관련 연구성과를 참고하여 수정하였다.146)

그리고 원자료에는 없지만 조선후기의 『大東地志』 卷32, 方輿總志4, 高麗 浦倉條를 통해 포구의 소재지를 짐작할 있는 경우는 " "로 구분하였다. <표-4>의 내용 중 추가 설명이 필요한 내용을 언급하면 다음과 같다.

B그룹의 風調浦는 馬西良浦가 前號만 전할 뿐 소재 고을이 표기되어 있지 않다.147) 동일한 수경가의 B그룹이 해룡창 인근인 점과 근거리의 長興府 會寧縣의 백제 때 지명이 馬斯良縣인 점을 근거로 회녕현으로 비정하였다. B그룹의 大原郡은 原州의 고구려 때 명칭이고, C그룹에 있는 黃麗浦의 黃麗와 前號인 黃利內地의 黃利는 黃麗縣(여주)을 지칭한다. D그룹의 利通浦가 있는

---

145) 이외에도 <표-4>의 내용에서 『高麗史』 漕運條의 기재 순서와 다른 점이 한 가지 더 있다. <표-4>는 輸京價 규모에 따라 정리하였지만, 원자료에서는 E·H·I그룹의 내용이 J그룹 다음에 나열되고 있다. 정확한 이유는 알 수 없지만, E·H·I그룹 소속의 포구를 추가로 수록하였을 가능성을 생각해 볼 수 있다.

146) 北村秀人, 「高麗初期の漕運についての一考察―≪高麗史≫食貨志漕運の條所收成宗11年の輸京價制定記事を中心に」, 『古代東アジア論集』 上, 1978 ; 윤경진, 「고려 성종 11년의 읍호개정에 대한 연구―고려초기 군현제의 구성과 관련하여―」, 『역사와현실』 45, 2002 ; 한정훈, 「고려 초기 60浦制의 실시와 그 의미」, 『지역과 역사』 25, 2009 ; 문경호, 「고려시대 조운제도와 조창」, 『지방사와지방문화』 14-1, 2011/「高麗時代 漕運制度의 成立과 展開」, 『고려시대 조운제도의 연구와 교재화』, 공주대학교 박사학위논문, 2012 재수록.

147) 『大東地志』 卷32, 方輿總志 4, 高麗 浦倉에서는 昇平郡으로 비정하였다. 임피현의 옥구현이 백제 때 馬西良縣으로 불렸다고 하나(『高麗史』 卷57, 地理2 臨陂縣), 위치상 관련성이 없는 것으로 보았다.

合豊郡은 동일 그룹(1석/9석)에 있는 다른 포구의 소재지를 참고하여 영광군의 屬縣인 咸豊郡으로,[148] 勵涉浦의 소재지인 希安郡은 古阜郡의 屬縣인 保安縣의 신라 지명이 喜安인 점을 참고하여 保安縣으로 각각 비정하였다. 또한 古塚浦의 소재지가 원자료에 安山郡으로 기재되어 있지만, D그룹의 다른 浦口 위치를 감안하여 保安縣 인근의 大山郡의 誤記로 추정하였다. 그 근거는 輸京價 책정의 우선 기준이 운송거리이므로 동일 그룹은 인접한 지점일 가능성이 높기 때문이다. 西河郡浦의 소재지는 西河가 豊州의 성종대 別號이므로 豊州로 비정하였다.

  F그룹(1석/13석)에 있는 利涉浦(前號 葛城浦)의 소재지 비정에 대해서는 주의가 필요하다. 왜냐하면 원자료에 利涉浦의 소재지로 豊山縣이 기재되어 있어, 그 내용을 근거로 하여 輸京價의 의미와 산출 기준에 대해 잘못 이해한 견해가 있기 때문이다. 北村秀人은 利涉浦의 소재지인 豊山縣을 지금의 안동시 풍천면으로 비정하고, 이곳에서의 조운 경로를 낙동강을 따라 내려가 A그룹의 螺浦(합포현 석두창 소재)에서 다시 남·서해안을 경유하여 京倉으로 향한 것으로 상정하였다. 이러한 장거리에 비해 輸京價가 충청 해안의 浦口가 해당하는 낮은 비용(1석/13석)을 부담한 것은 京倉까지의 수경가가 아니라, 利涉浦(안동)~螺浦(마산)까지의 수경가라고 잘못 이해하였다. 따라서 利涉浦에서 京倉까지의 輸京價는 利涉浦~螺浦의 輸京價(1/13석)와 螺浦~京倉의 輸京價(1/5석)가 합쳐져 1석/3.6石의 高率이라고 이해하였다.[149] 이 견해는 利涉浦의 위치 비정뿐 아니라 豊山縣이 속하는 경북 북부지역의 조세운송경로를 잘못 설정하였다. 경북 북부지역의 稅穀은 소백산지를 넘어 忠州에서 남한강 水運을 이용하여 京倉으로 향하였다. 하지만 이 견해와 달리 利涉浦의

---

148) 利通浦의 前號가 屈乃浦인데 咸豊縣의 백제 때 지명인 屈乃縣인 점(『高麗史』 卷57, 靈光郡 咸豊縣)이 참고된다. 이에 반해 윤경진(앞의 논문, 181쪽)은 合豊郡을 茂豊縣의 誤記로 이해하였다.

149) 北村秀人, 앞의 논문, 1978, 349~350쪽.

소재지인 豊山縣은 F그룹에 있는 다른 浦口가 모두 지금의 충청 해안에 위치하는 것을 참고하면, 禮山縣의 誤記일 가능성이 높다.150)

포구의 소재지 중 G그룹의 白川浦가 위치한 大川郡이 어디인지 비정하는 것은 쉽지 않다.151) 마지막 J그룹에 있는 潮海浦와 淸水浦는 원자료에서 소재지가 누락되었지만, 최근에 지명의 어원 분석을 통해 두 포구가 金浦에 위치한 것으로 이해하였다.152)

<표-4>에서 더 언급할 내용은 輸京價 기사의 割註에서 확인되는 漕倉이 전체 13곳 중 9곳이라는 점이다.153) 割註에 기재되지 않은 德興倉(忠州)·興元倉(原州)·安瀾倉(長淵縣)·永豊倉(富城縣) 중 앞의 세 漕倉은 후대의 관련 기록을

---

150) '禮'字에서 부수변인 '示'부분이 탈락하여 '豊'로 표기되었거나 '禮'의 古字가 '豊'인 점을 감안하면, 禮山縣의 誤記일 가능성이 높다. 윤경진(앞의 논문, 181쪽)도 禮山郡의 誤記일 가능성을 제기하였다.

151) 『大東地志』에서도 G그룹의 白川浦와 J그룹의 淸水浦의 소재지를 未詳으로 처리해 두었다. 다만 동일한 수경가에 있는 水州와 비슷한 거리에 있는 것으로 보고 利川郡의 誤記이거나 異稱일 가능성을 제기한 견해도 있다(윤경진, 앞의 논문, 181쪽).

152) 김양진, 「≪高麗史≫食貨志 漕運條 所載의 몇몇 地名에 대하여」, 『地名學』 16, 2010, 211·219쪽. 특히 潮海浦는 『大東地志』 卷32, 方輿總志 4, 高麗 浦倉에서 황해도 安岳郡으로 비정하였는데, 開京까지의 항운거리에 비해 매우 낮은 수경가(1/21석)를 감안하면 그럴 가능성이 매우 낮다.

153) 성종11년 수경가 제정기사의 割註에 附記된 9개의 漕倉이 건국 초기부터 성종대에 존재한 것으로 본 견해가 있다(문경호, 앞의 논문, 2011 ; 「高麗時代 漕運制度의 成立과 展開」, 『고려시대 조운제도의 연구와 교재화』, 공주대학교 박사학위논문, 2012). 9개의 조창이 여타 포구와 공존한 浦倉制로 명명하면서 건국 초기부터 성종 11년까지 60浦倉制의 형태로 유지되다가 성종 14년 무렵에 12漕倉制로 전환한 것으로 이해하였다. 하지만 명확한 근거가 없는 상황에서 조창의 설치를 성종대를 포함한 그 이전 시기로 보는 것은 再考의 여지가 있다. 설령 60浦制 운영시기에 창고시설을 갖춘 漕倉이 존재하였다 하더라도 이후의 漕倉制 때의 운영방식과 漕倉의 역할을 감안한다면 동일선상에서 이해하기는 곤란하다. 浦倉制로 이해하려면 각 조창의 수세구역이나 漕倉과 輸京價가 책정된 여타 포구와의 관계 등에 대해서도 추가 설명이 이루어져야 하지 않을까 생각한다. 또한 북한의 최근 연구성과도 60浦制와 漕倉制를 구분하지 않고 10여 개의 漕倉과 輸京價 기사에서 확인되는 포구 50여 개에 屬倉이 함께 설치된 것으로 이해하였다(장국종, 『조선교통운수사(고대·중세편)』, 사회과학출판사, 2012, 125~132쪽).

통해 <표-4>의 麗水浦·銀蟾浦·海葦浦에 각각 설치된 것으로 간주할 수 있다.[154] 하지만 永豊倉이 설치된 富城縣에 소재하는 浦口는 성종 11년 輸京價 기록에서 확인되지 않는다. 만약 영풍창이 있던 浦口가 60浦에 포함되었다면, 洪州 管內의 風海浦(洪州)·懷海浦(新平郡)가 위치한 F그룹에 들어갔을 것이다. 이렇게 본다면 60浦制 운영시기 이후에 이 일대의 조세를 수집·조운하기 위해 기존의 60浦口가 위치하지 않던 새로운 지점에 漕倉(永豊倉)을 신설한 것이다. 永豊倉은 성종대 60浦制에서 현종대 12漕倉制로의 변화를 잘 보여줄 뿐 아니라, 기존의 浦口시설을 활용하지 않은 漕倉이라는 특이점을 지닌다.

이와 같이 浦口의 소재지를 재비정하고, 그 내용을 漕倉制와 비교한 내용이 <표-4>의 '조세운송 유형' 항목이다. 운송 유형은 크게 조창경유지역과 경창직납지역으로 구분하였고, 조창경유지역은 다시 해당 조창별로 세분화하였다. 각 浦口가 부담하는 輸京價는 총 10등급(A~J)으로, 최고액은 漕運穀의 20%이고 최저액은 漕運穀의 4.8%에 해당하는 만큼 그 차이는 컸다. 최대 4배에 이르는 輸京價의 차이는 기본적으로 운송거리에 의해 좌우되었다. 여기에 海路의 경우는 遭難지대의 경유 여부가, 하천 수로의 경우는 水深이나 여울[灘] 등의 여타 운송조건이 각각 중요한 요소로 작용하였다.

A그룹에서 J그룹까지의 輸京價 규모를 보면, 운송거리만을 절대적인 기준으로 삼지 않았음을 알 수 있다. 예를 들면, D그룹 利通浦(咸豊縣)와 芙蓉浦(영광 부용창 소재)의 輸京價는 9石당 1石(漕運穀의 11%)인데 반해 이보다 京倉까지의 거리가 훨씬 가까운 B그룹의 남한강변 麗水浦(충주)·銀蟾浦(원주)의 輸京價가 6石당 1石(약 17%)으로 더 高率이었다.[155] 전자가 후자 보다 조운거리가

---

154) 『磻溪隨錄』 卷3, 田制後錄 漕運. 이 기록에도 富城 永豊倉이 위치한 浦口에 대해서는 언급이 없다.

155) 이외에도 D그룹의 西河郡浦는 먼 운송거리와 長山串이라는 조난지대를 경유하는 악조건 속에서도 C그룹의 海葦浦(장연현, 8석당 1석의 輸京價 ; 12.5%) 보다 낮은 輸京價(9석당 1석의 輸京價 ; 조운곡의 11%)를 부담하고 있다.

2배 이상 먼 것을 고려하면, 이러한 수경가의 차이는 쉽게 이해되지 않는다. 이뿐 아니라 C그룹 내에서 서해 연안을 경유하는 浦口(潮東浦, 南海浦 등)보다 거리상 훨씬 가까운 남한강변의 浦口(崐岡浦, 黃麗浦)가 동일한 輸京價를 적용받고 있다. 두 사례의 근본적 차이라면 전자가 연안해로를, 후자가 하천수로를 각각 이용하여 京倉으로 향한다는 점이다.

그래서 성종 11년 輸京價 규정은 연안해로를 이용하는 경우와 하천 수로를 이용하는 경우로 나누어 이해할 필요가 있다. 아래의 <표-5>에서는 운송여건이 다른 서·남해의 浦口와 한강유역의 浦口를 구분하였다. 편의상 현재의 地名으로 표기하였고, 비율(%)은 전체 稅穀에 대한 輸京價의 규모이다. 이렇게 浦口의 분포유형을 나누어 보면, 수송거리의 遠近에 따라 輸京價의 규모가 달라지는 것이 무리없이 이해된다.

〈표-5〉 輸京價 규모와 浦口의 소재지

輸京價 규모		서·남해에 위치한 포구의 소재지	한강유역에 위치한 포구의 소재지
그 룹	비율(%)		
A (1/5석)	20%	사천, 마산	
B (1/6석)	16.7%	순천, 광양, 보성, 여수	충주, 원주
C (1/8석)	12.5%	영암, 나주, 무안, 황남 태탄군	이천(장호원), 여주
D (1/9석)	11%	함평, 영광, 부안, 전주, 군산, 황남 송화군	
E (1/10석)	10%		여주(흥천), 양평
F (1/13석)	7.7%	홍성, 예산, 아산	
G (1/15석)	6.7%	수원	
H (1/18석)	5.6%		廣州, 서울
I (1/20석)	5%		과천, 廣州, 서울(구로)
J (1/21석)	4.8%		서울(양천), 김포, 고양

해운형 浦口의 輸京價를 결정짓는 주요 요소는 운송거리이며, 海路上의 遭難地帶 經由 여부도 고려 대상이었다. 海路를 경유하는 浦口의 輸京價 그룹 중 편차가 가장 큰 부분은 <표-5>와 같이 B그룹~C그룹과 D그룹~F그

룹이다.156) 이들 그룹 간에 輸京價의 차이가 큰 이유는 거리상의 문제도 있지만 이들 그룹 사이의 漕運 경로상에는 '鳴梁項(울돌목)'과 安興梁이라는 遭難地帶가 위치하였기 때문이다. 이들 지역을 항해하는 것이 적지 않은 부담이었음은 성종 11년에 조운 거점으로 파악한 60浦口의 분포 현황을 나타낸 <그림-1>에서도 확인된다. <그림-1>의 ㉮·㉯해역의 공통점은 조난지대 직전에 위치하여 조운 거점인 포구가 분포하지 않는다는 점이다. 즉 전라도 남해안의 장흥반도~명량해협의 ㉮해역과 금강 하구 연해~安興梁 以南의 ㉯해역에서는 직면한 조난지대를 바로 통과하는 것은 부담이었기 때문에 60포제 때는 주요 浦口가, 조창제 때는 漕倉이 분포하지 않았다.

60포제 운영시기에도 조창제 때와 마찬가지로 안흥량 以南~錦江 以北의 충청 해안지역(㉯해역)에서는 안흥량의 위험을 무릅쓰고 항해하기 보다 그 지점을 陸路를 통해 통과한 다음, 安興梁 以北의 浦口에서 漕運하는 방법을 택하였을 가능성이 있다. 앞의 <표-4> F그룹에 보이는 風海浦(洪州)·懷海浦 (新平郡)와 같이 아산만 왼쪽에 위치한 포구에서 서해 항로를 거슬러 올라갔을 것이다. 이처럼 성종대 조운 거점인 주요 浦口를 선정할 때도 海路上의 조난지대 경유 여부를 고려하였다.

60浦制 운영 당시 서·남해 항로를 통한 조운활동을 짐작할 수 있는 단편적인 기록이 전한다. 현종 9년(1018) 3월 16일에 康州人 未斤達이 漕運穀 1,000石을 개경에 운반한 뒤, 6월 15일에 돌아오다가 역풍으로 표류하였다.157) 康州 인근의 稅穀을 수집하여 漕船이 출발한 지점은 앞의 <표-4> A그룹에 있는 泗州의 通潮浦일 것이다. 경상도지역의 發船時期가 3월 중순인 점이나 漕船의

---

156) B그룹과 C그룹의 편차는 4.2%, D그룹과 E그룹의 편차는 3.3%로 다른 그룹간 차이에 비해 큰 편이다. 또한 수경가가 조운곡의 10%를 넘는 지점도 D그룹부터이다.

157) 『小右記』 寬仁 3年 6月 21日. "…高麗人未斤達五月二十九日到着築前國志摩郡申云 去年三月十六日從彼國康州隨身米千石參着京都 六月十五日罷歸之間…"(김기섭 외 6인, 『일본 고중세 문헌 속의 한일관계사료집성』, 혜안, 2005, 530~531쪽 재인용).

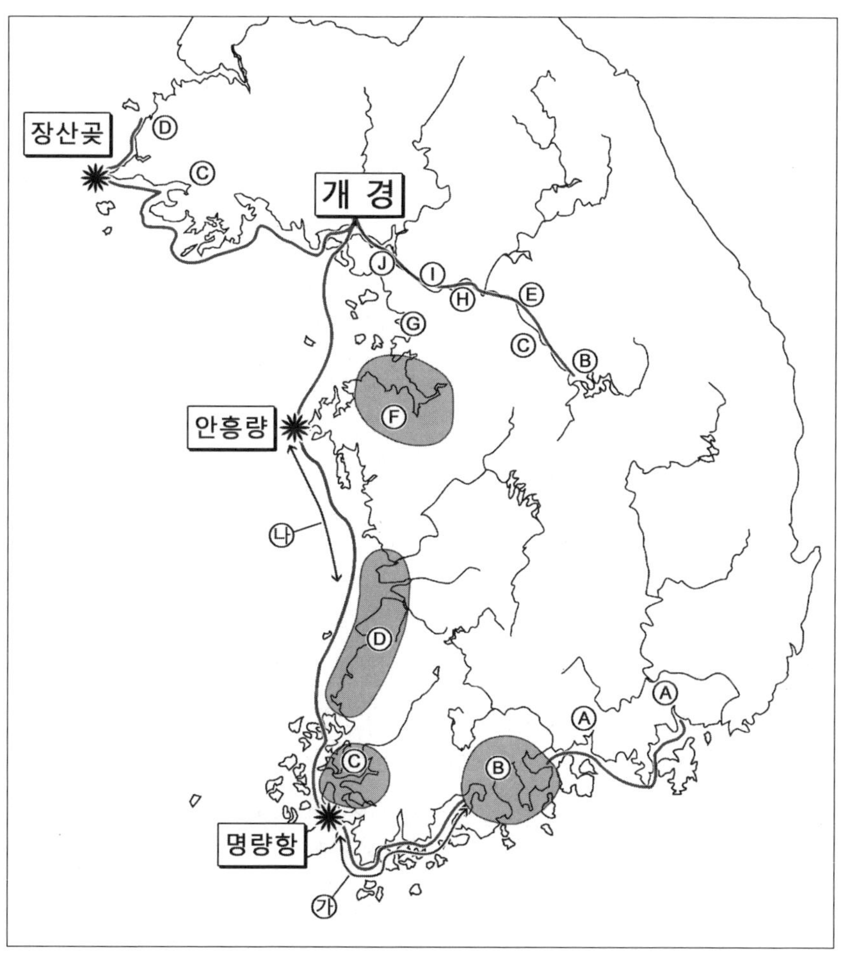

〈그림-1〉 60浦制의 浦口 분포 현황

적재량이 米穀 1,000石인 점을 통해 60浦制 운영시기에도 이후의 漕倉制와 유사한 조운규정이 일부 통용되고 있음을 유추할 수 있다.158) 康州人 未斤達은

---

158) 각 지역별 發船시기에 대한 규정은 『大典會通』 卷2, 戶曹 漕轉에 전하는데, 경상도지역 은 3월 25일 이전에 發船하여 5월 15일 이내에 上納해야 한다. 또한 海倉에 배속된 哨馬船의 적재량은 『高麗史』 漕運條에 1,000석으로 기록되어 있다.

직접 漕船에 乘船하여 航運활동을 수행한 장본인으로, 漕倉制 운영시기에 조운선에 乘船하여 조운활동을 지휘했던 梢工에 準하는 인물이었던 것으로 추정된다.

다음으로 海路에 비해 상대적으로 水運의 어려움이 덜한 남한강변 浦口의 輸京價에 대해서 살펴보자. 이들 지역은 앞의 <표-4>에서 대부분 京倉直納地域으로 분류되듯이, 漕倉을 경유하지 않아도 되는 王京의 근거리에 위치하였다. 그러한 까닭에 전반적으로 저렴한 輸京價를 부담하였다. 하지만 남한강 수운을 이용하는 포구 중 '조창경유지역'으로 분류된 B그룹의 麗水浦(충주)·銀蟾浦(원주)와 C그룹의 崐岡浦(음죽현)·黃麗浦(황려현)는 운송거리에 비해 輸京價 규정 전체에서 상당히 높은 輸京價를 부담하였다.159)

남한강 포구 중 가장 高率의 수경가를 부담하는 B그룹의 麗水浦(충주)와 銀蟾浦(원주)는 남한강의 여타 浦口와 달리 조창제 운영시기에 조창경유지역으로 편입되었다. 교통·운수활동의 요충지인 銀蟾浦(원주)에는 12조창제 때의 興元倉과 마찬가지로 蟾江 以東에 위치한 郡縣의 稅穀이 집산되었고, 麗水浦(충주)에는 德興倉과 마찬가지로 충주 인근과 소백산맥 以南의 경상도 중·북부 지역의 稅穀들이 집산되어 이곳에서 다시 京倉으로 漕運되었다. 그런 만큼 운송과정에서 高度의 輸役이 발생하였을 것이다. 이러한 조세운송체제를 좀더 효과적으로 운영하기 위한 조치로 남한강의 다른 지역과 달리 두 지역을 漕倉經由地域으로 편입시켰을 가능성이 있다.

이들 浦口의 높은 輸京價는 운송여건이 다른 해운형 浦口와의 비교는 접어두고라도, 인접한 川寧郡에 소재하는 E그룹의 輸京價와 비교해도 그 격차가 크다.160) 물론 <표-4>의 E-C-B그룹에 속하는 남한강 浦口의 수경가가 점차

---

159) C그룹의 崐岡浦(음죽현)와 黃麗浦(황려현)의 경우는 남한강 중·상류에 위치하는 浦口의 운송거리만을 기준으로 서해안 浦口의 輸京價와 비교한다면, F그룹과 비슷한 輸京價(1/13石)가 유사한 수준일 것이다.

160) 銀蟾浦(원주)가 1/6石의 輸京價(漕運穀의 16.7%)를 부담하는데 반해, 인근의 川寧郡(여

높아지는 것은 남한강을 거슬러 올라 갈수록 거리 등의 운송여건이 나빠지는 것을 반영하고 있다. 이들 포구가 분포하는 남한강은 乾期에 강바닥이 드러날 정도로 수량이 부족하고 퇴적물이 많아 內陸水路로서 양호하지 않았다.[161] 얕은 수심은 상류로 올라갈수록, 渴水期일수록 심각하였다. 수취한 세곡을 남한강의 포구에서 京倉으로 옮기는 겨울철에는 수량이 줄고 결빙하였기 때문에 水運의 이용에 더욱 어려움이 컸다.

또한 남한강에는 강바닥이 얕거나 폭이 좁아 물살이 세게 흐르는, 水運 최대의 장애물인 여울[灘]이 곳곳에 도사리고 있었다. 그 정도가 심한 남한강 상류는 논외로 하고, 남한강 포구의 수경가 책정에 일정한 영향을 미치는 주요 여울은 <표-5>의 B그룹 구간에 분포하는 여울군과 E그룹 구간에 위치하는 여울群이다. E그룹 구간에는 10개의 여울이 몰려 있는 月溪遷峽이 위치하는데, 그중에서 가장 유명한 여울이 楊根縣(양평군)에 위치하는 大灘이었다.[162] 大灘에는 돌이 물 가운데를 가로질렀는데 물이 넘치면 보이지 않고, 물이 얕아지면 파도가 부딪쳐 격동하고 쏟아져 흘러서 水運하는 배들이 가끔 침몰하였다. 이에 공민왕대에 王康이 건의하여 그 돌을 조금 팠지만 공사가 쉽게 성취되지 못하여 그만두었는데, 그 뒤로부터 물 형세가 더욱 험해진 것으로 전한다.[163]

주군 흥천면)에 소재한 澄波浦 등의 浦口는 1/10石의 輸京價(漕運穀의 10%)를 부담하였다.

161) 崔永俊, 「南漢江 水運 研究」, 『地理學』 35, 大韓地理學會, 1987/「남한강의 수로와 수운」, 『국토와 민족생활사』, 한길사, 1997 재수록 ; 김종혁, 「조선전기 한강의 津渡」, 『서울학연구』 23, 2004. "1929년 자료를 통해 충주 지점의 평균 水位는 1.3尺이고, 고수위일 때는 11.48尺에 이르지만 저수위일 때는 고작 0.63尺 밖에 되지 않았다"(崔永俊, 위의 논문, 1987, 49~52쪽).

162) 최영준, 위의 논문, 1997, 113~114쪽.

163) 『新增東國輿地勝覽』 卷8, 楊根郡 山川. 조선 세종 때도 水路가 험한 大灘의 돌을 깨뜨리는 공사를 지속하였다(『世宗實錄』 卷48, 世宗 12年 5月 壬戌·世宗 12年 9月 壬子·世宗 12年 10月 壬午 ; 卷66, 世宗 16年 12月 戊午 ; 卷77, 世宗 19年 4月 辛巳).

94

　남한강을 거슬러 蟾江과 합류하는 흥호리에 B그룹에 속한 銀蟾浦(원주)가
위치하였다. 蟾江 입구의 흥호리~충주의 水路는 하류 보다 강폭이 더 좁아지
고 여울의 수도 많아진다. 合水지점에서 충주방면으로 2km 올라간 지점에
차령산맥의 仰岩 峽谷이 위치하는데, 이 일대에 물살이 세고 암초가 많은
忠州 西北部의 莫喜樂灘을 비롯한 8개의 여울이 밀집하였다.[164) 지금도 물살이
센 여울이라 하여 충주시 소태면 양촌리 남한강변에는 '막흐레기'라는 지명이
남아 있다. 莫喜樂灘이라는 여울의 명칭은 이렇게 위험한 지대를 지날 때
'희희낙락해서는 안되는 여울[莫喜樂灘]'이라는 의미이다.

　이 여울이 大灘만큼이나 수운활동에 적지 않은 부담꺼리였음은 충주지역
漕倉의 移設과정을 통해 짐작할 수 있다. 고려시대 충주의 德興倉은 達川과
합류하는 남한강변의 金遷에 위치하였는데 조선시대에는 金遷에서 남한강을
타고 내려온 가금면 가흥리에 漕倉을 移設하였다. 漕倉 移置의 결정적인
계기는 金遷에서의 화재사건이었지만 이와 함께 목계리와 가흥리 사이 江의
막흐레기 여울[莫喜樂灘]을 피하기 위한 목적도 있었다.[165) B그룹 銀蟾浦(원
주)는 이들 여울을 지난 지점에 위치하였지만, 麗水浦(충주)는 莫喜樂灘을
비롯한 8곳의 여울을 통과해야 했다.

　이처럼 大灘과 莫喜樂灘을 비롯한 남한강 도처의 여울은 세곡 운반선의
運航에 적지 않은 부담이었다. 내륙하천의 운항에 있어 가장 큰 장애물이
여울 부근의 급류와 암초인 점을 감안하면, 여울의 분포는 輸京價 책정에
일정한 영향을 미쳤을 것이다. 조운선이 여울을 안전하게 통과하기 위해서
水路에 익숙한 자의 감독 아래에 운항이 이루어졌고, 퇴적물이 쌓여 수심이
얕은 여울을 통과할 때는 배에 밧줄을 연결하여 이동시키기 위해 인부를
동원하는 등 많은 노동력이 필요하였다. 이러한 정황은 鄭道傳이 驪江에서

<hr>

164)『輿地圖書』上, 忠淸道 忠州, 國史編纂委員會, 1979 ; 최영준, 앞의 논문, 1997, 114쪽.
165) 崔壹聖,「可興倉 考察」,『忠州産業大學校 論文集』29-1, 1994, 100~101쪽.

"강물이 줄어 貢船을 밀어도 내려가지 않으니 강바닥 파는 인부 동원에 원님이 걱정하구나"라고 읊은 詩句에서 잘 드러난다.166)

남한강 수로의 주요 浦口와 여울群을 忠州로부터 물길을 따라 정리하면 다음과 같다. B그룹의 麗水浦(충주)→ 莫喜樂灘(충주)을 비롯한 여울群→ B그룹의 銀蟾浦(원주)→ C그룹의 崑岡浦(陰竹縣)→ C그룹의 黃麗浦(여주)→ E그룹의 梨花浦를 비롯한 川寧郡 浦口→ E그룹의 楊根郡 浦口→ 大灘(楊根郡)을 비롯한 여울群→ H그룹의 廣州·楊州의 浦口 순으로 하류로 향하였다. 그런데 이 내용을 보더라도, 운송거리와 여울 등과 같은 객관적인 운송여건만으로 輸京價가 책정되지 않은 것 같다. 예를 들면 동일한 B그룹에서 銀蟾浦(원주) 보다 운송거리가 멀고 여울群을 통과하는 麗水浦(충주)는 여울群을 통과하지 않는 銀蟾浦(원주)와 동일하게 漕運穀의 1/6石을 輸京價로 지불하였다.

또한 大灘을 경유하는 E그룹 楊根郡의 輸京價가 漕運穀의 1/10石인 반면, 大灘을 지난 지점에 위치한 H그룹 廣州의 輸京價가 漕運穀의 1/18石이라는 점도 다소 이해되지 않는 부분이다. 大灘이라는 여울을 통과하는 것이 부담스럽더라도 楊根郡과 廣州의 수운 거리를 감안한다면, H그룹 廣州 浦口의 輸京價(漕運穀의 5.6%)의 근 2배에 가까운 輸京價(漕運穀의 10%)를 楊根郡 浦口에 부과하는 것은 과중한 듯하다. 이와 같이 성종 11년 남한강 주요 浦口의 輸京價는 운송거리와 여울[灘] 등 객관적인 수운여건만으로 책정되지 않은 것 같다. 그 이외의 요소도 일부 작용한 것으로 추측된다.

이 문제를 풀기 위한 여러 가설 중 하나로 성종대 국가권력과 재지세력과의 관계에 주목하고자 한다. 성종대에 국가권력이 재지세력을 포섭·통제할 때는 개별 지역 단위의 상황에 따라 통제의 정도와 그 방법을 달리하였다.167)

---

166) "水落貢船推不下 / 萬夫疏鑿使君憂", 『(國譯)三峰集』 卷7, 拾遺 詩 驪江. 이와 관련하여 조선초기 남한강에 파견된 水站轉運別監의 주요 임무를 강가의 퇴적물 제거라고 추측한 견해가 참고된다(李相培, 「朝鮮時代 南漢江 水運에 관한 硏究」, 『江原文化史硏究』 5, 2000, 147~148쪽).

성종 원년(982)에 최승로가 豪族의 津·渡에 대한 전횡을 지적하였듯이,[168] 성종대 초기까지 각 浦口의 운송활동에 재지세력의 영향력은 적지 않았다. 이러한 상황을 참조하면 일부 浦口의 輸京價를 책정할 때에도 개별 지역 단위의 상황이 일정 부분 작용하였을 여지가 있다.[169] 輸京價 책정을 골자로 하는 60浦制는 조운제의 초기 형태로, 현종 말엽부터 운영된 12漕倉制 때만큼 중앙정부가 조운활동에 필요한 人的·物的 기반을 완전히 확보하지 못한 상태였다. 이에 중앙정부는 선박과 航運인원을 소유한 재지세력을 일방적으로 배제할 수 없었고, 일부 浦口의 輸京價를 책정할 때에 이러한 상황이 반영되었을 것이다.[170] 수운여건에 비해 상대적으로 高率의 輸京價가 책정된 原州와 楊根郡의 浦口도 그러하지 않았을까 추측해 본다.[171]

앞서 살펴 본 남한강 浦口의 輸京價 책정 기사는 성종대 조운 거점에 대한 통제를 의미하면서, 현종대에 비해 완전하지 못한 지방 통제의 일면을 보여주는 사례로 이해된다. 부연하면, 輸京價 규정은 중앙정부가 전국의 주요

---

167) 성종대 지방제도 개편의 성과를 인정하더라도 국가권력의 향촌통제력에 일정한 취약성이 내재하는 한계를 지녔다(具山祐, 「高麗 成宗代의 鄕村支配體制 强化와 그 政治·社會적 갈등」, 『韓國文化研究』 6, 釜山大 韓國文化研究所, 1993 ; 『高麗前期 鄕村支配體制 研究』, 혜안, 2003, 149~165쪽).

168) 『高麗史』 卷93, 列傳6 崔承老傳 上疏文 17條.

169) 이와 관련하여 北村秀人의 견해를 전적으로 수용하기는 어렵지만, 당시의 상황을 이해하는 데에 참고된다. 그는 輸京價가 제정된 성종대에 浦 소속 郡縣의 지방호족들이 浦口와 漕船을 실질적으로 장악한 것으로 이해하였다(北村秀人, 앞의 논문, 1978).

170) 60浦制는 고려시대 조운제도의 전개과정상 漕倉制 성립의 배경에 해당한다. 그런만큼 兩者의 유사성과 차이점을 명확히 할 필요가 있다. 성종대 60포제와 현종대 조창제의 운영방식상의 차이는 각 지역에 존재하는 조운 기반의 통제 정도에서 기인하는 것으로 이해할 수 있다.

171) 楊根郡의 王規세력과 原州의 元氏세력 등 고려초기 남한강 유역에는 재지세력이 존재하였다. 태조대부터 남한강 유역의 주요 浦口시설은 효과적인 교통·운수활동을 위해 활용 가치가 높았고, 이러한 상황은 수운 기반을 소유한 재지세력이 성장할 수 있는 배경이 되었다. 향후에 고려초기 해당 지역 재지세력의 동향을 水運활동과 관련하여 살피는 연구가 진행되면 가설의 진위가 밝혀질 것이다.

浦口를 파악하면서 조운비용을 적정화하고 조운활동에 대한 관리·감독을 강화하기 위한 조치였다. 이것은 국가 주도로 水運交通體制를 재편해 나가는 과정의 일환이면서, 재지세력의 조운기반을 활용하는 모습도 추측하게끔 한다.172)

이러한 60浦制는 古來의 水運 전통과 고려 건국기의 교통·운수 분야의 성과를 계승한 漕倉制의 시원적 형태였다. 하지만 수운시설의 분포와 운영 상황 등에서 이후의 조창제에 비해 한계도 지니고 있었다. 이러한 모습은 앞 절에서 언급한 6科體制에서도 유사하게 확인된다. 성종대 驛의 파악과 驛路網의 개편은 해당 지역단위 및 교통시설의 개별적인 상황을 고려하여 南道지역 보다 개경 인근 지역부터 우선적으로 진행하였다. 그러면서 개경 以北의 군사지대를 중심으로 북방 이민족에 대응하기 위한 과도적인 성격의 驛制인 6科體制를 운영하였다.

성종대에 성립한 6科體制와 60浦制는 고려초기 지방지배체제의 전개과정을 가늠할 수 있는 교통운수 분야의 특징적인 주제이다. 이와 같은 과도적인 형태를 거쳐 다음 장에서 살펴볼 22驛道體系와 漕倉制가 고려시대 交通·運輸體制의 전형으로 자리 잡게 되었다.

---

172) 한정훈, 앞의 논문, 2009, 144~146쪽.

Ⅲ. 고려전기 22驛道와 漕倉制의 운영

고려 현종대에 성립하는 22驛道體系와 漕倉制는 고려시대 交通運輸體制의 두 축이었다. 본 장에서는 조운 거점인 漕倉의 설치로부터 제도적 보완에 이르기까지 漕倉制 전반에 대해서 고찰할 것이다. 그에 앞서 郡縣의 租稅가 漕倉 혹은 京倉으로 운반되기 위해서는 전국단위 수륙교통망의 구축이 전제되어야 할 것이다. 따라서 22驛道의 구성과 驛 분포 그리고 역도와 수운시설과의 결합관계에 대해서도 살필 것이다.

1. 전국적 水陸交通網의 구축

1) 22역도의 구성과 驛 분포

앞 장에서 살펴 본 바와 같이, 성종 말엽에 북방군사지대는 6科體制가 운영되었지만, 南道지역의 驛制 정비는 상대적으로 미진하였다. 南道의 개별 驛과 驛道에 대한 본격적인 정비는 현종대부터 가능하였다. 驛制를 포함한 통치체제의 정비는 현종 9년 전국적인 군현제 개편에서 시작하였다.

Ⅱ장 2절의 <표-2>는 현종 즉위년(1009) 12월 거란의 2차 침공으로 인해 羅州로 피난가는 경로상에 위치한 다수의 驛名을 포함하고 있다. '성종·현종 초기' 항목에 있는 여러 驛 중 祗弗驛을 제외한 5道 소속의 驛 모두가 여기에

해당한다.[1] 성종·현종 초기의 여러 驛 중 개경 인근과 以北지역의 驛은 22驛道에서 확인되지만, 한강 以南의 驛 대부분은 22驛道에서 보이지 않는다. 한강 以南의 驛 중 參禮驛(全州)만이 22驛道에 그대로 계승되었고, 鼻腦驛은 祗弗驛의 경우[2]와 마찬가지로 分行驛(竹州)으로 改名하여 존재하였다.

鼻腦驛이 있던 지역은 궁예 집권시절인 899년에 北原(원주)의 賊帥인 梁吉이 군사를 진군시킨 非惱城[3] 부근이었다. 非惱城이 있던 곳은 후삼국의 정치적 혼란기를 거쳐 鼻腦驛으로 바뀌었고, 이후 22역도체계가 형성되면서 廣州道의 分行驛으로 改名하였다.[4] 非惱城에서 鼻腦驛을 거친 分行驛이 조선시대까지 존속한 이유는 청주와 충주 방면의 교통로가 만나는 교통 요충지에 위치하였기 때문이다. 이처럼 이전부터 존재하던 교통시설 중 요충지에 위치했던 驛시설은 그대로 유지되거나 명칭을 달리하여 그 역할이 전승되는 경향을 보인다.

이와 달리 22역도로 전승되지 못한 驛은 현종 연간 역참시설의 정비과정에서 소멸한 것으로 이해할 수 있다. 소멸한 7개 驛의 재편 상황은 仁義驛과 伏龍驛을 통해 짐작 가능하다. 仁義驛은 피난 경로상에 있는 仁義縣에 위치하였는데 22驛道網에서는 居山驛(泰山縣)과 인접하였다.[5] 현종 즉위년에 존재하던

---

1) 거란의 2차 침공 때 확인되는 漢江 以南의 驛 현황과 22驛道로의 전승관계는 아래의 표와 같다. 이 표는 본문 <표-2>의 내용을 재인용한 것이다.

피난 경로상의 驛	22역도	피난 경로상의 驛	22역도
饒呑驛(廣州)	-	長谷驛(全州 인근)	-
鼻腦驛(竹州)	廣州道 分行驛	仁義驛(井邑 泰仁)	-
石坡驛(天安府 인근)	-	水多驛(務安)	-
巴山驛(公州)	-	伏龍驛(光州)	-
參禮驛(全州)	全公州道 參禮驛		

2) 성종대 확인되는 祗弗驛은 22역도체계에서 全公州道 玉庖驛(雲梯縣)으로 改名하여 존속하였다(Ⅱ장 2절 2항 해당 부분 참고).

3) 『三國史記』 卷12, 孝恭王 3年 7月.

4) 이도학, 「弓裔의 北原京 占領과 그 意義」, 『東國史學』 43, 2007, 194~202쪽. 分行驛에 대한 자세한 설명은 Ⅳ장 1절 2항에 있다.

5) 仁義縣은 정읍시 태인면 낙양리로, 居山驛은 정읍시 태인면 거산리로 각각 비정되어 거리상 10리 정도 떨어져 있다. 『大東輿地圖』 해당 부분에서 居山驛과 仁義古縣은

仁義驛의 인접한 곳에 全公州道의 居山驛이 확인된다는 것은 仁義驛이 없어지고 그 기능이 居山驛으로 옮겨 갔음을 의미한다. 마찬가지로 伏龍驛이 위치한 伏龍縣에서 10리 정도 떨어진 지점에 昇羅州道의 仙巖驛(光州)이 분포하고 있다.[6] 즉 22역도체계로 재편되면서 仁義驛과 伏龍驛은 사라지면서 그 기능이 인근의 居山驛과 仙巖驛으로 넘어갔음을 뜻한다.

현종대는 지방제도의 기본적인 틀을 마련하였고, 지방관의 권한 강화와 鄕吏制 정비를 통해 향촌지배층에 대한 통제를 강화해 나갔다.[7] 이에 따라 南道의 驛시설도 현종대 본격적인 정비과정을 거치면서 폐쇄나 改名 그리고 필요에 따라서는 새로이 개설되기도 하였다. 이 과정을 거치면서 驛道網의 재편도 진행되었다. 앞의 Ⅱ장 2절의 <표-2> '성종·현종 초'에 확인되던 驛名이 22역도에서 찾아지지 않는 경우는 현종대 군현제 개편 때 소멸한 것이다. 이러한 모습은 개경 인근과 以北의 驛名이 22역도체계로 대부분 계승되는 것과는 다른 양상이다. 결국 성종·현종 초기까지 적극적인 정비작업에서 비켜나 있던 南道지역의 驛에 대한 실질적인 통제와 개편은 현종 9년 군현제 정비에 병행하여 이루어졌고, 이것이 22역도체계 마련을 위한 본격적인 계기가 되었다.

현종 10년(1019) 거란군의 철수 이후, 고려조정은 집권체제의 안정을 위해 사회 전반에 걸쳐 제도 정비를 본격화하였다. 현종 9년에 향리제 정비를 통해 중앙 행정력이 郡·縣의 행정단위까지 조직적으로 침투하게 되었다.[8] 이에 따라 驛道 전체의 재편과 함께 驛政관할기구와 담당 관리의 재조직화도

근거리에 위치하고 있음이 확인된다.

6) 『大東輿地圖』 해당 부분에서 仙巖驛과 伏龍古縣이 10리 정도의 거리에 위치하고 있음이 확인된다.

7) 邊太燮, 「高麗前期의 外官制」, 『高麗政治制度史研究』, 일조각, 1971 ; 李純根, 「高麗初 鄕吏制의 成立과 實施」, 『金哲埈博士 華甲紀念 史學論叢』, 1983 ; 具山祐, 『高麗前期 鄕村支配體制 研究』, 혜안, 2003, 473~485쪽.

8) 李純根, 위의 논문, 1983, 238~240쪽 ; 具山祐, 위의 책, 480~485쪽.

더욱 가속화되었다. 대표적인 조치로 供驛署의 설치에 따른 郵驛업무의 조정, 諸道館驛使의 驛道 감찰업무 강화, 驛長 권한 강화를 통한 개별 驛의 통제, 靑郊驛館使9)를 경유하는 공문서 전달체계의 확립 등을 들 수 있다. 이러한 전반적인 제도 개선과 함께 대폭적인 역로망의 재편성, 이른바 '22역도체계'가 성립되었다.10)

현종 재위 후반 대외 정세의 평화적 분위기에 따른 북방 변경의 확정은 군사방어체계를 지원하던 6科體制에 대한 대대적인 개편으로 이어졌다. 거란과의 군사적 대치상황 속에서 북방 군사지대를 중심으로 운영되던 6과체제는 현종 말엽에 전국단위의 단일한 역도망인 22驛道體系가 성립하면서 사라지게 된다. 성종대부터 지향하였던 역도 관리방식(대·중·소로 구분)을 운영원리로 삼은 22역도체계가 성립하면서, 이 방식은 한국의 전형적인 교통로 관리방식으로 자리잡게 되었다. 이러한 모습은 문종 2년(1048)에 大·中·小路 구분을 기준으로 館驛의 公須田租를 거둔 점11)과 "우리나라에서는… 驛路를 大·中·小路로 3등분하여 등급에 따라 차등을 두어 토지를 지급하였다"12)라는 鄭道傳의 지적을 통해 짐작할 수 있다.

또한 22역도체계가 성립하면서 전국 驛道의 大·中·小路(驛) 구간도 재설정되었다. Ⅱ장 2절의 자료 Ⅱ-6)에서는 성종대의 大路(驛) 구간이 개경 인근은 물론 군사상 목적을 위해 兩界 방면에도 분포하였다. 이와 달리 22역도체계에

---

9) 靑郊驛館使는 靑郊道를 巡行하면서 해당 驛道의 驛傳업무를 보는 靑郊道館驛使와는 별개로 지방으로의 공문서 전달업무를 담당하는 관리였다. 이와 달리 靑郊驛館使를 靑郊道館驛使로 본 견해도 있다(鄭枃根, 「高麗前期 驛制의 整備와 22驛道」, 『韓國史論』 45, 2001, 27쪽). 하지만 興郊道館驛使의 사례(『高麗史』 卷102, 列傳15 金仁鏡)를 참고하면 靑郊道館驛使와 같은 諸道館驛使는 ○○道館驛使라고 표기하였을 것이다.

10) 현종대 驛制의 정비 내용에 대해서는 劉善浩(앞의 박사학위논문), 鄭枃根(앞의 논문, 2001), 한정훈(앞의 논문, 2002)에 의해 충분히 논의되었다.

11) "文宗二年十二月判 諸道館驛公須田租 大路一百石 中路五十石 小路三十石 儲峙以支廩 給 餘租各輸州倉"(『高麗史』 卷78, 食貨1 租稅).

12) "國家於是… 分路大中小爲三等 給田有差"(『三峰集』 卷14, 「朝鮮經國典」下 驛傳).

서는 북방 정세의 안정화로 兩界의 大路(驛) 구간이 축소되었을 가능성이 있다. 이렇게 성종대와 현종 말엽 이후의 大路 구간 분포가 차이가 나는 것은 성종대 軍事적인 성격의 外官체제에서 목종·현종대부터 民事적인 성격의 外官制로 바뀌어 나가는 것[13]과도 밀접한 관련이 있을 것이다. 이때 재설정된 大路ー中路ー小路 구간은 開京으로부터의 거리에 따라 幹線 驛道를 구분하였을 것이다. 이러한 분포양상은 조선전기의 그것과 유사한 모습이다.[14] 이상과 같이 6과체제에서 22역도체계로의 변천은 고려전기 驛制의 정비과정을 잘 보여준다.

『高麗史』 卷82, 兵2 站驛에 나오는 22역도의 일람은 형성 당시의 상황이 아니라 정비 이후 어느 시점의 양상을 『高麗史』 편찬자가 옮겨 적은 것이다.[15] 22역도 형성 당시의 모습은 『高麗史』 기록과 같이 525驛이 완비된 것이 아니라, 각 방면의 거점을 연결하는 22개 驛道의 골격이 갖추어진 상태였을 것이다.

이러한 관점에서 22역도의 형성시기를 추정하는 방법으로 새로운 접근이 필요하다. 이전 연구에서는 『高麗史』 卷82, 兵2 站驛에 열거된 22역도의 개별 驛名에 附記된 邑名을 분석하였다.[16] 예를 들면, 22역도 중 靑郊道·春州道·

---

13) 邊太燮, 「高麗前期의 外官制」, 『韓國史研究』 2, 1968 ; 『高麗政治制度史研究』, 一潮閣, 1971, 121~130쪽.

14) 조선초기 육상교통로의 대로·중로·소로 구간이나 지점을 정확히 알 수 없지만, 관련 자료(『世宗實錄』 卷109, 世宗 27年 7月 乙酉 ; 『經國大典』 卷6, 工典 院宇)를 참고하면, 大路구간이 都邑을 중심으로 四方으로 분포하는 것은 확실하다. 고려시대 開京을 중심으로 분포한 大路구간의 내용에 관해서는 다음 항에 수록한 <그림-2>가 참고된다.

15) 鄭枖根은 『高麗史』 兵志에 기재된 22역도는 예종 12년~인종 14년 사이의 상황을 반영한 것이라고 보았다(앞의 논문, 2001, 32~34쪽). 최근에는 『高麗史』 兵志의 站驛항목에 대한 譯註작업이 마무리되어 출간되었다(이기백·김용선, 『≪高麗史≫ 병지 역주』, 일조각, 2011).

16) 呂恩暎·姜英哲·조영옥은 驛名에 부기된 邑名을 근거로 22역도의 형성시기를 대략 고려중기 이후로 보았다. 이에 대해 劉善浩는 "22역도에 附記된 邑名을 통해 郵驛制의

平丘道 소속 驛名에 附記된 邑名으로 南京이 표기된 점에 주목하여 남경이 제도화되는 문종 21년(1067) 이후에 청교도·춘주도·평구도 등 22역도가 형성되었다고 하였다.[17] 하지만 南京이 표기된 것은 문종 21년 이후에 기록된 22역도의 자료를 『高麗史』 撰者가 옮겼기 때문이다. 즉 22역도의 형성시기와 기재시점이 다르므로 邑名의 변천을 근거로 삼는 것은 문제가 있다.

그래서 전국의 驛을 단일한 체계로 편성한 22역도의 형성 시기를 알아보기 위해 22개 驛道의 명칭에 대해 세밀히 분석해 볼 필요가 있다.[18] 이를 통해 각 역도의 형성과정과 개별 역도의 편성 의도도 확인할 수 있다.

22역도를 역도의 위치와 명칭 유래에 따라 구분하면 <표-6>과 같다. 각 역도명칭의 유래에 따라 A·B·C·D로 구분하였고, 역도가 위치하는 영역을 역사적 배경에 따라 셋으로 나누었다. A~D를 유형별로 설명하면 다음과 같다.

성립과 변천의 시기를 논함은 무리"라고 하였다(劉善浩, 『高麗郵驛制研究』, 檀國大學校博士學位論文, 1992, 35~39쪽). 각 驛名에 附記된 邑名의 변화를 통해 지방지배의 변화과정과 관련하여 驛道의 확대·정비과정에 대해서는 어느 정도 유추할 수 있지만, 그 자체가 22역도의 형성시기를 알려주는 결정적 자료가 되지는 못한다.

17) 22역도 형성의 하한선을 南京이 제도화되는 문종 21년 이후로 본다(呂恩暎, 「麗初驛制形成에 대한 小考」, 『慶北史學』 5, 1982, 5쪽).

18) <표-6>의 역도명칭 분석은 驛名에 附記된 邑名을 통해 형성시기를 추정하는 방법과 유사하다. 본문에서 驛名에 쓰인 邑名의 분석이 부분적인 결함이 있음을 지적하였지만 驛道名에 쓰인 邑名의 경우는 사정이 다르기 때문이다. 驛 명칭에 부기된 여러 고을의 명칭(邑名)이 개정 주기가 짧고 일관되지 못한 반면, 驛道명칭에 쓰인 邑名은 주변지역의 거점일 뿐 아니라 그 지역을 상징하는 邑名이기 때문에 각각의 驛에 부기된 邑名 보다는 시대의 변화에 상대적으로 덜 민감하였기 때문이다. 다시 말해, 역도(도로)의 명칭이 행정단위의 명칭 보다 더 오랫동안 사용되는 것을 근거로 삼았다. 京城이라는 지명이 오래전에 사라졌지만 '京釜線', '京釜高速道路'라는 교통로의 명칭은 현재에도 유효하다. 일부 연구자들이 22역도의 형성시기로 현종대를 중시하면서도 구체적인 근거를 찾지 못하는 상황을 감안하여 새로운 방법으로 역도명칭을 분석해 보았다.

〈표-6〉 22驛道의 역도명칭 분석

영역 구분＼역도명칭 구분	A.주요 州鎭名을 붙인 역도명	B.대표 驛名을 붙인 역도명	C. 10道制에서 유래한 역도명	D. 邑名을 붙인 역도명	
				한 개의 邑名을 붙인 역도명	두 개의 邑名을 붙인 역도명
북방개척으로 획득한 영역	雲中道 興化道 朔方道				
후고구려 영역		狻猊道 金郊道 岊嶺道 興郊道 桃源道 靑郊道 平丘道		春州道 溟州道 廣州道	忠淸州道
후백제·신라 영역			山南道	尙州道　南原道 慶州道 金州道 京山府道	全公州道 昇羅州道

 A유형은 북방 군사지대의 주요 州鎭 명칭을 驛道名으로 사용한 경우로,[19] 해당 역도는 興化道, 雲中道, 朔方道이다. 흥화도는 북방 경계의 서부 전선으로, 운중도는 중부 전선으로, 삭방도는 동부 전선으로 각각 이르는 역도이다.

 興化道는 강동 6주 중 하나인 興化鎭에서 나온 역도명칭으로, 흥화진은 의주의 남쪽 55리에 위치한 압록강 하구의 최일선 軍鎭이다. 성종 14년 강동 6주 획득 이후 추진된 서북계 개척의 역사적 의미와 군사도로의 역할을

---

[19] 개별 州鎭 명칭을 驛道名으로 이용한 A유형은 邑名을 사용하였다는 점에서 D유형과 유사하다. 하지만 역도가 위치한 영역 구분이 각 驛道의 차이점을 밝히는 주요 기준이므로, A유형과 D유형으로 구분하였다. A유형은 D유형과 달리 북방개척으로 획득한 영역 내의 역도라는 점에서 여러 가지 차이점이 발견된다. D유형과 같이 기존의 교통망을 이용하여 주요 領郡을 중심으로 역도망이 분포하는 것이 아니라, 북방 변경으로 뻗어나가면서 주요 軍鎭간을 연결하는 분포망을 보인다. 이러한 점에서 개별 邑名을 붙인 역도명칭이라 해도, 기존의 행정 편제에 기반을 둔 D유형과 군사적 방어체계를 지원한 A유형의 역도는 구분하여 이해할 필요가 있다.

포괄하는 역도명칭이 바로 흥화도이다. 운중도의 雲中은 雲州의 성종 때 別號(成廟所定)이다.[20] 현종 연간에 거란과의 전쟁으로 서부 전선에서는 邊境의 변화가 많았다. 하지만 22역도가 형성되는 현종 말엽에 중부 전선 최북단의 군사기지는 여전히 雲州였다.[21] 西京에서 출발하여 내륙의 북방 변경으로 이르는 雲中道에서 雲州(雲中)가 차지하는 비중을 알 수 있다. 동부전선으로 이르는 朔方道의 朔方도 雲中道의 雲中과 마찬가지로 登州의 성종대 別號이다.[22]

A유형의 역도명칭 분석에서 한 가지 주목되는 점이 있다. 西北界의 역도명칭에 붙은 주요 군사기지인 興化鎭·雲中(雲州)은 22역도 형성 당시 북방 변경의 최북단에 위치한 반면, 東北界의 朔方(登州)는 최북단이 아니었다.[23] 이는 서북계와 동북계의 군사방어체계의 차이에서 기인한다. 현종 9년 지방제도 개편 때, 安北大都護府 寧州와 安邊都護府 登州가 설치되었다. 동북계는 이민족과 변경지대에서 충돌이 많지 않은 까닭에 登州(朔方)를 중심으로 안정적인 방어체계 구축이 가능하였다. 그러나 安北大都護府 寧州가 설치된 서북계는 그 영역도 넓고 북방 변경까지 원거리였으며, 이민족과의 분쟁이 지속되었던 터라 서부와 중부 최전방에 또다른 군사기지를 둘 필요가 있었다. 그것이 흥화진과 운주(운중)이고, 안북대도호부 영주에서 흥화진과 운주로 각각 연결하는 驛道가 바로 흥화도와 운중도인 것이다.[24] 이와 같이 兩界지역 내에서도

---

20) 『高麗史』 卷58, 北界 雲州.

21) 그것은 운주의 서북부에 위치하는 昌州가 靖宗 원년(1035)에 개척되어 昌州 防禦使로 되는 것(『高麗史』 卷58, 北界 昌州)을 보면 알 수 있다. 또한 昌州에 위치하던 22역도의 雲中道 玉關驛과 梓田驛이 6과체제에서는 확인되지 않는다.

22) 『高麗史』 卷58, 東界 登州.

23) 현종 9년에 登州 以北에 있는 長州에 방어사를, 현종 22년에 靜邊鎭을 각각 설치한 사실(『高麗史』 卷58, 東界 長州·靜邊鎭)을 참고하면, 현종 말엽에 동계의 邊境은 長州－靜邊鎭 일대일 것이다.

24) 안북대도호부 영주에는 흥화도와 운중도 소속의 驛이 위치하지 않는다. 하지만 寧州에 인접한 連州나 博州를 통해 운중도·흥화도를 이용하여 邊境에 이르렀다.

北界와 東界의 안보 상황과 방어체계의 차이로 인해 교통거점과 역도망의 분포 양상을 달리하고 있다.

　B유형에 속하는 驛은 궁예 집권기 이래로 재편성 및 정비의 대상이었기 때문에 다른 유형의 역도 보다 그 전통이 깊다. C·D유형의 南道지역 驛道는 성종·현종 초까지 북방 변경 방어태세의 구축과 지방사회에 대한 불완전한 통제로 인해 A·B유형 보다 통제와 재편성이 늦어지는 경향을 보인다.[25]

　B유형은 각 驛道의 첫머리에 기재된 대표 驛의 명칭으로 역도명칭을 삼은 경우이다. 이 유형에 해당하는 역도는 개경 가까이에 위치하는 경향이 있다. 주요 邑名이 아닌 대표 驛名을 驛道명칭으로 삼은 것은 기존 교통여건을 활용하여 주요 驛을 중심으로 새로이 역도를 편성하였음을 의미한다. B유형의 驛道가 속하는 지역은 弓裔가 鐵圓·松嶽을 중심에 두고 확보한 후고구려 영역 내에 분포한다.[26] 태조 이후 開京 중심의 교통망 재편성으로 이 영역은 驛의 생성과 증치 등 많은 변화가 있었다. 이들 驛道의 대부분 驛이 '6과체제'에서 확인되는 것도 고려초기 역도망 개편의 주요 관심 지역임을 보여 준다.

　邑名을 붙인 D유형은 國初의 역도 재편 때에 주요 관심지역이 아니었기 때문에 현종대 지방제도 개편과 관련하여 새로이 편성된 역도였다. 이들은 지역 거점고을을 중심으로 이전부터 존재하던 교통망의 전통을 최대한 활용하면서 형성되었다. 이 중 '한 개의 邑名을 붙인 역도'는 해당 지역거점을 중심으로 여러 방향의 支線이 발달한 형태를 보이는 반면, '두 개의 邑名을 붙인 역도'는 거점과 거점을 연결하는 幹線과 그 주변의 支線이 발달한 분포상의 차이를 보인다. 두 개의 邑名을 붙인 忠淸州道[27]·全公州道·昇羅州道가

---

25) A·B유형 중 행정구획상 兩界에 속하는 驛道에 대한 내용은 다음의 논문을 참고하였다 (한정훈, 「고려 전기 兩界의 교통로와 운송권역」, 『韓國史硏究』 141, 2008).

26) 관련 내용은 Ⅱ장 2절 1항 참고.

27) 본문에서 서술하였듯이, 22개의 역도는 驛의 구성이나 분포지역을 근거로 그 명칭이 붙여졌다. 하지만 忠淸州道는 분포지역을 고려할 때 적합하지 못한 역도명칭이다. 忠淸州道의 34개 驛 중 忠州 管內에 위치하는 驛은 하나도 없고, 그 분포도 내륙의

후백제의 영역에 분포하는 것도 특징적이다. 또한 C유형의 山南道도 驛道의 분포범위나 驛의 소재 군현을 살펴보면 '한 개의 邑名을 붙인 역도'와 유사한 형태를 띤다. 山南道의 관할 驛 28개 중 5개를 제외한 나머지 驛이 晉州牧의 屬郡縣에 소재하는 것을 볼 때, "晉州道"의 성격을 지닌다고 할 수 있다.

D유형에 속하는 역도들은 상대적으로 개경 인근·이북지역의 역도(A·B유형)처럼 國初에 본격적인 정비과정을 거치지 않았다. 현종대 지방제도 개편과정에서 지역 거점을 중심으로 역도를 편성하여 개경과의 연결을 도모하였는데, 이러한 이유로 邑名을 붙여 역도명칭으로 사용한 것이다. 이들 驛道名에 附記된 邑名과『高麗史』地理志에 표기된 邑名을 비교해 보면, 昇羅州道의 昇州만 昇平郡으로 표기되어 있어 일치하지 않는다. 하지만 해당 地理志 내용을 참고하면, 성종 14년~정종 원년까지는 昇州로 불렸다.28) 따라서 22역도명칭에 사용된 邑名은 모두 현종대의 표기이다. 현종 9년 개편 이후 지속적으로 사용된 邑名이 해당지역의 역도명칭으로 사용되었음을 알 수 있다.

<표-6>에서 개별 역도를 A~D유형의 네 가지로 나누었지만, 크게 구분하면 주요 邑名을 이용한 역도명칭(A·C·D유형)과 주요 驛名을 이용한 역도명칭(B유형) 두 가지이다. 이렇게 역도명칭의 유래가 다르듯이, 역도 편성과 驛 분포 양상도 차이를 보인다.

B유형의 역도는 교통 중심지대인 개경 가까이에 위치하면서, 개경은 물론 주요 교통 거점인 西京·南京을 기점으로 뻗어 있었다. 이들 역도가 분포하는 영역은 開京을 중심으로 X자형의 간선 교통로가 형성되어 있던 곳으로,29)

忠州 방면 보다는 서해안 방면의 淸州 管內를 연결하는 양상을 보인다.

28) "昇平郡 本百濟欿平郡[欿一作沙一作武] 新羅景德王改今名 成宗十四年爲昇州竞海軍節度使[一云昇化] 靖宗二年復爲昇平郡 忠宣王元年陞昇州牧 二年降爲順天府"(『高麗史』 卷57, 地理2 昇平郡).

29) 개경 가까이의 平州(6개 驛 분포)는 서북 방면의 교통 요지로, 東州(3개 驛)는 동북 방면의 교통 요지로 각각 기능하였다. 남부지역으로 향하는 간선 교통로는 南京(6개 驛)까지 複線이었고, 여기에서 廣州(6개 驛)를 통해 남동방면으로, 水州(3개 역)·廣州를

주요 교통 거점 상호간의 연결을 중시하는 편성 양상을 보인다. 狻猊道는 王京開城府~海州를, 金郊道는 開城府~黃州를, 岊嶺道는 黃州~西京을, 桃源道는 開城府~東州~交州를, 靑郊道는 開城府~南京을, 平丘道는 南京~廣州~忠州(原州 포함)~安東府를 각각 연결하였다. 이렇듯 군현체제의 구분 보다 교통로의 역할이 우선시되었기 때문에 대표 驛의 명칭(狻猊驛, 金郊驛, 岊嶺驛 등)으로 驛道명칭을 삼았던 것이다.[30]

이와 달리 주요 고을 명칭을 이용한 D유형의 驛道는 주요 거점고을을 중심으로 인근의 교통 거점과 연결하는 경향성을 띤다. 앞서 언급한 바와 같이, 山南道는 晉州 管內를 아우르면서 全州로 향하였다. 이와 마찬가지로 春州道·溟州道·廣州道·尙州道·南原道·慶州道·金州道·京山府道는 管內 혹은 소속 군현 (일부)을 아우르면서 南京·登州·忠州·安東府·羅州 管內·禮州·인근의 密城郡·尙州 등으로 각각 연결되었다. 또한 忠淸州道는 淸州 관내를 아우르면서 水州로, 全公州道는 全州 管內를 연결하면서 公州로, 昇羅州道는 羅州 管內를 아우르면서 昇州로 각각 도달하였다. 이들 역도들은 상호간의 관계망을 확장하여 개경으로 연결되는 단일한 역도망을 형성하였다. 이처럼 인근 교통거점으로의 연결과 함께 지방 大邑을 중심으로 소속 군현을 아우르는 역할을 우선시하였던 만큼 역도명칭도 대표 邑名을 사용하였다.

역도명칭에 포함된 주요 교통거점에는 京·牧·都護府의 界首官뿐 아니라 主郡縣의 행정단위까지 포함되어 있었다. 이처럼 역도명칭에 主郡縣이 포함되어 있는 것뿐 아니라 교통로 형성이 국가통치체제의 일환인 점을 감안하여

통해 서남방면으로 뻗어나가는 분포 양상을 보인다.

30) 邑名을 驛道名으로 표기한 역도 중 尙州道가 이와 같은 분포 양상을 보이기도 한다. 즉 尙州道는 尙州 管內의 군현 연결 보다는 인근의 安東府와의 연결이 더 중시된 측면이 있다. 상주가 낙동강 已西에 위치하지만 상주도 소속의 驛 대부분은 낙동강 以東지역에 위치하고 있다. 東西를 가르는 낙동강이라는 자연지형 때문에 군현체제에 따르지 않고 편성된 驛道의 대표적인 사례이다. 北界의 거대한 界首官인 寧州와 그 관내를 연결하는 興化道·雲中道의 관계도 이와 유사하다.

22驛道와 郡縣制와의 관계를 살펴볼 필요가 있다. 22역도 편성에 일정한 원리로 작용한 군현체제와의 관련성을 고찰하기 위해 군현체제별 驛 분포 현황을 제시하면 아래의 <표-7>과 같다.

<표-7> 군현체제별 驛 분포 현황[31]

구분		主郡縣			屬郡縣			합계		
		郡縣(驛○)		郡縣(驛×)	郡縣(驛○)		郡縣(驛×)	郡縣	驛	비율
		郡縣	驛		郡縣	驛				
開城府	郡縣	1			8		4	13		1.07
	驛		2			12			14	
楊廣道	郡縣	12		2	47		50	111		0.85
	驛		36			59			95	
慶尙道	郡縣	14			71		43	128		1.04
	驛		42			91			133	
全羅道	郡縣	13		4	38		49	104		0.6
	驛		19			43			62	
交州道	郡縣	3			17		8	28		1.35
	驛		9			29			38	
西海道	郡縣	5		3	8		9	25		1.04
	驛		16			10			26	
東界	郡縣	24		4	15		2	45		1.51
	驛		50			18			68	
北界	郡縣	41		2				43		2.1
	驛		89						89	
합계 (단위;개)	郡縣 總數	113		15	204		165	497		
	郡縣(驛○)	113			204			317		
	郡縣(驛×)			15			165	180		
	驛 總數		263			262			525	1.06

*'郡縣(驛○)'은 驛이 있는 郡縣을, '郡縣(驛×)'은 驛이 없는 郡縣을 각각 뜻함.

우선 행정구역별로 驛數를 비교해 보면, 고려시대 각 郡縣당 평균 1.06개의 驛(525개 역/497개 군현)이 분포하는데 王京開城府(1.07개)·慶尙道(1.04개)·西

---

31) 합계 항목의 비율은 驛 분포 비율로 한 郡縣에 분포하는 驛數의 평균을 의미한다. 군현별 驛 분포 일람은 본서 말미의 <부표>에 작성해 두었다.

海道(1.04개)는 이와 비슷한 분포 비율을 보인다. 이에 반해 交州道(1.35개)·東界(1.51개)·北界(2.1개)는 평균 보다 높고, 楊廣道(0.85개)·全羅道(0.6개)는 낮다. 특히 北界는 한 군현당 2.1개의 驛이 분포하는데, 총 43개의 州鎭 중 德州와 通海縣을 제외한 州鎭 모두에 驛이 분포하고 있다. 그리고 43곳 중 25곳 이상의 州鎭에 2개 이상의 역참시설이 있어 州鎭간의 역도망이 세밀한 분포 양상을 보인다. 이와 함께 東界의 비교적 높은 역참 분포비율(1.51개)을 보면, 고려초기부터 군사방어체계 구축과정 속에 진행된 역로망 정비의 결과물로 이해할 수 있다.

반대로 郡縣數에 비해 驛數가 작은 행정구역은 楊廣道와 全羅道이다. 특히 전라도의 경우는 한 군현당 0.6개의 驛시설이 분포하고 있어 평균인 1.06개 보다 현격히 적다. 主郡縣 중 島嶼지역인 珍島縣·耽羅縣을 제외하더라도 87개의 屬郡縣 중에서 金溝縣·長興府를 비롯하여 驛이 분포하지 않는 군현이 49개에 이르고 있다. 양광도의 경우도 이 정도는 아니지만 96개의 속군현 중 절반이 넘는 50개의 군현에 驛이 분포하지 않는다.

세부적으로 살펴보면, 楊廣道 樹州·水州·洪州·嘉林縣, 全羅道 古阜郡·臨陂縣, 西海道 豊州 管內의 경우와 같이 驛이 없는 군현이 驛이 있는 군현 보다 많이 분포하고 있다. 그 이유는 이들 행정구역이 서해 연안에 접하는 입지조건에서 찾아야 할 것이다.[32] 다른 지역에 비해 연안해로를 통한 해운활동이 활발하였을 뿐 아니라, 비교적 평탄하고 장애물이 적은 지형 때문에 邑治에서 인근 郡縣으로의 교통로에 驛을 설치할 필요가 적었을 것이다.[33] 이에 반해

---

32) 北界 연안지대의 郡縣에는 驛시설이 비교적 충실히 분포하였다. 東界지역도 신라 이전부터 단조로운 해안선을 따라 형성된 해안단구를 교통로로 이용하였고, 고려시대 에는 바다를 통해 침입하는 이민족의 침입에 대비하기 위한 군사시설로서 역참시설이 조밀하게 분포하고 있다.

33) 고려시대 육상교통망을 확인하는 방법은 22역도체계의 개별 驛 분포를 통해서이다. 하지만 이와 반대로 해당 지역에 驛이 없다고 해서 교통로를 설정할 수 없는 것은 아니다. 전체적인 역 분포상황과 지형 등을 감안하여 驛을 설치할 필요가 없는

동일한 행정구역 내에서도 양광도의 廣州·忠州·原州 管內와 같은 내륙의 교통요지에는 驛이 위치하는 군현의 수가 그렇지 않은 군현의 수보다 훨씬 많았다.

交州道는 5道에서 驛의 분포 비율이 가장 높은데, 그 이유는 開京과 東界의 중간지대이면서 海路를 통해 개경으로 이르는 것이 불가능하였기 때문이다. 경상도지역은 驛數(133개 驛)가 상대적으로 많지만, 이와 함께 군현 수도 많기 때문에 驛 분포 비율이 높은 편은 아니다. 하지만 驛이 없는 屬縣을 제외하면 그 비율은 높아지고, 특히 尙州·京山府·安東府와 같이 개경 방면으로 향하는 교통요지에는 驛이 밀집하여 분포하고 있었다.34)

5道만 놓고 보면, 서쪽의 양광도와 전라도가 驛 분포 비율이 낮고 동쪽의 경상도와 교주도가 상대적으로 높다. 이것은 교통활동의 중심지인 開京으로 이르기 위해 동쪽의 행정구역에서는 육상교통로의 이용이 빈번한데 비해, 서쪽의 행정구역에서는 驛道와 함께 연안해로의 이용이 용이하였기 때문이다. 이러한 驛 분포상 특징은 앞선 <표-6>에서 D그룹의 '두 개의 邑名을 붙인 역도'인 忠淸州道·全公州道·昇羅州道가 양광도와 전라도에 분포하는 것과 관련이 있을 것이다. 이들 驛道는 두 大邑간 연결을 우선시하는 편성상의 특징을 보이는 만큼, 서해안 방면의 驛 분포나 驛道의 개설은 상대적으로 미진한 경향을 보인다.

다음으로 主郡縣과 屬郡縣으로 나뉘는 군현체제와 驛 분포 현황을 비교해 본다. 우선 界首官(京·牧·都護府)을 포함한 主郡縣과 驛 분포와의 관계를 보면, 전체 주군현(128개) 중 11.7%에 해당하는 15개의 주군현에 驛시설이 없다.35)

경우도 있었을 것이다.

34) 상주·경산부·안동부 관내의 총 군현 56곳 중 40곳의 군현에 55개의 驛이 분포하고 있어 경상도 평균 보다 밀집된 驛 분포 양상을 보인다. 경상도 군현의 驛 분포 현황은 <부표> 참고.

112

이들 주군현 중 江華縣·珍島縣·耽羅縣·白翎鎭은 島嶼지역이므로 지리적 여건을 감안하면 驛站시설이 없는 것이 무리없이 이해된다.[36) 島嶼지역의 주군현을 포함하여 驛이 없는 5道의 주군현(長興府 제외)은 서해 연안지역에 위치하고 있다. 驛시설이 없는 것은 연해항로를 통한 교통활동이 용이한 지리적인 여건에서 기인하였을 가능성도 있다. 이들 주군현의 경우는 해안 방면에 위치하는 屬縣에 驛이 없지만, 長興府·豊州·瓮津縣과 같이 屬縣인 遂寧縣·靑松縣·永康縣에는 驛이 위치하고 있다.[37) 이것은 주군현 관내의 연결 보다는 해안지역 반대방향에 위치하는 상위 행정단위인 界首官(나주·해주)으로의 연결을 중시하였음을 의미한다. 이러한 점은 22역도망의 분포상 특징이라고 말할 수 있다.

앞의 <표-6> D유형 驛道명칭 대부분이 계수관 명칭을 附記하고 있지만,[38) 春州(4개 驛), 溟州(10개 驛), 南原府(3개 驛), 金州(5개 驛), 京山府(2개 驛), 公州(6개 驛 분포), 昇平郡(1개 驛)과 같은 主郡 단위의 邑名도 역도명칭에 포함되어 있다. 이들 主郡인 춘주·금주·경산부·남원부·명주는 계수관과 마찬가지로 春州道·金州道·京山府道·南原道·溟州道를 구성하는 중심 거점이었다. 이것은 우선적으로 이들 고을이 지역 교통권역에서 주요한 지점에 위치하였기

---

35) 5道에서 驛이 없는 主郡縣은 南京 管內의 江華縣, 淸州牧 管內의 富城縣, 全州牧 管內의 金溝縣, 羅州牧 管內의 長興府·珍島縣·耽羅縣, 海州 管內의 豊州·瓮津縣·白翎鎭이고, 兩界에서는 登州 管內의 宜州·豫州·雲林鎭·永豊鎭과 寧州 管內의 德州·通海縣이다. <부표> 참고.

36) 고려시대 군현 중 島嶼지역임에도 역참시설이 있는 郡縣은 경상도의 南海縣(山南道의 德新驛)과 巨濟縣(山南道의 烏壤驛)이다. 이들 역은 山南道의 栗原驛(河東郡)과 春原驛(固城縣)에서 각각 바다를 건너 연결되었다.

37) 전라도 장흥부의 속현 중 나주 방면에 위치한 遂寧縣에는 碧山驛이 있는 반면, 해안지역의 속현인 會寧縣·長澤縣·耽津縣에는 驛이 분포하지 않는다. 마찬가지로 서해도 풍주에도 界首官인 海州로 향하는 도중에 있는 靑松縣에는 維安驛이 있다. <부표> 참고.

38) 역도명칭에 界首官이 포함된 경우는 廣州道의 廣州, 尙州道의 尙州, 慶州道의 慶州, 忠淸州道의 忠州와 淸州, 全公州道의 全州, 昇羅州道의 羅州이다.

때문이다. 가장 많은 驛이 분포하는 溟州道의 溟州에는 10개의 역이 위치할 뿐 아니라, 속군현 3곳 모두에도 驛이 분포하고 있다. 이들 고을은 다른 主郡縣에 비해 屬郡縣을 비교적 많이 거느린 大邑이고, 속군현 대부분에도 驛이 분포하였다.[39] 주군현 128곳(驛이 없는 주군현 15개 포함)에 263개의 驛이 위치하는 것을 보면, 주군현 1곳당 평균 2개 이상의 驛(2.05개=263개 驛/128개 郡縣)이 분포하고 있어 교통요지로서의 성격이 驛數에서도 확인된다.

이에 반해 <표-7>에서 屬郡縣과 驛의 관계를 보면, 총 369개의 속군현에 262개의 驛이 분포하고 있어, 한 屬郡縣당 0.71개의 驛(262개 驛/369개 郡縣)의 郡縣이 분포하고 있는 꼴이다. 앞의 주군현의 평균 驛數(2.05개) 보다 매우 낮은 분포 비율을 보인다.

하지만 속군현의 평균 驛數(0.7개) 보다 4배나 많고 主郡縣의 평균(2.1개) 보다 많은 3개 이상의 驛이 위치하는 속군현도 12곳이나 있었다.[40] 이들 속군현은 주군현 가까이에 위치하면서 주군현의 교통 기능을 보완해 주는 역할을 하였다. 이들 속군현은 주군현에서 출발한 역도망이 두 방향 이상으로 분기하는 지점이었다. 이와 같이 屬郡縣임에도 불구하고 다수의 驛이 분포하고 있는 것은 앞서 언급한 15개의 主郡縣에 驛이 분포하지 않는 점과 함께 역참 분포가 군현체제(界首官－主郡縣－屬郡縣)와 완전히 일치하지 않는 측면을 보여 준다. 즉 驛의 多少가 邑格과 반드시 일치하지 않고 각 지역의 상황과 지리 조건에 따라 다른 양상을 보인다.[41]

---

39) 金州道의 金州 관내에는 6개의 군현이 위치하고 총 10개의 驛이 분포하며 속군현 5곳 중 4곳에 驛시설이 있다. 京山府에는 2개의 驛시설만이 위치하였지만, 비교적 많은 속군현인 15곳 중 11곳에 驛이 분포한다. 南原府의 경우는 전체 10개 군현에 8개의 驛이 분포한다.

40) 牛峯郡(3개 驛), 淸風縣(3개 驛), 寧越郡(3개 驛), 永州(3개 驛), 淸道郡(4개 驛), 一善縣(3개 驛), 臨河郡(3개 驛), 務安郡(3개 驛), 狼川郡(4개 驛), 橫川縣(4개 驛), 金化郡(3개 驛), 雲岩縣(3개 驛)이 여기에 해당한다. 자세한 내용은 <부표> 참고.

41) 여러 속군현에서 상위의 주군현 보다 많은 역참시설이 분포하는 경우가 더러 확인된다. 대표적인 경우로 주현인 장흥부와 풍주·옹진현에는 역이 없지만 속현인 수녕현와

114

그렇다 하더라도, 22역도의 편성과 각 驛道의 驛 분포 양상은 기본적으로 界首官制와 主-屬縣體制를 특징으로 하는 郡縣制와 밀접한 연관이 있다. 郡縣體制(界首官－主郡縣－屬郡縣)와 驛시설을 비교해 보면, 모든 界首官에는 당연히 驛시설이 있고, 계수관 한 곳당 3.67개의 驛이 분포하는데 반해 主郡縣은 평균 2.05개, 屬郡縣은 평균 0.71개의 驛시설이 각각 분포하였다.[42] 행정 중심고을에 많은 수의 驛이 분포하는 것은 당연한 결과이다.

개별 驛道의 驛은 界首官(혹은 管內 주요 領郡)을 중심에 두면서 主-屬縣체제를 기본으로 삼아 편성되었지만, 이들 驛道로 구성된 22역도망의 전체 구성은 開京으로의 연결을 염두에 두었다. 물론 앞서 언급하였듯이 지형조건 등 지역의 상황에 따라 일부에서는 군현체제와 驛 분포 현황이 일치하지 않는 측면도 있다.[43] 이것은 교통로가 지방통치체제 구축의 수단이기도 하지만, 교통 거점[點] 상호간을 연결하는 통로[線]라는 본연의 목적성을 감안한다면 당연한 것이다.

지금까지 22역도 편성과 군현제와의 관계에 대해 정리해 보았다. 22역도의 개별 역도망은 主郡縣을 중심으로 소속 군현과의 연결을 우선시 하면서, 인근 거점 고을로 진출하는 경향을 보인다. 이러한 개별 역도가 모여 개경을 중심으로 하는 단일한 역도망이 형성되었다. 개별 역도의 편성에 주요 主郡縣(大邑)이 중심 거점으로 역할하였고, 이에 따라 속군현에도 驛이 함께 분포하였다. 22역도체계가 界首官制와 主縣-屬縣체계를 골자로

청송현·영강현에는 역이 각각 하나씩 있다. 또한 나주목에 한 개의 驛시설이 있는데 반해 관내의 무안군에는 세 개의 驛시설이 있고, 동계의 金壤縣(1개 역)과 속현인 운암현(3개 역)도 마찬가지이다.

42) 界首官의 경우는 66개 驛/18개 郡縣, 主郡縣는 263개 驛/128개 郡縣, 屬郡縣은 262개 驛/369개 郡縣으로 각각 계산하였다.

43) 이러한 고려 驛 분포의 지역별·행정단위별 불균등성을 조선전기와 비교하여 강조한 연구가 참고된다(정요근, 「고려시대 驛 분포의 지역별 불균등성」, 『지역과 역사』 24, 2009).

하는 현종대 군현제 개편[44]의 성과를 바탕으로 형성되었음을 확인할 수 있다.

2) 역도와 수운시설의 결합

현종 말엽에 형성된 22역도망은 전국을 하나의 네트워크(Network)로 연결하기 위해서 水上 교통시설도 적극 활용하였다. 수운시설(津·浦·渡)[45]은 기능상 육상교통망의 구성에 중요한 역할을 수행하였다. Ⅱ장 2절에서 제시한 자료 Ⅱ-5)에서 알 수 있듯이, 성종 11년 11월에는 關·驛과 더불어 江[46]·浦도 명칭을 개정하였다. 같은 해에 京倉으로 세곡을 운반하는 비용(輸京價)을 정하면서 전국 각지의 수운시설을 파악하여 활용하였다. 이어 성종 13년(994)에 鴨江渡 句當使 파견을 시작으로 이후에 모든 津渡에 句當을 두었다.[47] 이러한 사실을 통해 고려초기부터 중앙정부는 수운시설을 驛과 더불어 국가 교통시설로 인식하고 주요 나루에 句當을 두어 파악·통제하였음을 알 수 있다.

---

44) 主-屬縣體系와 界首官制에 대한 다음의 연구성과가 참고된다(尹京鎭, 『高麗 郡縣制의 構造와 運營』, 서울대학교 박사학위논문, 2000, 142~158쪽 ; 尹京鎭, 「고려전기 界首官의 설정원리와 구성 변화」, 『震檀學報』 96, 2003).

45) 津·浦와 渡의 용어를 구분하는 기준에 대한 몇 가지의 견해가 있다. 지역적으로 渡는 개경 주변과 거점통제의 요충지에 위치한 것으로 보는 견해(吉田光男, 「高麗時代の水運機構'江'について」, 『社會經濟史學』 46-4, 1980, 55쪽 ; 추명엽, 「高麗前期 關·津·渡의 기능과 商稅」, 『國史館論叢』 104, 2004)와 하천 폭의 넓음이나 그 규모에 따른 구분으로 보는 견해(李鉉淙, 「京江津·渡·船에 대하여」, 『鄕土서울』 27, 서울시사편찬위원회, 1966) 그리고 혼용하여 사용한 것으로 보는 견해(鄭枖根, 앞의 박사학위논문, 61쪽)가 있다. 본문에 제시한 <표-8>~<표-11>의 내용을 보면, 첫 번째 견해와 같이 渡는 개경을 중심으로 하는 통제거점에 위치하는 경향을 띠고 있다.

46) 津·浦·渡와 별도로 항해 가능한 帶狀水域을 '江'이라 칭하고 국가적 수운조직으로 파악하였다(吉田光男, 위의 논문, 1980). 그는 논문 50쪽에서 "江은 稅米와 군량미를 수송하는 편의상 육상교통과 하천이 결절하는 주요한 도하지점을 택해 설치되고 있다. 그 경우의 江은 아마 津·渡와 동일한 기능을 한다"고 하였다. 이러한 점은 원활한 수운 기능을 강화하기 위해 육운과의 연계가 필요하였음을 보여 주는 것이다.

47) 『高麗史』 卷77, 百官2 外職 句當使.

본 항에서는 22역도체계에서 내륙하천에 의해 끊어진 역도망을 이어주는 수운시설로 어떤 것들이 있는지 알아보고, 그곳을 중심으로 형성된 교통로를 살피고자 한다. 수운교통시설은 분포지역과 기능을 기준으로 크게 두 유형으로 구분할 수 있다. 하나는 내륙수운형 수운시설로 내륙하천변에 위치하면서 주로 하천을 渡河하여 육상교통로를 이어주는 역할을 하였고, 다른 하나는 해운형 수운시설로 해안이나 하천 하구에 위치하여 수로나 해로를 따라 航運하였다.48)

대부분의 육상교통로는 물길을 따라 발달하지만 경우에 따라서는 하천을 건너거나 이용하기도 하였다. 개경에서 각 방면으로 뻗어 지역 거점을 연결하는 22역도망에는 대동강·한강·낙동강·금강 등의 대하천과 교차하는 지점이 분포하였다. 이렇게 하천이 흐르는 방향과 驛道의 경로가 ＋자형으로 교차하는 지점에는 수운 교통시설이 설치되었다. 중앙정부는 驛道가 강에 의해 끊어진 지점에 渡河用 나루를 설치하여 그 역할을 보완하였다.49)

고려시대는 육상교통로가 발달한 만큼 아래에 제시한 <표-8>~<표-11>의 내용 보다 훨씬 많은 渡河시설이 설치되었을 것이다. 일련의 표에서는 驛道網 속에 위치한 水運시설의 현황을 살피기 위해 하천별로 나누어 주요한 내륙수운형 교통시설을 제시하였다.50)

우선 驛시설과 나루의 명칭을 비교해 보면, 平丘道 新津驛(黃利), 金州道 靈浦驛(七元)·源浦驛(梁州), 山南道 橫浦驛(河東)은 나루 명칭을 附記한 驛名이

---

48) 수운교통시설은 渡河와 航運 두 기능을 함께 수행하였다. 본 항에서 언급하는 수운시설은 渡河 기능을 주로 하면서 육상교통로를 이어주는 역할을, 다음 절에서 언급하는 漕運활동을 수행하는 浦口는 해운형 수운시설로 항운활동을 각각 담당하였다.

49) 대개 전근대사회에서는 토목기술상의 문제뿐 아니라 이민족의 침입 경로를 차단하고 내륙수운의 흐름을 방해하지 않기 위해 교량 보다는 나루를 설치하여 강을 건넜다.

50) 地名이나 교통시설의 고증 문제가 쉽지 않아 북한 지역에 위치한 나루시설은 제외하였다. 각 표의 나루는 하천의 상류부터 기재하였다. 또한 각 표에 열거된 ①~㉜번 나루의 위치와 주변 교통로 현황은 Ⅳ장에 수록한 <그림-3>~<그림-6>을 참고하기 바란다.

므로 이들 河岸 고을과 같이 水陸交通이 연계된 지점도 다수 분포하였을 것이다. 아래의 표에 제시된 수운시설은 당시의 명칭도 사용하였지만, '*'가 표시된 명칭은 조선시대의 것으로 대신하였다. 이것은 역도망의 분포 등을 고려할 때에 그 지점에 도하시설이 있었을 가능성이 매우 높지만, 當代 기록에서 확인되지 않기 때문이다. 또한 표에는 기재하지 않았지만, 나루의 설치 가능성이 있는 경우도 서술하였다.

〈표-8〉 驛道網을 연결하는 수운시설(1)

하천	수운시설	交通 經路 구성
臨津江	①澄波渡(漳州)	桃源道 白嶺驛(湍州)－澄波渡－桃源道 玉溪驛(章州)
	②長湍渡(長湍縣)	桃源道 桃源驛(松林)－長湍渡－靑郊道 丹棗驛(積城)
	③臨津渡(臨津縣)	靑郊道 通波驛(臨津)－臨津渡－임진강 以南
	④洛河渡(交河郡)	靑郊道 平理驛(德水)－洛河渡－임진강 以南
禮成江	⑤岐平渡(江陰縣)	金郊道 興義驛(牛峯)－岐平渡－金岩驛(平州)
	⑥碧瀾渡(開城)	猰猊道 猰猊驛(開城)－碧瀾渡－金谷驛(白州)
祖江	⑦祖江渡(德水縣)	靑郊道 平理驛(德水)－祖江渡－從繩驛(守安)

　개경을 중심으로 뻗은 역도가 교차하는 임진강·예성강과 南京을 중심으로 뻗은 역도가 교차하는 한강에는 많은 도하시설이 분포하였다. 이 일대는 나루와의 연계를 통해 교통로가 매우 발달한 곳으로, 하천을 건너 대규모의 물화를 개경으로 수송하기 위한 내륙수운형 나루가 밀집하였다. 연안해로나 내륙수로를 통해 몰려든 物貨는 東江(임진강)과 西江(예성강)을 통해 開京으로 집산되었다.

　東江인 임진강은 개경의 동북 방면에서 흘러내리는데, 以東의 東州로 뻗어나가는 桃源道와 교차하는 지점에 ①澄波渡가 위치하였다. 그리고 以南으로 향하는 靑郊道와 교차하는 지점에는 ②長湍渡와 ③臨津渡가 위치하고, 漢江과 합류하는 祖江 직전에는 ④洛河渡가 자리하였다. 특히 長湍渡와 臨津渡를 통해 형성된 역도망은 개경과 南方을 연결하는 제1의 간선도로였고, 그런 만큼 그 기능도 중시되었다.[51] 임진강과 한강이 만나는 祖江 일대는 水運을 통해 개경으로 바로 연결되는 입지조건으로 인해 ⑦祖江渡를 비롯하여 河源渡·引寧渡 등의 많은 나루시설이 분포하였다.[52] 이와 함께 靑郊道 平里驛(德水)에서 祖江 건너편에 靑郊道 從繩驛(守安)이 위치하는 것을 고려하면, 靑郊道의 경로는 여러 나루시설을 통해 연결되었음을 알 수 있다.

西江인 예성강은 개경의 북쪽 방면에서 서쪽으로 흘러 서해로 빠져나간다. 따라서 개경에서 平州를 경유하여 囪嶺道와 만나는 金郊道는 예성강 중류의 ⑤岐平渡[53]에서 渡河하였고, 개경에서 以西의 海州 방면으로 나아가는 狻猊道는 잘 알려진 ⑥碧瀾渡에서 하천을 건넜다. 예성강 西岸의 金谷浦에 도달하여 인근의 狻猊道 金谷驛을 통해 海州 방면으로 진출하였다. 개경은 東·南 방면으로 임진강이, 西·北 방면으로 예성강이 각각 흐르고 있어 桃源道·靑郊道·狻猊道·金郊道의 역도망을 통해 外方으로 나가고자 할 때에는 이러한 주요 도하지점을 경유하였다. 이렇게 개경 근거리에 위치한 東·西江이 육상교통로의 진출에 장애요소인 듯하지만, 달리 생각하면 水運을 최대한 이용할 수 있는 개경의 지리적 이점을 보여 주는 것이기도 하다. 5道 각지에서 수송된 물화는 驛道뿐 아니라 편리한 水路를 통해 개경으로 몰려들었다.

---

51) 소위 '長湍渡路'와 '臨津渡路'로 불리는 간선로의 분포망과 그 변천에 대해서는 기존의 연구에서 자세히 다루었다(정요근, 「7~11세기 경기도 북부지역에서의 간선교통로 변천과 '長湍渡路'」, 『韓國史研究』 131, 2005 ; 정요근, 「고려중·후기 '임진도로(臨津渡路)'의 부상(浮上)과 그 영향」, 『역사와현실』 59, 2006).

52) 祖江渡(德水縣) 이외에도 祖江 以北의 貞州와 德水縣에는 河源渡와 引寧渡도 위치하였다(『高麗史』 卷56, 地理1, 王京開城府 貞州·德水縣).

53) 『高麗史』 卷56, 地理1, 王京開城府. 우왕이 서경에서 岐灘(=岐平渡)을 지나 개경으로 돌아온 사례가 확인된다(『高麗史節要』 卷33, 禑王 14年 5月 辛丑). 조선초기 기록에 따르면, 예성강 상류로부터 平州 箭灘·牛峯 猪灘·江陰 岐灘(=岐平渡)·江陰 助邑浦·白州 金谷浦·碧瀾渡이 도하지점으로 확인된다(『世宗實錄地理志』 黃海道 序文). 당시의 驛道網 등을 고려하면, 猪灘·岐灘(=岐平渡)·金谷浦·碧瀾渡가 고려시대에 주로 이용된 것으로 이해된다.

<표-9> 驛道網을 연결하는 수운시설(2)

하천	수운시설	交通 經路 구성
漢江	⑧安昌津(原州)*	平丘道가 蟾江 좌우로 분포, 도하시설인 安昌津 인접한 곳에 安壤驛(原州) 위치
	⑨新津(黃驪縣)	平丘道가 남한강 좌우로 분포, 도하시설인 新津 인접한 곳에 新津驛(黃利) 위치
	⑩楊花津(川寧郡)*	平丘道가 남한강 좌우로 분포, 도하시설인 楊花津 인접한 곳에 楊化驛(川寧) 위치
	⑪龍津渡(楊根縣)	平丘道 奉安驛(廣州)－龍津渡－娛賓驛(楊根)
	⑫楊津(南京)	남한강 以北의 平丘道 平丘驛(南京)와 남한강 以南의 廣州道 德豊驛(廣州) 사이에 위치
	⑬沙平渡(南京)	靑郊道 淸波驛(南京)－沙平渡－廣州道 良梓驛(果州)
	⑭楊花渡(衿州)	한강 以南에 靑郊道 南山驛(廣州) 위치
	⑮孔巖津(孔巖縣)	靑郊道 幸州驛(幸州)－孔巖津－靑郊道 金輪驛(樹州)

東西로 흐르는 漢江도 南道의 물화를 江 以北의 開京으로 실어 나르기 위한 주요한 內陸水路였다. 육상교통로가 대개 그러하듯이, 平丘道와 廣州道도 한강변을 따라 아래위로 南京과 廣州를 기점으로 분포하고 있었다. 하지만 南北을 잇기 위해서는 東西로 흐르는 한강을 건너는 것이 필요하였고, 이를 위한 여러 수운시설 중 일부가 <표-9>에 열거되어 있다. 남한강의 지류인 蟾江의 중상류에 있는 ⑧安昌津은 조선시대 나루 명칭이지만, 이 지점이 平丘道의 安壤驛(원주)과 幽原驛(원주) 사이에 위치하므로 당시에도 존재하였을 가능성이 높다.[54]

한강 중류에 위치한 ⑩楊花津도 조선시대의 명칭인데,[55] 平丘道의 분포망을 고려하면 고려시대에도 渡河시설이 있었을 가능성이 있다. 평구도의 驛은 대부분 남한강 북측에 분포하는데, 楊化驛(川寧)과 新津驛(黃利)이 남한강 남측에 분포하는 것으로 보면 그 지점에서 渡河하였을 것이다. 楊化驛－⑩楊

---

54) 安壤驛이 조선초기에 安昌驛으로 바뀌었고(『世宗實錄地理志』 原州牧), 安昌驛 바로 옆에 安昌津이 위치하였다(『大東地志』 卷15, 原州 津渡).

55) 『大東地志』 卷4, 驪州 津渡. 고려시대 川寧郡에는 鎭江渡이 확인된다(『高麗史』 卷56, 廣州牧 川寧郡).

花津, 新津驛 — ⑨新津은 명칭상 동일한 지점에 위치하여 水陸交通의 결합이 이루어진 곳이다. 또한 平丘道 娛賓驛(楊根)도 남한강변에 위치하고 있어 인근에 도하시설이 분포하였을 가능성이 있다.[56]

남한강은 廣州 북측에 이르러 북한강과 합류하는데, 평구도는 북한강과 교차하여 東西로 이어졌다. 이때 북한강을 도하하는 나루는 ⑪龍津渡로, 『陽村集』에 奉安驛(廣州) — 龍津(渡) — 吳賓驛 순의 平丘道 경로가 잘 나타난다.[57] 남한강 아래쪽에 편성된 廣州道는 위와 같이 여주의 新津·楊花津에서 남한강을 도하하여 평구도와 연결되었는데, 남한강의 중심 고을인 廣州牧에서도 ⑫楊津을 통해 廣州道 德豊驛(廣州)과 平丘道의 으뜸 역인 平丘驛(南京)이 만났을 것이다. 楊州 治所가 南京으로 이동하기 이전 楊州와 廣州의 邑格을 감안한다면, 남한강의 도하시설인 楊津의 중요성은 매우 높았을 것이다.[58] 楊州의 治所를 오늘날의 서울 일대로 옮기면서 南京을 설치하는 문종대가 되면, ⑫楊津과 함께 ⑬沙平渡가 주요 도하시설로 부상하게 된다. 李奎報는 그의 詩에서 다소 과장된 표현이지만 사평도에 1,000척의 배가 늘어서 있는 모습을 묘사하였다.[59]

開京에서 靑郊道의 경로를 통해 南京에 이른 역도망은 靑波驛(남경) 아래의 沙平渡에서 한강을 渡河한 뒤, 廣州道 良梓驛(果州)에 이르렀다. 이곳에서 다시 忠淸州道와 廣州道를 통해 中·南部지역으로 연결되었다.

한강 하류 방향으로 나아가면 한강을 渡河하는 ⑭楊花渡와 ⑮孔巖津이

---

56) 공민왕 때 王康이 굴착공사를 시도하였던 大灘(『新增東國輿地勝覽』卷8, 楊根郡 山川)이 도하지점이었을 가능성도 있다.

57) 『陽村集』卷8, 詩類, 次奉安驛亭詩韻·渡龍津有感 復用前韻·吳濱驛의 세 詩題를 통해 경로 추적이 가능하다. 또한 조선전기 南孝溫도 金剛山에서 漢陽으로 돌아오면서 平丘道의 伯冬驛(砥平)~娛賓驛(양근) — 龍津渡 — 奉安驛(광주)~平丘驛(남경)을 경유하였다(南孝溫, 『續東文選』卷21, 「遊金剛山記」).

58) 고려시대의 楊津은 조선시대에 廣津으로 불렸다(정요근, 앞의 논문, 2006, 215~216쪽).

59) 『東國李相國集』卷10, 「題沙平院樓」; 『新增東國輿地勝覽』卷6, 廣州牧 驛院 沙平院.

위치하였다. 한강을 건너 楊花渡에 도착한 다음, 인접한 廣州道 南山驛(廣州)에 이르게 된다. 孔巖津은 고려후기에 陽川浦나 陽川江으로도 불렸는데,[60] 靑郊道가 幸州驛(幸州)에서 漢江을 건너 樹州 管內에까지 분포하는 점과 이 일대가 태조대부터 渡河지점이었던 점을 감안하면, 나루가 존재하였을 가능성이 높다.[61]

漢江 하류에 沙平渡(南京)·楊花渡(衿州)·孔巖津(孔巖縣)과 같은 수운시설이 다수 분포하는 것은 서해 항로상의 泰安 安興梁이나 江華 窄梁(=孫乭項)[62]과 같이 위험한 바닷길을 경유하지 않고 楊廣道나 南道 일부지역의 物貨를 漢江 以北의 開京으로 수송하기 위해서였다. 이런 측면에서 한강 하류에 위치한 수운시설은 渡河와 함께 河航활동도 수행하였을 것이다. 開京에서 南京을 연결하는 교통권역은 수륙교통의 중심권역으로, 臨津渡와 沙平渡 인근에는 臨津課橋院·臨津普通院, 沙平院과 같은 院시설을 설치하여 운송 및 치안업무에도 활용하였다.[63]

---

60) 孔巖津이 있는 孔巖縣이 충선왕 2년에 陽川縣으로 바뀌면서(『高麗史』 卷56, 地理1, 安南都護府) 陽川浦(『高麗史』 卷81, 兵1, 兵制使 禑王 4年 8月) 혹은 陽川江(『高麗史』 卷121, 列傳34 孝友 鄭愈)으로 불렸다.

61) 한강 남측에 靑郊道의 金輪驛(樹州)·從繩驛(水安)이 분포한다. 또한 고려 태조대 허선문의 활약이나 성종 11년 수경가 기사에서 보이는 廣通浦(공암현)·德陽浦(행주)의 존재는 공암진의 존재 가능성을 높여 준다.

62) 『高麗史』 卷24, 高宗 43年 3月 戊午 ; 『高麗史』 卷104, 列傳17 金方慶 ; 『高麗史』 卷106, 列傳19 李承休. 『東史綱目』에 따르면 고려시대 窄梁은 孫乭項이다(『東史綱目』 卷11上, 高宗 45年 8月 ; 卷11下, 元宗 11年 正月). 孫乭項은 김포시 대곶면 신안리에서 강화군 광성 쪽으로 돌출된 곳으로 安興梁과 함께 2대 험로 중의 하나이다(朴廣成, 「孫乭項에 대하여」, 『畿甸文化研究』 9, 仁川敎大 畿甸文化研究所, 1978 ; 이영수, 「손돌목(孫乭項) 傳說의 分析과 現場」, 『比較民俗學』 13, 比較民俗學會, 1996).

63) 院의 입지 중 한 곳은 주요 하천의 渡江지점이다(李炳熙, 「高麗時期 院의 造成과 機能」, 『靑藍史學』 2, 1998, 41~43쪽). 沙平院의 상황은 "큰 길은 나그네의 말짐·등짐으로 붐비고, 강가는 장사배·나룻배가 늘어서 있다"로 묘사되어 있다(『東國李相國集』 卷10, 「題沙平院樓」).

<표-10> 驛道網을 연결하는 수운시설(3)

하천	수운시설	交通 經路 구성
洛東江	⑯河豊津(龍宮郡)	尙州道 德通驛(咸昌)-河豊津-守山驛(多仁)
	⑰洛東津(尙州)*	尙州道 洛陽驛(尙州)-洛東津-洛東驛(尙州)
	⑱餘次尼津(一善縣)	尙州道 仇於驛(善州)-餘次尼津-連鄕驛(善州)
	⑲東安津(京山府)*	京山府-東安津-水鄕驛(八莒)
	⑳茂溪津(加利縣)*	京山府道 茂淇驛(加利)-茂溪津-舌火驛(花園)
	㉑黃屯津(草溪縣)	山南道 速陽驛(陜州)-黃屯津-金州道 內也驛(昌寧)
	㉒伽倻津(靈山縣)*	낙동강과 남강의 합류지점
	㉓蔑浦(漆園縣)	金州道 靈浦驛(七元)-蔑浦--門驛(桂城)
	㉔主勿淵津(義安郡)*	金州道 自如驛(義安)-主勿淵津-永安驛(密城)
	㉕磊津(金州)*	金州道 金谷驛(金州)-磊津-無乙伊驛(密城)
	㉖伽倻津(梁州)	金州道 源浦驛(梁州)-伽倻津-金州 영역
	㉗黃山江(梁州)	金州道 德山驛(金州)-黃山江-黃山驛(梁州)

위의 <표-10>에서 확인되듯이 영남지역을 좌우로 나누면서 흐르는 낙동강 변에도 도하시설이 다수 분포하였다.[64] 소백산지를 넘어 영남의 관문인 聞慶縣 에서 만나는 驛道가 尙州道인데, 이 역도 또한 낙동강을 좌우로 하여 분포하였 다. 이처럼 낙동강의 도하시설을 추측하는 주요 근거도 역시 역도의 분포망이 다. 낙동강 상류의 河豊津·洛東津·餘次尼津은 尙州道를 이어주는 도하시설이 었다.

權近의 기행문에서 확인되듯이, ⑱餘次尼津은 尙州에서 남쪽 고을로 가는 賓客들이 머무는 요충지였다.[65] 尙州道의 連鄕驛(善州)과 仇於驛(善州) 사이의 낙동강변에 위치하는 만큼, 餘次尼津은 고려시대 낙동강 중·상류의 주요한 도하지점이었다.[66] 가장 상류에 위치한 ⑯河豊津은 낙동강 본류와 문경 방면

---

64) 고려시대 여타 하천과 달리 낙동강유역의 수륙교통 네트워크의 현황은 다음의 연구를 통해 보다 구체적인 모습이 확인된다(한정훈, 「고려·조선 초기 낙동강유역 교통 네트워크 연구」, 『대구사학』 110, 2013).

65) 『陽村先生文集』 卷13, 月波亭記.

66) 고려시대 尙州道의 仇於驛(善州)과 連鄕驛(善州)은 조선초기에 仇彌驛과 延香驛으로 각각 명칭이 바뀌었다(『高麗史』 卷82, 站驛 尙州道 ; 『世宗實錄地理志』 善山都護府).

의 穎江이 만나는 지점에 위치하였는데, 尙州道 德通驛(咸昌)에서 河豊津을 통해 강 너머의 守山驛(多仁)으로 연결되었다. 또한 그 아래의, 尙州道 洛東驛에 인접하는 ⑰洛東津[67]은 낙동강 兩岸을 이어주는 渡河지점일뿐 아니라 낙동강 수로의 可航終點으로 河航활동의 기점이기도 하였다.

낙동강 중류의 東安津과 茂溪津도 조선시대 기록에 보이는 나루명칭이지만, 京山府道의 분포 양상을 통해 도하시설의 존재를 확인할 수 있다. 25개 驛으로 구성된 京山府道는 대부분의 驛시설이 산간 내륙지역을 중심으로 낙동강 以西에 분포하지만, 水鄕驛·綠情驛(八莒)과 舌火驛(花園)은 낙동강 以東지역에 위치하였다. 京山府道에서 강 너머의 水鄕驛(八莒)으로 향하는 경로는 ⑲東安津에서, 京山府道 茂淇驛(加利)에서 舌火驛(花園)으로 향하는 경로는 ⑳茂溪津에서 각각 渡河하였을 것이다.[68] 낙동강 以東의 京山府道 水鄕驛(八莒)과 舌火驛(花園)은 慶州道의 長守驛(新寧)이나 凡於驛(壽城)을 통해 慶州 방면으로 연결되었다.

그 아래 南江과 洛東江이 만나는 지점까지의 역도망은 낙동강 以西 지역은 山南道로, 以東은 金州道로 편성되었다. 이들 驛道를 이어주던 수운시설 중 하나가 南江과 洛東江이 합류하는 지점에 위치한 ㉒伽倻津(靈山縣)일 것이다.[69] 이렇게 낙동강이 두 驛道의 경계로 작용하였기 때문에 앞서의 낙동강

---

67) 洛東津 동쪽 언덕에 위치한 觀水樓(『世宗實錄地理志』 尙州牧) 동쪽에 洛東驛이 위치하였음이 『大東輿地圖』 상에서 확인된다. 즉 洛東津과 洛東驛이 인접하였음을 알 수 있다.

68) 東安津과 茂溪津은 『世宗實錄地理志』 慶尙道 序文에서 확인되고, 『世宗實錄地理志』 星州牧 내용을 통해 茂淇驛이 茂溪驛으로 바뀌었음을 알 수 있다. 東安津은 조선 초기 新驛의 증설과 관련하여 설치되었을 가능성이 있지만(한정훈, 앞의 논문, 2013), 京山府道의 역도망 분포를 고려하면 고려시대에도 東安津에 準하는 나루시설이 존재하였을 것이다. 또한 茂溪津도 茂淇驛이 위치하였던 만큼 고려시대에는 茂淇津으로 불렸을 것으로 추정된다.

69) 伽倻津(『高麗史』 卷57, 地理2, 密城郡 靈山縣)은 조선초기에 岐音江으로 불렸다(『世宗實錄地理志』 靈山縣). 伽倻津에서도 여타 나루와 같이 渡河 뿐 아니라 河航활동이 이루어졌을 것이다.

124

중상류와 같이 도하시설을 추정할 수는 없지만, 草溪縣의 黃屯津은 확인된다.[70] 洛東江에 합류하는 黃江邊의 ㉑黃屯津에서 도하하여 昌寧(金州道 內也驛) 경계로 진입하였고, 여기서 다시 慶州나 金州 방면으로 진출하였다. 이외에도 황강·남강이 합류하는 낙동강 연안에 한 두 곳의 수운시설이 더 위치하였을 것이다.[71]

남강과 합류한 낙동강은 流路를 동쪽으로 바꾸어 흘렀다. 이 일대에는 金州(지금의 김해)를 중심으로 편성된 金州道가 뻗어 있었다. 금주도는 인접한 郡縣을 연결할 목적으로 낙동강 건너 밀양 일대에도 분포하였다. 이러한 金州道의 분포양상을 통해 몇 개의 나루시설을 추측해 볼 수 있다. 우선 ㉓蔑浦(滅浦)[72]는 金州道 一門驛(桂城)과 靈浦驛(七元) 사이의 낙동강변에 위치한 도하시설이었다. 蔑浦와 驛名에 附記된 靈浦가 동일한 나루는 아닐지라도 인접하여 위치하였을 것이다. 主勿淵津과 磊津은 조선시대 나루 명칭이지만, 金州道의 분포를 감안하면 고려시대에도 이에 準하는 도하시설이 위치하였을 가능성이 높다. ㉔主勿淵津은 金州道 自如驛(義安)과 永安驛(密城) 사이에, ㉕磊津은 金州道 金谷驛(金州)과 無乙伊驛(密城) 사이에 각각 위치하고 있어, 두 나루를 통해 金州道의 驛道網이 연결되었다. 磊津은 海陽江으로도 불리는 수운시설이었다.[73]

낙동강은 양산 경계로 접어들면서 남쪽으로 방향을 전환하는데, 金州道는 이 일대에서도 하천의 좌우에 분포하였다. 도하지점으로 꼽을 수 있는 나루는

---

70) 『高麗史』 卷57, 地理2 陝州.

71) 낙동강변에 위치한 현풍에서 고령으로 건너가는 開山江(『新增東國輿地勝覽』 卷29, 高靈縣 山川)도 도하지점으로 생각해 볼 수 있다.

72) 『高麗史』 卷121, 列傳34, 申斯蔵女. 고려말에 李詹은 갈림길[岐路]에 위치한 滅浦院 에 머물면서 滅浦(蔑浦)에서 사람들이 낙동강을 건너는 풍경을 詩文으로 남겨 놓았다(『雙梅堂集』 卷1, 宿滅浦院樓).

73) 이 일대의 수운시설인 主勿淵津, 磊津, 海陽江은 『世宗實錄地理志』 慶尙道 序文에서 확인된다.

伽倻津과 黃山江이다. 오늘날의 梁山 院洞으로 비정되는 ㉖伽倻津에서 도하한 金州道는 源浦驛(梁州)에 이르렀다.[74] 또한 그 아래의 ㉗黃山江은 金州道 德山驛(金州)과 黃山驛(梁州) 사이에 위치하여 金州道를 연결시켜 주었다. 명칭을 통해 황산강의 포구시설 인접한 곳에 黃山驛이 위치하였음을 추측할 수 있다.

<표-11> 驛道網을 연결하는 수운시설(4)

하천	수운시설	交通 經路 구성
錦江	㉘熊津渡(公州)	忠淸州道 日新驛(公州)－熊津渡－全公州道 敬天驛(公州)
蟾津江	㉙鶉子津(南原府)	南原道가 섬진강 좌우로 분포, 도하시설인 鶉子津 인접한 곳에 昌活驛(南原) 위치
	㉚潺水津(求禮縣)	南原道가 섬진강 좌우로 분포, 도하시설인 潺水津 인접한 곳에 鑽燧驛(求禮) 위치
	㉛橫浦(河東縣)	山南道 橫浦驛의 섬진강 맞은 편에 昇羅州道 蟾居驛(光陽) 위치
榮山江	㉜南浦津(羅州)	昇羅州道 靑巖驛(羅州)－南浦津－永保驛(靈巖)

다음으로 충청도와 전라도의 경계인 錦江에서 南北을 잇는 중요한 나루시설 은 公州에 있는 ㉘熊津渡였다.[75] 그것의 확실한 근거는 忠淸州道가 錦江 以南의 燕山縣(燕山驛)에까지 분포하고 있는 점이다. 忠淸州道의 경로는 日新 驛(公州)을 경유한 뒤, 熊津渡에서 錦江을 건너 敬天驛(公州)에서 시작하는 全公州道와 연결된다. 금강 지류에 위치한 市津浦[76]는 주변의 역도 분포상황을 고려하면, 내륙하천을 渡河하는 역할과 함께 河航활동도 수행하였다. 全州牧

---

74) 伽倻津과 源浦驛의 源浦가 동일한 나루는 아니더라도 인접한 지점에 위치하였을 것이다. 고려시대의 源浦가 조선시대에 內浦로 바뀠다고 가정한다면, 內浦와 伽倻津이 西 40리의 동일한 지점에 위치하였다는 내용(『新增東國輿地勝覽』 卷22, 梁山郡 山川) 이 참고된다.

75) 熊津渡의 존재는 다음의 자료에서 확인된다(『高麗史』 卷54, 五行2, 木 恭愍王 16年 5月 ;『世宗實錄地理志』 公州牧).

76) 『高麗史』 卷56, 地理1, 公州 市津縣. 市津浦는 사람들이 왕래하며 물화를 매매하기 때문에 이름지었다(『新增東國輿地勝覽』 卷18, 恩津縣 山川).

에 위치한 新倉津도 마찬가지인데77) 이들 나루는 역도망을 이어주는 渡河보다 河航 가능한 지점에 위치하여 내륙의 物貨를 내륙수로나 해로로 航運하는 역할이 더 중시되었다.

22역도 중 하나인 南原道도 주변의 산지 지형으로 인해 일부 驛이 섬진강의 좌·우측에 분포하였다. 南原府를 중심으로 형성된 南原道는 知新驛(谷城)에 이르기 위해 ㉙鶉子津에서 도하하였는데, 이 나루 인접한 지점에 昌活驛(南原)이 위치하였다.78) 섬진강을 따라 南進하여 鑽燧驛(求禮)에 이른 南原道는 河東 경계에서 山南道의 平沙驛(岳陽)·橫浦驛(河東)과 만났다. 鑽燧驛 아래에 ㉚潺水津이 위치하였는데 여기서 섬진강을 건너 昇平郡(순천) 방면으로 통하기 때문에 요해처로 인식되었다.79) 山南道 橫浦驛의 ㉛橫浦는 섬진강의 지류인 횡천강 깊숙이 河航 가능한 곳에 위치하며, 횡천강이 섬진강으로 합류하는 지점 건너편에 昇羅州道의 蟾居驛(光陽)이 위치하고 있었다. 앞의 <표-11>에 넣지 않은 蟾津80)은 섬진강 하구에 위치한 나루로 섬진강과 연근해를 항해하면서 섬진강을 경계로 나뉜 昇羅州道와 山南道의 驛道網을 이어주는 역할도 하였을 것이다.

마지막으로 영산강을 건너는 주요 도하시설로 ㉜南浦津을 꼽을 수 있다. 영산강 以北의 羅州에서 시작하는 昇羅州道가 以南의 영암 방면으로 진출하기 위해서는 영산강을 건너야 하는데, 이때 南浦津을 이용하였다.81) 이외에도 영산강 지류 하천변에 접한 昇羅州道의 仙巖驛(光州)·廣里驛(南平)에도 나루시설이 위치하였을 가능성이 있다.82) 이상과 같이 일련의 표에 걸쳐 제시한

---

77) 『高麗史』 卷57, 地理2, 全州牧.

78) 『大東輿地圖』에 따르면, 昌活驛과 鶉子津을 지칭하는 中津이 가까이 위치하였다.

79) 『高麗史』 卷57, 地理2, 南原府 求禮縣. 潺水驛은 潺水津 언덕에 있다(『新增東國輿地勝覽』 卷40, 求禮縣 驛院). 여기서 말하는 潺水驛은 고려시대의 鑽燧驛이다.

80) 『高麗史』 卷57, 地理2 昇平郡 光陽縣 ; 『高麗史』 卷113, 列傳26 鄭地.

81) 南浦津(『高麗史』 卷57, 地理2 羅州牧)은 조선시대 때 金江津·錦川·木浦로 다양하게 불렸다(『新增東國輿地勝覽』 卷35, 羅州牧 山川).

수운시설은 陸路 형성의 장애요인인 하천을 건너 역도망을 연결시켰고, 이와 함께 하천 수로를 이용함으로써 水陸交通施設로 거듭나게 되었다.

수상 교통시설의 또 다른 유형은 바다와 만나는 하천 하구에 위치하여 航海하는 해운형이다. 이들 해운형 포구를 이용하는 운송형태는 漕運활동과 관련이 깊고, 주요 포구에는 11개의 海倉이 설치되었다. 고려시대 교통운수체계에서 漕運이 차지하는 비중이 큰 만큼 인근의 포구뿐 아니라 해당 驛道도 최대한 활용하였을 것이다. 해운형 수상 교통시설(浦口)을 중심으로 운영된 조운시스템에 대해서는 다음 절과 Ⅳ장 2절에서 충분히 서술할 것이다.

위에서 살펴본 바와 같이, 고려시대 22역도체계는 그 기능을 극대화하기 위해서 내륙하천에 위치한 수운시설을 적극적으로 활용하여 수륙교통망을 마련하였다. 이러한 점은 지형적 불리함을 극복하면서 필요에 따라 陸運과 水運의 상호 전환이 가능한 교통운수시스템을 구축하기 위해서였다.[83] 달리 말하면 주요 나루는 전국적인 육상교통망인 22驛道를 이어주는 주요 교통시설이었고, 이러한 이유로 인해 國初부터 관리·통제를 강화하였다. 南道의 조세는 이렇게 陸路와 水路가 결합된 水陸交通網을 이용하여 漕倉을 경유하거나 直納하여 京倉으로 수송되었다. 자세한 내용은 다음 절에서 살펴보기로 한다.

지금까지 내륙하천의 주요 水運시설과 결합된 驛道網에 대해서 개관하였다. 이 내용을 통해 수로와 육로가 만나는 주요 교통요지도 확인할 수 있었다. 그 중 고려시대 최고의 水·陸運 교통지대는 단연 開京 인근이었다. 이 일대에는 개경을 중심으로 뻗은 X字 형태의 幹線 驛道상에 다수의 大路驛과 東·西江에

---

82) 조선시대에는 榮山江의 지류인 黃龍江邊에 위치한 仙巖驛 인근에 仙巖渡가 위치하였다(『新增東國輿地勝覽』卷35, 光山縣 山川·驛院). 기록에 따르면 仙巖驛과 仙巖渡 모두 서 40리에 위치한다. 하천변에 위치한 廣里驛(南平)에서도 羅州로 이르기 위해서는 渡河하거나 河航해야 하므로 수운시설의 이용이 불가피하였다.

83) "우리나라 지형상 육로와 수로의 이용이 백성의 노력을 덜게 한다"(『朝鮮經國典』上 漕運)는 鄭道傳의 지적을 통해 효율적인 수송을 위해 육운과 수운(해운 포함)이 함께 이용되었음을 알 수 있다.

128

다수의 나루시설들이 밀집하였다. 이러한 수륙교통망을 통한 교통·운수 양상을 잘 보여 주는 자료가 문종 30년 양반전시과 규정이다. 아래의 <표-12>는 1日程·2日程의 柴地 분급지역과 교통로의 관계를 비교한 것이다.

〈표-12〉 문종 30년 柴地 分給地의 驛道 현황

1日程	해당驛/ (위치)	비고	2日程	해당驛/ (위치)	비고
開城	狻猊道 狻猊驛 靑郊道 靑郊驛	역도상에 위치한 郡縣	洞州	金郊道 龍泉驛	역도상에 위치한 郡縣
白州	狻猊道 金谷驛		鳳州	岊嶺道 岊嶺驛·陶工驛	
鹽州	狻猊道 深洞驛		安州	岊嶺道 金洞驛	
江陰	金郊道 金郊驛·玉池驛		遂安	岊嶺道 射岊驛	
新恩	金郊道 俠溪縣~谷州		東州	桃源道 龍潭驛·楓川驛·田原驛	
松林	桃源道 桃源驛		洞陰	桃源道 洞陰驛	
長湍	桃源道 白嶺驛		守安	靑郊道 從繩驛	
臨江	桃源道 臨江驛		樹州	靑郊道 金輪驛	
麻田	桃源道 臨江縣~章州		仁州	靑郊道 重林驛	
積城	靑郊道 橡林驛·丹棗驛		楊州	南京, 驛 多數 소재	
坡平	靑郊道 長湍縣~積城縣		抱州	春州道 雙谷驛·安逐驛	
臨津	靑郊道 通波驛		土山	黃州 소속	驛이 없거나 未詳인 郡縣
高峯	靑郊道 碧池驛		唐城	仁州 소속	
峯城	靑郊道 馬山驛		金浦	童城縣 인근	
幸州	靑郊道 幸州驛		孔岩	幸州에서 漢江 건너편	
見州	靑郊道 綠楊驛		安俠	兎山縣에서 臨津江 건너편	
德水	靑郊道 平理驛		梁骨	洞陰縣 인근	
沙川	春州道 臨川驛		荒坪	풍양현. 見州 인근	
貞州	開城府 貞州	驛이 없거나 未詳인 郡縣	僧旨	미상	
兎山	開城府 兎山縣		黃先	미상	
昌化	見州 인근		道尺	미상	
交河	高峯縣 인근		阿等岬	미상	
童城	德水에서 祖江 건너 편				
通津	童城 인근				

　　문종 30년(1076) 柴地 分給地 1日程에는 고려시대에 京畿의 모체가 되는 현종 9년의 京畿 12縣(開城·貞州·德水·江陰·長湍·松林·臨津·兎山·臨江·積城·

坡平·麻田)이 포함되어 있다.[84] <그림-2>에서 확인되듯이 이들 지역은 X자형 간선 역도선상에 위치하여 開京과 外方과의 빈번한 교류로 인해 大路 구간으로 편성되었을 것이다.

현종대 이후 京畿지역은 왕실 경비의 일부를 支用하는 宮院田과 중앙관청의 公廨田 등이 집중되어 있어 국왕뿐 아니라 관료들의 기반지로 파악되었다.[85] 또한 문종대에는 私田의 外方지급에 따른 부작용으로 인한 대책으로 私田을 京畿내에서 지급하기 위해 경기의 확대가 요구되었다. 경기에 사전을 분급하는 것은 居京하는 관료지배층들의 생활유지에 필요한 물적 보장책으로 취해진 것이다.[86] 문종 30년에 관료층에게 薪·炭·草 등을 마련하도록 절급한 柴地도 그것의 일환이었다. 중앙정부가 公田뿐 아니라 私田을 경기 내에서 지급한 것은 수송상의 문제를 포함하여 田地의 효율적인 관리를 위한 조치일 것이다. 그것은 시지 분급지역을 一日程, 二日程으로 나누어 표시한 것에서도 확인된다.

柴地 분급지역은 개경 인근 지역으로 하루나 이틀만에 왕복할 수 있는 거리에 위치하였다. <그림-2>에서 알 수 있듯이, 1日程의 범위는 北으로 谷州의 속현인 新恩에서 南으로는 幸州(고양시)·通津(김포군 통진면) 사이의 24개 지역이고, 1日程 외곽의 2日程은 北으로 遂安·土山(黃州의 속현), 西로

---

84) 『高麗史』 卷56, 地理1, 王京 開城府 ; 『高麗史』 卷78, 食貨1 田柴科 文宗 30年 ; 邊太燮, 『高麗政治制度史研究』, 一潮閣, 1971, 240~245쪽. 현재 學界에서는 문종 23년 京畿制 시행을 부정하는 견해(邊太燮, 위의 책, 251~254쪽 ; 鄭學洙, 『高麗前期 京畿制 研究』, 건국대 박사학위논문, 2008, 151~184쪽 ; 윤경진, 「≪고려사≫지리지 '대경기' 기사의 비판적 검토」, 『역사와현실』 69, 2008)와 문종 30년 柴地 분급을 주요 근거로 문종 23년에 京畿制가 시행된 것으로 보는 견해(박종기, 「고려시대 남경지역 개발과 京畿制」, 『연구논문집』 창간호, 서울역사박물관, 2003 ; 신안식, 「고려시대 '京畿'의 위상과 역할」, 『人文科學研究論叢』 25, 明知大 人文科學研究所, 2003 ; 정은정, 「고려전기 京畿의 형성과 大京畿制」, 『한국중세사연구』 17, 2004)로 나뉘어져 있다.

85) 鄭學洙, 「高麗京畿의 成立過程」 건국대 석사학위논문, 1996, 49~50쪽 ; 위의 박사학위논문, 148~150쪽 재인용.

86) 李景植, 「高麗時期의 兩班口分田과 柴地」, 『歷史教育』 44, 1988, 249쪽.

安州, 南으로 仁州의 속현인 唐城, 東으로는 東州(철원)까지 포함하는 22개 지역이었다.

柴地 분급지역은 개경에서 시작하는 주요 역도망을 통해 도달 가능한 근거리에 위치하였다. 그런 만큼 1日程 범위 내의 驛道는 물론 2日程의 주요 고을에 이르는 驛道網 일부도 大路 구간으로 분류되었을 가능성이 크다. 즉 개경-白州-鹽州까지의 狻猊道 구간, 개경-江陰-平州까지의 金郊道 구간, 동계지역으로 연결되는 桃源道 長湍-章州까지의 역도구간 그리고 南京으로 연결되는 靑郊道 臨津-高峯-峯城-南京까지의 역도 구간이 해당 될 것이다.

이 구간 내에는 앞의 <표-8>에 보이는 예성강과 임진강의 나루시설이 위치하고 있었다. 狻猊道 구간은 ⑥碧瀾渡-金谷浦를 통해 예성강을 건너 白州·鹽州에 이르는데 모두 1日程에 포함되어 있다. 金郊道 구간은 ⑤岐平渡에서 예성강을 건너 江陰·平州에 이르렀다. 江陰과 달리 平州는 1日程에 포함되어 있지 않지만, 平州보다 먼 거리에 위치한 洞州(平州의 屬縣)가 2日程에 포함되어 있고 평주가 6개의 驛시설이 분포하는 교통요지임을 감안하면 大路 구간일 가능성이 높다.[87] 桃源道의 大路 구간은 長湍이 1日程에 포함되어 있고, ①澄波 渡에서 임진강을 건너 章州(玉溪驛) 다음 고을인 東州가 2日程에 포함되어 있는 것이 참고된다. 靑郊道 방향은 高峯·幸州까지가 1日程이고, 楊州(南京)가 2日程에 포함되어 있지만 문종대 南京의 위상을 감안하면 大路구간으로 편성 되었을 것이다.

이들 구간은 開京을 중심으로 형성된 X자형 幹線路에 위치하면서 고려시대 최고의 교통·운수활동이 이루어지는 권역이었다. 또한 京畿의 중심으로 外方 으로의 이동을 위해 반드시 거쳐야 하는 곳이며, 인근 지역은 幹線 大路에서

---

87) 洞州에 서북 방면 최대의 요해처인 岊嶺이 위치하고 있다(『高麗史』 卷58, 地理3 平州).

갈라진 支線을 통해 연결되었다.

앞의 <표-12> 내용 중 驛시설이 분포하지 않은 郡縣群에 대해서는 추가 설명이 필요하다. 1日程의 貞州와 兎山은 開城府 직할지역으로 근거리에 위치하였다. 祖江을 건너면 安南都護府 樹州 管內의 童城·通津에 바로 닿는 貞州는 수운교통 거점으로서의 중요성이 고려되어 예종 3년(1108)에 昇天府로 승격되었다.[88] 高宗 19년(1232) 강화도로 遷都한 이후로는 승천부에서 祖江 水運을 원활히 이용하기 위해 中靈驛이 신설되기도 하였다.[89]

昌化는 綠楊驛이 소재하는 見州의 다른 이름이고,[90] 交河郡에는 임진강 하류를 건너 德水縣으로 연결되는 ④洛河渡가 분포하였다. 그리고 童城과 通津은 貞州에서 ⑦祖江(渡)을 건너 도달하는 근거리에 위치하였다. 또한 2日程의 土山縣은 慈悲嶺 以北에, 安俠·梁骨·荒坪도 임진강 너머의 근거리에 각각 위치하였다. 이렇게 보면 거리상으로 土山縣이 멀 뿐 나머지는 비교적 근거리에 분포하였다. 그리고 2日程인 唐城·金浦·孔巖은 1日程의 童城·通津에서 조금 남하한 지점에 자리하였다. 한강 以南에 위치한 세 지역(唐城·金浦·孔巖)은 한강을 도하하여 靑郊道를 통해 개경으로 이르기 보다는 通津縣—童城縣을 경유하여 祖江을 건넌 뒤, 貞州·德水縣을 통해 개경으로 진입하였을 가능성이 더 크다.

1日程·2日程 柴地 분급지역의 또다른 분포상 특징은 開京의 입지 때문이기도 하지만, 예성강·임진강뿐 아니라 조강과 한강을 건넌 지점에 다수 위치한다는 점이다. 그런 만큼 하천을 이용한 수운활동이 활발하였고, 각 도하지점은 교역과 통제에 확실한 요충지였다(<그림-2> 참고). 고려시대 개경으로의 교통·운수활동은 陸運과 함께 水運의 비중이 적지 않았기 때문에 양자가

---

88) 『高麗史』 卷56, 地理1, 王京開城府 貞州.

89) 中靈驛의 존재는 元宗 11년 기록(『高麗史』 卷26, 元宗 11年 5月 乙卯)에서 확인되며, 이와 관련하여 鄭枖根의 설명(앞의 박사학위논문, 117~119쪽)이 참고된다.

90) 昌化는 見州의 別號이다(『高麗史』 卷56, 地理1, 楊廣道 見州).

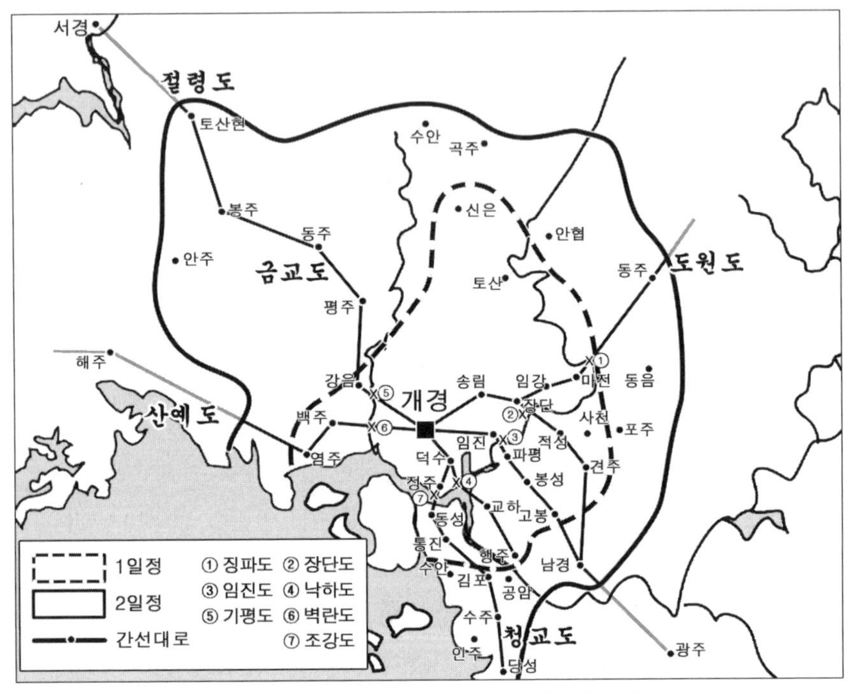

〈그림-2〉 문종대 개경 인근의 주요 수운시설과 幹線 大路

결합된 水陸 兩用의 모습을 충분히 예상할 수 있다.

2. 漕倉制의 성립과 정비

『高麗史』 卷79, 食貨2, 漕運條의 내용은 크게 다섯 가지로 구성되어 있다. ①고려시대 13개 漕倉의 일람, ②조운 기일과 처벌 규정, ③성종 11년 60浦口 일람과 輸京價 제정, ④靖宗대 조운선 배속 규정, ⑤문종대 조운규정이 그것이다. Ⅱ장 3절 2항에서 살펴 본 내용은 ③번 내용을 바탕으로 재구성한 것이다. 본 절에서는 ③번 내용을 제외한 조창제 전반에 대해서 살펴본다.

1) 조창제의 성립

앞의 Ⅱ장 3절에서는 조창제 성립 이전의 60浦制에 대해 밝히면서 漕倉制와의 차이점에 대해 약술하였다. 조창제 성립 이후의 가장 큰 변화는 조세 수집 및 운송 거점인 漕倉의 설치로, 그것은 고려시대 조세수납체계 편성의 큰 계기였다. 이 항에서는 『高麗史』 漕運條에 보이는 ①번의 외형적 모습과 ②번의 기본적인 규정을 갖춘 漕倉制의 성립과 그 의미에 대해 살펴보기로 한다.

조창제의 성립 문제는 국가재정기구의 성립 과정과 관련하여 파악할 필요가 있다. 성종 2년(983) 外官 파견, 公廨田 지급, 鄕吏職制 개편 등 일련의 조치를 통해 재지세력들이 독점적으로 행사하던 조세수취권을 제도적으로 약화시킴으로써 안정적으로 財政源을 확보할 수 있게 되었다.[91] 또한 성종대는 국가재정 운영의 중추기구인 戶部와 三司가 설치되었다. 戶部는 戶口의 파악, 量田, 給田 등 국가의 경제운영에 관련된 기초적인 업무를 담당하였고, 三司의 업무는 租貢의 수납과 減免, 耗米의 징수와 세곡의 조운 및 漕倉 관련 업무, 녹봉과 賜穀, 진휼, 물가의 조절 등 아주 광범위하였다.[92] 이러한 점을 감안하면 성종대에 중앙집권적인 재정구조를 지탱하기 위한 漕倉制가 시작되었을 가능성도 있다.

하지만 Ⅱ장 3절에서 성종 11년 輸京價 제정기사를 통해 밝혔듯이, 성종대는 60浦를 수운거점으로 하는 조세운송방식이 운영되고 있었다. 더구나 이때 각 浦口마다 달리 책정된 輸京價는 운송거리 등의 객관적 교통·운수여건뿐 아니라 각 포구에서 水運 기반을 소유한 재지세력과의 관계도 일부 고려되었을

---

91) 박종진, 『고려시기 재정운영과 조세제도』, 서울대 출판부, 2000, 39~43쪽 ; 安秉佑, 『高麗前期의 財政構造』, 서울대 출판부, 2002, 74~87쪽.

92) 邊太燮, 「高麗의 三司」, 『歷史教育』 17, 1975 ; 周藤吉之, 「高麗朝の三司とその地位」, 『朝鮮學報』 77, 1975 ; 金玉根, 『高麗財政史研究』, 一潮閣, 1996, 49~64쪽 ; 安秉佑, 위의 책, 17~30쪽.

것으로 추측된다. 이러한 모습은 조운 거점인 12개의 漕倉에 운송비용의 성격을 지닌 耗米가 동일하게 부과된 漕倉制와는 매우 상이하였다. 다시 말해 戶部와 三司로 대표되는 재정기구의 확립시기인 성종대에는 漕倉制가 성립되지 않았다. 郡縣體制나 22驛道 등 公的인 교통·운수활동에 필요한 제도적 기반이 축적되는 현종대부터 가능하였을 것이다.

현종대는 성종대 軍政 중심의 지방제도 운영이 民政 우위로 바뀌면서, 界首官制를 근간으로 하는 主縣-屬縣체계의 군현체제가 성립되어 고려전기 지방제도의 기틀을 마련한 것으로 평가된다.[93] 개편된 군현체제는 행정계통 뿐 아니라 앞 절에서 살펴 본 驛道의 편성에도 적용되었다. 이와 마찬가지로 후술하는 <표-13> 漕倉의 收稅區域 구분과 같이 해당 郡縣의 조세 수납 및 운송단위를 설정하는 운영원리로 작용하여 12조창제 성립의 바탕이 되었다.

고려시대 지방 통치조직의 3元的 구조(京畿-五道-兩界)와 마찬가지로 국가재정 운영과 관련하여 조세수납유형도 셋으로 나눌 수 있다. 각 군현의 조세운송 목적지와 운송경로에 따라 ①京倉直納地域, ②漕倉經由地域, ③現地輸納地域으로 구분된다. 일단 지방에서 수취한 조세가 國用·祿俸의 목적으로 京倉에 운송되느냐(①·②유형), 현지의 軍需 목적으로 주요 州鎭에 운송되느냐(③)로 크게 구분되며, ①유형과 ②유형은 다시 京倉으로의 운송과정 중 漕倉을 경유하느냐, 아니면 京倉으로 直納하느냐의 차이로 세분화된다. 이러한 조세수납유형과 각 郡縣의 조세운송체계가 확립되는 계기가 漕倉의 설치였다.

이 중 ③현지수납지역은 兩界로 등치시킬 수 있는데, 중간통치기구인 兩界

---

93) 邊太燮, 「高麗前期의 外官制」, 『韓國史研究』 2, 1968/『高麗政治制度史研究』, 一潮閣, 1971 재수록 ; 朴宗基, 「高麗의 郡縣體系와 界首官制」, 『韓國學論叢』 8, 국민대, 1986/『고려의 지방사회』, 푸른역사, 2002 재수록 ; 具山祐, 「高麗 顯宗代 鄕村支配體制 개편의 배경과 성격」, 『韓國中世史研究』 창간호, 1994/『高麗前期鄕村支配體制研究』, 혜안, 2003 재수록 ; 尹京鎭, 「郡縣制 개편의 추이와 主縣-屬縣體系의 성립」, 『高麗 郡縣制의 構造와 運營』, 서울대 박사학위논문, 2000.

로 자리잡기 이전부터 북방 군사지대는 군사상의 목적을 위해 조세를 現地의 軍需로 충당하였다. 그럼에도 불구하고 부족한 軍糧은 南道의 稅穀으로 충당하는 경우가 잦았다. 또한 '兩界＝현지수납지역'으로 행정구역과 조세수납유형을 등치시켜 이해할 때에 ①경창직납지역과 함께 고려해야 한다. 왜냐하면 경창직납지역의 범주에 京畿지역뿐 아니라 兩界에서 분리된 西海道·交州道 일부지역이 포함되어 있었기 때문이다.[94) 경창직납지역으로 분류된 京畿 일원의 토지와 수취물은 왕실과 일반 관료들의 경제적 기반의 성격이 강한 반해, 5道의 조세는 祿俸·國用·軍需 등 중앙정부의 주요 財政源으로 충당되었다.[95)

이러한 국가재정과 지방 군현체제의 관계를 고려하면, 중앙정부는 국가 財政源의 대부분을 차지하는 5道지역의 租稅를 수취하고 운반하는 과정을 매우 중요하게 인식하였을 것이다. 國初 租藏이나 諸道轉運使와 같은 조세행정 外官의 파견, 성종 11년 60浦制 실시도 南道지역의 조세를 효과적으로 운반하기 위한 조치였다. 하지만 다소 많은 60개의 浦口를 조운 거점으로 구성한 탓에 관리·감독에 비효율적인 측면도 노출되었다. 이 점을 극복하기 위해 60개 浦口에 분산되어 있던 수집·운반 기능을 인근의 주요 浦口로 통·폐합하고 창고시설을 갖추어 漕倉을 마련하였다.

예를 들면, Ⅱ장 3절의 <표-4> B그룹에 확인되는 순천만 일대의 6곳 포구가 수행하던 조운활동은 현종 말엽에 潮陽浦(昇平郡)로 통합되었고, 선정된 浦口(潮陽浦)에 창고 시설을 보완하여 漕倉(海龍倉)을 설치하였다. 대부분의 漕倉은 기존의 창고와 포구시설을 활용하여 설치되었지만 富城 永豊倉의 경우는 앞서 언급하였듯이 상황이 다르다.

永豊倉이 설치된 장소는 기존의 浦口가 있던 곳이 아닌 새로운 지점이었다.

---

94) 交州道와 西海道는 兩界에서 분리한 행정구역인 만큼, 분리된 시점을 고려하여 조세 수납유형을 구분할 필요가 있다. 자세한 내용은 Ⅳ장 1절 1항에서 후술할 것이다.

95) 朴宗基, 『高麗時代部曲制研究』, 서울대학교출판부, 1990, 139~141쪽.

이에 반해 인접한 삽교천 以東의 天安府 管內의 조세를 수납하는 河陽倉은 기존의 浦口인 便涉浦에 설치되었다(<표-4> F그룹 참고). 천안부 관내에 利涉浦(禮山縣)와 便涉浦(牙州)가 있었지만, 하양창을 便涉浦에 설치한 이유는 漕倉의 입지로 내륙하천변의 포구(利涉浦) 보다 해안가에 인접한 포구(便涉浦)가 적합하였기 때문이다.96) 하지만 삽교천 以西지역에는 해안가에 위치한 포구가 없었기 때문에 부득이 해안가의 새로운 지점에 永豊倉을 신설한 것이다. 부성 영풍창이 위치한 것으로 알려진 가로림만의 倉浦97)는 육지 깊숙이까지 바닷물이 유입되는 태안반도의 시작지점 북측에 위치하였다.

　이러한 과정을 거쳐 남한강 상류에 江倉 2곳과 중·소하천과 접하는 해안지대에 海倉 10곳을 설치하였다. 조창의 설치는 조세운송체계에 중요한 변화를 가져왔다. 물론 60浦制에서 절반 이상의 浦口가 분포하였던 한강 중·하류와 경기만 일대에서도 재편이 있었을 것이다. 이 일대는 경창직납지역으로 분류되었기 때문에 漕倉이 설치되지는 않았지만, 관할영역의 면적에 비해 밀집해 있던 浦口는 통·폐합을 거쳐 주요 포구를 중심으로 수운거점을 재배치하였을 것이다. 조창경유지역이든, 경창직납지역이든 漕運활동의 집약성을 높이기 위해 각 지역의 조운 거점을 재편성하였다. 이에 따라 5道지역의 조세운송체계는 확립되었다.

　　Ⅲ-1) 漕倉에는 判官을 두었다. 여러 고을들의 租稅는 각각 부근에 있는
　　　　 여러 창고(=漕倉 ; 필자 註)들에 운반하였다가…(『高麗史』 卷79, 食貨2,

---

96) Ⅱ장 3절의 <표-4>에 이러한 정황을 알려 주는 또 다른 사례는 D그룹의 速通浦(全州)
　　와 朝宗浦(臨陂郡) 중에서 朝宗浦에 漕倉(鎭城倉)이 설치된 점이다. 물론 鎭城倉이
　　설치된 朝宗浦가 해안가에 위치하지는 않지만 速通浦 보다는 해안가 가까운 곳에
　　위치하였다.

97) 『高麗史』 卷116, 王康傳. 朴正賢, 「韓國中世의 漕運과 泰安漕渠-掘浦 및 漕倉遺蹟을
　　중심으로-」, 공주사범대학교 교육대학원석사논문, 1988 ; 尹龍爀, 「서산·태안지역
　　의 漕運관련 유적과 高麗 永豊漕倉」, 『百濟硏究』 22, 1991.

漕運).98)

　위의 자료 Ⅲ-1)은 『高麗史』 조운조 ②번 기사의 일부 내용이다. 우선 漕倉에 파견된 判官은 國初에 파견되었던 조세행정 外官과 연결시켜 이해할 수 있다. 앞 장에서 살폈듯이, 國初의 조세행정 外官으로 현지의 유력자가 역임한 租藏과 중앙에서 파견된 諸道轉運使가 있었다. 성종 2년(983) 혁파된 租藏에 이어서 파견된 轉運使는 60浦制 운영시기에 존속하다가 현종 20년(1029)에 이르러 혁파되었다. 이것은 단순히 담당관원이 사라진 것이 아니라, 60浦制의 종결이면서 12漕倉制의 시작을 의미한다. 현종 20년(1029)에 지방행정 전반에 관여한 전운사가 사라지면서 조운 업무를 전담할 관원으로 각 조창에 判官을 둔 것이다. 현재로서는 판관의 파견 시기를 알 수 있는 자료가 없는 상태이다. 하지만 현종 20년에 혁파된 전운사를 대신하여 조운 업무를 담당하는 판관에 準하는 관직이 파견되었을 것이다.99)

　양자를 비교해 보면, 轉運使는 여러 방면(諸道)으로 파견되어 해당 지역이나 浦口를 순회하면서 조운활동을 감독한 데 반해, 判官은 해당 漕倉에 파견되어 그곳에 常住하면서 조운 업무를 관할하였다. 이렇게 책임 관원인 전운사와 판관의 관할범위나 업무형태만 보더라도 漕運 관리방식상의 진전된 모습을 확인할 수 있다.

　또한 자료 Ⅲ-1)의 "여러 고을의 租稅는 부근의 여러 창고(=漕倉)에 옮겼다가…"라는 말은 개별 漕倉으로 조세를 수납하는 郡縣, 즉 收稅區域이 설정되어 있었음을 의미한다. 이러한 모습은 60浦制를 포함한 초기 조운제에 확인되지 않던 바이다. 60곳의 浦口에 분산되어 있던 조운 거점을 12곳의 漕倉으로 집중시킴으로 인해 산술적으로 5배나 많은 세곡을 보관하는 대규모의 창고

---

98) "倉置判官　州郡租稅各以附近輸諸倉".

99) 5도 안찰사 제도가 확립되는 예종·인종 시기에 轉運使가 담당한 조세운송 업무가 判官으로 넘어간 것으로 본 견해도 있다(문경호, 앞의 박사학위논문, 38~41쪽).

증축과 관리 업무는 중앙정부의 통제 아래 이루어졌다. 달리 말하면, 漕倉의 출현은 稅穀 수집 및 漕運활동의 효율성을 높이기 위한 조치였다. 이에 따라 60포제 때에 비해 민간 소유의 배(私船) 보다 官船이 조운활동에서 차지하는 비중이 높아지게 되었다. 이와 함께 후술하는 바와 같이 漕運費用의 징수형태도 달라졌다. 각 포구마다 달리 輸京價를 부과한 60浦制와 달리 漕倉制에서는 동일한 양의 耗米를 제외하면 엄밀히 말해 조운비용을 거두어들이지 않았다. 이처럼 60浦制에 비해 조운 거점의 변동, 조운 주체의 성격, 조운비용의 징수 등에서 적지 않은 차이점이 확인되는 12漕倉制는 조세수납체계를 확립하는 계기이면서 한국 조운제도의 전형을 마련하였다는 의미가 있다.

이렇게 개별 漕倉(倉廩)별로 집적·운반하는 收稅區域을 구분한 예는 唐代의 漕運에서도 확인된다.[100] 江南지역에서 首都 長安까지의 運河를 효율적으로 운영하기 위해 구간을 나누어 각 구간마다 倉廩을 설치한 것이다. 唐나라와 고려는 세부적인 내용에서 차이가 있지만, 각 漕倉에 稅穀을 수납하는 지역이 설정되어 있는 것은 유사하였다. 조선왕조의 경우는『經國大典』등에서 '각 漕倉의 수세구역'이 확인되지만, 고려시대는 그 내용이 전하지 않기 때문에 각 漕倉의 위치와 郡縣의 領屬관계 그리고 漕運관련 내용 등을 고려하여 추정할 수밖에 없다.

아래의 <표-13>은 군현별 조세수납유형과 수납 漕倉을 구분한 것이다. 고려시대 5道 兩界가 점진적인 정비를 통해 제도화되었기 때문에 兩界영역의 현지수납지역과 交州道·西海道 영역의 경창직납지역을 일률적으로 설정할 수는 없지만, 편의상『高麗史』地理志의 행정구역 구분에 의거하여 분류하였다.[101]

---

100) "至二十二年八月 置河陰縣及河陰倉 河西柏崖倉 三門東集津倉 三門西鹽倉 開三門山十八 裏 以避湍險 自江淮而溯鴻溝 悉納河陰倉 自河陰送納含嘉倉 又送納太原倉 謂之北運"(『舊 唐書』卷29, 食貨 下). 唐代는 運河路를 따라 漕運되는데, 江南의 물자는 揚州倉에, 汴河를 통한 (江淮지역) 물자는 河陰倉에, 黃河를 통한 운송물은 永豊倉에 각각 집적되었 다(外山軍治,「唐代の漕運」,『史林』22-2, 京都帝國大學史學會, 昭和12年 ; 朴根七,「唐 代 漕運路와 外商의 活動」,『대외문물교류연구』3, 2004).

〈표-13〉 군현별 조세수납유형과 해당 漕倉

조세 수납유형 (郡縣 數)	행정구역 (郡縣 數)	수세구역		해당 조창	郡縣 數 합계
		主郡縣	屬郡縣 數		
경창직납지역 (95)	開城府(13)	開城府	12	-	
	楊廣道(40)	楊州	9	-	
		樹州	6	-	
		仁州	2	-	
		水州	7	-	
		江華縣	3	-	
		廣州牧	7	-	
	交州道(28)	交州	6	-	
		春州	11	-	
		東州	8	-	
	西海道(14)	海州	3	-	
		黃州	3	-	
		平州	1	-	
		谷州	2	-	
		遂安縣	0	-	
	소계	15	80		15－80
조창경유지역 (312)	楊廣道(71)	忠州牧	6	忠州 德興倉	
		原州	7	原州 興元倉	
		淸州牧	9	牙州 河陽倉	
		公州	12		
		洪州	14	富城 永豊倉	
		天安府	8	牙州 河陽倉	
		嘉林縣	5	富城 永豊倉	
		富城縣	2		
		慶州·	14	忠州 德興倉	
		蔚州	2	合浦 石頭倉	
		禮州	6	忠州 德興倉	
		金州	5	合浦 石頭倉	
		梁州	2		
		密城郡	6		

101) 본장 1절의 <표-7>과 마찬가지로, 郡縣 總數 497개는 예종대 정벌한 東界 13개
　　州鎭, 인종대 설치한 西京畿 6縣 그리고 공민왕 때 수복한 江界府·泥城府·隨州는
　　제외시킨 수치이다. <표-13>에서 확인되듯이, 현지수납지역에 兩界지역 이외에
　　全羅道 耽羅縣을 포함시켰다.

	慶尙道(128)	晉州牧	9	泗州 通陽倉	
		陜州	12		
		固城縣	0		
		南海縣	2		
		巨濟縣	3		
		尙州牧	24	忠州 德興倉	
		京山府	15		
		安東府	14		
	全羅道(103)	全州牧	12	臨陂 鎭城倉	
		南原府	9	保安 安興倉	
		古阜郡	7		
		臨陂縣	4	臨陂 鎭城倉	
		進禮縣	5		
		金堤縣	1		
		金溝縣	1		
		羅州牧	16	羅州 海陵倉	
		長興府	4	靈巖 長興倉	
		靈光郡	10	靈光 芙蓉倉	
		靈巖郡	5	靈巖 長興倉	
		寶城郡	7	昇州 海龍倉	
		昇平郡	4		
		海陽縣	0	羅州 海陵倉	
		珍島縣	2	靈巖 長興倉	
		綾城縣	0	羅州 海陵倉	
	西海道(10)	豊州	6	長淵 安瀾倉	
		瓮津縣	2		
	소계	40	272		40−272
현지수납지역 (90)	東界(45)	登州 外 27개 州鎭	17		
	北界(43)	平壤 外 38개 州鎭	4		
	西海道(1)	白翎鎭	0		
	全羅道(1)	耽羅縣	0		
	소계	69	21		69−21
합 계					124−373 총합 : 497

경창직납지역의 범위는 5道 兩界의 변천과정과 漕倉의 분포 등을 감안하여

설정하였다. 특히 京倉으로 운반하지 않는 현지수납지역과 京倉으로 직납하는 지역은 상호 밀접한 관련을 맺고 있어 행정구역의 변천과정을 고려할 필요가 있다. 이 내용에 대해서는 Ⅳ장 1절 경창직납지역의 교통 네트워크를 살펴보기 전에 언급할 것이다. 그래서 여기서는 조창경유지역을 중심으로 각 郡縣에서 京倉으로의 운송과정을 알아봄으로써 조세운송체계에 대한 이해를 돕고자 한다.

조창경유지역은 경창직납지역에 비해 훨씬 장거리의 운송경로를 경유하였다. 조창경유지역의 조세수납과정은 ①일단 일반 民戶로부터 수취한 조세를 군현별로 수납 漕倉으로 수집하였다가 ②다시 각 漕倉에서 漕船을 이용하여 東·西江 浦口까지 漕運하였고, ③포구에서 개경 내의 京倉으로 옮기는 세 단계로 구성된다. 각 단계마다 수송하는 役의 담당자와 그 성격도 조금씩 다른데, ①단계에서는 해당 郡縣民의 輸役을, ②단계에서는 漕倉民의 身役을, 마지막 ③단계에서는 개경 인근 지역민의 輸役을 주로 이용하였다. ①·②·③ 단계를 순서대로 살펴 보자.

①단계의 경우, 각 군현에서 漕倉으로 운반하기 위해서 驛道網의 支線을 비롯한 陸路나 내륙수로(혹은 해로)를 이용하였다. 이때 漕倉으로 운송하는 단위는 屬縣의 위상과도 관련이 있다.[102] 조세 수취의 중요한 부분을 차지하는 운반과정을 고려하면, 屬郡縣도 개별적인 운송단위였을 것으로 추측된다. 각 군현별로 조세를 漕倉으로 운반하는 과정을 떠올리면 쉽게 이해된다. 예를 들면, 牙州 河陽倉의 수세구역인 淸州牧 직할의 屬郡縣인 木州와 全義縣의 조세는 하양창의 반대 방향에 위치한 청주목으로 옮기지 않고, 각 郡縣에서 바로 하양창으로 향하였을 것이다. 각 군현에서 해당 조창으로의 조세운송활 동은 운송경로와 효율성을 고려하여 主·屬縣에 관계없이 각 군현별로 이루어

---

102) 고려시대 屬縣도 수취의 기본단위인가 하는 문제에 관한 대표적인 연구성과는 다음과 같다(박종진, 『고려시기 재정운영과 조세제도』, 서울대학교출판부, 2000 ; 박종기, 『지배와 자율의 공간, 고려의 지방사회』, 푸른역사, 2002).

졌다. 더구나 漕倉과 같은 중간 집산처가 없는 경창직납지역의 경우는 더욱 屬縣을 포함한 각 군현이 운송단위였을 것이다.[103]

②단계에서 江倉의 경우는 내륙수운(한강·임진강)을 거슬러 가서 水運을 이용하는 경창직납지역의 조세와 마찬가지로 東江(임진강) 포구에, 海倉의 경우는 남해와 서해의 연안항로를 경유하여 西江(예성강) 포구에 각각 이르렀다. 해상의 漕運經路에 대해서는 근래의 수중고고학 발굴 성과와 海洋地名의 수집, 연해도서지역의 郡縣體制, 왜구의 약탈 기사를 참고하여 연근해 해운활동이 빈번하였던 고려시대 연안항로에 대한 기초적 연구가 참고된다.[104]

江倉을 통한 조운활동은 京倉까지의 운송거리가 가까울 뿐 아니라 海倉의 경우처럼 해상의 악천후나 遭難지대 등의 위험요소가 많지 않았다. 海路를 경유하는 것 보다 내륙수로를 이용하는 조운활동이 훨씬 안전하였다. 이러한 사실은 조선전기에 분포한 漕倉의 입지와 비교해 보면 더욱 명확해진다. 다음 항에 제시한 <표-14>에서 확인되듯이, 고려시대에 海倉이 11개소이고 江倉이 2개소였는데, 조선전기에는 전체 9개소 중 海倉이 4개인 반면 江倉이 5개소로 오히려 海倉 보다 江倉이 더 늘었다. 조선전기에는 고려시대 가장 먼 '遠地'에 위치한 合浦 石頭倉·泗州 通陽倉·昇州 海龍倉·靈岩 長興倉이 사라졌다. 이들 漕倉이 폐쇄된 이유는 무엇보다 험난한 해로를 경유하는 운송거리가 멀었기 때문이다. 또한 海倉인 長淵 安瀾倉을 대신하여 예성강변에 金谷浦倉(白川)·助邑浦倉(江陰)을 설치하면서 북한강변에도 昭陽江倉(春川)을 신설하였다. 이렇게 조선왕조에 들어서 海倉을 줄이고 江倉을 늘인 이유는 海路를 통한 조운활동의 어려움 때문이었다.[105]

---

103) 조창경유지역은 장거리의 海運을 통해 京倉으로 수납해야 하는 위험과 번거로움 때문에 漕倉에 일단 집적하였다가 운반하였지만, 운송거리가 짧은 경창직납지역은 각 군현별로 운송하였을 가능성이 높다.

104) 한정훈, 「고려시대 연안항로에 대한 기초적 연구」, 『역사와 경계』 77, 2010.

105) 조선후기의 내용이지만 "倉을 두기를 드물게 하는 것은 바닷길의 험한 곳을 피하기 위함이다"(『磻溪隨錄』 卷3, 漕運)라는 내용이 참고된다.

③단계는 東江과 西江에서 京倉으로 옮기는 과정이다. 東江 포구에서 荷役된 稅穀은 靑郊道를 통해 長覇門(=保定門)을 거쳐 左倉(廣興倉)으로 入庫되었고, 西江(예성강) 언덕의 碧瀾渡에서 하역된 세곡은 狻猊道를 통해 宣義門을 거쳐 右倉(豊儲倉)으로 陸運되었다. 임진강과 예성강 나루에서 京倉으로 이르는 驛道는 앞서 언급하였듯이, 大路 구간에 해당하는 만큼 다량의 조세를 운반하는 수레가 왕래할 수 있는 路面도 평탄하고 폭도 넓은 도로였다.

이러한 경로를 거쳐 조세를 수납하는 조창경유지역의 漕運穀이 중앙으로 운반되는 전체 稅穀에서 차지하는 비중은 상당하였다. 이러한 사실은 앞의 <표-13>에 표기된 조세수납유형별 郡縣 數의 비교를 통해서도 확인할 수 있다. 전체 郡縣(497개) 중 조창경유지역에 해당하는 郡縣이 312개로 전체 군현의 63%에 이른다. 그런데 京倉으로 세곡을 운반하지 않는 현지수납지역에 해당하는 州鎭(90개)을 제외하면, 京倉에 入庫되는 세곡의 76%(312/407개 군현)가 조창을 경유해서 운송되는 셈이다.106) 더욱이 경창직납지역의 일부인 京畿지역이 왕실과 관료들의 경제적 기반으로 운영된 것을 감안한다면, 京倉에 入庫된 租稅 總額에서 조창경유지역의 稅穀이 차지하는 실질 비율은 80% 이상에 이르는 것으로 예상할 수 있다.

물론 조창경유지역으로 분류된 郡縣 중 극히 일부는 상황에 따라 수납방법이나 수납장소를 달리하는 경우도 있었다. 慶州의 防禦郡 禮州 管內(屬縣 6)의 조세는 東界의 해안방위나 軍糧에 충당되기도 하였고,107) 조세운송의 어려움

---

106) <표-13>에 기재한 497개 郡縣의 조세수납유형을 나타나면 아래의 표와 같다. 군현 수에 따라 京倉 納入穀에서 漕運穀이 차지하는 비중을 추측하는 방법은 각 군현의 수취량이 동일하다는 것을 전제로 한 것이다.

조세수납유형	현지수납지역	경창직납지역	조창경유지역	합계
군현 수	90개	95개	312개	497개

107) 安秉佑,「高麗의 屯田에 관한 一考察」,『韓國史論』10, 1984, 15~16쪽. 유사시에는 禮州뿐 아니라 동해안에 인접한 東京 직할지역인 興海郡, 淸河縣의 租稅도 東界로 옮겨졌을 가능성이 있다.

이 많은 산간벽지의 경우는 布貨로 代納하였을 가능성도 있다.108) 이렇게 代納의 형태로 조세를 납부하였을 가능성이 높은 지역은 尙州牧 報令郡·永同郡 일대를 포함하는 소백산지 以東의 산간지대일 것이다. 이와 같은 예외의 상황을 감안하더라도, 조창경유지역의 漕運穀이 전체 稅穀에서 차지하는 비중은 크게 달라지지 않았을 것이다.109) 이러한 수치는 조선시대 田稅總額에서 漕運된 租稅의 비율이 88% 정도라는 연구결과110)를 참고하면 타당성이 있는 가설이라 생각된다. 고려나 조선왕조의 中央財政源 구성에서 뱃길을 이용한 조운활동이 차지하는 중요성을 새삼 확인할 수 있는 대목이다.

이상의 내용에서 각 郡縣에서 漕倉을 경유하여 京倉으로 조세를 운송하는 과정을 살펴보았다. 중앙정부는 조세수납유형으로 국방상의 목적을 위해 현지수납지역을 설정하고, 이외의 지역에서 생산되는 대규모의 세곡 운송을 효율적으로 처리하기 위해 경창직납지역과 조창경유지역으로 나누었다. 이러한 조세 수납 및 운송체계는 漕倉의 설치로부터 시작되었고, 고려전기에 확립되어 조선왕조로 계승되었다. 또한 조창경유지역의 漕運穀이 중앙재정원의 80% 정도를 차지하는 만큼 조운제는 고려의 官制 중 주요한 관심의 대상으로 자리잡았다.

또한 이렇게 형성된 조운경로는 조세뿐 아니라 私田租나 貢物의 운반에도 활용되었다. 문종대부터 확인되는 私田租의 漕運 사례는 고려말기 權勢家의 농장 경영에서도 빈번하였다.111) 貢物의 경우는 田租와 달리 물량이 대규모도

---

108) 경상도의 경우는 高麗 이래로 粟米 대신 紬布나 綿絮를 거두었다(『太宗實錄』卷4, 太宗 2年 9月 甲辰) ; 姜晉哲, 『高麗土地制度史硏究』, 高麗大學校出版部, 261~264쪽.

109) 본문에서 제시한 몇 가지의 예외 상황을 <표-13>에 반영하지 않은 이유는 漕倉의 수세구역과 군현체제의 관계를 살피기 위한 목적 때문이다.

110)『磻溪隨錄』卷2, 田制 下, 打量出軍出稅式 ; 崔完基,「朝鮮前期 漕運試考」,『白山學報』 20, 1976, 415~417쪽.『磻溪隨錄』의 내용에 따르면, 總稅額이 195,000石이고, 漕稅가 172,000石 정도이다. 두 수치를 비교하면 88%라는 비율이 산출된다. 고려시대와 조선후기를 단순 비교하기는 무리가 있지만, 전체 稅額에서 漕運穀이 차지하는 비율이 80% 정도의 높은 수치임을 확인할 수 있다.

아니고 다양한 물품을 자주 운반하였기 때문에 주로 陸路를 통해 중앙으로 운반된 것으로 이해된다.112) 그리고 경상도의 州縣에서 출발한 貢船의 존재나 경상·전라의 貢賦는 陸運할 수 없고 반드시 水運한다는 내용을 통해 공물의 수송도 그 종류나 지역에 따라 조운경로를 활용하였음을 짐작할 수 있다.113)

2) 조운규정의 보완

현종 말엽에 조세수납체계의 일환으로 외형적 틀을 갖춘 조창제는 원활한 운영을 위해 조운활동의 기본적 요소인 인적·물적 기반을 확보하고 관련 규정을 보완해 나갔다. 이와 관련하여 『高麗史』 漕運條에서 확인되는 조운규정을 살펴보고자 한다. 우선 『高麗史』 漕運條 두 번째 기사의 전체 내용(조운 기일과 처벌 규정)을 편의상 A부분과 B부분으로 나누어 제시하면 다음과 같다.

Ⅲ-2-A) 조창에는 判官을 두었다. 여러 고을들의 租稅는 각각 부근에 있는 여러 창고들에 운반하였다가 이듬해 2월에 배로 나르는데 가까운 곳에서는 4월까지, 먼 곳에서는 5월까지 京倉으로의 운반을 마치도록 하였다.
Ⅲ-2-B) ①기한 내에 배를 출발하였으나 바람으로 인하여 梢工 3인 이상, 水手·雜人 5인 이상이 米穀과 함께 침몰한 경우에는 조세를 거두지 않는다. ②기한을 지나 배가 출발하였고 梢工·水手 3분의 1의 인원이 빠져 죽은

---

111) 후술하는 자료 Ⅲ-4)에서 문종대 私田租의 조운활동을 짐작할 수 있고, Ⅴ장 2절 1항에서 언급하는 李穡의 사례를 통해 고려말기의 상황을 확인할 수 있다.

112) 박종진, 『고려시기 재정운영과 조세제도』, 서울대학교출판부, 2000, 126쪽. 이와 달리 매년 정기적으로 납부하는 常貢의 경우는 정기·정량적인 성격을 지니므로 漕運을, 別貢과 같은 품목은 수시로 운반되었기 때문에 陸運을 이용한 것으로 구분한 견해도 참고된다(이정희, 『고려시대 세제의 연구』, 國學資料院, 2000, 85~86쪽).

113) "諸州縣貢船"(『高麗史』 卷25, 元宗 4年 4月 癸酉) ; "慶尙全羅貢賦皆未得陸輸必以水運"(『高麗史』 卷27, 元宗 12年 3月 癸巳). 두 사례로 볼 때, 개경에서 멀리 떨어져 있는 경상도 남부지역의 공물 수송은 다른 지역보다 漕運의 이용 비중이 높았을 것이다.

　　경우에는 해당 관청의 色典과 梢工·水手 등이 평균하여 조세를 내도록
하였다(『高麗史』卷79, 食貨2, 漕運).114)

　　개별 郡縣에서 漕倉으로 보낸 조세는 이듬해 2월부터 京倉으로 수송되었는
데, 가까운 곳은 4월까지, 먼 곳은 5월까지 마치도록 하였다. 조선전기의
경우를 참고하면, 각 郡縣에서는 11월 1일부터 시작하여 다음 해 정월까지
해당 漕倉으로 운송업무를 완료하였을 것이다.115) 漕運穀은 漕倉에서 2월~4
월·5월 사이에 京倉으로 漕運되었는데, 이처럼 漕運期日을 엄수하도록 한
이유는 안전한 항해를 위해서였다. 5월이 지난 6월에 이르면 大雨가 수시로
오기 때문에 악천후로 인해 안전한 항해는 물론 漕運穀의 보관에 있어서도
문제가 발생할 소지가 있기 때문이었다.116) 그래서 위의 자료 Ⅲ-2-A)·B)
부분의 조운규정에서 조운 기간 엄수를 강조하고 있다. 즉 조운과정의 사고로
인해 稅穀의 손실이 있을 때, 發船 期限을 지켰는지의 여부에 따라 그 처벌은
큰 차이를 보인다.
　　B부분의 내용에 따르면, 漕船에는 梢工·水手·雜人 세 부류의 인원이 乘船하
였다. 梢工과 水手가 航海업무를, 雜人은 船內의 雜役을 각각 담당하였다.

---

114) "倉置判官 州郡租稅各以附近輸諸倉 翌年二月漕運 近地限四月 遠地限五月畢輸京倉
　　限內發舡 因風失利梢工三人以上水手雜人五人以上 幷米穀漂沒者 勿徵 限外發舡 梢工
　　水手三分之一敗沒者 其官色典梢工水手等平均徵納".

115) 『經國大典』卷2, 戶典 漕轉.

116) "六月… 土潤溽暑 大雨時行"(『高麗史』卷51, 曆2 氣候 6月). 기후 관련 연구성과에서
　　제시한 '비의 月別 분석표'에 따르면, 4월에는 총 9회, 5월에는 29회, 6월에는 32회,
　　7월에는 21회, 8월에는 7회로 나타난다(金蓮玉, 「高麗時代의 氣候環境：史料分析을
　　中心으로」, 『論叢』44, 이화여대 한국문화연구원, 1984, 117쪽). 遠地의 漕運期間인
　　5월은 통계상 29회의 雨·大雨가 내려 항해에 부담스러운 시기이다. 遠地에 해당하는
　　경상도의 조세수송방법이 고려시대에는 海運이었다가, 조선전기부터 내륙 수운을
　　이용하는 것으로 바뀌는 이유 중 하나가 이와 같은 기후 문제 때문일 개연성도
　　있다. 해로를 통한 수송은 육상수송에 비해 대량수송이 가능한 반면 기후의 제약이
　　컸다.

B부분의 내용을 통해 1,000石을 적재한 漕船 1척의 乘船人員을 추정한 논의가 있었다. B부분이 내포하는 의미를 풀어보면, ①期限을 지킨 경우는 ‘梢工 3인 이상, 水手·雜人 5인 이상의 인원’이 죽어도 책임을 묻지 않았지만, ②期限을 넘긴 경우는 ‘梢工·水手의 1/3’이 죽으면 사고에 대한 책임을 묻는다는 것이다. 다시 말해 승선인원의 피해 규모보다 발선기한의 준수를 중시한 사실과 ②의 ‘梢工·水手의 1/3’ 보다 ①의 ‘梢工 3인 이상, 水手·雜人 5인 이상’이 상대적으로 더 많은 손실임을 암시한다.

기존 연구에서는 B부분에 언급된 내용을 漕船 1척에 승선한 인원으로 간주하여 1척당 승선인원을 13명, 24~32명, 45명 등으로 다양하게 이해하였다.[117] 하지만 최근에 19세기 『漕行日錄』 등의 조선후기 자료를 활용하여 조운선 1척당 1명의 梢工이 승선한 것으로 이해하여 ①의 ‘梢工 3인 이상’의 인원 漕船 1척이 아닌 海倉 소속 6척으로 구성된 漕運船團 전체에 승선한 인원으로 파악하였다.[118] 그렇다면 앞서 언급하였듯이, ②의 1/3 보다는 ①이 인명 손실이 크다는 전제를 적용시키면 水手·雜人 5인 이상의 인원은 1/2~1/3이 됨으로 水手·雜人은 10~15인이 승선한 것이 된다. 따라서 1,000石을 적재한 哨馬船 1척당 梢工 1인과 水手·雜人 10~15인 총 11~16명 정도가 乘船하였을 것이다.

---

117) 金玉根은 梢工 3명, 水手 5명, 雜人 5명 총 13명이 乘船한 것으로 보았다(金玉根, 『高麗財政史硏究』, 一潮閣, 1996, 87~88쪽). 또한 ‘水手·雜人五人以上’을 水手·雜人 각각 5인 이상으로 해석한 뒤, 1/3을 적용시켜 梢工 9인, 水手 15인, 雜人 15인 이상으로 漕船 1척당 45餘人이 승선한 것으로 이해한 견해도 있다(姜錫五, 「高麗時代 漕運制度에 관한 硏究」, 성균관대 석사학위논문, 1994, 23~24쪽). 필자도 이전 연구성과(한정훈, 「고려시대 漕運制의 海洋史的 의미」, 『해양문화재』 2, 2009, 185~186쪽)에서 B부분의 내용을 활용하여 1,000石을 싣는 哨馬船 1척당 梢工 9인~12인, 水手와 雜人 15인~20인 총 24인~32인 정도가 乘船한 것으로 이해하였다.

118) 문경호, 앞의 박사학위논문, 2012, 73~74쪽. 문경호는 조운선 1척마다 梢工 1명과 水手·雜人 10명 정도가 배정된 것으로 이해하였다. 필자는 梢工에 관한 문경호의 지적을 수용하여 기존의 견해를 수정하고자 한다. 다만 水手·雜人의 승선인원을 별다른 근거 없이 10명 정도로 추정한 내용을 B부분의 내용에 의거하여 보충하였다.

이와 관련하여 적재량이 다르지만 宋나라의 沿岸海船과 조선후기 漕船의 승선인원이 참고된다. 宋나라의 沿岸海船은 최대 규모라 하더라도 40명 정도이고, 대부분은 20·30명 가량이 乘船한 것으로 알려져 있다.[119] 그리고 조선후기 漕船은 18명이 승선한 것으로 전한다.[120] 이러한 인원 이외에 조창이나 포구에서 荷役 등의 기타 雜役을 담당하는 인력도 존재하였을 것이다. 梢工·水手·雜人 등으로 구성된 漕倉民을 통제하면서 조창의 실무를 담당하는 향리들은 B부분에 보이는 色典으로도 불렸다.[121] 이들 漕倉吏의 우두머리가 漕倉長인데, 漕倉吏는 조창의 제반 업무를 감독하기 위해 파견되어 온 判官을 보좌하였다. 判官과 漕倉吏의 통제 아래에서 身役의 형태로 세곡의 접수·보관·수송의 제반 업무를 직접 맡은 漕倉民에는 항해 기술자인 梢工(키잡이)·水手(뱃꾼) 등의 선원과 조창의 허드렛일에 동원된 雜人들이 속하였다.

이러한 人的 구성과 함께 조운활동의 주요한 物的 기반인 漕船에 대한 배속 규정이 『高麗史』 漕運條 네 번째 내용이다. ④번 靖宗代 각 漕倉의 조운선 배속 규정은 다음과 같다.

III-3) 靖宗 때에 12漕倉의 漕船의 수를 제정하였다. 석두·통양·하양·영풍·진성·부용·장흥·해룡·해릉·안흥창은 각각 배 6척을 두었고 아울러 哨馬船 1척에 1,000석을 싣게 하였다. 덕흥창은 20척, 흥원창은 21척을 두었고

---

119) 斯波義信, 「宋元時代における交通運輸の發達」, 『宋代商業史研究』, 風間書房, 1968, 89~90쪽.

120) 崔完基, 「官船漕運體制下의 私船賃運活動」, 『朝鮮後期船運業史研究』, 一潮閣, 1988, 38~65쪽. 조선후기에는 2교대나 3교대로 하여 漕船 1척의 승선인원이 漕卒을 포함하여 18명 정도였다. 관련 자료를 제시하면 다음과 같다["每一船定漕卒三十六人 分爲二番 每一番十八人 乘船以行 此外又有領船及判官吏隷等名數"(『磻溪隨錄』 卷3, 田制後錄 漕運) ; "漕船每隻 漕卒四十八名分爲三番 每年十六名騎船"(『萬機要覽』 財用編2, 漕轉 漕船材漕復米布退船)].

121) 漕倉이 漕倉長 — 漕倉吏(色典) — 漕倉民(梢工·水手·雜人)으로 구성된 것으로 이해한 견해가 있다(吉田光男, 「高麗時代の水運機構'江'について」, 『社會經濟史學』 46-4, 1980, 432쪽 주21).

아울러 平底船 1척에 200석을 싣게 하였다(『高麗史』 卷79, 食貨2, 漕運).[122]

靖宗代는 12漕倉의 漕船 數를 정한 것을 비롯하여 조세제도에 대한 정비가 이루어졌다. 정종 6년(1040)에 度量衡器를 제작하고, 7년에 州縣의 稅貢 징수에 대한 논의가 진행되었다.[123] 度量衡器의 제작과 함께 부정을 방지하기 위해 정종 9년에는 州縣에서 稅糧을 官에 납부할 때에 운반하는 사람(輸人)이 스스로 헤아리게 하였다.[124] 정종 7년 4월에 北路와 東路의 州가 북녘 오랑캐의 국경과 이웃하여 그들을 방어하는 일이 바빴기 때문에 일찍이 稅를 징수한 적이 없다고 한 내용[125]을 통해, 이전부터 兩界지역의 租稅를 현지에 수납하였음도 짐작할 수 있다.

이러한 일련의 제도 개선과 함께 12漕倉에 배속된 漕船 數를 정하였다. 정종 이전 각 漕倉에 배속된 漕船 數는 개별적이었고, 중앙정부는 이러한 차이를 해소하고 재조정하기 위해 石頭倉을 비롯한 海倉 10곳에는 1,000석을 실을 수 있는 哨馬船 6척을, 江倉인 德興倉·興元倉에는 200석을 실을 수 있는 平底船 20척·21척을 각각 배속시켰다.

고려시대 조운활동은 위의 자료 Ⅲ-3)에 보이는 66척의 哨馬船과 41척의 平底船이 주축이 되어 수행되었다. 그렇다고 이들 漕船만으로 조운활동이 이루어진 것은 아니다. 이와 관련하여 조창제 연구에서 논의되는 쟁점 중 하나가 私船의 이용 문제이다. 기존 연구에서는 조운활동이 각 漕倉에 배속된

---

122) "靖宗朝定十二倉漕船之數 石頭通陽河陽永豐鎭城芙蓉長興海龍海陵安興各船六艘 並哨馬船一船載一千石 德興二十艘興元二十一艘 並平底船一船載二百石".

123) 『高麗史』 卷6, 靖宗 6年 2月 壬子 ;『高麗史』 卷78, 食貨1, 田制 租稅 靖宗 7年 正月. 박종진은 이러한 내용과 관련하여 성종 이후 조세제도가 변하는 시기로 정종대와 문종대를 주목하였다(박종진, 앞의 책, 44~45쪽).

124) 『高麗史』 卷78, 食貨1, 田制 租稅 靖宗 9年 7月.

125) "四月 門下省奏 北路寧州等三十三州東路高和等州隣於狄境 防禦事殷 未嘗徵稅"(『高麗史』 卷78, 食貨1, 田制 租稅 靖宗 7年 4月).

漕船만으로 운영되었다는 견해[126]와 이들 漕船 이외의 私船이 이용되었다는 견해[127]로 나뉜다. 대부분의 초기 연구에서는 고려시대 漕倉制를 전자의 견해에 따라 이해하였지만, 이와 관련된 몇 가지 내용을 감안한다면 私船이 동원되었을 가능성은 충분하다.

〈표-14〉 고려 · 조선전기의 漕倉 소속 漕船 數와 1회 적재량 비교[128]

구분 시기	海倉		江倉		총 적재량
	個數	噴馬船(1,000석)	個數	平底船(200석)	
고려시대	11개소	66척	2개소	41척	74,200석
조선전기	4개소	215척	5개소	71척	229,200석

<표-14>에 제시한 것처럼 『高麗史』 漕運條에 표기된 13漕倉의 漕船 數와 漕船의 적재량에 근거하여 각 조창의 조운선에 의해 운반된 1회 稅穀量을 산출하면 74,200石 정도가 된다. 이 규모는 300,000石 가량에 이르는 左·右倉의 한 해 세입량[129]에 비교하면 25% 정도에 지나지 않는다. 조창경유지역이 전체 세입량의 80% 정도 차지하는 것을 감안하면 매우 적은 규모이다.

물론 고려시대 각 조창의 조운선이 동일하게 1회/1년의 조운활동을 한 것은 아니다. 고려시대 漕船의 항해횟수를 짐작하는 데 도움을 얻기 위해

---

126) 北村秀人, 「高麗初期の漕運についての一考察－≪高麗史≫食貨志漕運の條所收成宗 11年の輸京價制定記事を中心に」, 『古代東アジア論集』 上, 1978 ; 北村秀人, 「高麗時代 の漕倉制について」, 『朝鮮歷史論集』 上, 1979 ; 崔完基, 「高麗朝의 稅穀運送」, 『韓國史 研究』 34, 1981.

127) 孫弘烈, 「高麗 漕運考」, 『史叢』 21·22合輯, 1977 ; 吉田光男, 「高麗時代の水運機構 '江'について」, 『社會經濟史學』 46-4, 1980. 吉田光男은 江民의 소유 선박(私船)에 의한 稅米수송이 이루어졌다고 언급하였다.

128) 조선전기 각 漕倉의 漕船 數는 崔完基의 연구를 참고하였다(「朝鮮前期 漕運試考」, 『白山學報』 20, 1976, 404쪽).

129) 左倉에 歲入되는 쌀(米)·조(粟)·보리(麥)의 총액이 139,736石 13斗이다(『高麗史』 卷80, 食貨3, 祿俸 序文). 이 내용을 바탕으로 右倉의 세입량도 左倉과 비슷한 수준으로 左·右倉의 세입 규모가 30만 석 정도일 것으로 추정한다(박종진, 앞의 책, 97~98쪽 ; 安 秉佑, 앞의 책, 108쪽).

17세기 漕運활동을 참고하였다.[130) 그 내용을 고려의 조창제에 적용시켜 보면, 원주 흥원창·충주 덕흥창과 같은 江倉의 경우는 한 해에 3·4차례 운행이 가능하였고, 海倉 중 아주 하양창과 인근의 부성 영풍창 그리고 장연현 안란창의 경우에는 海路가 멀지 않아 한 해에 두 차례 정도 조운이 가능하였다. 그러나 나머지 8개의 海倉은 海路가 멀기도 하고 安興梁 등의 險路를 경유해야 하는 부담으로 인해 1회/1년의 항해만이 가능하였을 것이다.[131)

각 조창별 조운횟수의 차이를 고려하더라도 위에서 제시한 漕運穀의 규모(74,200石)는 조선초기 官船漕運制의 漕運穀 229,200石과 비교해도 매우 적은 양이다. 이러한 차이를 극복할 수 있는 가설 중 하나가 <표-14>에서 제시한 각 조창의 漕船 이외에 조운 업무에 참여한 배의 존재이다. 이들 선박은 조선초기 官船漕運體制하에서 조운에 동원되었던 私船(민간 소유의 배)과 동일한 성격의 배이거나 兵船을 비롯한 官船이 漕運船으로 용도 변경하여 이용되었을 가능성이 있다. 私船이 조운활동에 동원된 경우는 조창경유지역과 함께 경창직납지역에서도 생각해 볼 수 있다. 한강변과 서해 연안에 위치한 경창직납지역에는 漕倉 소속의 漕船이 없었기 때문에 私船의 이용이 더욱

---

130) "大槪水運諸倉一歲可三四運 貢稅串倉海路不遠亦可再運 海路遠處不可再運"(『磻溪隨錄』卷3, 田制後錄 上, 漕運). 고려시대의 항해조건도 이와 크게 다르지 않을 것으로 예상된다.

131) 吉田光男(앞의 논문, 423~424쪽)은 각 漕倉에서 京倉까지의 긴 항해기간과 遭難 등으로 인해 조운선은 一運(一航海)이 원칙이었다고 한다. 아래의 표와 같이 17세기의 조운 양상을 고려시대에 적용하여 적재량(116,800석)을 산출하더라도 세입량에 크게 미치지 못한다.

조 창	조운횟수	漕船(적재량)	총 船數	세입량
덕흥창·흥원창	4회	平底船(200석)	20+21=41척	4×200×41 = 32,800석
하양창·영풍창·안란창	2회	哨馬船(1,000석)	6척×3곳=18척	2×1,000×18 = 36,000석
나머지 8곳	1회	哨馬船(1,000석)	6척×8곳=48척	1×1,000×48 = 48,000석
				총 세입량 : 116,800석

필요하였다.

고려후기가 되면 정치적·사회적 변화로 인해 고려전기의 漕船 배속규정은 제대로 운영되기 어려운 상황에 이르렀다. 이에 따라 전기 보다 더 많은 私船이 조운활동에 동원되었다.[132] 고려후기는 물론이고, 고려전기 조창제에서도 각 漕倉에 배속된 漕船만으로 조운활동이 수행되었다고 보는 것은 잘못이다.

마지막으로 다룰 내용은 『高麗史』 漕運條의 다섯 번째 항목에 대한 검토이다. 이 내용은 ②번 기사(자료 Ⅲ-2))에서 언급한 해상 사고를 빙자하여 公私 漕運穀을 사사로이 사용하는 것에 대한 문종대의 처벌 규정이다. 文宗代는 田柴科의 재편성을 비롯하여 館驛의 公須田租 수납 구조와 田稅量의 재조정 등 경제제도의 개선[133]에 병행하여 아래와 같은 몇 가지의 조운규정이 보완되었다.

> Ⅲ-4) 문종 33년 정월에 왕이 명령하기를, "梢工·水手 등이 公私의 漕運穀米를 선박이 파손되어 물에 잠겼다고 하면서 사사로이 저들끼리 나누어 사용하는 경우는 모두 징수하도록 하라"고 하였다(『高麗史』 卷79, 食貨2, 漕運).[134]

위의 자료를 통해 조창제 성립 이후, 향리층뿐 아니라 漕運 실무자인 梢工·水手 등이 사사로이 漕運穀을 취하는 경우가 자주 발생하였음을 알 수 있다. 이에 문종대는 조운활동 중의 문란 행위에 대한 처벌을 강화하는 등 조운규정을 재정비하였다. 또한 문종 7년(1053)에는 漕運과정상의 손실분에 대한 부가세의 의미를 지니는 耗米 규정도 개정하였다.

---

132) 본서 Ⅴ장 2절 1항 참고.

133) 문종대 재편된 경제제도의 내용에는 조세의 減免 절차 구체화, 耽羅의 歲貢 개정, 일부 常貢의 折價代納 등이 포함되어 있다(박종진, 앞의 책, 46쪽).

134) "文宗三十三年 正月 判 公私漕運穀米 梢工水手等托爲敗船溺水 私自分用者並令徵之".

Ⅲ-5) (문종) 7년 6월에 三司에서 아뢰기를, "옛 제도에서는 稅米 1碩에 耗米 1升을 거두었습니다. (그런데) 지금 12漕倉의 쌀을 京倉에 수납할 때 여러 번 수로와 육로를 경유하여 소모되고 줄어드는 것이 실로 많아 수송하는 자가 거두어 들여 배상하느라 고통을 받습니다. (이에) 1斛에 耗米를 더 거두어 7升으로 하기를 청합니다."라고 하니, 왕이 옳다고 하였다(『高麗史』卷78, 食貨1, 租稅).[135]

위의 자료 Ⅲ-5)에 따르면, 조창제가 성립하면서 정해진 규정에 따라 稅米 1碩당 1升의 耗米(稅米의 0.67%)를 징수하였다. 그런데 漕運 도중에 더 많이 소모되고 줄어들자, 문종 7년(1053)에 稅米 1斛(石)당 耗米를 7升(稅米의 4.67%)으로 증액하였다.[136]

이 조치를 앞의 자료 Ⅲ-4)와 연결하여 생각해 보면, 漕船의 승선인원은 책정된 조운비용이 부족하여 조운활동 중 漕運穀을 사사로이 횡령하였다. 이로 인해 漕運穀의 손실이 발생하자, 중앙정부에서는 부가세의 성격을 띤 耗米 징수액을 올려 이들의 부정행위를 방지하고자 하였다. 결국 조운비용의 부족분을 耗米의 증액으로 해결하고자 한 것이다.

Ⅲ-6) (명종 6년 7월에)… 왕이 명령을 내려 "1石에 耗米까지 합하여 17斗 이상이 되지 말아야 한다"고 하였더니 아래 관리들이 떠들므로 이때에 왕이 명령을 내려 다시 이전대로 거두게 하였다(『高麗史』卷78, 食貨1, 租稅).[137]

---

135) "七年六月三司奏 舊制稅米一碩收耗米一升 今十二倉米輸納京倉 累經水陸欠耗實多 輸者苦被徵償 請一斛增收耗米七升 制可". 자료 내용에서 12漕倉이라 한 것은 문종 7년에 安瀾倉이 개설되지 않았기 때문이고, '累經水陸'의 표현에서 조세운송이 水運과 陸運의 결합된 형태로 수행되었음을 확인할 수 있다.

136) 고려시대 量制는 1石(碩)=15斗=150升으로 이해할 수 있다(李宗峯, 「量制와 容積의 변화」, 『韓國中世度量衡制研究』, 혜안, 2001, 121~135쪽 참고).

137) "明宗六年七月初…下制 一石幷耗米不過十七斗 群小洶洶 至是下制仍舊"(『高麗史』卷78, 食貨1, 租稅 明宗 6年 7月).

이후 명종 6년(1176) 7월에 度量衡制의 문란을 바로 잡기 위해 "1石(=15斗)에 耗米를 합하여 17斗가 넘지 못하도록" 한 것은 1石당 耗米 2斗, 즉 전체 세곡에서 耗米가 차지하는 비율이 13.3%를 넘지 못하도록 하는 조치였다. 비록 지방 아전들의 농간 때문에 1石당 耗米 2斗(13.3%)를 넘지 못하게 하는 규정이 관철되지 못하였지만, 耗米의 징수에 대한 규제를 통해 漕運과정상의 불합리한 요인을 개선하고자 하는 중앙정부의 의도를 확인할 수 있다.

위의 두 규정(자료 Ⅲ-5)·Ⅲ-6))을 통해 고려시대 耗米 징수 비율의 추이를 확인할 수 있다. 이 내용을 조운비용에 해당하는 60浦制의 輸京價, 고려 말엽 경상도의 漕輓之費와 연결시켜 이해할 필요가 있다. 조운비용으로 간주되는 항목과 징수액의 변화 내용을 경상도에 한정하여 도표로 나타나면 다음과 같다.

〈표-15〉 고려시대 경상도의 漕運費用 징수액 추이

구분 및 시기		항 목	경상도의 징수액	특 징
60浦制	성종 11년~	輸京價	1石/5石 (稅米의 20%)	浦口의 조운비용 차등화(10등급)
漕倉制	①현종 말엽~	耗米+α	1升/1碩 (稅米의 0.67%)	漕倉 조운비용의 일 률화, 耗米의 증액
	②문종 7년~	耗米	7升/1斛 (稅米의 4.67%)	
	③명종 6년 前後	耗米	2斗 이상/1石 (稅米의 13.3% 이상)	
郡縣別 漕運體制	14세기	漕輓之費	2석/10석 (稅米의 20%)	조운비용의 개별화·고율화

Ⅱ장에서 살펴 본 60浦制는 운송여건을 고려하여 각 浦口에서 京倉으로의 조운비용인 輸京價를 최저 4.8%~최고 20%로 10등급으로 나누어 징수하였다 (Ⅱ장의 <표-5> 참고). 조운기점인 浦口마다 조운비용이 달리 책정된 모습은 14세기 군현별 조운체제와 유사하지만, 漕倉制 운영시기 13漕倉의 耗米 징수액

이 동일한 것과는 차이가 있다. 漕倉制 운영시기에 모든 漕倉의 耗米가 低價이고 동일하게 책정된 것은 公的인 조운 기반을 적극 활용하였기 때문에 가능하였다. 즉, 漕倉에 거주한 漕倉民의 身役과 배속 漕船 그리고 郡縣民의 徭役을 통해 漕運이 이루어졌기 때문에 별도의 추가 비용을 최소화하였고, 소량의 耗米만 거두어들인 것이다. 이에 비해 60浦制와 군현별 조운체제 운영시기는 漕倉으로 대표되는 公的 조운시스템이 완비되기 이전이거나 와해된 상태였기 때문에, 조운비용이 추가로 발생하였다.

<표-15>에 따르면, 漕倉制 ①단계에서는 稅米의 0.67%에 해당하는 극히 小量의 耗米만으로 조운활동이 이루어졌다.[138] 이것은 거의 불가능한 일이므로 耗米가 4.67%로 증액되는 ②단계 때까지 耗米 1升과 조운비용(輸京價)이 병존하였을 가능성도 제기되었다.[139] ②단계에서 耗米의 징수액이 증액되었지만, 이것만으로 조운과정상에 필요한 費用을 충당하기는 어려웠다. 이러한 이유 등으로 인해 자료 Ⅲ-4)와 같이 梢工·水手의 부정행위가 끊이지 않았다.

③단계 명종 6년(1176) 전후에는 稅米의 13.3%에 해당하는 2斗 이상의 耗米를 징수하였다. ③단계의 耗米는 ②단계에 비해 거의 3배 이상에 해당하는 高率이었다. 그것은 度量衡制의 문란[140]뿐 아니라 漕運費用의 의미를 담고 있는 耗米의 성격 때문이다. 중앙정부가 조운활동 중 발생하는 조운비용을 별도로 책정하지 않았기 때문에, 조운 실무자들은 이와 같은 高率의 耗米를 부가세로 징수하여 조운비용과 생계비를 마련한 것이다.

耗米의 정의는 조운과정에서 소실되는 稅米를 뜻하지만, 위와 같은 내용을 고려하면 조운과정에서 소비되는 雜費의 의미도 포함한다. 이렇게 본다면

---

138) 北村秀人, 「高麗時代の漕倉制について」, 『朝鮮歷史論集』 上, 1979. 대부분의 연구자가 北村秀人의 견해대로 이해하는데 반해, 이 논지에 대해 의문을 제기하거나 부정하는 견해도 있다(姜晋哲, 「農民의 負擔」, 『高麗土地制度史硏究』, 高麗大 出版部, 1980, 264쪽 ; 金玉根, 『高麗財政史硏究』, 一潮閣, 1996, 90~91쪽).

139) 姜晋哲, 위의 책, 1980, 264쪽.

140) 李宗峯, 앞의 책, 133~134쪽.

60浦制의 輸京價와 고려말의 漕輓之費와 유사한 성격의 조운비용으로 이해할 여지도 있다. 또한 漕倉民의 身役과 官船을 주로 이용하여 정상적인 조운활동을 수행한 ①, ②단계의 漕倉制 운영시기에도 어떠한 형태로든 조운비용이 발생하였을 것이다.[141] 더욱이 앞서 언급하였듯이, 漕倉 배속 漕船 이외의 선박이 조운활동에 동원되었다면, 선박 이용료인 船價와 그 외의 雜費가 필요하였다. ③단계 무인집권기 사회경제적 변동으로 인한 漕倉民의 이탈로 시작된 公的 漕運시스템의 혼란은 私船 운송집단들이 개입하는 계기를 마련하였다. 이에 따라 조운비용이 상승하였고, 별도의 조운비용이 책정되지 않았던 漕倉 소속의 漕船에서는 耗米를 많이 징수하여 조운비용을 대체하고자 하였다.

14세기 중엽 白文寶의 지적처럼 조운비용(漕輓之費)의 高率化는 더욱 심화되어 사회문제로 대두되었다.[142] 漕輓之費가 문제시된 이유는 이전에 없던 비용이 발생하였기 때문이 아니라, 조운비용의 성격을 띤 기존의 耗米(13.3%)보다 더 많이 징수하였기 때문이다. 13세기 중·후반부터 漕倉의 기능이 약화되면서 각 郡縣이 조운활동을 주도하였고, 각 군현의 상황에 따라 私船의 개입이나 漕役의 物納·雇立化의 모습이 나타나면서 조운비용(漕輓之費)도 개별화되었다.[143] 특히 해운거리가 가장 먼 慶尙道의 경우는 稅米의 20%에 해당하는 높은 조운비용을 부담하였다.

이상에서 살펴 본 바와 같이, 현종 말엽에 성립한 조창제는 문종대를 거쳐 명종대에 이르기까지 漕運규정을 꾸준히 보완하였다. 조운기한의 엄수, 조운활동 중의 부정행위에 대한 처벌, 漕船의 배속 규정, 조운비용의 성격을 띤 耗米 증액 등 漕運 규정의 改正을 통해 원활한 운영을 뒷받침하였다.

---

141) 각종 雜費가 추가되는 조선시대의 경우(『萬機要覽』 財用編2, 收稅 ; 金玉根, 앞의 책, 90~91쪽)를 보더라도, 耗米 이외의 조운비용이 발생하였다.

142) 경상도의 경우는 稅(수취물의 1/10)의 培에 해당하는 엄청난 高率의 漕輓之費를 부담하였다(『高麗史』 卷78, 食貨1, 租稅 恭愍王 11年).

143) 고려후기 군현별 조운체제에 따른 운영방식상의 변화에 대한 자세한 내용은 본서 V장 2절 1항을 참고하기 바란다.

이와 함께 문종대는 安瀾倉 추가 설치를 통해 조세수납 및 운송체계가 재조정되
면서 고려전기 조창제가 확립되었다.

Ⅳ. 漕倉制 운영시기 권역별 교통 네트워크

수륙교통망을 이용한 조세운송활동은 경창직납지역, 조창경유지역, 현지 수납지역에 따라 교통로의 이용이나 운송방식이 다양하였다. 이 중 경창직납 지역과 현지수납지역의 구분은 광역의 행정단위인 道의 성립과정과 밀접한 관련이 있다. 그래서 본장에서는 按察使道와 兩界의 관계가 비교적 명확하고, 安瀾倉이 추가 설치되는 文宗代를 중심에 두고 조세운송양상에 대해서 알아보 고자 한다.[1] 각 절에서는 권역별 조세운송활동을 중심으로 교통운수 네트워크 를 살펴 본 다음, 해당 권역의 교통운수상 특징도 밝힐 것이다.

1. 京倉直納地域의 교통 네트워크

1) 경창직납지역의 범위 설정

고려시대 경창직납지역은 漕倉을 경유하여 京倉으로 향하는 것 보다 京倉으

---

[1] 행정단위인 道와 兩界의 영역 구분에서 문제가 되는 것은 北界(浿西道)에서 西海道가, 東界에서 春州道가 각각 분리되는 시점이 언제인가 하는 점이다. 본서에서는 영역 구분이 비교적 명확한 시기인 문종대에 주목하였다. 본장 1절 1항에서 밝히는 바와 같이, 문종대에는 서해도는 성립하였지만, 교주도는 아직 東界에 편입된 상태였다. 따라서 문종대에 東界의 일부였던 交州道 영역은 東界에서 분리하는 인종 8년(1130) 이후의 시점에 맞춰 논의를 진행시킬 것이다. 그 이유는 본서의 주요 내용이 開京으로 의 조세운송체계를 밝히는 것이기 때문이다.

로 직접 수납하는 편이 유리한 郡縣들이다. 앞의 Ⅲ장 <표-13>에서 제시한 경창직납지역의 내용은 조선전기의 그것[2])과 13조창의 분포를 감안하여 설정한 것이다. 이들 지역은 開京 인근에 위치하는 만큼 靑郊道 등의 驛道나 예성강 등의 水運이 결합된 교통 네트워크의 이용이 편리한 곳이었다.

이러한 경창직납지역(이하 직납지역)의 설정은 漕倉의 분포뿐 아니라 兩界 영역의 변천과도 관련시켜 생각해 볼 필요가 있다. 특히 직납지역인 按察使道 영역과 현지수납지역인 兩界 영역은 일률적으로 설정할 수 없다. 왜냐하면 交州道가 東界에서, 西海道가 北界에서 각각 분리하여 광역의 행정단위인 道로 바뀐 시점이 명확하지 않기 때문이다. 그래서 행정구역에 파견된 外官의 성격을 통해 행정단위인 道와 兩界의 영역을 구분할 것이다.[3])

이렇게 두 지역이 밀접한 관계 속에 있었기 때문에 경창직납지역의 내용을 통해 현지수납지역의 변화 양상까지도 확인할 수 있다. 직납지역에 해당하는 행정단위인 楊廣道의 경우는 개경~漕倉 이내의 반경에 위치하는 군현 즉, 楊州(남경)와 廣州 管內지역이므로 문제없이 이해된다. 하지만 兩界영역에 편입되었던 交州道와 西海道의 경우는 그렇지 않다.

먼저 交州道가 東界로부터 분리되는 과정을 살펴보기로 한다. 고려전기에 交州道 영역은 『高麗史』 地理志에서 확인되는 '5道 兩界'의 구성과 달리 東界의 安邊都護府 소속이었다.[4]) 그렇다면 후대의 인식이 반영된 『高麗史』

---

2) 『經國大典』 卷2, 戶典 漕轉에 따르면, 京畿諸邑과 江原道의 淮陽·金城·金化·平康·伊川·安峽·鐵原이 경창직납지역이다.

3) 문종 15년 西海道 按察使(『高麗史』 卷80, 食貨3, 賑恤 水旱疫癘賑貸之制)의 존재와 문종 23년 春州道 監倉使의 파견(『東文選』 卷64, 淸平山文殊院記) 사실을 참고하면, 문종 연간에 서해도는 按察使道의 영역에, 춘주도는 兩界의 영역에 포함되었음을 알 수 있다.

4) 邊太燮, 「고려양계의 지배조직」, 『高麗政治制度史研究』, 一潮閣, 1971, 201~202쪽. 원종 4년(1263)에 交州道라 불리기 이전 행정구역명칭으로 春州道로 표기하는 것이 옳지만(최정환, 『고려 정치제도와 녹봉제 연구』, 신서원, 2002, 99~100쪽), 본문에서는 驛道名인 春州道와 구분하기 위해서 부득이 交州道라 표기하였다.

160

지리지의 交州道는 언제 東界에서 독립하여 광역의 행정단위인 道로 바뀌었을
까. 이 변화 시기를 알 수 있는 근거 중 하나가 중앙에서 파견한 外官의
명칭이다. 즉 道의 按察使에 대비되는 外官으로 兩界에는 監倉使가 파견되었다.
인종 8년(1130) 즈음에 交州에 防禦判官과 監稅使가 파견된 반면,5) 다른 자료에
따르면 인종 연간에 春州道 按察使가 파견되었다.6) 두 내용을 통해 교주도가
인종 8년 이후의 즉위기간(1130~1146)에 東界에서 독립하여 道의 하나로
자리잡았음을 알 수 있다. 정종 2년(1036) 兩界가 성립할 때에 北界는 西京
소관의 浿西道를 포함한 以北지역이고, 東界는 和州·溟州의 朔方道뿐 아니라
交州道까지 포함하였다. 인종 연간에 東界로부터 분리되기 전까지 교주도
영역은 현지수납지역이었고, 그 이후는 직납지역으로 바뀌었다.

후술하는 서해도가 늦어도 문종대에 南道化가 확정되는 데 반해, 교주도는
이보다 늦은 인종대에 이루어진다. 그 이유 중 하나는 東界에 軍糧을 지원하기
위해 교주도 영역을 군량 보급처로 활용하기 위해서였다. 北界의 경우는
開京의 龍門倉이나 西海道의 安瀾倉에 보관된 稅穀을 海路를 통해 운반하여
군량으로 충당하였다. 하지만 동계는 북계에 비해 상대적으로 군량 공급처가
부족하였기 때문에 교주도 영역의 稅穀을 軍糧으로 활용하는 방법에 의지할
수밖에 없었다.7)

---

5) 인종 8년(1130)까지 交州 防禦判官과 몇 년 후에 監稅使가 交州에 파견되었다(金龍善
　編著, 「金永夫墓誌銘」, 『高麗墓誌銘集成』, 한림대학교 출판부, 1993). 이전 문종 23년
　(1069)에도 春州道 監倉使가 파견되었다(『東文選』 卷64, 淸平山文殊院記). 이때의
　春州道는 인종대와 달리 행정구역 명칭이 아니라 驛道명칭이다. 또한 春州가 옛날에
　安邊州의 소속이었다는 기록(『高麗史』 卷129, 列傳42, 崔忠獻)도 참고된다.

6) 金龍善 編著, 「鄭復卿墓誌銘」, 『高麗墓誌銘集成』, 한림대학교 출판부, 1993.

7) 北界와 東界의 軍糧 확보에 관한 내용은 Ⅳ장 3절 2절에서 자세히 다루었다. 동계의
　경우는 간혹 명주 인근이나 경상도 동해 연안 지역의 세곡을 운송한 사례(『世宗實錄地
　理志』 咸吉道 永興都護府 預原郡 ; 安秉佑, 「高麗의 屯田에 관한 一考察」, 『韓國史論』
　10, 1984, 15~16쪽)도 보이지만, 이러한 운송양상은 인종대 교주도가 東界에서 분리된
　이후에 본격화되었을 것이다.

다음으로 西海道 영역이 北界로부터 분리되는 과정을 알아보자. 지방행정구획이 정비되면서 10道制 때의 浿西道는 北界로, 關內道는 西海道로 바뀌었다.[8] 현재로서는 關內道에서 西海道로의 행정구역 변화과정을 자세히 알 수 없지만, 北界나 楊廣道와 구분되는 西海道의 존재는 문종 15년(1061)에 파견된 西海道 按察使를 통해 짐작할 수 있다.[9] 늦어도 문종 15년에는 關內道 영역을 구성하던 楊州·廣州·黃州·海州 중 黃州와 海州의 소속 군현으로 구성한 民事的 행정구역인 西海道가 성립한 것이다. 이어서 문종 16년(1062)에 復置된 開城府 尙書都省이 관장하던 11縣과 平州 任內의 牛峯郡을 예속시켜 12개 縣을 관장하였다.[10] 이렇게 京畿制가 재확립되면서 西海道의 영역과 운영체계도 정비되었을 가능성이 높다.

문종대 西海道가 성립하면서 소속 郡縣의 조세수납체계에도 변화가 일었다. Ⅲ장 <표-13>과 같이 서해도는 직납지역과 조창경유지역으로 나뉘어 있었다. 예성강에 인접한 15개의 州縣은 京倉으로 직납한 반면, 安西大都護府 海州 以西지역은 조세의 수취와 운송을 안전하고 효율적으로 수행할 목적으로 安瀾倉을 통해 京倉으로 조운하였다.

문종대 安瀾倉의 추가 개설은 漕倉의 일반적인 목적과 함께 北界지역의 군량 확보나 보급과도 일정한 관련성이 있다. 정종 2년(1036)에 兩界제도가

---

8) 『高麗史』 卷58, 地理3, 西海道·北界 序文. 다만 關內道가 문종 10년에 關西道·關北道·關內道·關內東道로 분화되었고 이 중 關西道가 西海道로 바뀐 것으로 추정하는 연구성과가 있다(邊太燮, 「고려시대 京畿의 統治制」, 『高麗政治制度史硏究』, 一潮閣, 1971, 248~250쪽).

9) 『高麗史』 卷80, 食貨3, 賑恤 水旱疫癘賑貸之制 文宗 15年 2月 ; 최정환, 앞의 책, 신서원, 2002, 99쪽. 김창현도 문종대에 서해도 안찰사의 사례가 자주 등장하는 점을 근거로 문종 무렵에 關內道가 西海道로 바뀐 것으로 이해하였다(김창현, 「고려시대 서해도 지역의 위상과 사원」, 『韓國史學報』 33, 2008, 173~174쪽). 하지만 西海道의 성립 이후에도 이전의 행정구역 명칭인 關內道와 浿西道가 사용되기도 하였다(『高麗史』 卷80, 災免之制 文宗 15年 正月 ; 『高麗史』 卷8, 文宗 18年 3月 癸酉 ; 『高麗史』 卷80, 食貨3, 水旱疫癘賑貸之制 文宗 21年 4月).

10) 『高麗史』 卷56, 地理1, 王京開城府 ; 변태섭, 앞의 책, 250~251쪽.

성립하면서[11] 北界 邊境의 방어와 주요 軍鎭의 운영을 위한 軍需 확보 문제는
주요한 사안이 되었다. 그래서 정종 10년(1044) 2월과 문종 18년(1064) 2월에는
開京의 龍門倉 등에 보관되어 있던 軍糧을 예성강 兵船을 이용하여 여러
차례 西北界 州鎭으로 漕運하였다.[12] 이러한 西北界로의 장거리 해상 운수활동
을 좀 더 효율적으로 수행하기 위한 일환으로 안란창을 설치하였을 가능성이
있다. 다시 말해 長淵縣 인근의 조세를 집산하는 漕倉의 일반적인 기능을
수행하면서, 개경에서 西北界 지역으로의 군량 수송의 번거로움을 덜기 위한
조처이기도 하였다.[13] 이러한 안란창의 활용으로 인해 북계의 軍糧 수급
방법이 바뀌었다. 문종 18년 2월에 개경 용문창의 쌀을 조운한 데 반해,
문종 21년(1067) 4월과 6월에는 안란창의 쌀을 北界의 賑恤穀과 軍糧으로
충당하였다.[14] 따라서 북계의 군량 공급처의 변화에 초점을 맞추면, 안란창은
문종 18년~21년에 설치되었을 가능성도 있다.[15] 이후 문종 27년(1073) 4월에
는 長城 밖에 개간한 토지 11,494頃에서 나온 수확물을 서북계의 軍糧으로

---

11) 『高麗史』 卷58, 地理3, 東界 序文.

12) 『高麗史』 卷82, 兵2, 屯田 靖宗 10年 2月·文宗 18年 2月. 정종 10년에 예성강 兵船
180척이, 문종 18년에는 예성강의 배 107척이 한 해에 여섯 번씩이나 西北界로
航運하였다. 유사한 사례로, 왕이 명령을 내려 잡곡 4만 9천 4백 석을 朔北(北界 : 필자
주)지방의 州郡에 수송하여 변방 주민들에게 공급하도록 하였다(『高麗史』 卷8, 文宗
21年 3月 乙巳).

13) 유독 문종대에 개경이나 서해도에서 북계의 軍資穀 운송이 많은 것은 문종대의
국방정책과도 관련이 있다(閔賢九, 「高麗前期의 對外關係와 國防政策 － 文宗代를
中心으로 － 」, 『아세아연구』 99, 고려대 아세아문제연구소, 1998). 안란창은 漕倉의
하나로 개설되었지만, 문종대 北界로의 군량 수송에 일정한 역할을 담당하였다.

14) 『高麗史』 卷80, 食貨3, 賑恤 水旱疫癘賑貸之制 文宗 21年 4月 ; 『高麗史』 卷82, 兵2,
屯田 文宗 21年 6月.

15) 北村秀人은 문종 7년~21년 사이에 설치된 것으로 이해하고 있다(北村秀人, 「高麗時代
の漕倉制について」, 『朝鮮歷史論集』 上, 1979, 405~407쪽). 만약 문종 18년 이전에
안란창이 설치되었다면 註12)와 같이 한 해에 예성강 배 107척이 6회나 서북계로
군량을 실어 나르지 않았을 것이다. 이 점을 감안하면 안란창의 설치시기가 문종
18년~21년일 가능성이 있다.

전환하여 군량 문제를 해결하고자 하였다.16) 이러한 과정을 거치면서 안란창은 漕倉 본연의 역할에 충실하게 되었을 것이다.

직납지역의 세 번째 영역인 양광도의 경우는 兩界로부터 분리되지 않았기 때문에 교주도와 서해도 보다 간단하였다.『高麗史』地理志 楊廣道 序文에 따르면, 성종 14년의 10道 중 楊州·廣州 소속 州縣인 關內道와 忠州·淸州의 忠原道 그리고 公州·運州의 河南道를 통합하여 예종 원년(1106)에 楊廣忠淸州道를 만들었다.17) 13漕倉의 분포를 고려하여 양광도 내의 경창직납지역을 분류하면, 楊州와 廣州 관내의 州縣으로 구성된 10道制의 關內道 영역만이 해당한다.

Ⅲ장 1절에서 언급한 문종 30년 1·2日程의 柴地 분급지역은 경창직납지역 내에 위치하였다. 문종 30년 柴地 분급지역 46州縣은 현종 9년의 京畿 12縣을 기본으로 하고 인근의 서해도·교주도·양광도 소속 군현을 포함하였다.18) 특히 다른 郡縣과 달리 東州와 그 屬縣(梁骨, 洞陰, 安俠)은 당시 東界 영역에 위치하였지만,19) 행정구획과 별개로 柴地 분급지역에 포함되었다. 이들 지역

---

16)『高麗史』卷82, 屯田 文宗 27年 4月.

17)『高麗史』卷56, 地理1, 楊廣道 序文.

18) 문종 30년 柴地 분급지역을 행정구역별로 구분하여 나타내면 다음의 표와 같다.

행정구역	문종 30년 柴地 분급지역	
	1日程	2日程
京畿	12縣	
西海道	白州, 鹽州, 新恩	洞州, 鳳州, 安州, 遂安, 土山
楊廣道	幸州, 昌化, 見州, 沙川, 峯城, 交河, 高峯, 童城, 通津	守安, 樹州, 仁州, 楊州, 抱州, 唐城, 金浦, 孔岩, 荒坪
交州道 (당시는 東界)		東州, 洞陰, 安俠, 梁骨
未詳		僧旨, 黃先, 道尺, 阿等岬
합계	24개 군현	22개 군현

19) 본 항의 내용에 따르면, 交州道는 인종 연간에 東界에서 독립하여 按察使道의 하나로 자리잡았다. 문종대 東州의 屬縣인 安俠縣(2日程)에는 驛이 존재하지 않지만 임진강 너머 개성부 소속의 兎山縣을 경유하여 개경에 이르렀다.

은 開京 중심의 교통망 활용이 용이하였기 때문에 문종대 전시과 분급지역으로 편성된 것이다. 문종대는 西海道 영역의 按察使道로의 변화에 따라 安瀾倉이 추가 설치되어 조세 수납 및 운송체계가 확립된 시기이지만, 교주도 영역은 東界에 편입되어 있었던 것으로 이해된다.

한편 직납지역은 최고의 物貨 중심지인 개경을 둘러싸고 있기 때문에 해당 지역민은 公物을 나르는 輸役으로부터 자유로울 수 없었다. 해당 군현의 조세와 공물뿐 아니라 漕運을 통해 東·西江의 포구에 도착한 세곡을 포함한 외방지역의 현물세를 京倉으로 운반하는 徭役도 부담하였다. 특히 開京~南京· 廣州 구간이나 開京~黃州 구간의 주요 幹線路上에 위치한 郡縣지역의 輸役이 심하였다. 이런 이유로 인해 이들 구간에 거주하는 이들의 輸役이나 해당 군현의 조세를 감면해 주기도 하였다.[20] 또한 臨津江과 漢江 사이에 있는 개경~남경을 잇는 靑郊道의 驛시설이 迎送업무에 시달려 그 폐해가 크므로, 臨津課橋別監으로 하여금 巡視하여 위로하고 구제하도록 하였다.[21] 이들 驛시설의 주요한 凋弊 요인으로 使臣 迎送과 함께 지방 郡縣의 현물세 운송활동 도 작용하였을 것이다.

2) 영역별 조세운송 네트워크

『高麗史』 地理志의 군현별 領屬관계에 의거하면, 직납지역은 왕경개성부, 양광도의 남경유수관 양주와 광주목 管內, 교주도 전체 그리고 서해도의 황주목 管內이다.[22] 京倉으로의 조세운송 네트워크를 효과적으로 고찰하기

---

20) 『高麗史』 卷80, 食貨3, 恩免之制 毅宗 21年 9月·毅宗 23年 4月. 이와 함께 인종 7년과 8년에도 서경에서 돌아와 경유한 州縣의 조세를 면제하였는데(『高麗史』 卷80, 食貨3, 恩免之制 仁宗 7年 3月·仁宗 8年), 이 조치도 서경~개경 州縣의 가중한 교통·운 수활동에 대한 慰撫 차원에서 이루어졌을 가능성이 있다.

21) "高宗十三年 有旨 兩江內靑郊·通波·馬山·碧池·迎曙·淸波·蘆原·綠楊·丹棗等驛困於迎 送凋弊莫甚 其令臨津課橋別監巡視撫恤"(『高麗史』 卷82, 兵2, 站驛 高宗 13年).

22) 직납지역으로 분류한 지역 중 兩界에 인접한 交州와 黃州 등지의 세곡은 兩界의

위해 교주도·서해도·양광도 영역으로 나누어 각 영역의 교통망과 조세운송활동을 살펴보고자 한다.

(1) 교주도 영역

인종 8년(1130) 이후에 兩界에서 按察使道로 편입되는 교주도 영역은 한반도 중앙부에 위치하여 바다에 접하지 않는 지리상 요건으로 5道 중 유일하게 漕倉이 없는 행정구역이다. 교주도의 중심 고을 세 곳 중 東州 管內는 개경에 인접하였기 때문에 稅穀의 운송과정이 비교적 용이하였다. 이런 이유로 개경 인근의 서해도·양광도의 여러 군현과 함께 문종 30년(1076)에는 柴地 지급지역 으로 편성되기도 하였고, 공양왕 2년(1390)에는 鐵原 일원이 京畿左道로 영속되었다.[23] 또한 東州 일대는 漢陽에도 근거리에 위치하였기 때문에 昭陽江倉과 같이 내륙하천에 江倉이 증설되는 조선초기에도 직납지역으로 남아 있었다.[24] 國初부터 東州 일대의 조세는 임진강 너머의 왕경개성부로 운반되었을 것이다.

개경에서 교주도를 경유하여 東界지역으로 진출하는 驛道는 桃源道였다. 도원도는 開京－東州－交州로 뻗어 있으면서 동주 관내의 군현을 연결하였다. 도원도의 으뜸 驛인 桃源驛은 6과체제가 운영되던 이른 시기, 즉 성종 말엽부터 東西교통의 요충지로 기능하였다.[25] 후삼국시기 궁예가 溟州에서 세력을 규합하면서 철원까지 이르는 과정에서도 도원도의 일부 경로는 주요 경로로 이용되었다.[26]

桃源道의 玉溪驛(章州)과 白嶺驛(漣州 : 長湍縣) 사이에 임진강 지류를 건너

軍資穀으로 충당되었을 가능성이 있다. 하지만 조세운송유형상 직납지역으로 분류된 지역의 조세운송경로를 고찰하는 만큼 이러한 상황은 제외하였다.

23) 『高麗史』 卷56, 地理1, 王京開城府 序文.

24) 『經國大典』 戶典, 漕轉.

25) 桃源驛은 비록 3科이나 동서 요충지에 있으므로 丁數을 50명으로 하였다(『高麗史』 卷82, 兵2 站驛 6科體制).

26) 본서 Ⅱ장 2절 1항 해당 내용 참조.

166

는 澄波渡가 있는데, 이 징파도는 개경 동북방면에서 東州로 이르는 길목이었
다. 고종 4년(1217) 5월에 거란군이 동주를 거쳐 交河로 향하면서 ①징파도를
지나 城東 籍田里에 침입하고 도원역을 침략하였다.27) 징파도가 임진강의
여러 나루 중 요충지인 이유는 임진강 水運의 이용이 가능하면서28) 개경에서
동북방면으로 향하는 桃源道의 루트상에 위치하였기 때문이다.

　동주에서 도원도를 통해 이르게 되는 큰 고을은 交州이다. 교주에는 요해처
로 북쪽에 鐵嶺이, 동쪽에 楸池嶺이 있었다.29) 험준한 鐵嶺은 交州道와 東界의
경계선이면서, 驛道인 桃源道와 朔方道의 분기점이기도 하였다. 철령 前後의
교통 경로는 登州 방면에서 朔方道 孤山驛(登州 衛山縣)－鐵嶺－桃源道 銀溪驛
(交州) 순으로 하여 도원도를 따라 개경으로 들어갔다. 철령과 함께 주요한
고개로 인식된 楸池嶺(645m)은 金壤縣[통천군]과 같은 嶺東지역으로 연결되
는 통로였다.30)

　桃源道를 비롯한 이 방면의 교통로는 고려후기 文人들의 금강산 유람기에서
간간이 확인된다. 그 중 비교적 자세한 경로를 알려 주는 자료가 바로 安軸의
『謹齋集』이다.31) 『謹齋集』 卷1은 충숙왕 17년(1330) 5월부터 1년 5개월간
江陵道 存撫使로 있으면서 지은 시문집인 「關東瓦注」로 구성되어 있다. 충숙왕
17년 10월 8일 왕명을 받아 和州(함남 영흥)를 떠나 개경으로 가는 부분에서

<hr>

27) 『高麗史節要』 卷15, 高宗 4年 5月. 또한 조선 태종이 금강산에서 돌아오는 사신
　　溫全에게 澄波渡에서 잔치를 베풀었다(『太宗實錄』 卷4, 太宗 2年 10月 丁丑)는 내용
　　또한 징파도가 동북 방면의 요충임을 알려 준다. Ⅲ장 1절 2항에서도 ①澄波渡에
　　대해 언급하였다. 이와 같이 이 항에서 제시하는 나루의 고유번호는 Ⅲ장 1절에서
　　제시한 내용이다.

28) 『世宗實錄地理志』 京畿道觀察 序文 ; 『新增東國輿地勝覽』 卷12, 長湍都護府 山川.

29) 『高麗史』 卷58, 地理3, 交州. 春州에서 安邊州까지의 도로가 험난하다는 지적(『高麗史』
　　卷129, 列傳42, 崔忠獻)이 있는데, 鐵嶺을 전후한 산지교통로인 鐵嶺路의 험난함을
　　말하는 것이다.

30) 楸池嶺에 대한 내용은 본장 3절 참고.

31) 順興安氏三派大宗會, 『謹齋先生文集』, 2004.

그 경로를 확인할 수 있다. 즉 朔方道 孤山驛(衛山縣)—鐵嶺—桃源道 銀溪驛(交州)—多林驛(丹林驛 : 嵐谷縣)[32]—松澗驛(嵐谷縣)—林丹驛(臨湍驛 : 平康縣)[33]—楓林驛(東州)[34]—龍潭驛(東州)—王溪驛(玉溪驛 : 章州)[35]—澄波渡—白嶺驛(湍州)—桃源驛(松林縣) 순이다. 개경 외곽에서 東州·交州를 거쳐 登州 방면으로 나아가는 도원도의 간선로를 이용한 것이다.

또한 詩文의 내용을 통해 당시 도원도의 상황을 알 수 있는데, 朔方道 孤山驛, 桃源道 玉溪驛·桃源驛 등과 같이 驛道의 주요한 驛은 "문에 수레 말발자국이 어지럽다(門有輪蹄困)"고 표현한 것처럼 빈객의 왕래가 잦았다. 하지만 시설이 너무 남루하여 기능을 수행하기 어렵다고 한 多林驛을 비롯하여 주요 驛舍인 王溪驛(＝玉溪驛 : "집에는 한 섬의 식량도 없네")과 大道상에 있던 桃源驛("살던 백성은 반도 남아있지 않다")도 驛事의 고난함 등으로 인해 운영이 원활하게 이루어지지 않고 있음을 알 수 있다. 이와 함께 "東과 西의 길(東西路)이 鐵嶺에서 갈린다"는 표현에서 동북 방면의 경로에서 鐵嶺이 차지하는 비중을 짐작할 수 있다.[36]

도원도의 주요 지역인 交州의 소속 군현은 위와 같은 桃源道의 경로를 통해 稅穀을 개경으로 운반하였다. 교주 속현 중 驛이 없는 和川縣은 交州에서 東으로 楸池嶺 가는 길에 있었고, 長楊郡과 通構縣은 熊壤驛[37]이 있는 岐城縣에

---

32)『高麗史』卷82, 兵2, 站驛 桃源道에는 丹林驛이라 표기되어 있다.

33)『高麗史』卷82, 兵2, 站驛 桃源道에는 臨湍驛이라 표기되어 있다.

34)『高麗史』卷82, 兵2, 站驛 桃源道 기재 순서에 따르면 楓川驛(東州)이다. "궁예가 있던 궁전의 옛 터가 이 州의 북쪽 27리 지점인 楓川之原에 있다"(『高麗史』卷58, 地理3, 東州)는 기록이 참고된다. 조선초기 때 豊泉驛과 田原驛을 합쳐 豊田驛으로 하였다(『世宗實錄』卷23, 世宗 6年 3月 辛丑).

35)『高麗史』卷82, 兵2, 站驛에 桃源道 玉溪驛이 확인된다.

36)『謹齋先生文集』卷1, 是日過孤山驛·是日過鐵嶺·九日過多林驛·十一日過王溪驛·過桃源驛.

37) 조선시대의 昌道驛이 예전에는 熊壤驛이라고 일컬었다(『新增東國輿地勝覽』卷47, 金城縣 驛院).

168

서 동쪽의 금강산으로 가는 길목에 위치하였다. 이 일대의 세곡은 岐城縣에서 金城郡·東州를 거쳐 京倉으로 들어갔다.

물론 交州에 防禦判官과 監稅使가 파견된 인종 8년(1130)까지는 동계 영역에 포함되어 있어 교주 일대의 조세는 鐵嶺을 넘어 東界의 軍資穀으로 운반되었을 것이다. 하지만 인종 8년 이후 春州道 按察使가 파견되면서 위와 같은 운송경로를 통해 교주 일대의 조세가 京倉으로 직납되었을 것이다.

교주도의 또 다른 중심 고을인 春州 管內의 세곡 운송경로는 다음과 같다. 조선시대에는 昭陽江倉에서 北漢江 水運을 이용하였지만, 고려시대에는 춘주 관내를 흘러 남하하는 북한강 수운 보다 춘주에서 경기 내륙지역으로 향하는 春州道의 경로를 이용하였을 가능성이 크다.[38] 開京과 春州간의 이동 경로를 추측하는 데 도움이 되는 한 사례가 있다. 淸平居士로 알려진 李資玄이 宣宗 때에 벼슬을 버리고 春州 淸平山을 향하여 臨津을 건너면서(行至臨津) "다시는 서울에 들어가지 않으리라"고 맹세하였다.[39]

개경~춘주간 주요 경로에 대해 단언하기 어렵지만, 春州에서 東州를 거쳐 桃源道를 통한 경로를 이용하기 보다는, 臨津江을 ②長湍渡에서 건너 雙谷驛· 安遂驛(抱州)－連同驛(朝宗)－甘井驛(嘉平)－春州로 이어지는 春州道의 경로를 이용하였을 가능성이 크다. 북한강변에 위치한 嘉平縣(甘井驛 소재)은 춘주의 속현으로 春州道를 통해 연결되었고, 임진강 수계상의 抱州(春州道 雙谷驛·安遂驛 소재)도 개경으로의 연결이 비교적 용이하여 문종대 2日程의 柴地 분급지역[40]으로 편성되기도 하였다.

---

38) 춘주에서 連同驛(朝宗縣)을 경유하여 임진강에 이르는 춘주도를 이용하여 稅穀을 운반하는 것이 쉽지 않았을 것이다. 하지만, 조선시대 한양과 달리 고려시대 개경으로 가는 경로는 북한강－한강－임진강 수운 보다 근거리의 육로를 이용하였을 가능성이 크기 때문에 위와 같이 이해하였다.

39) 『東文選』 卷64, 淸平山文殊院記. 개경－춘주간 경로를 감안하면 臨津을 건넌 지점은 임진강에 있는 長湍渡일 가능성이 높다.

40) 앞의 주18) 참고.

충숙왕 14년(1327) 3월에 元나라의 近臣이 數千里의 궁벽한 청평산 문수사에 佛書를 수레로 실어 보낸 사실이 확인되는데,[41] 佛書가 청평산 문수사로 운반된 경로가 위와 같은 경로가 아닐까 한다. 또한 李穡의 손자인 李孟均(1371~1440)도 가평에서 조종현을 지나 포천으로 가는 이 경로의 어려움을 표현하고 있다.[42] 이러한 경로를 통해 춘주에서 개경으로 이르기 위해서는 앞서 李資玄이 건넜던 臨津을 건너야 했다.

이외에도 춘주에서는 春州道를 통해 아래의 原州 방면으로 연결되었다. 原州에 살던 元天錫이 남긴 詩文의 내용을 통해 원주−춘주간 경로뿐 아니라, 춘주−금강산 방면의 경로도 확인할 수 있다.[43] 원주−춘주 경로는 春州道 葛豊驛(＝橫川驛)[44]−蒼峯驛(橫川縣)−洪川縣−員壤驛(春州)[45]−春州 순이었다.

이상과 같이 교주도 영역의 교주·동주·춘주의 소속 군현은 위와 같은 역도망을 통해 세곡을 운반하였다. 교주와 동주 관할 군현은 주로 桃源道의 경로를 따라 이동하여 ①澄波渡(Ⅲ장 <표-8> 참고)를 건넜고, 春州 管內[46]는 春州道

---

41) 『益齋亂藁』 卷7, 碑銘 有元高麗國淸平山文殊寺施藏經碑.

42) "行穿亂山澗谷深 一路繁紆多曲折縱"(『新增東國輿地勝覽』 卷12, 嘉平縣 題詠 崢嶸華岳鎭其北).

43) 李仁在·許敬震 共譯, 『耘谷詩史』, 原州文化院, 2001 참고. 춘주−원주 경로는 『耘谷詩史』 卷1의 詩題에서도 쉽게 확인된다.

44) 葛豊驛은 『高麗史』 卷82, 兵2, 站驛 春州道에 보이지 않는 驛名이다. 橫川縣에는 春州道의 橫川驛·蒼峯驛과 溟州道의 安昌驛·烏原驛 4개의 驛이 있었다. 『世宗實錄地理志』 橫城縣에도 烏原驛·安興驛·葛豊驛·蒼峯驛의 4개 驛이 확인된다. 縣 중심지에서 멀지 않은 西 6리에 葛豊驛이 위치하는 점(『新增東國輿地勝覽』 卷46, 橫城縣 驛院)을 고려하면, 橫川驛은 고려후기 어느 시점에 葛豊驛으로 改名한 것이 아닌가 한다.

45) 『高麗史』 卷82, 兵2, 站驛 春州道에 員壤驛(春州)이 있다. 『世宗實錄地理志』 春川都護府에 보이는 原昌驛이 春州道 員壤驛의 後身인 것으로 추측된다.

46) 春州의 屬縣인 橫川縣은 原州 바로 위에 위치하고 있어 興元倉(原州)을 거쳐 수납하였을 가능성이 있다. 해당 사료에 "횡천현은 후에 原州에 소속시켰다"(『高麗史』 卷58, 地理3, 春州 橫川縣)는 내용이 있는 것으로 볼 때, 횡천현의 세곡은 어느 시점에 수납 경로가 바뀌었을 가능성이 높다.

를 통해 임진강까지 접근하여 ②長湍渡에서 渡河하였다.

(2) 서해도 영역

앞 절에서 살폈듯이, 광역의 행정구역인 西海道는 늦어도 문종 15년(1061) 이전에 설치되었고, 管內의 조세 수취와 운송을 안전하고 효율적으로 수행하기 위해 문종 21년 이전에는 安瀾倉이 설치되었다. 문종대 서해도가 성립되기 이전의 세곡 운송은 지역에 따라 목적지와 그 방법을 달리하였다. 예성강 인근의 稅穀은 京倉으로 直納되었고, 黃州牧 管內를 비롯하여 北界에 가까운 지역의 稅穀은 軍資穀으로, 長淵縣을 비롯한 옹진반도 以西지역의 稅穀은 海葦浦[47]에서 京倉으로 각각 운반되었을 것이다.

문종대에 西海道가 성립하면서 소속 郡縣의 조세수납체계도 확립되었다. 예성강 인근의 10개 州縣이 직납한 데 반해, 安西都護府 海州 以西의 稅穀을 운반하기 위해 海葦浦(長淵縣)에 安瀾倉을 설치하였다. 안란창은 집산한 인근 郡縣의 조세를 개경으로 수납하면서, 때로는 北界의 軍資나 賑恤穀으로 漕運하였다.

서해도의 직납지역은 黃州牧 管內와 安西都護府 海州 直轄 郡縣이었다. 문종 30년(1076)부터 명종 4년(1174) 趙位寵의 亂 이전까지 서해도의 조세 17,213석이 西京 官員의 祿俸으로 쓰이기 위해 西京으로 운반되었다.[48] 이때 西京으로 운반된 서해도의 조세는 황주목 관내의 것이 대부분이었을 것이다. 황주목 관내는 西海道에 위치하였더라도 北界와 西京留守官에 인접한 탓에 해당지역의 조세는 西京의 財政源으로 다수 활용되었다. 하지만 본문에서는 서해도 내의 전반적인 조세운송양상을 고찰하기 위해 경창직납지역으로 분류하였다.[49]

---

47) Ⅱ장 <표-4> C그룹의 海葦浦(長淵縣) 참고.

48) 『高麗史』 卷80, 食貨3 祿俸 序 ; 『東史綱目』 卷7下, 文宗 30年 12月.

49) 험한 慈悲嶺을 넘어 개경으로 이르러야 하는 경로상의 문제 때문에 애매한 측면이

황주목 관내에 대해서 살펴보면, 황주목은 대동강 以南에 위치하는 군사적 요충지였기 때문에 성종대에 12牧의 하나로 節度使를 두었다. 그런데 慈悲嶺 (岊嶺) 以北의 黃州와 달리 管內의 대부분 郡縣은 慈悲嶺 以南에 위치하였다. 이 때문에 자비령 以北의 황주는 숙종 7년(1102)에 安岳 등과 함께 일정기간 동안 西北面으로 편성되기도 하였다.50) 이처럼 자비령은 黃州와 管內 郡縣과의 소통상 장애물이었다. 하지만 황주 남쪽의 慈悲嶺(岊嶺) 아래에 있는 知事郡 平州·谷州와 縣令官 逐安縣은 예성강 水系에 위치하였으므로, 이들 고을의 세곡은 예성강 물길을 따라 직납한 것으로 이해된다. 앞서 언급한 문종대 柴地 분급지에 慈悲嶺 以南의 平州·逐安·谷州 일대가 포함되었다.51) 이것은 이들 지역이 예성강 水運을 이용하여 개경으로의 접근이 용이하였기 때문이고, 직납지역으로 운영되었음을 보여주는 근거이기도 하다.

황주목 관내의 세곡 운송에 주로 이용된 예성강은 逐安縣에서 발원하여 平州의 箭灘을 거쳐 牛峯·江陰으로 흘러갔다.52) 물길은 강음현에 이르러 ⑤岐平渡53)(Ⅲ장 <표-8> 참고)와 같은 수로상의 요지를 지나 白州 金谷浦

___

있다. 이런 이유 때문인지 黃州를 安瀾倉의 수세구역으로 파악한 견해도 있다(문경호, 앞의 박사학위논문, 97~98쪽). 황주는 성종대 10道制에서 赤·畿縣을 둘러싼 關內道의 주요 고을로, 개경~서경 간의 幹線 驛道가 통과하였다. 이러한 교통 환경을 고려하여 일단 경창직납지역으로 분류하였다.

50) 『高麗史』 卷58, 地理3, 北界. 이렇게 西北面으로 편제된 시기에는 黃州의 세곡이 직납되지 않았을 것이다. 北界로 편입되었을 시기뿐 아니라 지리적 여건으로 인해 황주의 세곡은 군사지대인 北界의 군량으로 조달되었을 가능성이 크다.

51) 文宗 16년(1062)에 西海道 平州 任內 牛峯郡이 開城府에 소속된 점(『高麗史』 卷56, 地理1, 王京開城府)을 통해 비교적 이른 시기부터 개경 以南의 인근지역보다 접근이 용이하였음을 짐작할 수 있다. 또한 문종 30년 柴地 분급지역 1日程에 新恩(谷州의 속현)이, 2日程에 洞州(平州의 속현), 鳳州·土山縣(黃州 속현), 逐安縣이 각각 편성되어 있다.

52) 『世宗實錄地理志』 卷152, 黃海道 序文에는 예성강 하류에 위치하는 碧瀾渡의 근원과 경유 지역 및 浦口에 대해서 언급하고 있다.

53) 『高麗史』 卷56, 地理1, 王京開城府에서 岐平渡가 확인되는데, 아래에 제시한 사료의 내용을 참고하면 예성강 지류가 합류하는 지점임을 알 수 있다. "岐灘은 고을 북쪽

맞은 편에 있는 ⑥碧瀾渡에 이르렀다. 이곳에서 개경을 향해 닦여 있는 大路를 따라 入城하게 된다. 잘 알려져 있듯이, 예성강변의 벽란도는 개경으로 출입하는 물자의 關門 역할을 담당하였다. 稅穀의 반입 상황만 보더라도 서·남해의 漕倉에서 들어오는 상당수가 벽란도에서 하역되었다. 반대로 벽란도에서 적재되어 外方으로 나아가는 경우도 다수 존재하였다. 대표적인 사례가 서북 방면의 군량미 충당을 위한 운송 사례이다.54)

물론 강음현의 岐平渡와 같은 渡河시설에서 예성강을 건너 金郊道를 통해 王京으로 진입하는 경로도 빈번히 이용되었을 것이다. 金郊道는 예성강을 가로지르면서 개경에서 서경 방면으로 연결하는 역도였다. 금교도에서 金郊驛 (강음현)과 興義驛(우봉현)을 연결하는 구간은 서경 방면 幹線 大路의 일부였다. 이 노선은 使臣의 전송,55) 이민족의 침입56) 등의 사례에서 확인되듯이, 西北方 지역은 물론 중국대륙으로의 진출경로의 성격을 지닌다. 이러한 정황을 고려 하면 강음현에서 驛道를 통한 운송도 추정해 볼 수 있지만, 대규모 稅穀의 경우에는 金郊道의 이용 보다 예성강 수운을 최대한 이용하였을 것이다.

그리고 예성강 수계상에 있지 않는 海州 直轄地域도 직납지역에 속하였다. 해주의 서쪽 長淵縣에 安瀾倉이 있었지만, 京倉 반대편 멀리에 있는 안란창을 경유하여 京倉으로 운반하지는 않았을 것이다. 해주 직할지역은 지리적으로 개경 가까이에 위치하였기 때문에 開京 龍門倉의 곡식을 賑恤穀으로 제공받기

16리에 있다. 근원이 둘이 있는데, 하나는 遂安郡 彦眞山에서 나오고, 하나는 평산부 서쪽 冷井院 등처에서 나와서 같은 부의 猪灘에 이르러 합류하여 助邑浦로 들어가는데, 옛날에는 岐平渡라 하였다. 『高麗史』에는 개성현에 부속하였다”(『新增東國輿地勝 覽』 卷43, 江陰縣 山川).

54) “문종 18년 2월에 예성강 배 107척으로 1년에 여섯 번씩 龍門倉의 쌀을 麟州·龍州·宣州· 郭州 및 威遠鎭에 운반해서 군량에 충당하였다”(『高麗史』 卷82, 兵2, 屯田). 이외에도 屯田條에는 예성강에서 출발하여 北方의 군량을 운반하는 사례가 많이 확인된다.

55) 『高麗史』 卷8, 文宗 12年 2月 ; 『高麗史』 卷34, 忠肅王 元年 正月.

56) 『高麗史』 卷22, 高宗 4年 4月 庚戌 ; 『高麗史』 卷39, 恭愍王 10年 11月 ; 『高麗史』 卷113, 列傳26, 安祐.

도 하였다.[57] 해주와 개경간을 이어주는 역도는 海州를 중심으로 분포하는
狻猊道인데, 해주에서 深洞驛(鹽州), 金谷驛(白州) 순으로 東進하여 白州에
이르렀다. 예성강 以西의 金谷浦(白州)는 벽란도와 마주보면서 예성강을 건너
는 역할과 함께 예성강 하구에서 西海道로 진입 가능한 출입구의 역할을
하였다. 이 金谷浦 인근에 金谷驛이 있었다.[58] 이렇게 보면 해주~개경을
잇는 산예도는 예성강 兩岸의 금곡포와 벽란도를 통해 연결되었다. 벽란도에
서 狻猊驛(開城)을 거쳐 王城으로 통하는 驛路는 대규모의 세곡을 포함한
물자를 운반하는 수많은 수레가 왕래하는, 路面이 평탄하고 폭도 넓은 大路였
다.

(3) 양광도 영역

양광도 내에서 직납지역으로 분류되는 지역은 南京과 廣州 管內이다. 南京留
守官 楊州의 직할 군현 9곳은 모두 한강 以北에, 양주 관할의 安南都護府
樹州(속현 6)·知事郡 仁州(속현 2)·知事郡 水州(속현 7)는 한강 以南에, 그리고
縣令官 江華縣(속현 3)은 島嶼에 각각 위치하였다. 南京은 잘 알려져 있듯이,
靑郊道(남경~개경), 春州道(남경~가평~춘주), 平丘道(남경~충주 방면)의 기
점이면서, 南道로 향하는 廣州道(광주~충주 방면), 忠淸州道(水州~천안부)와
연결 가능한 육상 교통망의 중심지였다. 이러한 남경에서 개경으로 연결하는
역도가 바로 靑郊道이다.

청교도에는 중심 驛인 靑郊驛(開京)에서 출발하여 ⓐ通波驛(臨津)－臨津渡
－馬山驛(峯城)－碧池驛(高峯)－迎曙驛(南京)－淸波驛(南京)으로 이어지는
노선과, ⓑ靑郊驛－桃源驛(松林：桃源道 소속)－長湍渡－丹棗驛(積城)－橡
林驛(積城)[59]－綠楊驛(見州)－蘆原驛(南京)－南京驛(南京：春州道 소속)으

---

57) 『高麗史』 卷80, 食貨3, 水旱疫癘賑貸之制 文宗 6年 4月.
58) 金谷驛이 金谷浦에 있다(『新增東國輿地勝覽』 卷43, 白川群 驛院).
59) 조선시대의 相水驛으로 추정할 수 있다. 『世宗實錄地理志』 積城縣 내용에 橡樹驛이

174

로 이어지는 두 개의 주요한 노선이 있었다.[60] 이처럼 개경과 남경이라는 고려시대 최고의 도시를 연결하는 청교도는 개경~남경의 교역량을 감안하여 複線으로 구성되었다. ⓐ노선은 淸波驛을 지나 ⑬沙平渡에서 한강을 건너 廣州道 良梓驛(果州)에 이르고, 이곳에서 廣州 방면이나 水州를 거쳐 충청지역 으로 향하였다. 또한 ⓑ노선은 南京驛에서 ⑫楊津을 통해 廣州道로 연결되었 다(Ⅲ장 <표-9> 참고).

　양주 관할지역 중 위와 같은 靑郊道의 경로를 통해 京倉으로 稅穀을 陸運하는 지역은 양주 직할 군현으로 한정된다.[61] 나머지 樹州·仁州·水州와 江華縣의 조세는 주로 한강과 임진강 水運을 이용하여 운반되었을 것이다.

　한강 하류의 주요 나루 중 하나로 ⑮孔巖津을 들 수 있다. 이 나루는 孔巖縣이 충선왕 2년(1310)에 陽川縣으로 바뀌면서 陽川浦 혹은 陽川江으로 불리기도 하였다.[62] 충렬왕이 공암진을 지나서 安南(都護府)에서 머물렀다는 기사[63]를 통해 開京에서 안남도호부나 인근의 수주·인주로 갈 경우, 공암진을

나오는데, 細注에 "세속에서 相水라고 잘못 칭한다"는 기사가 참고된다.

60) 개경~남경간 교통로를 중심으로 이 일대의 교통로 복원에 관해서는 정요근의 연구가 참고된다(정요근, 「7~11세기 경기도 북부지역에서의 간선교통로 변천과 '長湍渡路'」, 『韓國史硏究』 131, 2005 ; 정요근, 「고려중·후기 '임진도로(臨津渡路)'의 부상(浮上)과 그 영향」, 『역사와현실』 59, 2006). 이들 연구는 관련 내용 분석을 통해 시기(통일신라~고려 중·후기)에 따라 개경~남경의 핵심 간선교통로가 변하는 양상을 밝히고 있다. ⓐ노선을 '臨津渡路', ⓑ노선을 '長湍渡路'라고 지칭하고 있다. 지금까지 고려시대 교통사 연구가 제도사나 교통망의 구성 등 전체적 모습을 구명하는 데 몰두한 것에 반해, 일정한 지역으로 범위를 좁혀 해당 교통로의 변화양상을 고찰한 점에서 의미있는 연구성과로 평가된다.

61) 다만 양주 직할지역 중 交河郡·幸州와 같이 하천변에 인접한 고을은 ④洛河渡(交河郡) 등의 소속 포구에서 바로 개경으로 운반하였을 가능성이 크다.

62) 『高麗史』 卷56, 地理1 安南都護府. 陽川浦(『高麗史』 卷81, 兵1, 兵制使 祸王 4年 8月)나 陽川江(『高麗史』 卷121, 孝友 鄭愈)으로 표기되기도 하였다. 『高麗史』 漕運條 성종대 輸京價 기사에 있는 廣通浦(공암현)가 참고되지만 孔巖津으로 단정하기는 어렵다.

63) 『高麗史』 卷29, 忠烈王 8年 9月 丁丑.

경유하였음을 짐작할 수 있다. 이와 함께 공암진이 있는 陽川(縣)에서 貢賦가 모인 후, 兩江을 통해 京師로 들어간다는 내용[64]도 주목된다. 여기서 말하는 貢賦에는 한강 수운을 이용한 것뿐 아니라 驛道 등의 陸路를 통해 한강변에 도달한 貢賦도 포함되었다. 당연히 이렇게 풍부한 물산이 경유하는 지점인 만큼 고려말에는 세곡 운송선(漕船) 등을 목표로 하는 왜구의 침범이 잦은 곳이기도 하였다.[65]

이처럼 공암진이 物流의 중심지로 부상한 이유는 한강 하류 交通運輸 네트워크의 중심에 위치하였기 때문이다. 공암현은 근방에 위치하는 廣州道의 南山驛[66]에서 良梓驛을 통해 廣州 방면이나 水州·天安府 방면으로 진출 가능할 뿐 아니라, 한강 너머 南京의 屬縣인 幸州와 마주 보고 있었다.[67] 성종 11년 60浦制에서 德陽浦(幸州)와 廣通浦(孔巖縣)가 확인되는 것을 보면, 그 이전부터 漢江을 사이에 두고 두 지역을 오가는 나루시설이 존재하였음을 알 수 있다.[68]

앞의 Ⅲ장 <표-9>와 같이, ⑬沙平渡와 ⑮孔巖津 사이에 ⑭楊花渡가 위치하였다. 양화도가 위치하는 한강 지류인 오늘날의 도림천을 거슬러 올라가면 南方의 조운 물자가 모이는 바위곶(巖串)이 있었다. 衿州의 바위곶(巖串)에 漕運하는 배 1,000척이 출입하는 것을 노래한 李穡의 지적[69]처럼, 安南都護府

---

64) "兩江이 京師의 입구이고 陽川은 貢賦가 모여드는 곳이다"(『高麗史』卷112, 列傳25, 偰遜 附 偰長壽).

65) 『高麗史』卷41, 恭愍王 15年 9月 丁未 ; 『高麗史』卷43, 恭愍王 21年 10月 辛巳 ; 『高麗史』卷44, 恭愍王 22年 6月 丙申 ; 『高麗史』卷133, 禑王 4年 8月.

66) 『高麗史』站驛條에는 南山驛이 廣州에 위치하는 것으로 되어 있지만, 『世宗實錄地理志』陽川縣에서 南山驛이 확인된다. 또한 『新增東國輿地勝覽』卷10, 陽川縣 山川·驛院 내용에 따르면, 孔巖津은 북 1리에, 남산역은 남 7리에 각각 위치하였다.

67) "幸州津은 陽川의 孔巖津과 마주 보고 있다"(『大東地志』卷3, 高陽郡).

68) Ⅱ장 <표-4> J그룹 참고 "어느 날 배를 타고 孔巖縣으로부터 幸州의 南湖에 이르렀다"(『破閑集』卷下, 15篇).

69) 『新增東國輿地勝覽』卷10, 衿川縣 山川. 또한 북쪽 25리 지점의 楊花渡은 고려시대 때부터 衿川縣과 직통하는 大路上에 위치하여 渡河기능이 중시되었다(『大東地志』卷4, 始興 津渡).

176

樹州 以南의 물자를 開京으로 운반하기 위해 한강 지류에 위치한 巖串에서
배에 실어 출항하였을 것이다.

이렇게 한강 수운을 이용하여 開京~安南都護府 樹州를 잇는 경로 이외에,
祖江을 건너 靑郊道를 이용하는 경로도 있었다. 개경 아래쪽의 德水縣에서
⑦祖江渡를 이용해 祖江을 건넌 뒤, 靑郊道 從繩驛(守安縣)을 경유하여 安南都
護府 樹州에 이르렀다. 대표적인 사례는 李奎報가 桂陽都護府使를 제수받아
오가는 과정에서 확인할 수 있다.70) 이 경로의 빈번한 이용 양상은 "앞사람
건너지 않았는데 뒷사람 오누나(前人未渡後人來)"71)라는 표현을 통해 짐작할
수 있다. 德水縣의 祖江渡와 함께 貞州(昇天府)에 있던 浦口를 통해서도 樹州
管內로 진입이 가능하였다.72)

이상과 같이 한강 以南의 楊廣道 管內에서 開京으로 가는 경로로 南京을
거치지 않고, 漢江·祖江·臨津江의 내륙수로를 이용하는 방법이 빈번히 활용되
었다. 특히 漢江 以南에 있는 安南都護府 樹州 管內는 靑郊道의 역도망을
통해 漢江 以北지역으로 연결 가능하면서 祖江 水運을 이용하여 開京으로
바로 이르는 水陸交通 네트워크가 형성되어 있었다.

이와 관련하여 安南都護府 樹州와 仁州 管內 대부분이 문종 30년 양반전시과
柴地 분급지 46州縣에 포함된 것이 주목된다(Ⅲ장의 <표-12> 참고). 안남도호
부의 속현인 童城縣·通津縣이 1日程에, 樹州·金浦縣·孔岩縣·守安縣과 仁州·唐
城縣이 2日程에 각각 포함되어 있었다. 이들 지역은 靑郊道 소속의 3개 驛(從繩
驛·金輪驛·重林驛)만이 분포하여 육상교통로가 크게 발달하지는 않았다. 이러

---

70) 『東國李相國集』卷1, 祖江賦 ; 『東國李相國集』卷14, 己卯四月日 得桂陽守 將渡祖江
有作 ; 『東國李相國集』卷15, 祖江別.

71) 『東文選』卷20, 七言絶句, 行到祖江有作. 이 시구는 1279년 國子監試에 장원급제하고
충선왕 때 활약했던 백원항이 남긴 것이다.

72) Ⅱ장 <표-8> 祖江渡 해당 내용 참고. 貞州에 있던 浦口인 昇天浦는 고려 태조가
남쪽의 珍島를 공격할 때, 전함을 수리하던 곳이기도 하였다(『萬機要覽』軍政編
4, 海防 西海之北).

한 상황은 문종대 柴地 분급지로 편성된 郡縣이 驛道상에 위치하는 것73)과 비교하면 특이하다. 하지만 이들 지역은 위에서 언급한 경로 즉, 한강 하류를 따라 가거나 從繩驛(守安)으로 연결되는 驛道를 이용한 뒤, 한강과 임진강이 합류하는 祖江을 건너 개경에 도달하였다. 공민왕 13년(1364) 12월에 祖江에 왜구가 침입하여 關吏를 죽였다74)는 내용은 祖江이 關門의 역할을 하며 그곳에 關吏가 배치되었음을 알려 준다. 이를 통해 서해 항로나 내륙 수로를 이용하여 개경으로 진입할 때, 祖江의 중요성을 짐작할 수 있다. 이와 같이 樹州·仁州 일대가 개경의 근거리 생활권에 편입된 것은 漢江·祖江의 내륙수운을 적극 활용하였기 때문에 가능하였다.

다음으로 廣州 소속 군현(군4, 현3)의 세곡 운송과정을 살펴보자. 속군현 중 남한강 以北에 砥平縣과 揚根縣이 있고, 나머지는 광주와 함께 남한강 以南에 위치하였다. 廣州 관내지역이 남한강을 끼고 있는 만큼, 강을 건너 靑郊道를 통해 조세를 운반하기 보다는 내륙수로를 통해 京倉으로 향하였을 가능성이 높다. 남한강에 접한 소속 郡縣의 조세는 Ⅲ장의 <표-9>에서 제시한 ⑫楊津(楊州), ⑩楊花津(驪州) 등의 나루에서 출발하여 한강-임진강 水運을 통해 京倉으로 운반되었다. 다만 남한강 北岸의 양근현과 지평현의 세곡은 平丘道-靑郊道의 역도망을 통해 운반되었을 가능성이 있다.75) 이처럼 한강 以南 직납지역 대부분은 내륙수운을 활용하였다. 비록 조창경유지역은 아니지만, 물길을 이용하여 京倉으로 운반하는 조운활동을 위해서는 江船과 뱃사공이 필요하였다. 각 郡縣은 平底船을 마련하고 지역민의 輪役을 통해 조운활동을 수행하였다.

廣州 관내의 조세 수송은 河川 水運을 이용하였지만, 廣州牧이 한강 以南의

---

73) Ⅲ장 1절 <그림-2> 문종대 개경 인근의 주요 수운시설과 幹線 大路 참고.

74) 『高麗史』 卷40, 恭愍王 13年 12月 庚寅.

75) Ⅲ장 1절에서 언급하였듯이, 平丘道 娛賓驛(揚根)-⑪龍津渡-奉安驛(廣州)-平丘驛(남경)을 경유한 뒤, 靑郊道의 역도망을 이용하였을 것이다.

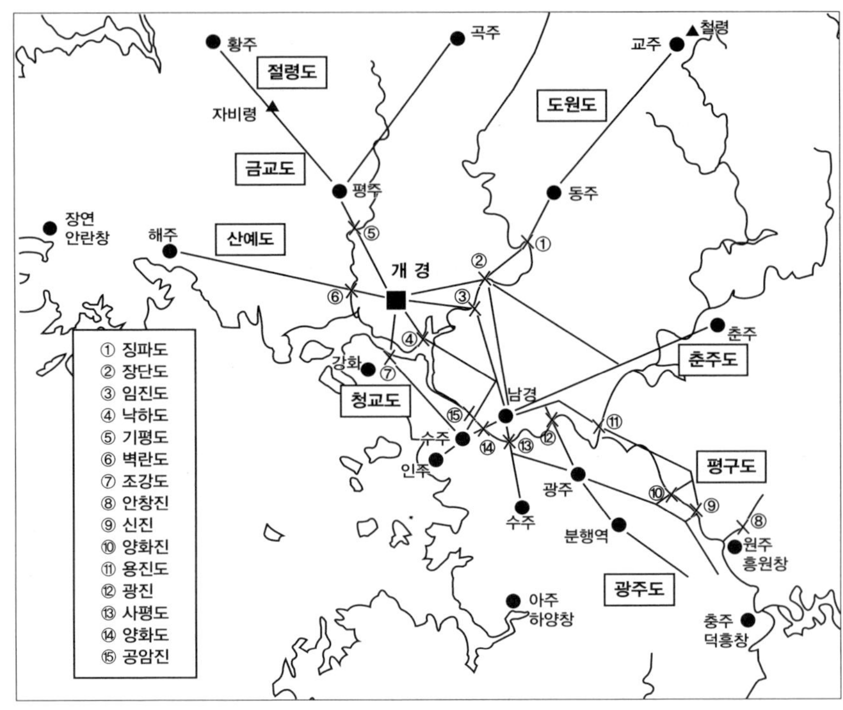

〈그림-3〉 경창직납지역의 주요 운송경로와 수운시설

교통거점고을인 만큼 육상교통로도 발달하였다. 廣州를 중심으로 편성된 廣州道의 주요한 驛으로 良梓驛(果州)과 分行驛(竹州)을 들 수 있다. 南京에서 ⑬沙平渡[76]를 통해 한강을 건너면 인근의 廣州道 良梓驛에 이르게 되는데, 양재역은 南道로의 역로망이 시작되는 지점이었다. 金富軾이 江南에서 사람이 돌아오지 않는 것을 良梓驛 앞에서 슬퍼한 것[77]도 양재역이 江南(전주) 방면에서 개경으로 돌아오는 길목에 위치하였기 때문이다. 또한 分行驛에서는 廣州道를 따라 東進하면 忠州에 도달할 수 있으며, 京山府(星州) 등의 영남지방으로

---

76) 고려 중·후기에 '臨津渡路'가 부상하면서 沙平渡는 한강을 건너는 대표적인 나루로 인식되었다(정요근, 앞의 논문, 2006, 209~210쪽).

77) 『東文選』 卷12, 題良梓驛.

내려가는 길목이기도 하였다. 이는 金黃元이 京山府의 수령으로 부임해 가다가 이 驛에 들린 것에서 추정 가능하다.78) 이와 같이 廣州道의 分行驛은 예종 때 文臣 金黃元이 지적하였듯이, 전라도와 경상도 방면으로 경로가 나뉘는 곳(分行路)79)에 위치한 이유로 驛名 또한 그러한 의미에서 붙여졌다.

분행역에서 경상도로 가는 방법은 크게 두 가지이다. 하나는 광주도 소속의 分行驛(竹州)－無極驛(陰竹)－遙安驛(陰城)－丹月驛(槐州)－安富驛(槐州)을 경유하여 鷄立嶺을 넘는 경로이다. 다른 하나는 分行驛에서 南으로 40리 거리에 있는 長楊驛(鎭州)을 시작으로 忠淸州道를 타고 堆粮驛(鎭州)－栗峯驛(淸州)－淸州 治所－雙樹驛(淸州)을 경유한 뒤, 오늘날 옥천군에 위치한 京山府 道의 利仁驛(安邑縣)·增若驛(管城縣)·土峴驛(利山縣)을 통해 秋風嶺을 넘어 京山府 管內까지 도달하는 경로이다. 후자의 추풍령을 넘는 이동 경로는 충렬왕대에 慶尙道의 管城·安邑·利山縣民들이 왜구를 피하여 淸州山城에 들어갔다는 사실80)을 통해서도 추정할 수 있다.

분행역이 위치한 죽주지역은 남쪽으로 청주 방면, 동쪽으로 충주 방면, 서쪽으로 평택·천안 방면에 각각 연결되며 여기에서 북쪽의 용인·과천을 지나 서울로 통하는 東西南北 교통의 요지였다.81) 현종이 피난하면서 廣州에서 陽城으로 갈 때 머물렀던 鼻腦驛을 分行驛으로 추정한다.82) 그렇다면 죽주의 분행역은 廣州 방면에서 천안부·공주방면으로 나아가는 중간지점인데, 현종대는 南京이 개발되기 이전이므로 楊州－廣州를 경유하여 충청·전라

---

78) 분행역에서 충주 방면으로 연결 가능하다(『東文選』 卷12, 分行驛寄忠州刺使 ; 『新增東國輿地勝覽』 卷8, 竹山縣 驛院 分行驛). 또한 다음의 자료에서 경상도 방면의 진출로상에 위치하였음이 확인된다(『高麗史』 卷97, 列傳10 金黃元 ; 『破閑集』 卷下, 14篇 참고).

79) 『新增東國輿地勝覽』 卷8, 竹山縣 驛院 分行驛.

80) 『高麗史』 卷80, 食貨3 賑恤 災免之制 忠烈王 18年.

81) 서영일, 「죽산지역의 역사·지리적 배경」, 『奉業寺』, 京畿道博物館·安城市, 2002.

82) 이도학, 「弓裔의 北原京 占領과 그 意義」, 『東國史學』 43, 2007, 194~202쪽 ; Ⅲ장 1절 해당 내용 참고.

지역으로 남하하였을 것이다. 하지만 22驛道의 忠淸州道가 형성되면서 開京에서 天安府로 향하는 주요 경로는 菁好驛·長足驛이 위치한 水州를 통과하였다. 이러한 사실은 이후 충렬왕 원년(1275)에 金暄이 全羅道 部夫使로 파견되어 가면서 菁好驛(水州)을,[83] 李穡이 고향 韓山縣과 開京을 오가면서 平澤·水州를 각각 경유하는 것[84]을 통해 확인할 수 있다. 지금까지 언급한 경창직납지역의 주요 교통거점을 그림으로 표기하면 <그림-3>과 같다.

2. 漕倉經由地域의 교통 네트워크

조창경유지역은 다른 권역 보다 먼 經路상에서 陸運과 水運이 결합된 운수활동을 펼친 권역이었다. 그 실상을 효과적으로 고찰하기 위해서 13漕倉별로 나누어 서술할 것이다. 아래의 <표-16>에서는 지금까지의 연구성과를 바탕으로 조창의 위치와 Ⅲ장 2절에 제시한 <표-13>의 내용을 조창별 수세구역으로 정리하였다. 13조창의 위치는 *로 표시한 羅州 海陵倉·靈巖 長興倉·長淵 安瀾倉을 제외하고 대체로 위치 비정이 이루어진 상태이다. 또한 관련 자료가 부족하여 정확한 설정이 쉽지 않음에도 불구하고 굳이 수세구역을 구분한 이유는 13조창제 운영과 각 漕倉 및 지역별 교통운수 네트워크를 짐작하기 위해서는 收稅區域의 전체적인 윤곽이 필요하였기 때문이다. 13개 漕倉별로 조세운송 네트워크에 관한 내용을 서술하면서 해당 조창의 위치나 수세구역에 대한 다양한 견해도 소개할 것이다. 그런 다음, 국가재정원의 80% 가량을 차지하는 조창경유지역의 운수활동에서 확인되는 몇 가지 특징도 언급할 것이다.

---

83) 『高麗史節要』 卷19, 忠烈王 元年 11月 ; 『高麗史』 卷106, 列傳19 金暄.

84) 『牧隱詩藁』 卷2, 夏四月將抵京應擧行次水原奉次伯父贈行詩韻寄呈 ; 卷4, 夜投平澤宿明日早行.

〈표-16〉 13漕倉의 위치와 수세구역85)

漕倉	위치	收稅區域(領郡까지 표기)
忠州 德興倉	충주시 가금면 창동리	충주목 직할·상주목 직할·경산부 관내·안동부 관내·경주 직할·예주 관내
原州 興元倉	원주시 부론면 흥호리	원주 관내
牙州 河陽倉	평택시 팽성읍 노양리	청주목 직할·천안부 관내·공주 관내
富城 永豊倉	서산시 팔봉면 어송리	홍주 관내·가림현 관내·부성현 관내
臨陂 鎭城倉	군산시 성산면 창오리	전주목 직할·임피현 관내·진례현 관내·김제현 관내·금구현 관내
保安 安興倉	부안군 보안면 영전리	남원부 관내·고부군 관내
靈光 芙蓉倉	영광군 법성면 입암리	영광군 관내
羅州 海陵倉	나주시 삼영동*	나주목 직할·해양현·능성현
靈巖 長興倉	영암군 영암읍*	장흥부 관내·영암군 관내·진도현 관내
昇州 海龍倉	순천시 홍내동	보성군 관내·승평군 관내
泗州 通陽倉	사천시 용현면 선진리	진주목 직할·합주 관내·고성현 관내·남해현 관내·거제현 관내
合浦 石頭倉	창원시 마산합포구 산호동	울주 관내·금주 관내·양주 관내·밀성군 관내
長淵 安瀾倉	황해남도 장연군 대동만 연안*	풍주 관내·옹진현 관내

1) 13漕倉의 조세운송 네트워크

(1) 忠州 德興倉

충주 서쪽 10리 金遷 서쪽 언덕의 麗水浦에 위치한 德興倉86)은 고려시대 13漕倉 중 관할 수세구역이 가장 넓은 조창이었다. <표-16> 내용과 같이,

---

85) 조창의 위치 비정은 다음의 연구성과를 참고하였다(한정훈, 「고려시대 漕運制와 마산 石頭倉」, 『한국중세사연구』 17, 2004 ; 국립해양문화재연구소, 『고려 뱃길로 세금을 걷다』, 2009 ; 문경호, 『고려시대 조운제도의 연구와 교재화』, 공주대학교 박사학위논문, 2012, 42~75쪽). 다만 *표가 붙은 漕倉의 경우는 위치 비정이 명확히 이루어지지 않은 곳이다. 또한 조창별 수세구역은 기본적으로 郡縣體制를 근거로 구분하였다. 근래에 군현의 領屬관계와 아울러 산맥과 水系를 고려하여 재설정한 견해도 나왔다(정홍일, 「고려시대 전라도 지방 조창연구」, 목포대학교 석사학위논문, 2012 ; 문경호, 위의 박사학위논문, 75~98쪽). 조창의 수세구역에 대한 세부적인 차이는 향후 논의가 필요한 부분이다.

86) 德興倉이 麗水浦에 설치되었음은 다음의 자료를 통해 확인된다(『磻溪隨錄』 卷3, 田制 後錄, 漕運 ; 『東史綱目』 卷6下, 成宗 11年 참고).

수세구역의 대부분은 소백산지 以南의 경상도 중·북부 지역이었다.[87] 장거리의 운송거리뿐 아니라 험한 嶺路를 넘는 어려움이 더해져 경상도 중·북부지역의 조세 운반이 쉽지는 않지만, 경상도의 조세가 고려시대부터 忠州 소재의 漕倉으로 수송되었음은 조선후기의 자료를 통해 이해 가능하다.[88] 그리고 충선왕 3년(1311)부터 鷄林·福州·京山지역을 고려왕실의 食邑으로 설정하면서 祿俸이 부족하게 되었다는 기록은 본래 이 지역의 田租가 左倉에 납입되어 祿俸의 비용에 충당되었음을 의미하는 것이다.[89]

경상도의 조세운송에 주로 이용된 소백산지의 고갯길은 鷄立嶺(鳥嶺 포함)과 竹嶺이었다.[90] 먼저 계립령을 통해 덕흥창으로 운반하는 지역의 상황에 대해서 알아보자. 계립령은 고려전기 기록에는 보이지 않다가 몽골 침략기 이후가 되어 大院嶺으로 불렸다.[91] 또한 李奎報의 南行詩 내용도 大院嶺을 이용한 旅程을 상세히 전하고 있다.[92] 고려시대 계립령을 경유하는 교통로는

---

87) 다만 慶尙道 慶州의 防禦郡인 禮州 管內(府 1, 屬郡 3, 屬縣 2)의 조세 수납장소는 애매한 측면이 있다. Ⅲ장 2절 1항 주108)에서 언급한 바와 같이 禮州 管內를 비롯한 경상도 東部해안지대의 조세 일부가 東界로 이송되었을 것이다. 하지만 조창제의 편성원리가 기본적으로 지방 행정구역을 바탕으로 운영되었던 만큼 東京 직할지역뿐 아니라 禮州 管內도 漕倉(덕흥창)을 경유하여 조세를 수납하는 것으로 처리해 두었다.

88) 『練藜室記述』 別集 卷11, 漕運의 可興倉 내용이 대표적이다.

89) 朴鍾進, 「高麗前期 中央官廳의 財政構造와 그 運營」, 『韓國史論』 23, 서울대 국사학과, 1990, 172쪽.

90) 개경을 포함하는 서울·경기권과 영남을 연결하는 교통로상에서 鷄立嶺과 竹嶺을 넘는 경로가 차지하는 비중은 다음의 자료를 통해 짐작할 수 있다. "홍귀달의 記에, 中原은 남북의 要衝이다. 서울에서부터 남쪽으로 가는 사람이 물에 뜨고 육지로 달려 중원에 모여 길이 갈라져 두 고개[二嶺]를 넘어 이내 목적지에 도달하고, 남쪽에서부터 북쪽으로 가는 자도 또한 각각 두 고개[二嶺]를 경유하여 중원에 모여서 다시 물과 육지를 경유하여 서울에 도달하는데…"(『新增東國輿地勝覽』 卷14, 忠州牧 樓亭 淸燕堂). 이 기사에서 말하는 二嶺이 鷄立嶺과 竹嶺이다.

91) "겨울 10월 을축일에 몽골 군사가 大院嶺을 넘어왔다. 忠州에서 정예한 군사를 출동시켜 천여 명의 적을 쳐 죽였다"(『高麗史』 卷24, 高宗 42年 10月). 또한 『陽村先生文集』 卷11, 四佛山彌勒庵重創記에도 大院嶺이 확인되고, 『世宗實錄地理志』 慶尙道 聞慶縣에는 大院峴이라 표기되어 있다.

幽谷驛(虎溪縣)－犬灘(院)－串岬遷－聊城驛(聞慶縣)－華封院－觀音院－鷄立嶺(하늘재)－彌勒(大)院－安富驛－丹月驛(槐州) 순으로 구성되었다(<그림-4> 참고). 이 계립령(530m)의 남북으로 형성된 고갯길을 연결하면, 낙동강과 남한강의 수로를 이용하여 楊廣道와 慶尙道가 소통하게 된다. 楊廣道忠州牧 管內와 慶尙道 尙州牧 管內가 소백산지를 경계로 구분되는 만큼 두 지역도 廣州道의 丹月驛(槐州)－安富驛(槐州)과 尙州道의 聊城驛(聞慶)－幽谷驛(虎溪)으로 이어지는 驛道를 통해 연결되었다.

상주도 소속의 幽谷驛은 "사람으로 비유하자면 곧 영남의 목구멍(咽喉之地)이다"라고 표현한 것처럼 영남의 물산이 집산되는 요지였다.93) 犬灘(院)은 낙동강과 그 지류인 潁江 수로를 이용할 수 있는 마지막 지점이면서 육로 이용이 시작되는 곳이다. 權近에 의하면, 온 나라의 가장 要衝이자 한 道의 가장 험한 要塞이기에 (犬灘)院을 두었다고 한다.94) 聊城驛도 남방으로 향하는 요지에 위치하여 使臣 迎送으로 驛吏들의 분주한 모습이 『東國李相國集』 등에 잘 나타나고 있다.95)

李奎報의 행로에서 나오는 華封院은 계립령과 새재[草岾]에서 나오는 물줄기가 합류하는 곳에 위치하므로,96) '鷄立嶺'을 이용하던 고려시대나 '鳥嶺'을 주로 이용하던 조선시대 모두 주요한 지점이었다. 이곳 화봉원에서 계립령을 넘으면 彌勒(大)院97)에 이른다. 앞에서 언급하였듯이, 고려후기에 이 고갯길을

---

92) 『東國李相國集』 卷6, 古律詩 九月十五日 發尙州에서 古律詩 發忠州 將指黃驪有作까지의 時題만으로도 그 여정을 알 수 있다. 이 내용을 통해 상주 인근의 교통로를 분석한 연구가 참고된다(韓基汶, 「高麗中期 李奎報의 南遊詩에 나타난 尙州牧」, 『歷史敎育論集』 23·24, 1999).

93) 『新增東國輿地勝覽』 卷29, 聞慶縣 驛院 幽谷驛.

94) 『陽村先生文集』 卷12, 犬灘院樓記.

95) 『東國李相國集』 卷6, 憩聊城驛 次壁上詩韻 ; 『東文選』 卷4, 五言古詩 書聊城驛 ; 『東文選』 卷14, 七言律詩 聊城驛壁上韻.

96) 『新增東國輿地勝覽』 卷29, 聞慶縣 山川.

97) 계립령로상에 위치한 彌勒大院과 같은 (大)院시설은 竹嶺과 慈悲嶺에서도 확인됨

大院嶺이라고 불렀던 것은 계립령로상에서 彌勒(大)院의 위상이 어떠하였는 지를 잘 알려 준다.

尙州牧 管內 여러 고을의 조세는 이와 같은 '鷄立嶺路'를 경유한 다음, 남한강변의 덕흥창으로 집산되었다. 상주목 직할지역과 경산부 관내지역은 오늘날의 보령·영동·옥천 등 충북 내륙지역까지 포함하였다.[98] 이들 지역의 조세운송은 산간지대를 관통하여 상주목으로 연결되는 京山府道를 이용하였 다. 또한 상주목 소속 군현은 낙동강을 사이에 두고 위치하는 만큼 각 군현의 조세운송에 낙동강 수운을 부분적으로 활용하였다. 이규보의 南行詩에서 보이는 犬灘, ⑯河豊江(津),[99] 龍浦와 같은 상주 인근의 수운시설은 낙동강 수운의 이용이나 渡河에 이용되었을 것이다.

동경 직할지역(속군 4, 속현 10)의 조세도 尙州까지 이른 뒤, 위에서 언급한 경로를 통해 덕흥창에 옮겨졌다. 경주 방면의 조세는 慶州道를 통해 西進하여 長守驛(新寧)까지 운반되었고, 여기서 다시 尙州道의 曹溪驛(孝令)·上林驛(海 平)·連鄕驛(善州)을 거쳐 낙동강변으로 이동하였다. Ⅲ장 1절에서 제시한 善山의 ⑱餘次尼津(<표-10> 참고)과 같은 나루시설을 이용하여 낙동강을 건너거나 거슬러 올라 尙州로 향하였다.[100]

다음으로, '鷄立嶺路' 정도는 아니지만 덕흥창으로 연결되는 또 하나의

다(『高麗史』卷113, 鄭世雲 ;『高麗史』卷7, 文宗 7年 10月 丁巳).

98) 경상도 山間僻地의 조세운송의 어려움 때문에 고려전기부터 布貨로 代納하였을 가능성을 시사하는 연구가 있다(姜晉哲,『高麗土地制度史硏究』, 高麗大學校出版部, 261~264쪽). 만약 그러했다면 가능성이 높은 지역은 尙州牧 報令郡·永同郡 일대를 포함하는 소백산지 以東의 산간지대일 것이다.

99)『高麗史』卷57, 尙州牧 龍宮郡. 이 절에 나오는 나루의 고유번호도 Ⅲ장 1절에서 임의로 부여한 것이다.

100) Ⅲ장 <표-10>에서 제시한 洛東津, 餘次尼津, 東安津, 茂溪津 중 東京 직할지역의 조세가 낙동강 수운을 이용하였을 가능성이 높은 나루는 洛東津과 餘次尼津일 것이다. 餘次尼津에서 渡河하면 강 以西의 仇於驛(善州)에 이르고, 洛東津을 이용하려면 連鄕 驛(善州)에서 洛東驛(尙州)으로 北上하였을 것이다.

경로인 '竹嶺路'에 대해 살펴보자. 이 경로를 설정한 주요한 근거는 고려시대 淸風縣에 있었던 茂巖山 倉庫에 관한 기록이다.[101] 고려시대 무암산에 창고가 있었던 이유는 竹嶺을 통과하여 충주 덕흥창으로 향하던 조세를 임시로 보관하기 위해서였다. 고려시대 죽령을 넘던 驛道는 平丘道로, 昌保驛(順安)−昌樂驛(興州)−竹嶺−長林驛(丹山)−壽山驛(淸風)을 경유하여 무암산 창고에 이르렀다.

죽령 또한 삼국시대 이래로 남북을 잇는 주요 嶺路였는데, 고려 건국기 정복전쟁 남방 진출로[102]나 外敵의 침입 때 군대의 이동경로[103]로 이용되었다. 또한 鳥嶺이 公路였던 조선시대에도 慶尙左道에서는 竹嶺을 넘어 충주로 모여들었다는 기록도 참고된다.[104] 이때 자주 등장하는 고을이 安東이므로, 고려시대 安東府 管內의 조세는 尙州道의 甕泉驛(安東府)을 거쳐 平恩驛(順安)에서 시작하는 平丘道를 이용하여 竹嶺을 넘고 무암산 창고를 경유하여 덕흥창으로 운반되었을 것이다.

이상과 같이 경상도 중·북부의 조세는 소백산지의 鷄立嶺이나 竹嶺을 넘어

---

101) "茂巖山은 郡 동쪽 10리에 있다. 창고의 예전 터가 있는데, 고려 때에 경상도의 田賦를 이곳에 옮겼다"(『新增東國輿地勝覽』 卷14, 淸風郡 山川). 무암산은 제천시 청풍면 용복리 뒷산으로 오늘날의 충주호 동편에 위치하였다. 北村秀人은 茂巖山 倉庫를 고려말엽 조세의 육운화에 따라 설치된 것으로 이해하였다(北村秀人, 「高麗時代の漕倉制について」, 『朝鮮歷史論集』 上, 1979, 436∼437쪽). 그는 고려시대에 경상도의 조세가 소백산지의 嶺路를 경유해 京倉으로 보내진 적이 없던 것으로 보고, 고려말엽에 무암산 창고가 설치되면서 비로소 충청도를 경유한 것으로 이해하였다. 이에 반해 무암산 창고의 설치시기나 덕흥창과의 관계 등에 대해 정확히 답하기 어렵지만, 본서에서는 무암산 창고를 竹嶺을 경유한 조세운송의 근거로 주목하였다.

102) 『高麗史』 卷1, 太祖 11年 8月 ; 『高麗史』 卷92, 庚黔弼. 정요근, 「後三國時期 高麗의 남방진출로 분석」, 『한국문화』 44, 서울대 규장각한국학연구원, 2008.

103) 공민왕대 홍건적의 침입에 대비하여 竹嶺大院에서 대군이 결집해 있었고(『高麗史』 卷113, 列傳26, 鄭世雲), 왜구가 竹嶺을 넘어 단양군으로 침입하였다(『高麗史』 卷134, 禑王 8년 4월).

104) "慶尙左道에서는 竹嶺을 지나서 충주에 통하고, 慶尙右道는 鳥嶺을 지나서 충주에 통한다"(『擇里志』, 「八道總論」 忠淸道).

남한강변에 있는 덕흥창으로 운반되었다. 상주목 직할·경산부 관내·경주 직할지역에서는 '鷄立嶺路'를, 안동부 管內지역에서는 '竹嶺路'를 각각 경유 하였다. 덕흥창으로의 조세운송활동은 수세구역이 광범위하고, 소백산지를 넘어야 하는 어려운 교통 여건 때문에 부분적으로 낙동강 수운을 이용하면서 육상교통로를 통해 이루어졌다.

(2) 原州 興元倉

홍원창은 횡성의 동북쪽 덕고산에서 발원한 蟾江이 횡성과 원주 서쪽을 지나 남한강에 합류하는 지점에 위치하였다. 조선시대의 상황[105]을 참고하여 고려시대 홍원창의 수세구역을 추정해 보았다. 고려시대에는 조선시대와 달리 동해 연안지역은 東界에 편입되어 있었고, 북한강변에 昭陽江倉과 같은 漕倉이 마련되어 있지 않았다. 또한 강원 내륙의 交州道 영역은 兩界에 포함되 거나 경창직납지역으로 분류되었다. 따라서 홍원창의 수세구역은 楊廣道 忠州牧의 知事郡 原州 管內(속군 2, 속현 5)로 한정된다.[106]

黃驪縣을 제외하고 蟾江 以東에 위치한 原州 管內의 郡縣은 平丘道를 통해 丹丘驛이나 幽原驛(原州)을 거쳐 蟾江을 따라 홍원창에 이르렀다. 남한강 수운과 별도로 육로를 통해 영서지방에서 南京 방면으로 갈 때는 원주에서 蟾江을 건너 安壤驛(原州)을 경유하여 平丘道를 이용하였다. 안양역은 陸路(평구도)와 水路(섬강)가 교차하는 곳으로, 고려시대에 ⑧安昌津에 準하는 수운시 설이 위치하였을 가능성이 높다(Ⅲ장 <표-9> 참고).

---

105) "홍원창의 수세구역은 원주, 평창, 영월, 정선, 횡성이다"(『新增東國輿地勝覽』 卷46, 原州牧 倉庫).

106) 홍원창의 수세구역으로 분류한 원주목의 屬郡縣 중 남한강 수계에 해당하는 堤州·永春 縣·丹山縣은 덕흥창의 관할 지역으로, 정선·횡성 등의 交州道 일부 지역을 홍원창의 수세구역으로 조정한 견해도 있다(문경호, 앞의 박사학위논문, 80~81쪽·98쪽).

(3) 牙州 河陽倉

하양창은 아산시와 팽성읍의 경계인 郡界川(屯浦川)이 안성천 본류와 만나는 지점에 위치하였다.107) 수세구역은 淸州牧 管內의 여러 군현인데, 청주목 직할지역(속군 2, 속현 7), 천안부 관내(속군 1, 속현 7) 그리고 공주 관내(속군 4, 속현 8)를 포함하였다. 아주 하양창은 京倉으로의 항해거리를 고려하여 수세구역 내에서 최북단의 해안가에 위치하였다. 天安府의 屬縣인 牙州에 河陽倉이 위치하므로 천안부 관내의 조세를 하양창으로 수납하는 것은 당연하지만 나머지 청주목 직할지역과 공주 관내지역에 대해서는 설명이 필요하다.

公州 管內는 칠갑산을 비롯한 차령산지의 동남방면에 자리한 郡縣들이었다. 그런 만큼 산지로 막혀 있는 서북방향의 富城 永豊倉 보다는 아주 하양창에 도달하기가 용이하였다.108) 公州 管內에서 가장 아래쪽에 위치한 德恩郡·市津縣에서는 노성천을 따라 북상하여 全公州道의 敬天驛(公州)에 이르렀다.

금강 以南에 위치하는 公州의 屬郡縣 대부분은 錦江을 건너는 대표적인 나루인 ㉘熊津渡를 건넜다. 顯宗 일행이 거란군을 피해 이 방면으로 피난오자 節度使 金殷甫 등이 熊津渡에서 맞이한 것을 보면,109) 熊津渡가 경기지역과 서남부를 연결하는 길목이었음을 알 수 있다. 熊津의 상류인 日新北川110)가에

---

107) 하양창의 위치를 안성천 하류에 위치한 망해산 기슭의 평택시 팽성읍 노양리 계양나루 일대로 비정한다(이해준, 「해운과 해양사—충청편」, 『한국의 해양문화』 2(上), 해양수산부, 2002, 369쪽).

108) 公州 管內의 수납 조창으로 하양창을 지목한 이유는 원거리의 水運經路, 安興梁 경유의 부담, 비교적 편리한 육상교통로 때문이다. 금강 수운을 이용하여 臨陂에 있는 鎭城倉으로 옮겨졌을 가능성도 있지만, 조선전기 공주 인근의 郡縣도 牙山의 貢稅串倉으로 陸運한 사례를 참고하면, 고려시대에도 陸路로 河陽倉까지 운반하였을 것이다(『經國大典』 卷2, 戶典 漕轉 ; 崔完基, 「朝鮮時代 牙山 貢津倉의 설치와 운영」, 『典農史論』 7, 2001).

109) 『新增東國輿地勝覽』 卷17, 公州牧 山川.

110) 『新增東國輿地勝覽』 卷17, 公州牧 山川. 내용에 따르면 日新北川은 州 북쪽 10리에 있으며, 雙嶺에서 발원하여 남으로 흘러 熊津의 상류로 들어간다. 이 하천은 오늘날의 정안천으로 금강 지류 중의 하나이다.

188

있는 忠淸州道의 日新驛을 거쳐 하천을 따라 올라가면 廣庭驛에 이르게 된다. 즉 公州에서 敬天驛(公州)－熊津渡－日新驛(公州)의 경로를 통해 全公州道와 忠淸州道가 만나게 된다(Ⅲ장 <표-11> 참고).

광정역에서 천안 방면으로 10리쯤 더 북상하면 車峴이라는 고갯길을 만나게 된다. 잘 알려져 있듯이 太祖의 「훈요10조」에 나오는 車峴이 바로 이 고개이다.111) 車峴은 공주의 서북쪽 57리에 위치하는데 공주와 천안의 南北 교통은 물론 東西로 땅이 나뉘는 요충이기도 하였다.112) 고갯길이라고 해도 車峴이라는 명칭에서 알 수 있듯이, 힘은 들지만 '수레(車)가 넘을 수 있는 고개(峴)' 정도로 이해한다면 그다지 높거나 험한 고갯길은 아니었다. 이 고개를 넘어 金蹄驛(豐歲縣)과 新恩驛(天安府)을 경유하여 천안부 관내의 조세와 마찬가지로 成歡驛(稷山縣)을 통과하였다. 성환역에서 北으로 7리 떨어진 곳에 弘慶院(稷山縣)이 위치하였다. 文宗 때에 이곳이 갈림길[岐路]의 요충이므로 국가의 명령으로 行旅들에게 편리함을 제공하면서 여행의 안녕을 기원하는 절을 건립하였다.113) 이곳에서 서쪽의 하천을 따라 가면 河陽倉에 도달하였다.

지금까지 살펴 본 하양창으로의 조세운송경로를 다시 정리하면, 敬天驛－熊津渡－日新驛－廣庭驛－車峴－金蹄驛－新恩驛－成歡驛－弘慶院－河陽倉 순이었다(<그림-4> 참고). 물론 弘慶院에서 북상하면 忠淸州道의 嘉川驛(陽城)·菁好驛(水州)을 경유하여 水州로 진입하였기 때문에, 이 경로는 남경·개경 방면으로 이르는 주요 간선도로망이기도 하였다.

다음으로 내륙지대인 淸州牧 직할지역의 조세운송경로를 살펴보자. 오늘날의 충북지역은 속리산에서 서북쪽으로 갈라져 나온 노령산맥이 道內의 중앙부

---

111) 『高麗史』 卷2, 太祖 26年 4月 訓要 10條 중 8條.

112) 徐居正의 시에 "땅은 車峴으로 나뉘어서 스스로 東과 西가 된다"는 내용이 있다(『新增東國輿地勝覽』 卷18, 全義縣 題詠).

113) 『東文選』 卷64, 「奉先弘慶寺記」; 『新增東國輿地勝覽』 卷16, 稷山縣 驛院. 갈림길[岐路]이라는 의미는 직산에서 공주 방면과 청주 방면의 길이 만나기 때문이다.

에 뻗어 있는 지형 탓에 북부의 충주권과 남부의 청주권으로 양분되어 있었다. 이로 인해 고려시대에도 조세를 수납하는 漕倉이 충주 덕흥창과 아주 하양창으로 나뉘었다. 노령산맥은 서북방면으로 산세를 지속하다가 천안시 북쪽의 노태산(141m)을 전후로 하여 야트막한 언덕 정도로 변한다.[114] 이러한 이 구간의 지형은 남북을 가로지르는 교통로의 개설에 용이한 조건으로 작용하였는데, 고려시대에도 忠淸州道의 新恩驛(天安)이 위치하였다. 내륙지역에 위치한 청주목 직할 군현(속군 2, 속현 7)은 新恩驛으로 연결되는 忠淸州道를 통해 하양창으로 이동하였다.

청주목 인근의 교통로를 분석하면, 북쪽 진천 방면은 산지가 험한 관계로 교통로의 개설이 제한적인 반면 天安府로 연결되는 서쪽에는 신라 때부터 長池驛(청주 서 56리)이 위치하였다.[115] 청주 인근의 내륙지역에서 서해 연안지역으로 이르는 경로상에서 長池驛이 차지하는 비중을 짐작할 수 있다. 청주목 인근의 조세는 長池驛을 거쳐 公州에서 天安府로 이어지는 큰 길로 들어서게 된다.

이상에서 아주 하양창의 수세구역을 천안부권, 공주권, 청주권 세 권역으로 나누어 살펴보았다. 그 결과 다른 수세구역과 달리 해당 조창으로의 운송방법으로 水運이 거의 이용되지 않았음을 알 수 있다. 이유는 다른 조창과 달리 하양창이 위치한 安城川의 流路가 길지 않을 뿐 아니라 하양창의 수세구역이 평택현·안성현을 제외하면 안성천 수계 내에 위치하지 않기 때문이다. 또한 이 일대는 낮은 구릉이나 평지이기 때문에 육상교통로의 개설이 용이한 곳이기도 하였다.

---

114) 이 구간은 산세 때문인지 행정 경계의 역할도 하지 못하며, 옛날에는 三南大路가 이곳을 지나갔고, 현재는 1번 국도와 경부선 및 경부고속도로가 지나간다(경기도박물관, 『안성천』, 2003, 150~151쪽).

115) 청주 상당산성 남문 밖에서 '屬長池馹'이라는 명문이 새겨진 기와편이 발견되었다(충북대박물관, 『상당산성지표조사 보고서』, 1980, 60쪽 ; 한정훈, 「신라통일기 육상교통망과 五通」, 『釜大史學』 27, 2003, 43~44쪽).

190

(4) 富城 永豐倉

부성 영풍창의 위치는 서산시 팔봉면 어송리 창개[倉浦]마을로 비정된다. 영풍창의 위치로 지목한 창개마을의 漢譯인 倉浦가 『高麗史』에서 확인되고 있어 주목된다.116)

해당 기록에 따르면, 태안반도 북쪽의 가로림만에서 물길이 남하하여 倉浦에 이르고 남쪽의 천수만에서 물길이 북상하여 炭浦에 도달한다. 즉 북쪽 倉浦에서 육지로 70리까지 바닷물이 들어와 있고, 남쪽 炭浦에서 육지로 180리까지 물이 들어와 있어 고작 17리가 남북의 물길을 가로막고 있었다. 더구나 14세기 말엽에는 이 17리 중 도랑 10리를 이미 이전에 파놓은 상태였다. 그래서 나머지 7리만 더 공사하면 400여 리의 험한 安興梁을 건너지 않아도 된다는 이점이 있었다. 그 목적을 위해서 王康의 건의로 壯丁을 동원해 공사하였지만 물 밑의 돌과 거센 조수 때문에 당시는 물론 조선시대에도 성공하지 못하였다.

영풍창은 이렇게 육지 깊숙이까지 바닷물이 유입되는 태안반도의 시작지점 북측에 위치하였다. 이곳에 영풍창이 위치한 주요한 원인도 태안반도 끝자락 앞 바다에 있는 安興梁이라는 위험한 항해지점 때문이었다. 또한 Ⅲ장 2절에서 밝혔듯이, 永豐倉은 성종대 60浦와 같이 기존에 있던 浦口에 설치된 漕倉이 아니라 새로운 지점에 설치된 漕倉이었다.

영풍창의 수세구역(홍주·가림현·부성현 管內) 대부분은 삽교천과 그 以南의 칠갑산을 비롯한 차령산지 以西지역이었다.117) 여기에 차령산지 以南의 嘉林縣 管內(서천군 일대)가 포함된다. 가림현 일대를 제외하면 『擇里志』에서

---

116) "康獻議曰 楊廣道泰安瑞州之境 有炭浦從南流至興仁橋百八十餘里 倉浦自北流至蓴堤城下七十里 二浦 間古有浚渠處 深鑿者十餘里 其未鑿者不過七里 若畢鑿使海水流通 則每歲漕運不涉 安興梁四百餘里之險 請始役於七月 終於八月 於是發丁夫浚之 石在水底且海潮往來隨鑿隨塞未易施功事竟無成"(『高麗史』卷116, 列傳29 王康).

117) 홍주 소속 군현 중 혜성군·신평현 등을 아주 하양창의 수세구역으로 파악한 견해도 있다(문경호, 앞의 박사학위논문, 98쪽).

말하는 伽倻山의 앞뒤 10개 고을, 즉 內浦지역에 해당한다.[118] 이른바 內浦지역
은 '非山非野'라 하여 산이 별로 없고 대부분 100m 내외의 구릉지와 평야인
탓에 육상교통로가 비교적 발달하였고, 작은 하천들이 바다로 흘러드는 연안
지역이었다. 따라서 이 지역의 조세는 편리한 교통로를 이용하여 영풍창으로
운반되었다.

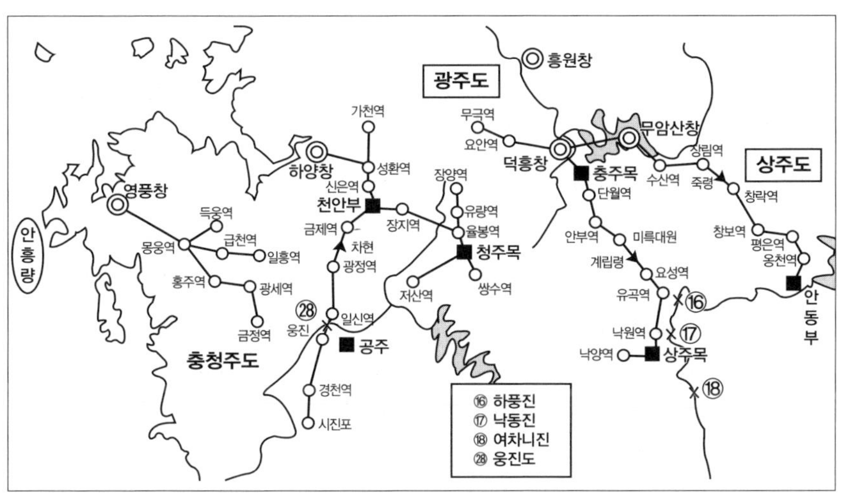

〈그림-4〉 漕倉 주변의 주요 운송경로와 수운시설(1)

(5) 臨陂 鎭城倉

鎭城倉의 수세구역(전주목 직할, 임피현·진례현·김제현·금구현 관내) 중
進禮縣을 제외한 대부분 지역은 오늘날 完州郡의 동쪽 고지에서 발원하여
전주·익산·김제·옥구의 충적평야를 거쳐 서해로 빠져나가는 만경강 수계에
해당하였다.[119] 만경강은 參禮驛(全州)에서 여러 지류의 물이 합류하고, 서쪽

---

118) 『擇里志』 「八道總論」 忠淸道. 또한 공민왕대 왜구의 약탈 관련 내용에서 이 일대를
　　　內浦로 인식한 것이 여러 차례 확인된다(『高麗史』 卷40, 恭愍王 13年 4月 丁酉 ; 『高麗
　　　史』 卷42, 恭愍王 19年 2月 己巳 ; 『高麗史』 卷114, 列傳27, 邊光秀).

으로 흘러 新倉津을 지나 沃溝에 이르러 바다로 빠져 나갔다.[120] 동서로 흐르는 이 하천을 건너는 주요 지점은 參禮驛이었다. 삼례역은 顯宗의 피난 경로상에 등장한 이후, 서울·경기~호남지역간의 전통적인 주요 거점으로 全公州道의 으뜸 驛이었다.

만경강 수계상에 위치하지 않는 進禮縣 管內는 지금의 충남 금산군 일대로 무주군·진안군 일부를 거느렸다. 이들 지역은 한반도의 중앙 내륙 산간지대에 위치하여 漕倉으로 이르기가 쉽지 않았다. 錦江 상류가 흐르지만 流路가 너무 길기 때문에 금강 水運을 이용하기 보다는 오늘날의 전북·충남 접경의 고갯길을 이용한 것으로 추측된다.

이곳에 해당하는 고개로 조선전기 지리지에서 梨峴과 炭峴이 확인된다.[121] 梨峴(일명 梨峙)은 오늘날에도 중요한 길목인데, 조선초기에 전주부의 일부 땅이 高山·雲梯를 넘어 珍山郡 서쪽으로 들어와 있는 越境 관련 기록[122]을 통해 梨峴의 왕래를 짐작할 수 있다. 雲梯縣은 고려시대 전주목의 직할 속현인데, 22驛道가 형성되기 이전인 성종대에 祇弗驛이 이미 존재하였다.[123] 이처럼 고려초기부터 오늘날 완주군과 금산군 사이의 고갯길에 驛시설이 설치된 것으로 볼 때, 두 지역간의 교류가 적지 않았음을 알 수 있다.

진례현 관내의 조세는 錦江 지류를 따라 형성된 小路와 進賢驛·濟元驛(進禮縣)－珍化驛(珍同縣)으로 연결된 全公州道를 통해 梨峴을 넘은 뒤, 玉庖驛을

---

119) 다만 錦江의 南岸에 인접한 군산시와 익산시 일부지역은 錦江의 수계에 해당하고, 全州牧 屬縣인 馬靈縣도 만경강 수계에 해당하지 않는다. 내륙하천을 통해 수송이 어려운 진례현·부리현 등을 진성창의 수세구역에서 제외한 견해도 있다(정홍일, 앞의 석사학위논문, 51~53쪽).

120) 『世宗實錄地理志』 全羅道 序文.

121) 『新增東國輿地勝覽』 卷33, 珍山郡 山川 梨峴 ;『新增東國輿地勝覽』 卷34, 高山縣 山川 炭峴.

122) 『世宗實錄地理志』 全羅道 珍山郡.

123) 『高麗史』 卷3, 成宗 9年 9月. 성종대 祇弗驛의 기능은 22驛道 중 全公州道의 玉庖驛(雲梯縣)으로 계승되었을 것이다(Ⅱ장 2절 2항 해당 내용 참고).

통해 전주목 관내의 高山縣으로 운송되었다.[124] 이렇게 해서 고산현에 이르면 조선시대 기록에서 언급하듯이, 만경강을 이용하여 新倉津을 지나 臨陂의 鎭城倉까지 水運하는 것은 어렵지 않았다.[125]

위와 같이 진성창의 수세구역은 인근의 안흥창에 비해 광범위하였다. 조선시대에 錦江을 더 거슬러 올라가 위치한 龍安縣 德城倉의 수세구역은 고려시대 진성창뿐 아니라 안흥창의 수세구역까지 포함하였다.[126] 이렇게 고려나 조선시대에 금강 하구에 위치한 漕倉의 수세구역이 광범위한 것은 이 일대가 조창 소재지로 적합하였기 때문이다. 錦江 하구는 곡창지대인 전라도에서 가장 북쪽에 위치해 京倉으로의 항해거리가 짧을 뿐 아니라 육로와 함께 하천 수운의 이용 등 교통 요건이 양호하였다. 이러한 입지조건으로 인해 고려말기 왜구의 주요 약탈대상이면서 내륙으로 진입하기 위한 출입구가 바로 금강 하구의 鎭浦였다.[127]

(6) 保安 安興倉

고려초기 60浦制 때의 濟安浦(前號 無浦)에 소재하였던 안흥창은 당시에 熊淵[128]이라 불렸던 오늘날의 곰소만 깊은 곳에 위치하였다. 안흥창이 위치한

---

124) 완주군 고산면에서 錦山 방면으로의 경로는 다음과 같이 설정된다. 읍내리−삼기리− 역촌(玉庖驛 : 필자 註)−(경천저수지 부근)−싱그랭이−장선리−梨峴을 넘어 錦山 으로 연결된다(完州郡誌編纂委員會, 『完州郡誌』, 1996, 886쪽).

125) 『世宗實錄地理志』全羅道 序文. 『練藜室記述』別集 卷16, 地理典故 摠地理에 萬頃의 新倉津이 高山에서 시작하여 바다로 빠져가는 경로를 자세히 언급하고 있다.

126) 심지어 德城倉을 계승한 群山倉은 중종 7년(1512)에 일시적이나마 漕運經路의 험난함 으로 인해 영광 법성창뿐 아니라 나주 영산창의 田稅까지 거두어들이기도 하였다(『練 藜室記述』卷11, 漕運).

127) 왜구는 금강 하구의 鎭浦에 배를 매어 두고 상륙해 분산하여 양광·경상·전라도의 州郡으로 들어가 방화하고 약탈하였다(『高麗史』卷114, 列傳27, 羅世 ; 『高麗史』 卷137, 列傳50, 申昌 己巳 9月).

128) 『高麗史』卷114, 列傳27 羅世. 熊淵에 있던 濟安浦와 공민왕 때 확인되는 黔毛浦(『高麗 史』卷39, 恭愍王 7年 7月)가 동일한 포구인 것으로 이해하였다. 『增補文獻備考』

194

古阜郡 管内는 동진강의 지류인 원평천 以南에 해당한다. 이 지역은 동진강 수계의 低平한 지대이므로 운송상의 어려움이 덜하였다. 古阜郡 管内와 南原府 管内에서 안흥창에 집산된 세곡은 灣을 빠져 나가 漕船의 안식처인 群山島[129]를 경유하는 漕運航路를 통해 京倉으로 향하였다.

이 일대의 조세는 안흥창 인근의 菰原驛(古阜郡)[130]으로 연결되는 全公州道를 비롯한 陸路를 통해 운송되었다. 전공주도에 속하는 川原驛(井邑縣)은 흥덕·고창 방면의 분기점인 동시에 蘆嶺(276m)에 인접한 교통의 요지였다. 호남지방은 노령산맥이 북동－남서 방향으로 뻗어 있어 남북간의 교통로가 제한적인데, 해발 600~700m의 산지를 가르는 고개 중 대표적인 것이 葦嶺(=蘆嶺)[131]이었다. 이렇게 남북을 가로 막은 노령산맥으로 인해 이 일대는 보안 안흥창과 영광 부용창의 수세구역으로 나뉘어졌다.

또다른 수세구역으로 남원부 管内을 들 수 있다.[132] 이 지역은 내륙 산간지대인 만큼 서해의 漕倉으로 조세를 운반하는 것이 쉽지 않았다. 섬진강 수계상에 위치하였기 때문에 섬진강 수운의 이용이 가능하였지만, 그럴 경우 남해로 나갔다가 다시 서해를 통해 北上해야 하는 운송거리상의 문제가 있었다. 그래서 노령산맥을 넘어 평야지대를 지나 서해의 漕倉에 이르렀다.[133] 노령산

卷33, 扶安에 濟安浦와 黔毛浦가 郡 남쪽 50리로 표기되어 있고, 『大東輿地圖』에도 함께 표기되어 있기 때문이다.

129) "벼랑에 배를 감출만한 곳이 있어서 모든 漕運하는 자는 여기에서 순풍을 기다린다"(『新增東國輿地勝覽』 卷34, 萬頃縣 山川 郡山島). 연근해 항로의 要地인 군산도에 대해서는 다음 연구논문이 참고된다(森平雅彦, 「高麗群山亭考」, 『年報朝鮮學』 11, 九州大學朝鮮學研究會, 2008 ; 김종수, 「군산도와 고군산진의 역사」, 『전북사학』 37, 2010 ; 한정훈, 「고려시대 연안항로에 관한 기초적 연구」, 『역사와 경계』 77, 2010).

130) 조선시대 고부군에 있던 瀛原驛과 동일한 驛이다. 오늘날의 정읍시 영원면 은학리로 비정되는데, 『大東輿地圖』에서 안흥창과 인접하고 있는 것을 확인할 수 있다.

131) 『高麗史』 卷57, 靈光郡 長城縣.

132) 섬진강 수계에 위치한 남원부 管内를 昇州 海龍倉의 수세구역으로 이해한 견해도 있다(정홍일, 앞의 석사학위논문, 48~51쪽 ; 문경호, 앞의 박사학위논문, 98쪽).

133) 『世宗實錄地理志』 全羅道 序文을 참고하면, 조선시대 남원 일대의 조세는 육로로

맥을 넘어 안흥창에 이르기 위해서는 南原道의 葛覃驛(九皐縣)에서 오늘날의 구절재(230m)를 넘어 全公州道의 居山驛·新保驛(泰山郡)을 경유한 다음, 위에서 언급한 菰原驛으로 향하는 역도를 이용하였다.

고려시대 남원부를 중심으로 편성된 南原道는 서북쪽의 전주 방면과 동남쪽의 진주 방면을 연결하는 역도였다. 남원부의 동쪽에 위치하는 印月驛(雲峯縣)에서 八良峴을 넘거나 ㉚潺水津(求禮縣)을 경유하는 섬진강 수운을 통해 慶尙道로도 연결 가능하였다. 또한 남원 동북쪽 六十峴(長水縣)도 경상도로 가는 길목이었다.134)

(7) 靈光 芙蓉倉

영광군 내에는 동쪽의 노령산맥에서 시작하여 서해로 흘러가는 주요하천으로 와탄천과 불갑천이 있다. 두 하천 중 부용창이 와탄천변의 영광군 법성면 입암리에 위치하는 것은 나름의 이유가 있었다. 京倉으로의 조운 경로상 주요 遭難지대인 七山島 앞 바다135)를 사이에 두고 아래쪽에 불갑천이, 위쪽에 와탄천이 위치하였기 때문이다. 안전한 항해를 위해 칠산도 앞 바다를 경유하

전주를 경유하였다가 금강변의 德城倉(咸悅縣)으로 수납되었다. 하지만 이때는 고려시대와 같이 영광 부용창과 보안 안흥창이 없던 시기였다. 현재로서는 고려시대 남원부의 조세수납 조창이 서해의 어느 조창인지 확인하기 어렵지만, 본서에서는 여러 정황을 고려하여 보안 안흥창으로 설정하였다. 또한 이들 내륙지역은 德興倉의 수세지역으로 분류한 尙州牧 報令郡·永同郡 일대 소백산지 以東의 산간지대와 마찬가지로 布貨로 代納하였을 가능성도 있다.

134) 六十峴·八良峴·潺水津(언덕 위에 鑽燧驛이 있음 : 필자 註)이 경상도로 가는 길목이며 요충지로 표현되어 있다(『高麗史』 卷57, 南原府 長水縣·雲峯縣·求禮縣).

135) 영광 칠산도 앞 바다가 항해상 위험한 지점임은 여러 사료에서 확인된다(『新增東國輿地勝覽』 卷36, 靈光郡 倉庫 法聖倉 ;『英祖實錄』 卷66, 英祖 23年 10月 己未 ;『正祖實錄』 卷33, 正祖 15年 12月 辛亥 ;『萬機要覽』 財用編 6, 諸倉 羅里舖倉 正宗 10年). 이 중 영조 23년 10월에 "뱃사공들이 七山의 위험을 지나면 술을 부어 살아난 것을 서로 축하한다"거나 정조 15년 12월에 "七山 하류의 여러 고을은 물길이 멀 뿐만 아니라 험한 곳을 많이 만난다"는 내용은 칠산도 앞 바다가 항해자에 있어 얼마나 부담이었는지를 여실히 보여준다.

지 않아도 되는 와탄천변에 부용창이 위치한 것이다.

이처럼 영광 부용창(혹은 조선시대 법성창)은 '鳴梁項'[136]·'七山島' 앞 바다와 같은 전라도 연해의 조난지대를 벗어난 지점에 위치하였기 때문에 활용도가 높았다. 조선 중종 때는 榮山倉의 수납구역까지 통합하여 28개 郡縣을 조세 수납지로 관할하였다.[137] 이 범위는 오늘날의 전남 전역과 전북 일부(고창·순창)를 포함할 만큼 광범위한 것이었다.

이에 반해 고려시대 영광 부용창의 수세구역은 앞의 <표-16>과 같이 羅州 知事郡 靈光郡 管內(屬郡 2, 屬縣 8)로 16세기의 그것 보다 훨씬 작았다.[138] 동일한 지점에 위치하였음에도 이렇게 차이가 나는 이유는 두 시기 인근에 분포한 漕倉 數의 차이 때문이다.[139] 全羅道에 있던 고려시대 4개 漕倉(해룡창·장흥창·해릉창·부용창)의 기능을 조선시대에 영광의 法聖倉 하나가 담당한 것만 보더라도 위에서 말한 부용창의 입지조건, 즉 조난지대(칠산도 앞 바다)와 조창(부용창)의 관계를 짐작할 수 있다.

수세구역 중 가장 내륙에 위치한 長城郡과 森溪縣의 조세는 昇羅州道의 丹巖驛(長城郡)에서 綠沙驛(靈光郡)으로 연결되는 驛道를 통해 부용창으로 운송되었다. 그리고 咸豊縣 등 서해 연안에 위치한 屬縣도 七山島 앞 바다 以南에 위치하였기 때문에 해로보다 육로를 통해 부용창으로 향하였을 가능성이 있다.

---

136) 본 절의 註147) 참고.

137) 『新增東國輿地勝覽』 卷36, 靈光郡 倉庫 法聖倉 ; 영광군지편찬위원회, 『靈光郡誌』, 1994, 127쪽.

138) 정홍일과 문경호는 부용창의 수세구역에 대해서도 이견이 있다.

139) 고려시대에는 전라도 지역에 총 6개소의 조창이 있었던 것에 반해, 16세기에는 영광 법성창과 옥구 군산창만 존재하였다. 이러한 변화는 고려시대부터 운영해온 조운제도의 시행착오를 통해 해상 조난사고를 줄이기 위한 노력 속에서 나온 결과이다.

(8) 羅州 海陵倉

60浦制 때의 通津浦에 설치된 나주 해릉창은 기존 연구에서 나주시 삼영동에 위치한 것으로 정리하였다.[140] 최근에는 통진포가 기존의 위치 보다 영산강을 조금 더 내려간 會津일 가능성을 제기한 견해도 있다.[141] 하지만 해릉창이 會津縣의 會津에 위치하였다면, 굳이 나주 해릉창으로 표기하지 않았을 것이다. 이와 별도로 60浦制 때부터 나주에 위치하였던 南海浦(前號 木浦)는 조선시대까지 존속하면서 錦江津·南浦津 등으로 불리면서 『高麗史』 羅州牧에서 확인될 만큼 고려말·조선초기 나주목의 대표적인 포구로 자리잡았다.[142]

해릉창은 영산강유역의 중심에 위치하므로 수세구역(나주목 직할지역 및 해양현·능성현)도 榮山江 水系상에 위치하는 고을들로 구성되었다(<표-16> 참고). 이들 고을은 영산강 수계의 최북단에 위치한 原栗縣을 비롯하여 대부분이 영산강 수계와 일치하였다.[143] 하지만 나주목의 屬郡縣인 谷城郡·樂安郡·長山縣은 영산강 수계가 아니었다. 장산현은 신안군 일대의 島嶼지역이고, 곡성군·낙안군은 고려초에 昇平郡의 屬郡이었다가 이후에 나주목 소속으로 바뀌었다.[144]

---

140) 국립해양문화재연구소, 『고려 뱃길로 세금을 걷다』, 2009 ; 정홍일, 앞의 석사학위논문.

141) 변남주, 『前近代 榮山江 流域 浦口의 歷史地理的 考察』, 목포대학교 박사학위논문, 2010, 140~141쪽 ; 문경호, 앞의 박사학위논문, 56~57쪽.

142) 『高麗史』 卷57, 地理2, 羅州牧 ; 『新增東國輿地勝覽』 卷35, 羅州牧 山川에서 확인되는 錦江津 내용을 활용하였다.

143) 영산강유역의 자연지리적 환경에 대해서는 다음의 저서를 참고하였다(한국향토사연구 전국협의회, 『榮山江流域史研究』, 1997). 다만 영산강 수계지역인 영암과 함평·장성은 해릉창으로 수납하지 않았다. 영암에는 장흥창이 있었고, 함평·장성은 영광 부용창이 인근에 위치하였기 때문이다.

144) 곡성군은 고려초에 昇平郡의 소속 郡이었다가 후에 나주목에 소속되었다(『高麗史』 卷57, 地理2, 谷城郡). 정종 2년(1036)에 승주가 승평군으로 개칭·강격되면서 곡성군과 낙안군 및 그 부근의 4所와 2부곡이 나주목의 임내로 이속된 것으로 이해된다(순천시 사편찬위원회, 『順天市史』, 1997, 9쪽).

이처럼 수세구역이 영산강유역에 위치하였던 만큼 해릉창으로의 조세운송
은 영산강 지류의 수운을 이용하였다. 이와 함께 靑巖驛(羅州)을 중심으로
뻗어 있는 昇羅州道의 나주권역 역도망도 활용하였다. 해릉창으로의 조세운송
활동은 영산강 물길과 驛道의 이용이 용이하였으므로 다른 지역에 비해
수월하게 이루어졌다.

(9) 靈巖 長興倉

최근에 장흥창의 위치에 관한 여러 의견 속에서 예전의 내용이 보완되었다.
이전에는 월출산에서 흘러나와 영산강으로 합류하는 영암천변에 위치한
것으로 추정하였지만[145] 최근에는 구체적인 문헌자료와 현장 조사를 통해
장흥창이 영암군 영암읍 망호리에 위치한 것으로 이해하였다.[146]

장흥창의 수세구역(장흥부 관내·영암군 관내·진도현 관내)이 서남해를 끼
고 있는 만큼 연안해로를 이용하였을 것으로 예상되지만, 그 보다는 육로를
통해 장흥창으로 이동하였을 것이다. 이것은 육로에 비해 상대적으로 먼
항해거리와 항로에 위치한 '鳴梁項'이라는 海上 險路 때문이었다.

수세구역인 오늘날의 장흥·강진에서 장흥반도 - 강진만 - 해남반도 - 명
량해협 - 화원반도로 이어지는 복잡하고 긴 해안을 따라 航海한 다음, 영산강
지류를 거슬러 장흥창에 도달하였을 가능성은 낮다. 항해 도중의 '鳴梁項'은
峽路이면서 물살이 빨라 경유하는 것이 쉽지 않았다.[147] 조선전기의 기록으로

---

145) 영암천 하류의 군서면 해창리 일대로 보는 견해(金京洙, 「榮山江 水運 硏究」, 고려대
　　　석사학위논문, 1987, 25쪽)와 달리 필자는 영암천을 조금 더 거슬러 올라간 지점일
　　　가능성을 제기하였다.
146) 변남주, 앞의 박사학위논문, 67~69쪽. 이와 달리 최근에 장흥창이 강진만의 강진군
　　　남포리(정홍일, 앞의 석사학위논문, 22~23쪽)나 해남군 마산면 맹진리 맹진포(문경호,
　　　앞의 박사학위논문, 59~61쪽)로 보는 의견도 제기되었다.
147) 이 수역의 가장 좁은 곳은 폭이 약 294m 내외이며 동양 최대의 시속 11노트 조수가
　　　하루 4차례 들고 나서 물길이 빨라서 배가 다니기 힘이 든다(진도군·목포대박물관,
　　　『壬辰·丁酉倭亂과 珍島』, 1992, 162~163쪽). 하지만 이 일대를 지칭하는 고려시대의

'鳴梁項' 항로를 피해 해남현 북쪽 竹城浦 위에 田稅를 거두어들이던 山城을 설치하였던 사실도 참고된다.[148] 이러한 이유 때문인지 Ⅱ장 <그림-1>과 같이 성종대 60浦制 운영시기에 전라도 南海岸 安波浦(兆陽縣)~'鳴梁項'의 긴 구간(㉮구간)에 포구시설이 확인되지 않는다.

'鳴梁項'을 통과하는 것은 각별한 주의를 필요로 하였다. 인근에 사는 뱃사람들은 물길의 위험성과 그것을 극복하는 방법에 익숙하였고, 항해에 만전을 기해 통과하였다. 이곳은 남해안과 서해안을 이어주는 길목에 해당하는 지점으로, 조운 경로상 '慶尙·全羅 貢賦 수송의 목구멍과 같은 요충지'[149]로 표현되기도 하였다. 그렇다 하더라도 수세구역에서 장흥창으로의 이동과 같이 '명량항'을 통과하지 않아도 되는 경우는 육로를 이용하였을 것이다.

이럴 경우에 장흥창으로의 육운활동은 漕倉 인근에 위치한 永保驛(靈岩)[150]으로 연결되는 昇羅州道를 이용하였다. 해남 방면에서는 南里驛(黃原)·淥山驛(海南)으로 난 驛道를 거쳐 別珍驛(竹山)에서 월출산 방면으로 향하였고, 장흥 방면에서는 碧山驛(遂寧)과 通谷驛(道康)을 거쳐 영암으로 이동하였다. 후자의 경우는 昇羅州道의 通谷驛(道康縣)에서 강진~영암의 요해지인 通音所峴[151]

　　　地名을 찾지 못했기 때문에 본문에서는 『大東輿地圖』에 나오는 '鳴梁項'을 인용하였다.
148) "竹城浦는 해남현의 북쪽 30리에 있다. 浦 위에 산성의 옛터가 있는데, 전하는 말에 田稅를 거두어들이던 곳이라 한다"(『新增東國輿地勝覽』 卷37, 海南縣 山川). 이 내용이 고려시대까지 소급 가능한지 알 수는 없지만 竹城浦 山城이 鳴梁項 일대의 위험한 항로를 보완하는 육로상의 집산처임은 짐작할 수 있다. 문경호는 이 기록을 근거로 영암 장흥창이 오늘날의 해남군 마산면 맹진리에 위치한 것으로 이해하였다.
149) "慶尙全羅貢賦皆未得陸輸 必以水運 今逆賊據於珍島 玆乃水程之咽喉 使往來船楫 不得過行"(『高麗史』 卷27, 元宗 12年 3月 癸巳).
150) "永保驛은 영암군의 북쪽 성 밑에 있다"(『新增東國輿地勝覽』 卷35, 靈巖郡 驛院). 장흥창이 위치한 것으로 추정되는 망호리와 영보역이 위치하였던 역리는 모두 영암읍에 위치하였다.
151) 通音所峴은 강진 북쪽에서 영암으로 통하는 요해지이다(『世宗實錄地理志』 靈巖郡). 이 고개는 冬音所峴(靈巖郡 동남 25리)으로 불리기도 하였다(『新增東國輿地勝覽』 卷35, 靈巖 山川).

을 넘어 영암의 永保驛에 이르렀다. 수세지역에서 長興倉으로의 운송경로는
海路보다 陸路(昇羅州道)를 적극 이용하였을 것이다.

(10) 昇州 海龍倉

해룡창의 위치는 전남 순천시 홍내동 해룡산 일대이다.[152] 이곳은 순천만에
서 깊숙이 들어간 곳으로, 東川과 마주보는 해룡산(해발 75m) 경사면에 漕倉이
조성되었다.

해룡창의 수세구역은 寶城郡과 昇平郡 관할지역이다. 보성군의 조세는
해당 지역의 軍知驛(福成)·嘉新驛(寶城)·波淸驛(兆陽)을 통해 昇羅州道 樂新驛
(樂安)을 경유하여 昇州의 栗陽驛에 이르렀다. 여기에서 海龍倉은 6리 정도
떨어져 있었다.[153] 또한 昇平郡 管內는 昇羅州道의 益新驛·蟾居驛(光陽)과
南原道의 高陽驛·樂水驛(富有)을 거쳐 栗陽驛으로 연결된다. 순천만에 인접한
屬縣에서는 潮陽浦(昇平)를 비롯한 여러 포구[154]를 통해 해상운송도 이루어졌
다.

한편 해룡창의 수세구역과 별개로 승평군에서는 섬진강을 통해 남원부
일대의 내륙지역과 연결된다.[155] 鎭安에서 발원한 섬진강은 남원 경계에
이르러 ㉙鶉子津이 되고, 鴨綠津(곡성)에서 亭子川(=보성강)의 洛水(津)과
만나 구례 남쪽·순천 북쪽에 이르러 ㉚潺水津이 되었다.[156] 이 潺水津 언덕

---

152) 순천시사편찬위원회,『順天市史』, 1997 ; 순천대학교 박물관,『순천 해룡산성』, 200
  2 ; 邊東明,「해룡산성과 순천」,『전남사학』19, 2004.

153)『新增東國輿地勝覽』卷40, 順天都護府 山川·驛院의 내용을 통해 海龍倉(海龍山 ; 府
  南 10리)과 栗陽驛(府 南 4리)이 가까이 위치하였음을 알 수 있다.

154) Ⅱ장 3절의 <표-4> B그룹에서 해룡창이 있던 潮陽浦를 비롯하여 波平浦(낙안군),
  海安浦(광양현), 安波浦(조양현), 利京浦(여수현)가 확인된다.

155) 정홍일과 문경호는 남원부 관내지역이 섬진강 수운을 이용하여 해룡창에 수납한
  것으로 이해하였다. 하지만 京倉으로부터 훨씬 더 멀리 떨어져 있는 승주 해룡창에
  집산하여 험한 서남해의 항로를 경유하였는지에 대해서는 여전히 의문이다.

156)『世宗實錄地理志』全羅道 序文.

위에는 南原道의 鑽燧驛(求禮)이 있었다. 이곳은 未草栗峴과 함께 구례현에서 승평군으로 오가는 요해처였다.[157] 섬진강 물줄기는 潺水津에서 더 남하하여 광양현 남쪽의 蟾津을 거쳐 남해로 들어갔다.

　내륙으로 연결 가능한 섬진강 수계상에 있으면서 해룡창이 위치했던 승평군은 왜구 침략의 주요 대상 중 하나였다. 우왕 5년(1379) 3월에 왜구가 곡성·남원에 이어 순천부를 약탈한 사실[158]을 통해 남해안에서 내륙으로 진출하는 주요 경로 중 하나가 남해안－섬진강－남원부 일대임을 알 수 있다. 이 경로는 섬진강 以東의 서부 경남에서 함양－남원 간의 고갯길(六十峴, 八良峴)을 넘는 경로와 함께 왜구의 내륙 진입 要路였다.

(11) 泗州 通陽倉

　통양창의 수세구역은 晉州牧 管內이고, 주요 조세운송로는 管內를 연결하는 山南道였다. 산남도는 泗州 通陽倉으로의 운송 경로일 뿐 아니라, 全州 방면으로 향하는 내륙교통로의 성격도 지니고 있었다. 그것은 晉州 管內를 아우르면서 전주 방면으로 향하는 산남도의 분포 양상에서도 확인된다.

　산남도의 丹嶺驛(鎭安)에서 六十峴(長水縣)을 넘어 南江 지류를 따라 沙斤驛(利安縣)에 이르는 경로는 南原道의 印月驛(雲峰縣)에서 八良峴을 넘어서 沙斤驛에 이르는 경로와 함께 경상도로 이르는 주요 교통망이었다.[159]

　고려말엽에 沙斤驛－八良峴－印月驛의 경로가 왜구의 진격로일 뿐 아니라 진압작전에 이용된 사실[160]을 보면, 沙斤驛은 전라·충청 내륙지대로 진입하기

---

157) 『高麗史』 卷57, 地理2, 求禮縣.

158) 『高麗史』 卷134, 禑王 5年 3月.

159) 장수현의 六十峴과 운봉현의 八良峴은 요해처이면서 경상도로 가는 길목이다(『高麗史』 卷57, 地理2, 南原府).

160) 『高麗史』 卷126, 列傳39, 邊安烈 ; 『高麗史』 卷134, 禑王 6年 8·9月. 邊安烈傳에서는 沙斤驛이 沙斤乃驛으로 표기되어 있다. 또한 六十峴도 신라 때부터 요해지였고(『新增東國輿地勝覽』 卷39, 長水縣 山川) 山南道의 驛 분포상황을 고려하면 沙斤驛－六十峴

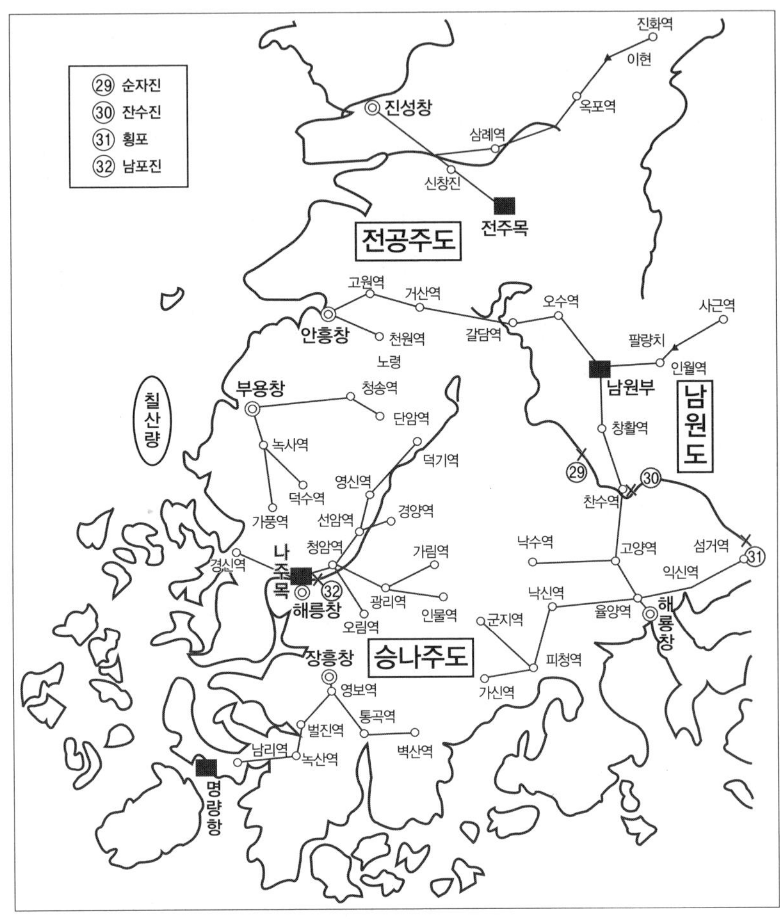

〈그림-5〉 漕倉 주변의 주요 운송경로와 수운시설(2)

위한 주요 고개(八良峴과 六十嶺) 아래에 있는 경상도 서북부의 중심 驛으로 평가할 수 있다(<그림-6> 참고).

그런데 수세구역 중 黃江유역에 위치하는 陜州 일대의 운송경로에 대해서는 설명이 필요하다. 이 일대의 조세운송은 황강 – 낙동강으로 연결되는 다소

간의 경로도 설정 가능하다.

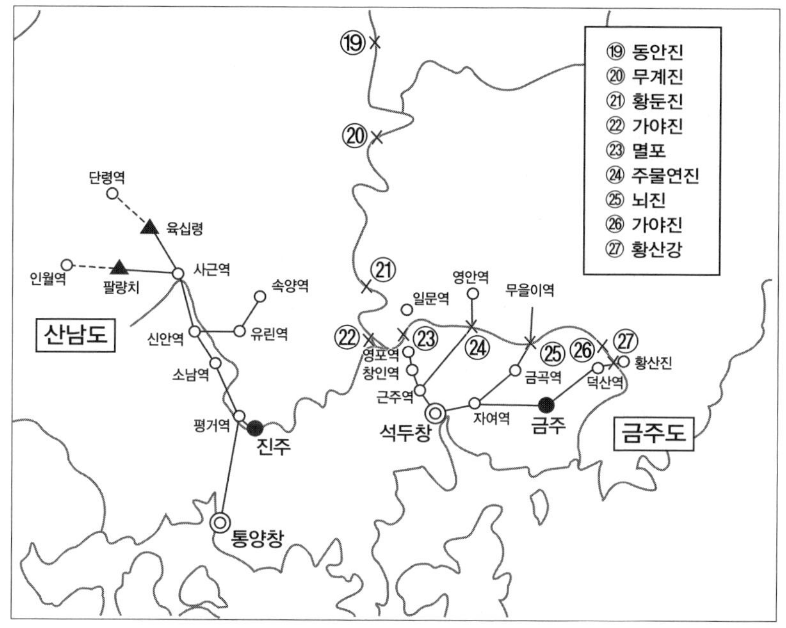

〈그림-6〉 漕倉 주변의 주요 운송경로와 수운시설(3)

긴 水路에 의존하지 않고, 速陽驛(陜州)－有隣驛(嘉樹)－新安驛(江城)으로 이어지는 山南道를 비롯한 육로를 이용하였다. 즉 陜州에서 三岐縣[161]을 경유한 뒤, 단성 방면으로 연결되는 驛道를 통과하여 鏡湖江을 따라 南江 수운에 접하게 되었다.

이와 같이 山南道와 南江 수운을 통해 晉州牧 인근으로 수집된 조세는 泗川灣 東岸 언덕에 위치한 통양창으로의 운송을 위해 남강 본류에서 사천만으로 흐르는 加花川 水路나 川邊의 陸路를 이용하였다.[162] 이밖에 진주 동남쪽의 고성현·거제현과 같은 남해 연안지역의 조세는 연안해로를 통해 통양창으로

---

161) 『高麗史』 卷57, 陜州 三岐縣. 三岐가 세 방면으로 향하는 갈림길을 뜻하는 만큼 이 곳은 교통상의 요지였다.

162) 조선시대에도 마찬가지 경로를 통해 사천만 깊숙한 加花川邊의 場岩倉과 駕山倉으로 조세를 운반하였다.

집산되었다.

이상과 같이 晉州牧 管內, 通陽倉의 수세구역 그리고 山南道의 역도망은 그 분포범위가 비슷하였다. 이들 관계는 교통로를 이용하여 조세를 수취하는 군현체제의 기능을 가장 확실하게 보여 주는 사례이다. 이런 점에서 山南道는 22역도의 다른 驛道와 같이 고을 이름을 붙여 명칭을 붙인다면, '晉州道'라 해도 손색이 없을 것이다. 이러한 驛道網으로 연결되는 진주목 관내의 海上 關門 역할을 하는 泗川灣에 通陽倉이 위치하였다.

(12) 合浦 石頭倉

남해안의 馬山灣 깊숙한 지점에 위치한 석두창은 관할 수세구역이 낙동강 유역에 위치하였지만 낙동강 수운을 적극적으로 이용하지 않았다. 왜냐하면 수세구역의 南東 방면으로 흐르는 낙동강 흐름의 반대인 서남쪽 끝에 석두창이 위치하였기 때문이다. 그래서 석두창으로의 조세운송에는 金州道가 적극 활용되었다. 이러한 사실은 석두창의 수세구역과 金州道의 분포범위가 비슷한 것으로도 설명된다.[163]

수세구역을 횡단하는 낙동강을 건너 금주도의 역도망을 연결하는 나루는 Ⅲ장 <표-10>과 같이 ㉓蔑浦, ㉔主勿淵津, ㉕磊津, ㉖伽倻津, ㉗黃山江(津) 등이 있었다. 낙동강 以北의 密城郡 管內의 조세는 蔑浦·主勿淵津·磊津 등의 나루를 지나 마산만으로 남하하는 金州道의 靈浦驛·自如驛·金谷驛을 통해 석두창으로 운반되었을 것이다. 그리고 낙동강 以東의 梁州도 伽倻津·黃山江 에서 낙동강을 건넌 뒤, 金州道를 이용하여 석두창으로 향하였다.

또한 해안가에 위치한 州縣은 연안해로를 통해 석두창으로 이동하였다. 왜구가 원종 4년(1263) 2월에 金州 管內 熊神縣 勿島에서 여러 고을의 공물

---

163) 수세구역 전체 군현 19곳 중 金州道의 驛이 분포하지 않는 고을은 熊神縣, 東平縣, 豊角縣 정도이다.

수송선(諸州縣貢船)을, 공민왕 10년(1361)에 동래현과 울주의 漕船을 각각 약탈한 사실[164]을 참고하면, 울주·기장현·동래현·웅신현 등이 이 경우에 해당한다.

(13) 長淵 安瀾倉

문종대에 설치된 安瀾倉의 위치는 명확하지 않지만, 황해남도 장연군의 大東灣 沿岸일 것으로 추정한다.[165] 서해도의 서쪽 끝자락에 바다로 돌출한 長山串은 서해안의 대표적인 遭難지대였다. 앞서 언급하였듯이, 영광 부용창과 부성 영풍창이 漕運路상에서 칠산도 앞 바다와 안흥량을 지난 지점에 각각 위치한 것처럼 안란창도 장산곶을 지나 위치하였을 것이다. 하천과 만나는 灣 깊숙한 지점에 위치하는 漕倉의 입지, 佐丘驛(永康)으로 연결되는 狻猊道의 역도망 등을 고려하면, 오늘날의 廣灘川이 유입되는 大東灣일 가능성이 높다.[166]

안란창의 수세구역(풍주·옹진현 管內)[167] 중 하나인 豊州 管內는 영역 한가운데 위치하는 維安驛(靑松)을 통해 狻猊道 역도망에 연결되었다. 또한 瓮津縣

---

164) 『高麗史』 卷25, 元宗 4年 2月 癸酉 ; 『高麗史』 卷39, 恭愍王 10年 8月 癸巳.

165) 北村秀人은 장연현의 古邑城 위치를 근거로 大東灣 沿岸으로 추정하였다(北村秀人, 앞의 논문, 1979, 415쪽). 吉田光男은 황해남도 장연군 해안면 구진리 덕동(남대천 일원)으로 비정하면서도 大東灣일 가능성도 열어 두었다(吉田光男, 「高麗時代の水運 機構 ʻ江ʼについて」, 『社會經濟史學』 46-4, 1980, 422·432쪽). 최근에 문경호는 갈대[葦] 로 유명한 남대천의 고암포를 안란창이 설치되었던 海葦浦로 이해하였다(앞의 박사학 위논문, 68쪽).

166) 廣灘川은 조선후기에 西別江 혹은 苔灘으로 불렸다. 西別江은 옛날에 창고가 있어서 長山串 이북의 여러 고을 田稅를 거두어 두었다가 漕運하여 서울에 이르게 하였다(『大東地志』 卷17, 海州牧 倉庫 ; 『增補文獻備考』 卷34, 關防10, 黃海道 長淵 西別江). 위의 내용은 이 지점이 西海道 조운활동의 중간 기착지였음을 짐작하는데 도움이 된다.

167) 앞 절에서 경창직납지역으로 분류하였던 黃州를 안란창의 수세구역에 포함시켜 이해하기도 한다(문경호, 앞의 박사학위논문, 98쪽).

의 屬縣인 長淵縣에는 안란창이, 장연현에서 동쪽 45리 지점의 永康縣에는 佐丘驛이 각각 위치하였다.168) 풍주·옹진현 관내의 조세는 장산곶 앞 바다를 경유하지 않고, 維安驛과 佐丘驛으로 연결되는 狻猊道를 통해 大東灣의 안란창으로 운반되었다. 이 일대의 지형이 연안평야지대인 만큼 육로를 통한 물자 수송은 용이하였다.

조선 태종 13년(1413) 漢陽 遷都 이후, 황해도의 조세를 효과적으로 운송하기 위해 예성강변에 두 개의 江倉(助邑浦倉과 金谷浦倉)을 두었다. 이에 따라 고려 때 예성강 주변의 경창직납지역169)도 漕倉을 경유하는 운송방식으로 변경되었다. 조선시대에 와서 황해도에 경창직납지역을 없애고 漕倉을 설치한 이유는 開京에서 한양으로 수도를 옮기면서 운송거리가 멀어졌기 때문이었다.

2) 漕倉의 교통운수사적 특징

앞서 수세구역과 조세운송경로 등의 내용을 13개 漕倉別로 살펴보았다. 개별적이고 다양한 내용 속에서도 漕倉의 몇 가지 특징이 확인된다. 먼저, 險阻處와 漕倉의 입지에 관한 내용이다. 내륙에 위치한 2개의 江倉을 제외한 11개 海倉은 灣 깊숙한 지점이나 바다와 만나는 中小하천변에 위치하였다. 이것은 내륙 수운이나 陸路와의 연계뿐 아니라 먼 바다로부터 밀려오는 波浪의 영향을 덜 받기 위해서였다. 그리고 항로상의 險阻處와의 관계도 고려되었다.170) 앞서 개별 漕倉별로 언급한 海上 險阻處를 정리하면 아래의 <표-17>과 같다.

---

168) 고려시대 佐丘驛이 있던 永康縣 治所에는 조선시대 때는 金洞驛이 있었다(『新增東國輿地勝覽』卷43, 長淵縣 驛院).『大東輿地圖』해당부분에 안란창이 있던 곳으로 추정한 苔灘에서 북쪽 20리 지점에 古永康(縣)과 金洞驛이 확인된다.

169) Ⅳ장 1절 해당 내용 참고.

170) 해당 내용은 水上 險阻處를 비롯한 고려시대 교통로상의 險阻處 현황과 交通史的 의미를 고찰한 연구성과(한정훈,「고려시대 險路의 交通史的 의미」,『역사와 담론』55, 2010)를 적극 참고하였다.

〈표-17〉 고려시대 海上 險阻處와 漕倉의 입지[171]

| 險阻處 | | 해당 漕倉 | 險阻處 | | 해당 漕倉 |
명칭	위치		명칭	위치	
'鳴梁項'	海南縣~珍島縣 해상	長興倉	安興梁	蘇泰縣 해상	永豊倉
'七山(梁)'	靈光郡 해상	芙蓉倉	長山串	瓮津縣 해상	安瀾倉

고려시대의 주요한 수상 험조처로 <표-17>에 표기된 곳 이외에 江華縣~金浦縣의 좁은 해협에 위치한 窄梁과 10여 개의 여울이 몰려 있는 남한강의 大灘(楊根郡)·'莫喜樂灘'(忠州)이 유명하였다.[172] 하지만 이들 험조처를 제외하고 조창의 입지에 직접적으로 영향을 미친 險阻處만을 제시하였다.

하나씩 살펴보면, 연근해의 조운경로에서 가장 아래쪽에 위치한 험조처는 海南郡이 위치한 화원반도와 진도 사이의 '鳴梁項'(=울돌목)이다. '鳴梁項'을 통과하기 위해서는 안전한 지점에 배를 일단 정박하고 물때를 기다려야 한다. 이러한 역할을 수행한 浦口시설로 珍島縣의 大津(=碧波津)을 손꼽을 수 있다.[173] 하루에 네 차례 방향이 바뀌는 물살이 북쪽으로 움직일 때 배를 항해해야 한다. 물살이 강한 이 海峽을 지나는 것이 얼마나 힘겨운 뱃길인지 명랑해협은 뱃사람들의 검은머리가 흰머리로 바뀌는 곳이라는 말이 있을

---

171) 해당 지형이나 조선시대의 기록을 통해 海上 險阻處를 확인할 수 있다. <표-17>의 '鳴梁項', '七山(梁)'은 고려시대의 명칭을 알 수 없어 『大東地志』 등에서 확인되는 명칭으로 대신하였다.

172) 고려시대 窄梁과 大灘의 존재는 다음의 자료에서 각각 확인된다(『高麗史』 卷106, 列傳19 李承休 ; 『東史綱目』 卷17下, 辛未年 恭讓王 3年 7月). '莫喜樂灘'은 고려시대 의 地名을 알 수 없어 18세기 중엽에 펴낸 『輿地圖書』 上, 忠淸道 忠州(國史編纂委員會, 1979)에서 확인되는 명칭으로 대신하였다.

173) 국립해양유물전시관, 『진도 벽파리 통나무배 발굴조사 보고서』, 1993, 20~21쪽. 고려시대에 大津으로 불린 碧波津에는 뱃길의 중간휴식처인 碧波亭이 있었다(『高麗 史』 卷57, 地理2 珍島縣 ; 『高麗史』 卷104, 列傳17 金方慶 ; 『大東地志』 卷14, 珍島 津渡). 碧波津 일대의 역사성에 대한 고찰은 다음의 논고가 참고된다(강봉룡, 「珍島 碧波津의 고·중세의 '해양도시'적 변모」, 『지방사와 지방문화』 8-1, 역사문화학회, 2005).

정도였다.[174) 이러한 이유로 해상 조난지대인 '鳴梁項'을 통과하지 않아도 되는 지점에 영암 장흥창이 위치한 것이다.

　서해상의 또다른 險路는 일곱 개의 작은 섬으로 이루어진 영광 앞바다의 七山大海였다. 조선시대 英祖 23년(1747) 10월에 "뱃사공들이 七山의 위험을 지나면 술을 부어 살아난 것을 서로 축하한다"거나 正祖 15년(1791) 12월에 "七山 하류의 여러 고을은 물길이 멀 뿐만 아니라 험한 곳을 많이 만난다"는 기록은 七山島 앞 바다가 항해자에게 적지 않은 부담이었음을 여실히 보여준다.[175) 칠산 앞바다('七山梁')를 지나면 항해활동의 장애물인 크고 작은 島嶼의 분포도가 낮아져 항해가 수월해진다. 영광 부용창도 '七山(梁)'을 통과하지 않아도 되는 지점에 위치하였다.

　이곳에서 서해 항로를 따라 北上하면 최고의 해상 험조처인 安興梁을 만나게 된다. 이 일대의 항로는 암초가 많은 좁은 수로로, 조류가 빠르며 간만의 차이가 커서 선박 운항이 쉽지 않은 곳이었다. 더욱이 신진도～가의도 일대는 8m에 지나지 않는 얕은 수심과 갯벌로 인해 조수의 차가 심하지 않은 밀물을 기다려서 건너야 했다.[176) 安興梁은 원래 뱃길이 위험하다 하여 難行梁이었지만 조운선이 자주 파선됨으로 사람들은 그 이름을 싫어하였고 안전한 항해를 기원하는 의미로 安興梁이라 이름을 고쳤다.[177) 고려시대에는

---

174) 강진군 대구면 미산마을의 정상렬옹(82세)과 인터뷰 내용(『강진신문』 2007년 9월 14일자 "청자뱃길과 해양유물 발굴사 1" 기사)이 참고된다.

175) 영광 칠산도 앞 바다가 항로상의 위험한 지점임은 여러 사료에서 확인된다(『新增東國輿地勝覽』 卷36, 靈光郡 倉庫 法聖倉 ; 『英祖實錄』 卷66, 英祖 23年 10月 己未 ; 『正祖實錄』 卷33, 正祖 15年 12月 辛亥 ; 『萬機要覽』 財用編6, 諸倉 羅里浦倉 正祖 10年).

176) 이해준, 「해운과 해양사－충청편－」, 『한국의 해양문화』서해해역(上), 해양수산부, 2002 ; 森平雅彦, 「高麗における宋使船の寄港地馬島の位置をめぐって」, 『朝鮮學報』 207, 2008 ; 곽호제, 「고려～조선시대 泰安半島 漕運의 실태와 運河掘鑿」, 『지방사와 지방문화』 12-1, 2009 ; 윤용혁, 「고려시대 서해 연안해로의 객관과 안흥정」, 『역사와 경계』 74, 2010.

177) 『萬機要覽』 軍政編4, 海方 西海南部 掘浦.

안전한 항해를 빌기 위한 기도처로 파도를 안정시킨다는 기원을 담아 安波寺를 세우기도 하였다.[178]

西海道의 서쪽 끝자락에 위치한 長山串은 개경 이북 西北海의 대표적인 험조처였다. 고려 조정은 이곳을 경유하여 北界나 中國으로의 항해활동을 펼치는 것이 어려움을 겪자, 무사한 뱃길을 축원하기 위해서 봄·가을로 제사를 올렸다.[179] 이처럼 長山串 항로를 통행하는 것은 부담스러운 航海였다. 그것을 극복하기 위해서 조선 세종 때에는 위험한 장산곶 앞 바다를 경유하지 않고 평안도의 稅穀을 운반하기 위해 장산곶 동북쪽의 阿郎浦와 동남쪽의 大串을 이용하면서 두 지점의 陸運활동에는 수레를 이용하였다.[180]

이상과 같이 漕倉은 안전한 항해를 위해 인접한 조운경로상의 險阻處를 지난 지점에 입지하였다. 이렇게 海上 險阻處가 교통 및 물류 거점인 漕倉의 입지 선정에 적지 않은 영향을 미쳤다. 이러한 관점에서 보면, 앞 절에서 언급한 稅穀의 임시 倉庫인 竹城浦 山城(海南縣)과 茂巖山 倉庫(淸風縣)도 험조처와 관련지어 볼 수 있다. 죽성포 산성은 '鳴梁項'과 다도해의 위험한 海路를 대신하여 이용한 陸路上에, 무암산 창고는 竹嶺을 통과하는 嶺路上에 각각 위치한 세곡 집산처로 이해할 수 있다. 이와 같은 險阻處와 漕倉 입지의 관계는 앞서 언급한 조선초기 남한강변의 江倉인 可興倉의 移設과정에서도 확인된다. 고려시대 이래로 남한강 金遷에 위치하던 德興倉이 可興里로 위치를 옮긴 여러 이유 중 하나는 남한강 수로상의 주요 險阻處인 막흐레기 여울[莫흠樂灘]을 피하기 위한 목적 때문이었다.

해상의 조난지대를 포함한 陸·水路上의 險阻處는 교통운수활동의 장애물이라는 1차적인 정의와 함께 길목이라는 의미도 내포하였다. 漕運經路는 국가재

---

178) 『新增東國輿地勝覽』 卷19, 泰安郡 佛宇 安波寺.

179) 『高麗史』 卷58, 地理3, 瓮津縣.

180) 『世宗實錄』 卷34, 世宗 8年 12月 甲戌. "평안도와 황해도의 풍요한 물품을 長山(串)에 막혀 서울로 실어들이지 못한다"는 내용(『星湖僿說』 卷8, 人事門 海運)도 참고된다.

정 운영의 動脈으로까지 표현되는 만큼 장애물인 海上 險阻處를 보완하거나 극복하기 위해 다양한 노력이 진행되었다.

우선 陸上 險路의 주변에 편의시설인 院이 밀집하는 것과 비슷한 이유로 해상 조난지대 인근에도 險阻處를 안전하게 통과하기 위한 교통편의시설을 설치하였다. '鳴梁項' 진입 이전의 珍島에 위치한 碧波亭과 최대의 조난지대인 安興梁을 대비하여 馬島에 설치한 安興亭이 확인된다. 또한 서해 연근해 항로의 안식처로 표현되는 群山島에도 群山亭이 설치되었다.[181] 使節團을 위한 客館과 마찬가지로 해상 험조처를 통과하는 漕運船團의 선박과 乘船人을 위한 편의시설도 존재하였을 것이다.

다음으로 해상 조난지대를 경유하는 險路를 피해 안전한 조운로를 확보하기 위해 인근의 沿岸 陸路를 대체 교통로로 활용하였다. 앞 항에서 간략히 언급하였듯이, 전라도 長興府 管內의 稅穀을 靈岩 長興倉으로 운반할 때에 연안해로와 함께 陸路를 이용하였을 것이다. 이것은 육로에 비해 상대적으로 긴 항해거리와 항로상에 위치한 '鳴梁項'이라는 험조처 때문이다. 오늘날의 장흥에서 장흥반도 – 강진만 – 해남반도 – '명량항'(울돌목) – 화원반도로 이어지는 긴 海路를 따라 항해한 다음, 영산강을 거슬러 장흥창에 이르렀을 가능성은 낮다. 길고 험난한 海路를 대신하여 전라도 서·남해지역의 昇羅州道를 비롯한 육상교통로를 이용하여 영암 장흥창으로 운반하였을 것이다.

이러한 '鳴梁項'과 昇羅州道의 관계와 같이, 海上 險路를 대신하여 驛道를 비롯한 인근의 육상교통로를 활용한 사례는 더욱 더 많았을 것이다. 富城 永豊倉으로 수납하기 위해 安興梁을 경유해야 하는 嘉林縣 管內지역에서

---

181) 이외에도 紫燕島의 慶源亭과 禮成港의 碧瀾亭의 존재가 확인된다. 서해 연안항로상의 객관에 관해서는 다음의 연구가 참고된다(森平雅彦, 「高麗群山亭考」, 『年報 朝鮮學』 11, 九州大學 朝鮮學研究會, 2008 ; 윤용혁, 「고려시대 서해 연안해로의 객관과 안흥정」, 『역사와경계』 74, 2010 ; 문경호, 「1123년 徐兢의 고려 항로와 慶源亭」, 『한국중세사연구』 28, 2010).

忠淸州道를, 長淵 安瀾倉으로 수납하기 위해 長山串을 경유해야 하는 豊州 管內지역에서 狻猊道의 경로를 각각 이용하였을 것이다. 이처럼 해상 험조처 주변에 海路와 陸路가 결합된 대체 교통로가 형성된 목적은 교통여건이 좋지 못한 險路를 피하여 안전한 운수활동을 펼치기 위해서였다. 이들 沿海 陸路는 해상의 기후나 해안 경비가 불안정한 경우에 활용도가 더욱 높았다.

앞서 살펴 본 편의시설이나 대체 교통로의 활용 보다 더욱 적극적으로 漕運路上의 險阻處 문제를 해결하기 위해 또다른 물길을 파는 대규모의 토목공사를 시도하였다. 고려시대 掘鑿工事의 사례는 安興梁을 비롯하여 窄梁과 大灘 세 곳에서 확인된다. 이렇게 조난지대 인근에 또다른 물길을 마련하고자 시도한 것은 險阻處를 완전히 극복하기에 충분하지 못했던 당시의 조선술과 항해술을 감안한 최후의 대책으로 이해할 수 있다.

인종 12년(1134)에 安興梁에서의 안전한 항해를 위해 內侍 鄭襲明을 시켜 '蘇大縣의 인접 郡縣에 있는 軍卒 수천 명'을 풀어서 安興梁에 운하를 파게 하였다.[182] 이후 공양왕 3년(1391)에 王康이 운하 굴착공사를 또다시 시작하였다. 기록에 따르면 이미 굴착한 10리 이외에 7리만 더 파서 바닷물을 유통시키면, 매년 海運 때에 安興梁 400여 리의 험한 곳을 건너지 않아도 된다고 하였다.[183] 이를 위해서 '丁夫'를 동원해서 공사하였지만 물 밑의 돌과 거센 조수 때문에 당시는 물론 조선시대에도 성공하지 못하였다.

안흥량과 함께 최고의 조난지대로 손꼽히는 窄梁(=손돌항)에서도 高宗代 (1192~1259)에 崔怡가 사람을 보내어 굴착공사를 시도하였다.[184] 이것은 한강 하류에서 도랑[渠]을 굴착하여 바다에 통하게 해서 窄梁의 위험을 피하려는 목적이 있었다.[185] 또한 安興梁 漕渠를 시도한 王康은 남한강 수로의

---

182) 『高麗史』 卷16, 仁宗 12年 7月 乙亥. 20년 뒤인 의종 8년(1154) 10월에 또다시 운하 굴착을 시도했지만 완공하지 못하였다(『高麗史』 卷18, 毅宗 8年 10月).

183) 『高麗史』 卷116, 列傳29, 王康.

184) 『高麗史』 卷129, 列傳 崔忠獻 附 崔怡 ; 『萬機要覽』 財用編2, 漕轉 漕規 金浦掘浦.

212

최대 걸림돌인 大灘의 돌도 파내고자 하였다.[186] 이들 굴착공사는 조선시대까지 이어졌지만 모두 실패로 끝나 버렸다. 비록 목표한 성과를 달성하지는 못하였지만 원활한 교수운수활동을 위해 자연지형을 극복하고자 노력한 점에서 전근대 국토 개발의 善例로 평가할 수 있을 것이다.[187]

한편 앞의 <표-16>에서 표기한 각 漕倉別 收稅區域, 즉 13개 漕倉이 관할한 郡縣 數를 나타내면 아래의 <표-18>과 같다.

〈표-18〉 고려시대 13漕倉의 收稅 郡縣 數

행정구획	漕倉	收稅 郡縣數	행정구획	漕倉	收稅 郡縣數
全羅道 (103개)	보안 안흥창	18개	楊廣道 (149개)	충주 덕흥창	85개
	임피 진성창	28개		원주 흥원창	8개
	나주 해릉창	19개		아주 하양창	32개
	영광 부용창	11개		부성 영풍창	24개
	영암 장흥창	14개			
	승주 해룡창	13개			
西海道 (10개)	장연 안란창	10개	慶尙道 (50개)	사주 통양창	31개
				합포 석두창	19개
漕倉 收稅 郡縣 합계					312개

전라도에 漕倉이 6개나 있는 이유는 "土地之饒와 租稅之多는 전라도가 으뜸"이라는 표현[188]에서 알 수 있듯이 조세의 양이 절대적이었기 때문이다. 이것은 동부 산악지대에서 발원한 여러 갈래의 하천유역에 발달한 넓은 경작지 때문이었다.[189] 조창이 입지한 위치가 低平地이기 때문에 陸路를

---

185) 朴廣成,「金浦掘浦와 轉漕倉에 對하여」,『畿甸文化研究』1, 인천교육대학 기전문화연구소, 1972.

186)『東史綱目』卷17下, 辛未年 恭讓王 3年 7月.

187) 金儀遠,「古代~中世의 國土管理」,『韓國國土開發史研究』, 大學圖書, 1982, 190~215쪽.

188)『太宗實錄』卷24, 太宗 12年 11月 丁酉.

189) 전라도 지역은 조창의 수세구역과 하천 水系간에 일정한 관계가 있다. 즉 진성창과 만경강 수계, 안흥창과 동진강 수계, 해릉창·장흥창과 영산강 수계 그리고 해룡창과

통한 漕倉으로의 이동은 용이하였다. 이 중 수세구역이 가장 넓은 조창은 임피 진성창이다. 이것은 진성창이 京倉으로의 이동 거리가 가장 짧고 서남해의 多島海와 조난지대(鳴梁項, 七山 앞 바다)를 벗어난 지역에 위치하였기 때문이다. 이와 마찬가지로 양광도의 영풍창(24개 군현)과 하양창(32개 군현), 경상도의 석두창(19개 군현)과 통양창(31개 군현)을 비교해 보더라도, 광역의 道단위 내에서 京倉까지의 거리가 수세구역의 多少를 결정하는 주요 요인임을 알 수 있다.[190]

앞의 <표-18>에서 확인되듯이, 각 조창의 관할 수세구역의 편차는 적지 않은데, 평균 收稅 규모는 24개 郡縣정도이다.[191] 진성창을 제외한 전라도의 漕倉이 평균치 이하의 수세구역을 관할하는 이유는 상대적으로 漕倉의 밀도가 높기 때문이고, 흥원창과 안란창의 경우는 인근에 직납지역으로 분류되는 郡縣이 있었기 때문이었다. 가장 넓은 수세구역을 관할하는 조창은 단연 덕흥창이었다. 개별 조창이 관할하는 평균 수세 군현 수(24개)보다 훨씬 많은 군현(85개)[192]을 관할하였다. 이렇게 많은 편차가 이해되지 않는 측면도 있지만, 조선전기의 상황도 비슷한 양상을 보인다. 조선전기 原州 興原倉(전체 稅額의 1.4%)과 忠州 可興倉(전체 稅額의 31%)이 관할한 稅額이 참고된다.[193]

섬진강 수계 일부이다.

190) 달리 말하면, 동일한 광역단위(道)내의 漕倉 중 京倉까지의 거리가 먼 조창일수록 관할 수세구역이 좁다.

191) 漕倉 한 곳당 평균 수납 군현 수는 24개이다. 漕倉으로 수납하는 군현 312개에서 13개 조창을 나눈 결과이다(312개 군현÷13개 조창=24개 군현). 漕倉으로 조세를 수납하는 군현(312개)은 5道의 전체 군현(396개)의 79%이다. 5道의 나머지 군현(84개)과 왕경개성부 소속 군현(13개)의 조세는 京倉으로 직납하는 郡縣이었다.

192) 충주목 직할지역(7개 군현)+상주목 직할지역(25개)+경산부 관내(16개)+안동부 관내(15개)+경주 직할지역(15개)+동경 방어군 예주 관내(7개)=85개 郡縣. 앞서 언급하였듯이, 동경 방어군 예주 관내의 조세는 東界의 軍需에 충당되었을 가능성이 크지만, 군현체제와 조세수납체계와의 관계에 초점을 두어 이와 같이 분류하였다.

193) 조선전기 흥원창의 조세 추정액은 3,690石, 가흥창의 조세 추정액은 84,670石이다(崔完基, 「朝鮮前期 漕運試考」, 『白山學報』 20, 1976, 413~419쪽 참고). 본문의 비율(%)은

<표-18>의 내용과 같이 각 조창이 관할한 수세구역의 편차를 인정한다면, 靖宗代 각 조창의 배속 漕船 규정194)에 의거하여 漕倉 배속의 漕船만으로 조운활동이 수행되었다고 보는 연구시각은 재검토되어야 한다. 수세구역의 편차는 각 漕倉으로 수집되는 稅穀量의 차이를 의미하는데, 각 지역의 자연지리 조건이나 郡縣 규모가 다른 상황에서 각 漕倉이 운반하는 稅穀量을 동일하게 조정하는 것은 쉬운 일이 아니었다. 漕船 규정에는 海倉마다 哨馬船 6척을 동일하게 배속한 것으로 되어 있지만, 수세구역은 최소 11개 郡縣(부용창)에서 최대 32개 郡縣(하양창)으로 漕運穀은 많은 차이를 보인다. 물론 京倉까지의 항해거리나 항해횟수도 고려해야 하지만 각 漕倉에 배속된 漕船의 數는 조운활동에 필요한 기본적인 隻數 정도로 이해하는 편이 타당할 것이다.

그렇다면 동일하게 배속된 漕船 數에 비해 수세구역이 넓은 조창은 배속된 漕運船(官船) 이외에 조운활동에 동원된 私船의 비중이 컸을 것이다. 항해거리, 항해횟수, 조난지대의 경유, 수세구역의 규모 등 여러 여건과 배속 漕船 수를 감안하면, 13조창 중 충주 덕흥창과 사주 통양창의 조운활동에 비교적 많은 수의 私船이 동원되었을 것이다.

그리고 앞 항에서 收稅區域에서 해당 漕倉으로의 운송경로를 추적해 본 결과, 의외로 육상교통로를 이용하는 사례가 적지 않았음을 확인할 수 있었다. 각 郡縣에서 내륙하천의 水運을 이용하여 漕倉으로 운반하였을 것이라는 통상적인 이해와는 다른 모습이다. 내륙 수운의 이용이 큰 비중을 차지하는 경우는 영산강 수계에 위치한 海陵倉과 만경강 수계에 위치한 鎭城倉 정도이다.195) 대부분의 漕倉이 하천 하구에 위치하면서도 漕倉으로의 이동이 육로를

조창경유지역의 전체 세액(265,840석)에서 차지하는 비중을 나타낸 것이다. 고려시대 조창경유지역에서 덕흥창의 수세 군현 수가 차지하는 비율은 27%(85/312개 군현) 가량이다.

194) "海倉마다 1,000섬을 실을 수 있는 哨馬船 6척, 江倉마다 200섬을 실을 수 있는 平底船 20척(또는 21척)씩을 각각 배치하였다"(『高麗史』卷79, 食貨2, 漕運 靖宗).

195) 이외에 충주 덕흥창과 사주 통양창의 수세구역에서 낙동강과 남강 수운을 일부

통해 이루어진 이유는 해당 漕倉이 流路가 짧고 水系도 넓지 않은 중·소 하천에 위치하였기 때문이다.196)

연안지역에 위치한 輸納 郡縣의 경우는 연근해 항로를 이용하여 해당 漕倉으로 이동하였다. 하지만 이러한 운송경로와 함께 서·남해의 복잡하고 원거리의 海路와 遭難地帶를 통과하는 부담 때문에 인접한 육로도 이용하였을 것이다. 앞서 언급하였듯이, 수납 군현과 해당 漕倉 사이의 연안 항로상에 險阻處가 분포하는 경우에는 沿岸 陸路를 적극 활용하였을 것이다.

뿐만 아니라 淸州牧 管內의 조세수납과 같이 내륙지방의 조세를 해당 조창으로 운송할 때에도 陸路에 의존하는 바가 컸다. 더욱이 산지가 많은 한국의 지형 탓에 부득이하게 고갯길을 넘어야 하는 경우도 있었다. 이렇게 험한 고갯길을 경유하여 漕倉으로 이동하는 대표적인 사례가 충주 덕흥창으로의 조세 운반이었다. <표-16>에서 제시하였듯이, 충주 덕흥창의 수세구역 대부분은 경상도 중·북부지역이다. 낙동강 수로나 尙州道·京山府道를 비롯한 육로를 이용해 소백산지 아래까지 도달한 조세는 鷄立嶺과 竹嶺을 넘어 廣州道와 平丘道를 통해 덕흥창으로 운반되었다. 고갯길을 넘어야 하는 운송방법상의 어려움도 있었지만 이들 嶺路(鷄立嶺路, 竹嶺路)는 경상도에서 開京으로 향하는 가장 효과적인 經路였다.

이상과 같이 각 군현에서 해당 漕倉으로 수집된 조세는 2~5월에 연근해 항로와 하천 수로를 통해 開京의 東·西倉으로 漕運되었다. 이전의 대부분 연구에서는 조운활동이 주로 하천과 바닷길의 水運을 통해 이루어진 것으로 이해하였다. 하지만 각 郡縣에서 해당 漕倉으로의 운수활동은 水路뿐 아니라 驛道를 바탕으로 하는 육상교통로를 통해 이루어졌다. 국가재정원의 80%

　　이용하여 운반하였을 것이다.

196) 심지어 대하천에 위치한 덕흥창과 진성창의 경우도 조창으로의 운송과정에서는 대하천의 수운을 크게 이용하지 않았다. 또한 해룡창·석두창도 인근의 섬진강·낙동강 수운을 적극 활용하지 않았다.

정도를 차지하는 조창경유지역의 운수활동은 陸路와 水路가 결합된 교통 네트워크를 통해 효율성을 높였다. 또한 조세운송 네트워크의 중간에 위치한 13개의 漕倉은 운송방법을 전환하는 복합터미널(terminal)의 성격을 띠었다.

3. 現地輸納地域의 교통 네트워크

수취한 租稅를 現地의 軍糧으로 충당하는 兩界지역은 앞의 두 권역과 달리 조세를 京倉으로 운반하지 않았다. 그렇다고 조세의 운송활동을 하지 않은 것은 아니고, 운영방법을 달리 한 것뿐이었다. 現地輸納地域[197]인 兩界지역의 조세 수취 및 운송업무는 중앙에서 파견된 監倉使가 주로 관리·감독하였다. 감창사의 활동이 兩界 내의 개별 驛道를 중심으로 수행되었던 만큼, 조세의 운송경로도 개별 역도망을 따라 형성되었을 것이다. 이러한 驛道 단위별 조세운송활동과 함께 이루어진 南道로부터의 장거리 해운활동이 兩界지역의 또다른 조세운송상의 특징으로 확인된다. 이 절에서는 우선 양계지역의 驛道 분포망에 대해서 살펴 본 뒤, 주요 水陸 교통거점을 중심으로 이루어진 교통운수활동에 대해서도 검토할 것이다.

1) 兩界의 역도망과 嶺路

문종대 兩界에 분포한 驛道는 興化道, 雲中道, 興郊道, 朔方道, 溟州道, 春州道, 桃源道이다.[198] 이 驛道들은 상호간 뿐 아니라 南道의 여러 역도망과

---

197) 조세 수취 및 운송방식에 따라 구분된 현지수납지역은 조세를 京倉으로 보내지 않고 국경의 防戍를 위해 사용하거나(『高麗史』 卷78, 食貨1 田制 租稅 恭愍王 5年 6月) 輸轉米를 城에 留納하여 軍資로 충당하는(金龍善 編著, 「許載墓誌銘」, 『高麗墓誌銘集成』, 한림대학교 출판부, 1993) 지역을 지칭한다.

198) 본장 1절 1항에서 살펴 본 바와 같이, 西海道가 성립해 있던 문종 15년(1061)에 交州道 영역은 아직까지 東界에 편입된 상태였다. 따라서 이 시기 양계지역에 속하는 역도는 北界의 興化道·雲中道·興郊道와 東界의 朔方道·溟州道로 한정된다. 반대로

연결되어 있었다. 이러한 양계의 역도망에서 주요 교통거점은 단연 군사·행정 중심 고을인 北界의 西京留守官·安北大都護府와 東界의 安邊都護府일 것이다.

  비교적 많은 驛站시설을 가진 서경유수관은 개경과 서북방 변경을 연결하는 남북교통의 중심지이면서 동서교통의 출발점이기도 하였다.[199] 또한 남북으로 이동할 때 건너야 하는 대동강은 金富軾의 표현대로 왕래의 요충지이며,[200] 서경에는 주요 나루인 馬灘과 白銀灘을 비롯한 다수의 渡河시설이 분포하였다.[201] 그리고 西京이 동서교통의 출발점이 될 수 있는 조건도 바로 동부 산지에서 서부 평지로 흐르는 대동강 때문이었다.[202] 東에서 西로 흘러내리는 두 갈래의 대동강을 따라 동서 교통로가 형성된 것이다. 후술하는 孟州峴과 竹田嶺을 넘는 嶺路도 두 갈래의 대동강 流路를 따라 西京에 이르게 된다. 孟州峴에서 孟州를 거쳐 대동강 본류를 따르거나, 혹은 竹田嶺에서 成川으로 흐르는 沸流江을 따라 雲中道의 역도망이 각각 분포하고 있었다. 즉 서경은 南北은 물론 東界방면으로 험한 산지교통로를 통해 도달할 수 있는 교통거점이었다.

  安北大都護府 寧州는 大都護府라는 邑格에 맞지 않게 북방 邊境으로 향하는 興化道와 雲中道의 驛이 하나도 분포하지 않고, 남쪽의 서경으로 향하는 興郊道 소속의 驛 두 곳(興材驛·雲暑驛)만 분포하였다. 寧州의 이러한 점을 보완하기 위해 북계의 교통체계는 寧州 근거리에 또 다른 교통거점으로 連州(朝陽鎭)와 博州를 두었다.[203] 寧州 동북쪽에 맞닿아 있는 連州는 서경에서

  문종 15년 이전에 兩界에 속하는 驛道에는 본문에 제시한 역도뿐 아니라 서해도 영역 내의 狻猊道, 金郊道, 岊嶺道 일부도 포함되었을 것이다.

199) 서경에는 岊嶺道 5개 驛, 興郊道 3개 驛, 雲中道 1개 驛의 總 9개 驛이 분포하였다.

200) "大同江爲往來之衝 賊若先據道梗不通"(『高麗史』 卷98, 列傳11, 金富軾).

201) 『高麗史』에서 확인되는 나루시설은 馬灘, 白銀灘, 南浦, 楊命浦, 石浦 정도이다(한정훈, 「고려 전기 兩界의 교통로와 운송권역」, 『韓國史研究』 141, 2008).

202) 대동강의 流路와 경유 지역은 조선전기의 지리지가 참고된다(『新增東國輿地勝覽』 卷51, 平壤府 山川 大同江).

203) 寧州에서 大寧江邊의 博州는 8리, 청천강변의 連州는 35리 떨어져 있다(『新增東國輿地

218

출발한 雲中道가 청천강 수계로 거슬러 올라가는 중간지점에 위치하면서 延州나 撫州를 경유해 운중도의 주 방향인 雲州로 연결되었다. 連州에는 雲中道의 3개 역(長梨驛·長歡驛·豊歲驛)이 분포하였다.

또한 寧州는 興化道 방면으로 진출하기 위해 청천강 너머 博州에 의지하였다. 박주는 청천강과 대령강 사이에 위치하는 교통의 요충지로, 서북방면의 흥화도가 시작하는 長寧驛이 위치하였다.204) 이뿐 아니라 박주에는 雲州로 향하는 雲中道 소속의 驛이 셋(安德驛·安洞驛·德林驛)이나 분포하는 것을 보면, 대령강을 따라 渭州·泰州를 경유해서 雲州로도 연결 가능하였다. 즉 서경에서 출발한 興郊道가 도착하는 博州(興郊驛)는 압록강 하구의 서북방면으로 진출하는 興化道의 출발지점이면서 북방 내륙으로 향하는 雲中道의 중간 기착지였다.

安邊都護府 登州가 東界의 중심 고을로 등극하게 된 이유는 이 일대에서 드물게 평야가 펼쳐져 있으면서 지리적 요충지에 위치하였기 때문이다. 등주에는 朔方道의 朔安驛만 위치하지만, 등주를 둘러싼 屬縣에 다수의 驛들이 분포하여 세 방면으로 나아가는 교통 요지로서 손색이 없었다. 또한 外港의 역할을 하는 鎭溟縣(鎭)이 20리 남짓의 거리에 위치하고 있어 해상교통도 편리하였다.

이와 같은 주요 교통거점을 중심으로 개별 역도망이 편성되었지만, 높고 험한 산지가 많은 지형적 조건으로 인해 驛道 상호간을 연결하기는 쉽지 않았다. 이렇게 교통 여건이 좋지 않은 산간지대에서는 비교적 완만한 경사나 낮은 지대의 고개를 경유하는 고갯길[嶺路]을 통한 산지교통이 이루어졌다.205) 산지가 많은 지형 때문에 우리나라 역도망의 편성은 嶺路의 개설을

勝覽』 卷52, 安州牧).

204) 『高麗史』 卷82, 站驛 興化道의 첫 驛名과 소재지는 '長寧驛(黃州)'으로 표기되어 있지만, 장녕역을 博州에 위치한 것으로 재비정하였다(한정훈, 앞의 논문, 2008, 145~146쪽 참고).

의미하기도 한다. 양계에 한정하여 해당 지역의 山地와 주요 고개 그리고
산지교통로를 제시하면 <표-19>와 같다(<그림-7> 참조).

<표-19> 양계지역의 주요 嶺路

산 지 (영역 경계)	고개	해당 역도	산지교통 경로
멸악산맥 줄기 (西海道)	岊嶺 (慈悲嶺)	岊嶺道	洞仙驛(黃州)—岊嶺—岊嶺驛(鳳州)
태백산맥 (東界~交州道)	鐵嶺	桃源道—朔方道	銀溪驛(交州)—鐵嶺—孤山驛(衛山縣)
	楸池嶺		交州—楸池嶺—雲岊縣
	所邑破嶺	春州道—朔方道	清澗驛(杆城縣)—所邑破嶺—嵐橋驛(瑞禾縣)
	翼嶺	春州道—溟州道	翼令驛(襄州)—翼嶺—瑪瑙驛(麟蹄縣)
	大嶺	溟州道	丘山驛(溟州)—大嶺—橫溪驛(溟州)
낭림산맥 (北界~東界)	孟州峴	雲中道—朔方道	孟州—孟州峴—歸厚驛(耀德鎮)—和州
	竹田嶺		清澗驛(陽岩鎮)—竹田嶺—隘守鎮

開京~兩界 간의 대표적인 고갯길은 개경~서경 가운데에 위치한 岊嶺路와
交州~登州에 위치한 鐵嶺路였다. 岊嶺(489m)과 鐵嶺(685m)은 古代로부터
전통적인 정치·군사상의 요충지로 잘 알려져 있다.[206]

고려의 西北方을 가로지르는 산지를 넘나드는 길목이 바로 岊嶺(=慈悲嶺)
이다. 洞州에 소재하는 慈悲嶺[207]은 서경~개경을 연결하는 주요 통로상에
위치하였고, 이 일대를 境界로 최후의 방어선이 설치되거나 정치집단간의
대치가 자주 발생하였다.[208] 慈悲嶺路의 경로를 살펴보면, 岊嶺道 生陽驛(西京)

---

205) 북한의 최근 연구에서 中世 交通運輸史의 특징으로 嶺路 개척을 통한 교통운수망의
확대를 강조하고 있다. 특히 북한 지형에 대한 이해를 바탕으로 각 시기에 따라
산지별로 개통 嶺路를 상세히 소개하고 있다(장국종,『조선교통운수사(고대-중세편)』,
사회과학출판사, 2012, 74~92쪽·134~165쪽).

206) 岊嶺은 거란 침입 때부터 주요 關防으로 논의된 이후, 趙位寵의 亂·妙淸의 亂·東寧府
설치 그리고 紅巾賊의 亂 때까지 매번 境界가 되었다. 또한, 鐵嶺 以北은 원 간섭기에
쌍성총관부의 관할이었고, 禑王 14년(1388)에 明나라가 自國化를 시도하기도 하였다.
일련의 사실을 생각하면, 岊嶺과 鐵嶺의 지리상의 성격을 짐작할 수 있다.

207)『高麗史』 卷58, 地理3, 洞州縣.

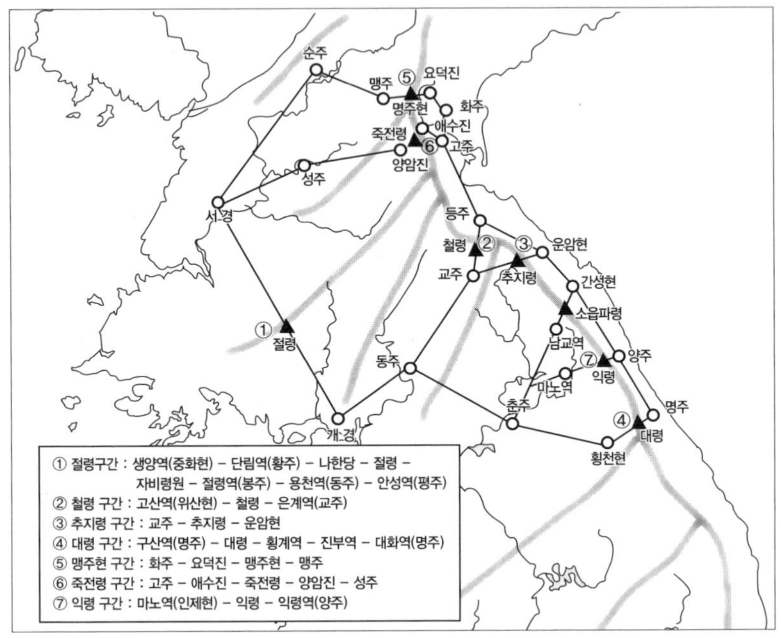

〈그림-7〉 양계지역의 주요 嶺路와 교통망

　－丹林驛(黃州)에서 洞仙驛(黃州)209)을 경유하여 자비령에 이르기 전에 彌勒院
(＝羅漢堂)210)에서 쉬었다가 慈悲嶺(岊嶺)을 넘었으며, 그 아래의 慈悲嶺院211)

---

208) 이러한 자비령의 지형에 대해서 李藏用(1201∼1272)은 "자비령 길 열여덟 굽이에/
　　한 칼로 가로막으면 일만 창이 어찌하지 못하네"라는 시구를 남겼다(『東文選』 卷20,
　　七言絶句 慈悲嶺).

209) 洞仙驛은 고려시대에 황주에 있었으나 절령길이 폐지된 이후 봉산군으로 옮겨 설치되
　　었다(『新增東國輿地勝覽』 卷41, 鳳山郡 驛院) 그런 만큼 고려시대 자비령로를 이용할
　　때 동선역의 역할이 어느 정도임을 짐작할 수 있다.

210) 문종이 서경에서 개경으로 돌아오면서 생양역을 지나 자비령 미륵원에서 분향을
　　하고 의복을 시주하였다(『高麗史』 卷7, 文宗 7年 10月 丙辰). 기록에 따르면, 나한당은
　　慈悲嶺의 북쪽에 위치하여 洞仙站을 내려다보며, 여행자의 편의시설이면서 기도처의
　　역할을 병행하였음을 알 수 있다(『牧隱文藁』 卷3, 慈悲嶺羅漢堂記).

211) 『新增東國輿地勝覽』 卷41, 西興都護府 驛院. 김극기의 詩가 걸린 것으로 볼 때,
　　고려시대에도 있었다.

을 거쳐서 岊嶺驛(鳳州)에 이르렀다. 여기서 남하하여 龍泉驛(洞州)에서 시작하는 金郊道를 타고 安城驛(平州)을 지나 개경 방면으로 향하였다. 자비령을 전후한 서경과 개경간 幹線路는 고려시대에 걸쳐 가장 빈번한 교통활동이 이루어진 구간 중 하나였다. 하지만 자비령은 산지가 크고 높으면서 18굽이나 통과해야 하는 만큼 이곳을 넘을 때마다 고생이 심하였다.[212] 그 때문인지 驛시설 이외에도 앞에서 언급하였듯이, 자비령 前後에 彌勒院과 慈悲嶺院이 위치하여 여행자들의 편의와 함께 心的인 안정을 제공하기도 하였다.

交州에 위치한 鐵嶺은 동계 방면 최대의 要害地로, 한 사람이 關門에서 막으면 萬名의 사람이 덤벼도 열지 못할 정도였다.[213] 그럼에도 충렬왕 17년(1291) 봄에는 哈丹의 무리가 鐵嶺을 넘어 交州道 깊숙한 지역까지 침입하기도 하였다.[214] 험준한 철령은 交州道와 東界의 경계이면서 驛道인 桃源道와 朔方道가 나뉘는 지점이기도 하였다. 철령 前後의 교통로는 登州 방면에서 朔方道 孤山驛(登州 衛山縣)−鐵嶺−桃源道 銀溪驛(交州) 순으로 하여 桃源道를 따라 開京으로 연결되었다. 하지만 동북 교통의 要路인 鐵嶺路는 좁아서 겨우 한 사람이 다닐 수 있을 뿐 아니라 호랑이가 길을 막아서 통과하지 못하는 경우도 허다하였다.[215] 이러한 철령의 험난함을 노래한 金克己의 詩句를 통해 산지 교통의 어려움을 알 수 있다.[216] 이상과 같이 慈悲嶺(=岊嶺)과 鐵嶺은 개경에서 北界·東界간의 교통로상의 장애요인이었다.

또한 鐵嶺이 포함된 태백산맥은 동해안을 따라 길게 뻗어 있어 東西간 교통의 장애물이었다. 동해안을 따라 일렬로 늘어선 東界의 州縣들을 이어

---

212) 『牧隱文藁』 卷3, 慈悲嶺羅漢堂記 ; 『陽村集』 卷5, 慈悲嶺僧舍 ; 『東文選』 卷20, 七言絶句 慈悲嶺.

213) "鐵嶺國家之要害 所謂一夫當關 萬夫莫開也"(『稼亭集』 卷5, 東遊記) ; 『新增東國輿地勝覽』 卷47, 淮陽都護府 山川.

214) 『高麗史節要』 卷21, 忠烈王 17年 正月 ; 『高麗史』 卷104, 列傳17, 金方慶.

215) 『高麗史』 卷104, 列傳17, 金方慶 ; 『高麗史』 卷128, 列傳41, 鄭仲夫.

216) 『新增東國輿地勝覽』 卷47, 淮陽都護府 山川 鐵嶺. 본장의 註29)도 참고.

222

주는 역도망인 朔方道와 溟州道는 東界의 최남단 울진현까지 이르고, 여기에서 남하하여 慶州道와 만나 경상도 동남해안까지 연결되었다. 이렇게 해안을 따라 형성된 남북 교통로와 함께 왼편의 태백산맥을 넘어 내륙지대와 연결 가능한 산지교통로가 개설되어 있었다. <표-19>와 같이 嶺東과 嶺西지역을 잇는 嶺路의 존재를 추정해 볼 수 있다.

먼저 交州의 요해처인 楸池嶺(645m)[217]을 넘어 동해안에 이르는 嶺路가 개설되었다. 고갯길을 넘어 이르는 고을은 朔方道 소속의 세 驛(超塵驛·長歧驛·富寧驛)이 위치하는 金壤縣의 屬縣인 雲嵒縣일 것이다.[218] 雲嵒縣의 邑名이 고구려 때 平珍峴縣(일명 遷峴)이었던 점도 운암현이 고개[峴]를 끼고 있었음을 알려 준다.[219] 그 남쪽의 杆城縣(朔方道 竹苞驛·淸澗驛)에서도 태백산맥의 所邑破嶺을 넘어 春州道와 연결되었는데, 所邑破嶺에서 32리 거리에 있는 嵐橋驛(瑞禾)을 통해 春州道와 만났다.[220] 溟州道가 시작하는 襄州(=翼嶺縣)에서도 서쪽의 태백산맥을 넘어 春州 管內로 들어가는 翼嶺이 확인된다. 林春이 翼嶺을 넘어 동해안으로 향하는 내용[221]과 해당지역의 역도망을 연결시키면, 春州道의 瑪瑙驛(麟蹄)과 翼令驛(襄州) 사이에 翼嶺이 위치하고 있었음

---

217) 『高麗史』 卷58, 地理3, 交州道. 추지령이 회양부와 통천군의 경계에 위치한다는 지적(『新增東國輿地勝覽』 卷45, 通川郡 ; 卷47, 淮陽都護府 山川)을 통해 두 고을의 통로임을 추정하였다.

218) 『高麗史』 卷82, 兵2 站驛 朔方道. 세 驛 중 超塵驛은 조선시대에 朝珍驛으로 개칭되어(『世宗實錄地理志』 通川郡) 그 위치를 『大東輿地圖』 상에서 확인할 수 있지만, 나머지 驛의 위치는 미상이다. 하지만, 세 驛 중 하나는 추지령 방면의 내륙에 위치하였을 가능성이 높다.

219) 『高麗史』 卷58, 東界 雲岩縣.

220) 所邑破嶺은 『世宗實錄地理志』 杆城郡에 나오는 표기인데, 『新增東國輿地勝覽』 卷45, 杆城郡 山川에서는 所坡嶺(간성군 西 59리)이라고 표기하고 있다. 해당 내용에 따르면, 石破嶺이라고도 하는데 金克己의 詩도 전한다. 『新增東國輿地勝覽』 卷46, 麟蹄縣에 所坡嶺은 북 82리, 嵐橋驛은 북 50리라는 내용이 참고된다.

221) 『西河集』 卷3, 翼嶺途中口占 ; 『西河集』 卷5, 送咸淳赴翼嶺序. 襄州는 고구려·신라 때부터 翼峴(嶺)縣으로 불렸다(『高麗史』 卷58, 東界 翼嶺縣).

을 추측할 수 있다.

그리고 신라 이래로 거점고을의 전통이 남아 있던 溟州에는 동해를 따라 분포하는 溟州道의 28개 驛 중 10개의 驛이 소재하였다. 溟州의 丘山驛을 거쳐 大嶺(=대관령, 866m)[222]을 넘어 평창, 횡천·원주 방면으로 橫溪驛－珍富驛－大化驛－芳林驛－雲橋驛(이상 溟州)을 통해 安昌驛·鳥原驛(橫川)으로 연결되었다. 이 경로는 橫川에서 春州道(橫川驛)로 연결되고, 神林驛(原州)·樂壽驛(平昌)을 경유하여 平丘道와도 통하였다.

이러한 산지교통로는 북계와 동계를 구분짓는 낭림산맥에서도 확인된다. 오늘날의 평안남도와 함경남도의 경계가 되는 낭림산맥은 평균높이가 1,470m로, 兩界내 東西간 교통의 큰 장애물이었다. 그런 가운데 北界와 東界를 연결하는 낭림산맥의 주요 嶺路 두 곳이 확인된다.

그 중 하나는 北界 孟州와 東界 和州 사이의 孟州峴이다. 이 경로를 이용한 대표적인 사례는 명종 4년(1174) 서경을 중심으로 亂을 일으킨 趙位寵의 군대를 제압한 군사작전이다. 東路加發兵馬副使로 임명된 杜景升이 西京軍 잔당을 소탕하기 위해 朔方道를 이용하여 鐵關을 넘어 和州에 이르렀다. 그런 다음 서쪽의 橫江[223]을 거슬러 耀德鎭을 경유하여 嶺路를 넘어 北界로 진입하여 적들을 섬멸하였다.[224] 이때의 산지교통로상에 위치하는 고개로 東界의 耀德鎭에서 和州로 흘러내리는 橫江의 근원 중 하나인 孟州峴을 상정할 수 있다.[225] 화주 서쪽 180리 지점의 맹주 경계에 위치한 이 고개는 1,000m 이상의 高峰 사이에 형성된 鞍部(525m)로, 東西간 통로로 적합하였다.[226]

---

222) 『高麗史』 卷58, 東界 溟州.

223) 橫江은 和州에 있고(『高麗史』 卷58, 東界 和州), 조선시대 때 명칭은 龍興江이다(『新增東國輿地勝覽』 卷48, 永興大都護府 山川).

224) 『高麗史』 卷100, 列傳13, 杜景升. 본문의 내용은 두경승 열전에 보이는 이동경로와 『大東輿地圖』 해당부분을 참고하여 추측한 내용이다.

225) 『世宗實錄地理志』 永興大都護府 龍興江. 내용에 따르면, 橫江(龍興江)의 근원은 沸流水·馬餘大嶺·艾田大嶺·去次大嶺 4곳인데, 이 중 艾田大嶺이 孟州峴이다.

224

艾田峴을 "옛날에는 孟州峴이라 했다"는 조선전기 地理志 기록을 통해 고려시대에도 嶺路로 기능하였음을 짐작할 수 있다.227) 孟州峴을 넘어 도달하는 北界의 孟州는 여러 자료에서 동서교통의 요충지로 확인된다.228)

그리고 孟州峴과 함께 동서교통로로 중시된 또 다른 嶺路는 竹田嶺이었다. 인종 때에 妙淸의 亂이 일어나자, 토벌군 元帥 金富軾이 北界 成州에서 西京 토벌을 준비하면서, 이전에 東路로 나가 여러 城을 정찰하던 右軍大將 李周衍·陳淑을 東界로부터 成州에 와서 모이게 하였다.229) 이 사례를 통해 北界 成州(剛德鎭)도 兩界의 동서 교통로상에 위치하였음을 알 수 있다.230)

동계 방면에서 成州로 연결되는 산지 교통로상에 東界의 臨守鎭(朔方道 4개 驛 소재)과 北界의 陽岩鎭(淸澗驛)·樹德鎭(臨洞驛)이 위치하였다. 이들 軍鎭 사이의 嶺路를 이용한 사례는 충렬왕 때 哈丹賊의 침략과 방어작전이었다. 東北界를 지나 개경으로 진입하려는 哈丹賊을 방어하기 위해 麗·蒙 연합군이 竹田으로 나아가 대치하였다.231) 이때의 竹田은 조선전기의 竹田嶺232)을

---

226) 통일원, 『북한의 자연지리와 사적』, 1997, 117쪽.

227) 『新增東國輿地勝覽』卷48, 永興大都護府 山川 艾田峴. 孟州峴의 명칭에 보이는 孟州는 고려시대 때에 사용된 지명이고, 조선시대가 되면 德孟 또는 孟山으로 불린다. 지명 변천을 감안하면, 고려시대까지 소급 가능하다.

228) 『高麗史』卷99, 列傳12, 玄德秀. 이 사례 이외에도 고종 5년(1218) 12월 몽골 장수 哈眞·札刺가 2만의 군사를 거느리고 和州에서 산지를 넘어 孟州·順州·德州城을 차례로 함락시킨 다음, 江東城으로 침입하였다(『高麗史』卷22, 高宗 5年 12月 己亥 ; 『高麗史』卷103, 列傳16, 趙沖).

229) 『高麗史』卷98, 列傳11, 金富軾.

230) 또 다른 사례로 현종 원년(1010) 거란의 2차 침공 때, 東界 和州에서 있던 智蔡文이 北界 剛德鎭(成州)을 경유하여 西京으로 병력을 이동시켰다(『高麗史』卷94, 列傳7, 智蔡文).

231) 『高麗史』卷30, 忠烈王 17年 6月 ; 『高麗史』卷30, 忠烈王 18年 10月 ; 『高麗史』卷104, 列傳17, 羅裕. 羅裕傳에서 '竹田을 넘다(踰)'라고 표현하고 있는 것을 볼 때, 『高麗史』에 보이는 竹田은 『世宗實錄地理志』高原郡에 나오는 竹田嶺을 의미한다. 동북 변경에서 침입하여 왕경을 향하던 哈丹의 두 부대 중 한 부대는 鐵嶺으로, 다른 한 부대는 竹田嶺을 통해 침입한 기록(『益齋亂藁』卷9上, 世家)이나 哈丹의 아들 老的이 鐵嶺 인근에서 竹田嶺을 넘어 平壤으로 달아났다는 기록(『益齋亂藁』卷9上, 世家) 등은

가리키는 것으로 이해할 수 있다. 비록 조선시대 자료에서 여러 차례 확인되지만, 험준한 高峰들 사이에서 500~700m의 鞍部를 형성하고 있기 때문에 고려시대에도 嶺路로서 기능하였을 개연성이 크다. 더욱이 이들 고개를 사이에 두고 北界의 樹德鎭과 東界의 隘守鎭이 성종 2년(983)에 함께 築城된 점233)도 竹田嶺이 비교적 이른 시기에 嶺路로 개설되었을 가능성을 높여준다.

이상에서 살펴보았듯이, 북계와 동계는 상호간뿐 아니라 開京과도 높은 산지로 가로 막혀 있었고, 개별 驛道도 산지에 의해 나뉘어져 있었다. 이러한 상황에서 개별 驛道를 이어주는 연결망으로서 嶺路의 기능은 긴요하였다. 嶺路를 통한 산지교통은 군사활동과 같이 정보나 인적 교류에는 일정한 역할을 담당하였다. 하지만 軍糧米 등의 대규모 물자 수송에는 많은 제약이 뒤따랐다. 불리한 육상교통 조건은 南道에서 兩界로의 장거리 수송활동에 海運의 비중을 높이는 요소로 작용하였다.

2) 장거리 해운 네트워크

양계지역의 조세 수취 및 운송업무를 관리·감독한 監倉使는 '春州道 監倉使'와 같이 양계의 역도명칭을 附記한 채 여러 자료에서 확인된다.234) 그렇다고

竹田嶺이 동북 방면에서 개경이나 서경으로 이르는 嶺路임을 알려 준다.

232) 竹田嶺은 高州 서쪽 90리 정도에 위치하고, 동해로 흘러드는 德之灘(오늘날의 德池江)의 근원 중 하나이다(『新增東國輿地勝覽』 卷48, 高原郡 山川). 『大東輿地圖』의 해당부분에 竹田嶺 이외에 狋猭嶺, 巨次里嶺 등 여러 고개가 표기되어 있다.

233) 『高麗史』 卷58, 地理3, 北界 樹德鎭 ; 『高麗史』 卷58, 地理3, 東界 隘守鎭.

234) 『高麗史』 기록에 따르면, 명종 3년(1173)에 5道 監倉使[北界 雲中道·興化道, 東界 溟州道·朔方道·沿海道]가 확립된 것으로 되어 있다(『高麗史』 卷77, 百官2, 外職 勸農使 ; 邊太燮, 앞의 책, 219~220쪽). 하지만 정요근(「高麗前期 驛制의 整備와 22驛道」, 『韓國史論』 45, 2001, 50~51쪽)의 지적처럼 東界의 감창사 파견 단위가 溟州道와 沿海道로 나뉘었는지에 대해서는 논란의 소지가 있다. 필자 또한 朔方道와 그 범위가 중복되는 沿海道를 따로 설정하였는지 의문스럽다. 『高麗史』 편찬자가 5道 監倉使에 대해 細註를 달면서 이전에 파견된 春州道監倉使(『東文選』 卷64, 淸平山文殊院記) 대신에 沿海道監倉使를 추가하였을 가능성도 있다. 현재로서는 春州道가 東界로부터

226

監倉使의 감찰범위와 해당 역도를 동일시하여 이해하는 것은 곤란하다. 문종 4년(1050)에 파견된 興化道 監倉使가 "本道의 昌州가 蝗災를 입었으니 조세의 부담을 줄여 줄 것"을 건의하였고, 이듬해에 파견된 雲中道 監倉使가 "肅州·通海縣·永淸縣·安戎鎭의 수확이 좋지 않으니 조세를 면제할 것"을 아뢰었다.[235] 문제는 흥화도 감창사가 언급한 昌州나 운중도 감창사가 말한 肅州 등의 네 고을은 해당 감창사가 파견된 역도의 분포망에 포함되지 않는 고을이라는 점이다. 오히려 역도 분포상 昌州는 雲中道에, 肅州 등의 고을은 興郊道에 각각 위치한다. 이 밖에도 興化道 監稅使로 파견된 申甫純이 흥화도 편성지역이 아닌 安北都護府나 連州로 이동하여 군사작전을 펼친 사례도 있다.[236]

이와 같이 역도명칭을 기준으로 감창사의 감찰범위를 설정하였다 하더라도, 감창사의 활동은 개별 역도망을 벗어나 인근의 다른 영역에까지 미쳤다. 감창사 앞에 붙은 역도명칭은 개별 역도망 자체를 지칭하기보다 그 역도를 중심으로 한 감찰 방면이나 영역을 의미할 것이다. 또한 개별 역도망보다 넓은 범위를 감찰하는 경우에는 역도명칭을 붙이지 않은 東北路 監倉使나 東路 監倉使를 파견하기도 하였다.[237]

兩界지역은 이러한 監倉使의 활동을 통해 조세 행정업무를 관리·감독하였지만, 상시적인 軍糧 부족에 시달렸다. 이것을 극복하기 위해 屯田을 개발하거나 南道로부터 米穀을 충당하였다. 南道의 米穀을 운송할 경우에는 嶺路로 연결된 역도망이 대규모의 물화 수송에 적합하지 않았기 때문에 海路를

분리되는 인종 8년(1130) 이전 시기로 한정하여 兩界의 감창사 파견단위를 興化道·雲中道·朔方道·溟州道·春州道로 이해하였다.

235) 『高麗史』卷80, 食貨3 祿俸 災免之制 文宗 4·5年.

236) 金龍善 編著,「申甫純 墓誌銘」,『高麗墓誌銘集成』, 한림대학교 출판부, 1993. 이외에 溟州道 監倉使가 울릉도를 감찰 지역으로 삼고 있는 사례도 있다(『高麗史』卷17, 仁宗 19年 7月 ;『高麗史』卷18, 毅宗 11年 5月).

237) 『高麗史』卷7, 文宗 3年 3月 ;『高麗史』卷80, 食貨3, 賑恤 水旱疫癘賑貸之制 宣宗 11年 2月 ; 金龍善 編著,「張忠義 墓誌銘」,『高麗墓誌銘集成』, 한림대학교 출판부, 1993.

통한 장거리 운수활동이 큰 비중을 차지하였다.

北界로의 軍糧 지원은 주로 開京 龍門倉과 西海道 安瀾倉에서 바닷길을 통해 이루어졌다. 정종 10년(1044) 예성강 兵船 180척을 가지고 西北界 州鎭으로 軍資를 실어 옮겼고, 문종 18년(1064) 2월에는 예성강 배 107척으로 여섯 차례(六次)나 용문창 쌀을 麟州·龍州·鐵州·宣州·郭州와 威遠鎭에 漕轉하여 軍糧에 충당하였다.238) 정종 10년 兵船을 통해 軍資가 운반된 西北界 州鎭이 청천강 하구를 통해 연결되는 安北大都護府 寧州일 가능성도 있지만, 서북 변경의 군사지대였을 가능성이 더 높았을 것이다. 북계의 중심지인 안북대도 호부에 운반하였다가 다시 군량이 필요한 西北界 軍鎭으로 옮기는 것보다는 처음부터 軍糧의 수요지역인 현지로 수송하였을 가능성이 크다. 이렇게 이해 한다면 정종 10년의 西北界 州鎭 즉, 해운의 목적지도 문종 18년의 경우와 비슷하였을 것이다.

두 번째 사례의 해운활동은 6차례나 漕轉한 것이 이례적인데, 그렇다면 西北쪽의 연근해를 항해한 운반선이 정박한 곳은 어디였을까. 서해를 통해 개경과 서북 변경을 연결하는 해상 운송기지 중 한 곳으로 宣州를 주목할 수 있다. 宣州는 서북계의 水軍활동 및 주변의 渡津을 관할하는 通州(=宣州) 都府署239)의 本營이 있던 곳으로, 위에 언급한 여섯 州鎭의 가운데에 위치할 뿐 아니라 淸江이 서해로 흐르고 있어 내륙으로 진입하기에 훨씬 수월한 지점이었다.240) 海路를 통해 수송된 용문창의 쌀은 宣州 淸江邊의 浦口에 荷役되어 宣州倉241)에 보관되었다가 興化道를 통해 나머지 州鎭으로 옮겨졌을

---

238) 『高麗史』 卷82, 兵2 屯田 靖宗 10年·文宗 18年.

239) 『高麗史』 卷4, 顯宗 10年 3月. 宣州는 고려 초에 通州로 고쳤고 현종 21년에 宣州防禦使 라 불렸다(『高麗史』 卷58, 地理3, 北界 宣州).

240) 『大東輿地圖』에 古宣州로 표기되어 있는 東林城은 내륙에서 서해로 흐르는 淸江 기슭에 위치하고 있다. 내륙하천와 만나는 灣 입지는 通州 都府署를 비롯하여 해안 경계 및 해상교통에 적합하였다. 주요 津渡에 파견된 外官인 勾當使가 宣州에 파견된 사실(『高麗史』 卷37, 忠定王 元年 7月 甲辰)도 교통로상의 요충지임을 짐작케 한다.

228

것이다.

그리고 문종 21년(1067) 3월에는 잡곡 49,400석을, 6월에는 서해도 안란창에서 쌀 27,690석을 朔北 州郡에 漕運하여 軍糧과 변방 주민의 賑恤穀 명목으로 공급하였다.242) 문종 21년의 두 사례에 보이는 朔北지역은 西北界 최북단을 지칭하며, 앞의 문종 18년 때와 같은 경로를 통해 운반되었을 것이다. 이렇게 西海道나 開京에서 해운을 통해 北界로 稅穀을 원거리 수송할 경우에 運搬船이 도착할 지점은 宣州일 가능성이 높다. 西北路상에 위치한 宣州는 林畔驛·通陽驛을 통해 興化道의 역도망과 연결 가능하므로 陸路와 海路가 결합하는 교통거점이었다. 따라서 서북 변경지대로 軍需 물자를 보낼 때에 宣州의 역할이 중요하였기 때문에 北界 내에 西京과 寧州로부터 멀리 떨어져 있는 宣州를 중심으로 하나의 운송권역을 설정해 볼 수 있을 것이다.

한편 東界도 부족한 재정원을 충당하기 위해 동계 내의 民事的인 州縣이나 동해연안의 경상도지역에 의지하는 바가 컸다.243) 인종대까지 東界의 일부였던 交州道 영역과 溟州 管內의 조세는 東界지역으로 향하였다. 문종 3년(1049)에 東北路 監倉使가 交州 관내지역을 관할하거나 문종 8년(1054) 4월에 東界의 登州 등 5개 州鎭이 水害를 입어 春州·交州·東州의 州倉 곡식을 동계지역으로 운반하기도 하였다.244) 물론 交州道 영역에서 鐵嶺을 넘어 무거운 곡식을 東界로 운반하는 것은 쉬운 일이 아니었다.

인종연간에 이르러 교주도 영역이 東界에서 분리되면서 부족한 軍糧을

---

241) 『高麗史』 卷23, 高宗 19年 3月 甲午.

242) "乙巳制 漕運雜穀四萬九千四百石于朔北 諸州郡以給邊民"(『高麗史』 卷8, 文宗 21年 3月) ; 『高麗史』 卷82, 兵2, 屯田 文宗 21年 6月.

243) "옛적에는 동계 방면의 군사에게 경상도·강릉도·교주도의 곡식을 운반하였다가 공급하였다"(『高麗史』 卷135, 禑王 9年 8月)는 기록이 참고된다.

244) 『高麗史』 卷7, 文宗 3年 3月 ; 『高麗史』 卷80, 食貨3, 賑恤 水旱疫癘賑貸之制 文宗 8年 4月. 하지만 東州와 屬縣 洞陰縣·安峽縣은 문종 30년에 양반전시과 柴地분급지역으로 분류되었다(『高麗史』 卷78, 食貨1, 田柴科).

보충하기 위해 동계의 동해 연안 州鎭뿐 아니라 禮州 管內를 비롯한 慶尙道 조세의 일부를 이송해 갔다. 경상도 東部 해안지역의 조세를 동계의 군량수요 지역으로 운반할 때도 北界의 경우와 마찬가지로 海路를 이용하였을 것이다. 이와 같이 南道에서 東界로의 해운활동에 활용된 주요 교통거점으로 南道의 糧餉을 漕轉해 두던 창고가 세 곳이나 있었던 元興鎭을 주목할 수 있다.245)

定州·宣德鎭 등 동북변경의 주요 軍鎭에 필요한 재정원을 보충하기 위해 南道에서 漕轉해 온 軍糧은 柱川 하구에 위치한 元興鎭을 통해 들어갔다.246) 원흥진이 위치한 동계 최북단 咸興灣은 배의 정박이나 바다로의 진출이 용이한 지점이었다. 이곳에 荷役된 군량은 巨川驛(元興鎭)에서 朔方道의 역도망을 통해 필요지역으로 운반되었다. 이러한 입지에 위치한 원흥진은 東界의 수군 활동 및 인근의 渡津을 관할하던 都部署의 本營이면서, 船商이 즐비한 해상 교역의 중심지이기도 하였다.247)

또한 安邊都護府 登州에서 20리 남짓의 거리에 있는 鎭溟縣(鎭)도 海運활동 의 주요한 거점으로 기능하였을 것이다.248) 都部署의 또다른 本營이기도 한 鎭溟縣(鎭)은 동해안 최고의 良港이면서 안변평야가 펼쳐져 있는 지역이었 다.249) 여진족이나 왜구의 침입이 유독 鎭溟縣에 집중되는 것도 海路를 통해

---

245) 「성 남쪽에 옛 창고 터가 3곳이 있는데, 속설에 전하기를, "옛날 元興鎭·宣德鎭을 守禦할 때, 南道의 糧餉을 漕轉하던 곳이다"」(『世宗實錄地理志』 永興都護府 預原郡) 라는 기록이 참고된다.

246) 柱川(『高麗史』 卷58, 地理3, 東界 元興鎭)은 오늘날의 金津江이다. 『新增東國輿地勝覽』 卷48, 定平都護府와 『大東輿地圖』에 보이는 하천 하구의 道安浦가 元興鎭城의 초소(『高 麗史』 卷82, 城堡 靖宗 10年)였던 점을 참고하면, 군량을 실은 선박이 道安浦에 정박하였 을 가능성이 크다.

247) 『高麗史』 卷9, 文宗 27年 6月 丙申. 俗樂 元興의 내용(『高麗史』 卷71, 樂2, 俗樂 元興)을 통해 元興鎭에 많은 船商들이 거주하였음을 알 수 있다.

248) 鎭溟倉(『高麗史』 卷43, 恭愍王 21年 4月)의 존재나 조선 세종 때 함길도로의 군량 보급 경로상 鎭溟縣의 역할(『世宗實錄』 卷69, 世宗 17年 9月 癸未)을 고려하면, 海路를 통해 南道의 軍糧이 집적되었을 가능성이 있다.

249) 여러 사료에서 鎭溟都部署의 존재가 확인된다(『高麗史』 卷4, 顯宗 6年 3月 ;『高麗史』

접근이 용이하면서 鎭溟倉250)을 약탈의 대상으로 삼았기 때문이었다. 鎭溟倉에는 南道로부터 漕轉되어 鎭溟浦251)를 통해 하역된 軍糧이 저장되었다. 결국 水軍 및 海運기지인 鎭溟縣은 安邊都護府 登州의 外港으로 기능한 것이다.

<표-20> 양계지역의 주요 교통거점

구분	교통거점		육상교통	수상교통	특징
北界	西京		묘嶺道 5개 驛 興郊道 3개 驛 雲中道 1개 驛	대동강 수계 馬灘, 白銀灘, 南浦, 楊命浦, 石浦 등	남북교통 및 동서교통의 要地
	寧州		興郊道 興材驛 雲嵒驛	청천강 수계	인근의 博州·連州를 통해 교통거점 기능을 강화
		博州	興化道 長寧驛 雲中道 3개 驛	대령강 수계	청천강 以北의 서북계 교통의 要地
		連州	雲中道 3개 驛	청천강 수계	雲中道의 교통 要地
	宣州		興化道 林畔驛 通陽驛	淸江에서 서해 진출 通州(宣州)都府署	西北界 수륙교통의 要地
東界	登州		朔方道 朔安驛	鎭溟浦·浪城浦에서 동해 진출/ 鎭溟都部署	東界 영역의 한가운데 위치 鎭溟縣이 安邊都護府의 外港 기능
	元興鎭		朔方道 巨川驛	桂川 道安浦에서 동해 진출/ 元興鎭都府署	東北界 수륙교통의 要地

이상의 내용과 같이 兩界의 民事的인 州縣이나 南道지역에서의 대규모 군량 수송은 陸路보다 주로 海路를 통해 이루어졌다. 원거리 海運을 통해 수송된 軍糧은 주요 浦口에 하역된 뒤, 다시 陸路를 통해 목적지로 옮겨졌다.

卷11, 肅宗 元年 6月). 鎭溟縣은 동해안 최고의 良港으로 오늘날의 원산이다. 원산만 앞의 20여 개 섬은 자연 방파제 역할을 하고, 조수간만의 차가 매우 적어 8~13.4m의 적당한 수심의 港이 넓게 위치하고 있다.

250)『高麗史』卷43, 恭愍王 21年 4月.

251)『高麗史』卷7, 文宗 4年 10月. 고려 말 倭寇의 약탈 이후 鎭溟浦에 兵船을 정박하니 왜구가 다시 오지 않았다. 포구의 수로가 막히고 얕아서 병선은 安邊의 浪城浦로 移泊시켰다(『新增東國輿地勝覽』卷49, 德源都護府 古跡 鎭溟浦).

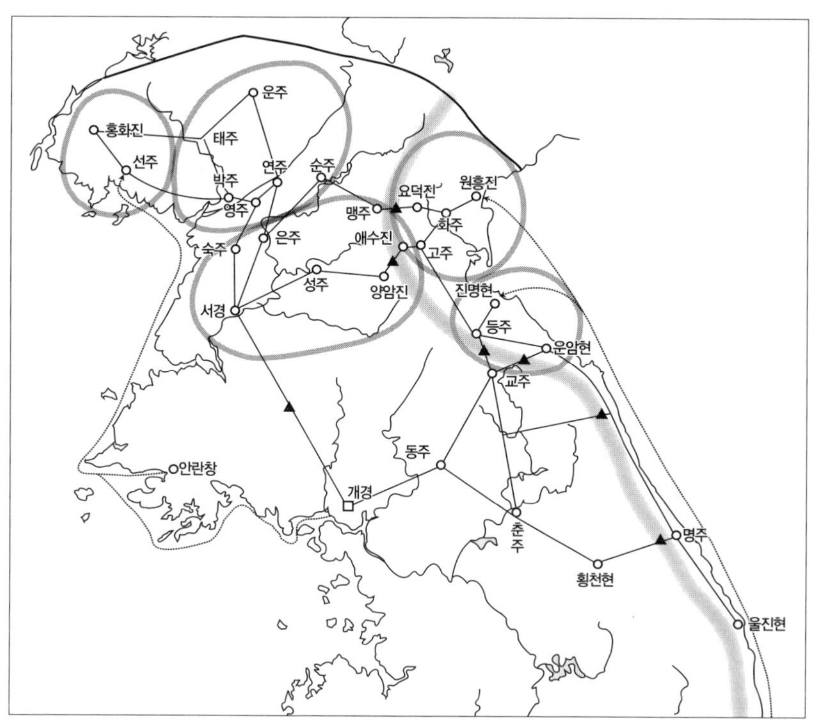

〈그림-8〉 양계의 교통거점과 운송권역

이때 해상운송의 종착지이면서 육상운송의 출발지점인 교통거점을 중심으로 일정한 운송권역이 형성되었을 것이다. 이러한 성격을 지닌 곳으로 北界의 宣州와 동계의 元興鎭·鎭溟縣을 꼽을 수 있다. 양계의 교통 거점고을은 南道의 漕倉 소재지와 유사하게 운송방법(해운↔육운)을 전환하면서 浦口나 저장시설을 갖추고 있었다. 南道의 漕倉이 水陸交通의 환승지점이면서 物流의 중심지인 것처럼, 宣州와 元興鎭·鎭溟縣도 兩界의 주요 교통거점으로 이해할 수 있다.

양계의 주요 교통거점에 관한 내용(<표-20>)을 지도상에 간략히 표시한 것이 <그림-8>이다. 이들 교통거점[點]을 중심으로 편성된 교통로[線]를 이용하여 軍糧을 운반하는 하나의 운송권역[面]이 형성되었을 것이다. 즉 ①西北 幹線路의 중앙에 위치한 西京을 중심으로 하는 운송권역, ②양계의 중부 邊境지대로 연결되는 寧州를 중심으로 하는 운송권역, ③宣州를 중심으로 서해 항로와 興化道를 결합한 운송권역과 ④東界의 登州를 중심으로 朔方道의 역로와 鎭溟縣을 통한 海路가 결합된 운송권역, ⑤元興鎭을 중심으로 동해 항로와 朔方道를 결합한 운송권역을 설정할 수 있다.

양계의 軍糧 運送圈域의 교통거점은 南道지역의 물류 거점인 漕倉과 마찬가지로 陸運과 水運(海運 포함)의 결합이 용이한 지점이었다. ①운송권역의 西京은 서해 항로와 만나는 대동강 水運의 可航지점에 위치하면서 8개 驛시설이 위치하였고, ②운송권역도 雲中道뿐 아니라 서해의 西韓灣으로 흘러드는 청천강 水運과 연안 항로를 적극 활용하였을 것이다. 전통적인 이들 고을과 함께 ③宣州와 ④鎭溟縣·⑤元興鎭은 앞서 살펴보았듯이 장거리 해운 거점으로 기능하였다.

Ⅴ. 고려후기 교통과 조운시스템의 변동

驛시설이나 나루 등의 교통운송기관은 12·13세기 사회경제적인 변동에 맞물린 소속민의 이탈의 最一線에 위치하였다. 그런 만큼 고려후기 교통운송기관의 피폐와 파행적인 운영은 불가피하였다. 여기에 더해 元朝의 강압적인 물자 징발과 자의적인 교통운송시스템의 재편성은 교통운송 기반의 손실과 같은 또다른 폐해를 일으켰다.

이러한 상황 속에서 漕運활동의 핵심적 역할을 담당했던 漕倉은 더욱 그 기능이 약화·소멸되었다. 이것은 조세운송활동의 큰 위기였지만, 그 속에서 漕轉활동을 수행하기 위한 몇 가지의 복구책이 논의·시행되었다. 2절에서는 군현별 조운활동과 私船의 활용 그리고 漕轉城 수축을 중심으로 서술하면서 고려 말엽 漕運시스템 복구책의 역사적 의미도 언급할 것이다.[1]

1. 교통운송체제의 동요와 위기

1) 교통운송기관의 파행적 운영

22驛道와 漕倉制로 대변되는 고려전기의 교통운송체제는 40년 가까운

---

[1] 본장에서 서술하는 고려후기 漕運시스템의 변동에 대한 내용은 다음의 연구성과를 적극 활용하였다(한정훈, 「고려 후기 漕運制의 운영과 변화」, 『東方學志』 151, 2010).

江都시기(1232~1270년)를 포함하여 13세기 중후반 元朝의 간섭이 본격화되기 이전까지 기본적인 틀을 유지하면서 운영되었다. 하지만 驛이나 漕倉과 같은 교통운송기관은 12세기부터 내부적 문제에 노출되기 시작하였다.[2] 즉 12·13세기 사회경제적 모순의 심화 속에서 특히 과중한 업무를 담당한 교통운송기관은 무인집권기부터 소속민의 유망 등과 같은 변화에 직접적인 영향을 받았다.

당시 驛이나 나루시설과 같은 公的인 교통운송기관은 지배계층의 私的인 橫行에 번번이 시달렸고, 그것은 疲弊의 주요한 요인 중 하나였다. 우선 그러한 사례가 쉽게 확인되는 육상교통기관에 관한 내용부터 살펴보자.

성종 원년(982) 崔承老의 時務 28조에서도 지방의 세력있는 자들이 교통운송시설을 私的으로 이용하여 문제가 발생하였는데, 무인집권기의 상황은 그것에 비교되지 않을 정도로 심각하였다. 驛民을 비롯한 교통운송시설의 소속민은 외국을 왕래하는 使臣과 지방 파견 官吏의 迎送 이외에도 그들이 사사로이 휴대한 물건의 수송업무까지 책임져야 했다.

명종 13년(1183)에는 金나라에 使臣으로 가는 자들이 물품 교역을 통해 이익을 보기 위해 토산물을 운반하는 폐단(轉輸之弊)으로 驛吏를 괴롭히므로, 이에 휴대하는 私物의 定量을 정하고자 하였으나 집권세력의 반대로 인해 무산되었다.[3] 명종 26년(1196) 崔忠獻이 올린 封事 10조의 내용 중 按察使들이 供進하는 것을 금지토록 건의하였는데, 그 이유는 안찰사들이 驛을 이용하여 私備에 충당하였기 때문이었다.[4] 이 사실은 당시 관리를 비롯한 지배층의

---

2) 교통운송기관의 사전적 의미는 牛馬·선박 등의 교통수단, 교통시설 그리고 관련 관청을 통칭한다. 하지만 본문에서 언급하는 교통운송기관은 驛·나루·漕倉 등의 교통운송시설을 지칭하는 좁은 의미를 띠고 있다.

3) 『高麗史』 卷20, 明宗 13年 8月 戊申.

4) 『高麗史』 卷129, 列傳42, 崔忠獻 ; 神宗 5年(1202) 3月에는 龍虎軍에 속한 군사 仲美가 武裝한 채 횡포를 부려 백성들로부터 은과 비단을 빼앗아 驛馬에 실어 자기 집으로 보내는 일도 발생하였다(『高麗史』 卷129, 列傳42, 崔忠獻).

부정행위와 驛시설에 대한 사사로운 이용이 어느 정도였는지를 단적으로 보여준다. 지배층의 도덕적 해이가 이 정도이다 보니, 몽골에 使臣으로 간 李純孝가 한 가지 물품도 가져오지 않은 것을 보고 부녀자와 郵卒이 그의 淸白함에 탄복한 것으로 전한다.5)

위에 제시한 몇 가지의 사례를 보더라도 당시 지배층의 驛시설에 대한 횡포와 그로 인한 驛소속 인원의 부담이 어느 정도였는지를 짐작할 수 있다. 피폐해진 교통시설을 복구하기 위해 무인집권 초기에 몇 차례의 禁令을 내렸지만6) 잘 지켜지지 않았고, 오히려 崔怡 집권 이후로는 최씨 집권세력이 驛馬를 제 것인 양 타고 다니는 등 앞장서 불법을 자행하였다.7) 당시 지배층의 횡포는 육상교통시설에 국한되지 않고 개인 소유의 牛馬를 탈취하여 私物을 수송할 정도로 문란함이 극도에 치달았다.8)

이에 앞서 의종 23년(1169)에도 각 道로부터 齋醮에 필요한 재물을 징수·수송 하도록 하여 백성들이 근심에 싸였다.9) 이처럼 국가재정원을 충당하기 위한 別貢의 징수는 輸役이라는 또다른 부담을 가중시켰다. 국가의 재정상황이 한층 나빠지는 무인집권기와 원간섭기는 현물세의 추가 부담과 그것을 운반하 는 輸役이 함께 발생하였다. 이러한 貢賦와 輸役의 추가 부담은 民들의 유망을 부추기는 주요한 요인이었다. 당시 운송도구로 개경이나 지방의 權勢家는 祿轉車와 같은 수레를 이용하였지만,10) 대부분의 일반 백성은 등에 지거나 이고[負戴] 상황이 좋으면 牛馬에 실어 운반하는 苦役에 시달렸다.

이와 같은 육상교통시설과 驛務 종사자에 대한 횡포와 그로 인한 凋弊현상은

---

5) 『高麗史』 卷102, 列傳15, 李純孝.

6) 『高麗史』 卷85, 刑法2, 禁令 明宗 18年 3月 ; 『高麗史』 卷129, 列傳42, 崔忠獻 封事
   10條 중 5條.

7) 『高麗史』 卷129, 列傳42, 崔忠獻 附 崔怡.

8) 『高麗史節要』 卷16, 高宗 33年 7月.

9) 『高麗史』 卷19, 毅宗 23年 2月 乙卯.

10) 『高麗史』 卷129, 列傳42, 崔忠獻 附 崔怡.

수상운송기관에서도 마찬가지였다. 崔怡의 庶子인 萬宗·萬全 형제가 慶尙道에 축적한 쌀만 해도 50만석에 달하였다는 기록[11]을 참고하면, 당시 권세가들이 農場에서 수취한 다량의 곡물 등을 운반하기 위해서 驛이나 漕倉과 같은 교통운송기관에 소속된 운송수단과 소속민을 私的으로 동원하였을 가능성은 매우 높다. 元간섭 초기에 全羅道 按廉副使 禹天錫이 명주와 모시를 漕船편으로 운반하고자 한 사례[12]도 官員을 비롯한 당시의 지배계층이 公的인 운송시스템인 漕運을 사사로이 이용하였음을 알려 준다.[13] 이와 관련하여 명종 12년(1182) 과중한 官船의 건조작업과 全州牧 司錄 陳大有의 가혹한 지휘·감독에 반기를 든 竹同의 蜂起가 참고된다.[14] 船材를 벌목하여 官船을 건조하는 과중한 賦役과 같이 교통운송수단을 마련하고 유지하는 것에 부담도 적지 않았을 것이다.

이러한 지배계층의 교통운송시설에 대한 부정행위와 수탈은 소속민의 유망을 촉발시키는 주요한 요인이었다. 이로 인해 驛과 나루시설의 凋弊는 심화되었고, 조운활동의 거점인 漕倉의 원활한 운영도 쉽지 않았다. 12세기 중엽부터 교통운송시설은 유력자의 토지 탈점과 수령·향리층에 의한 과도한 수탈 그리고 그로 인한 民들의 유망 등 사회경제적 모순의 최일선에 자리하였다. 그런 만큼 거주민의 이탈이 더욱 가속화되어 업무 수행에 큰 어려움을 겪었다.

고려후기 군현제 변동의 주요 요인 중 하나인 部曲制 지역민의 과중한 부담과 광범한 유망은 부곡제 집단의 고유한 기능을 사라지게 하였다.[15]

---

11) 『高麗史』 卷129, 列傳42, 崔忠獻 附 崔怡.

12) 『高麗史』 卷28, 忠烈王 3年 11月 丁酉.

13) 앞의 Ⅲ장 2절에서 언급한 조운규정에서는 조운활동 도중 승선인원(梢工·水手·雜人) 들이 漕運穀을 사사로이 횡령하거나 鄕吏層이 耗米를 추가로 징수한 사례를 소개하였다. 이와 같이 乘船人員과 향리층의 부정행위만큼이나 지배계층의 탈법행위가 심각하였을 것이다.

14) 『高麗史』 卷20, 明宗 12年 3月 庚寅.

이러한 상황과 마찬가지로 특수한 苦役을 담당하는 교통운송시설(驛, 津浦, 漕倉 등)의 소속민 이탈도 12세기 말엽부터 진행되었다. 驛 거주민의 이탈현상이 본격화되는 원 간섭기의 모습을 통해 그 단면을 확인할 수 있다. 과중한 驛役을 회피하기 위해 이탈한 驛吏와 驛戶는 멀리 도망가서 외진 곳에 거주하거나 권세가에 투탁하였고, 또는 승려가 되기도 하였다.[16] 고려초기 6科體制의 운영시기에는 驛役을 담당하는 驛丁이 부족하면 그 驛의 白丁 자제의 자원자로 보충하였지만,[17] 고려후기는 소속민의 이탈로 교통기관 내에서 자체 해결하는 것이 불가능하였다. 이 문제를 해결하기 위해 朝廷에서는 교통운송시설이 속한 本邑이나 인근 州郡에 그 책임을 떠넘겼고,[18] 이로 인해 州郡의 백성들 또한 유망하기에 이르렀다. 이러한 악순환이 지속되다 보니 고려말엽에는 州郡民의 生業을 회복시키기 위해서 驛戶부터 구제하자는 논의가 있을 정도였다.[19]

驛의 피폐로 고유의 업무가 주변 郡縣에 전가되는 현상은 후술하는 고려후기 조운 운영방식상의 변화와도 유사하다. 즉 고려전기 漕倉 중심의 집약적 조운방식이 후기가 되면 漕倉의 凋弊로 인해 각 郡縣이 주체가 되어 조세운송활동을 진행하였다. 이러한 모습은 고려후기에 부곡집단인 所가 그 기능을 상실하자, 郡縣制하의 주민을 동원하여 물품을 생산토록 하여 收取를 실현하는

---

15) 朴宗基, 「部曲制의 變質」, 『高麗時代部曲制硏究』, 서울大學校出版部, 1990, 183~195쪽.

16) 『高麗史節要』 卷21, 忠烈王 22年 2月 ; 『高麗史』 卷82, 兵2, 站驛 忠肅王 12年 10月 ; 『高麗史』 卷82, 兵2, 站驛 忠肅王 後6年 12月 ; 『高麗史』 卷85, 刑法2, 禁令 恭愍王 5年 6月. 鄭枖根, 『高麗·朝鮮初의 驛路網과 驛制 硏究』, 서울대 박사학위논문, 2008, 168~169쪽 참고.

17) Ⅱ장 2절 자료 <Ⅱ-7> 참고.

18) 결원이 생길 경우 本邑(주변의 郡縣)에 부담을 지우는 사례는 元간섭 초기에도 확인된다(『高麗史』 卷82, 兵2 站驛 忠烈王 34年).

19) 『高麗史』 卷82, 兵2, 站驛 恭讓王 元年 12月 趙浚 上疏文 ; 『高麗史節要』 卷34, 恭讓王 元年 12月.

것과도 상통하는 면이 있다.[20] 12세기 후반 사회경제적 변동의 一線에 자리한 교통운송기관도 소속민의 이탈과 그에 따른 기능 약화로 인해 위기에 봉착하게 되었다.

물론 교통운송기관의 동요 속에서도, 문종대에 확립한 13漕倉制는 위와 같은 자구책을 통해 元간섭기 以前까지는 기본적인 틀을 유지하면서 운영되었다. 이러한 모습은 13漕倉의 감독관인 判官의 존재를 통해 간접적으로 확인할 수 있다.[21] 이와 함께 당시의 자료 속에서 조창제의 운영 상황을 짐작할 수 있다.

> V-1) 우리 국가는 만세의 도읍을 정하고 사방의 貢稅를 받는다. 먹을 것이 제일 중요하다는 것을 알고 1,000칸이나 되는 곳집을 지어 여기에 저장하게 되었다. 水路로 운수하는 배들은 서로 꼬리를 물고, 陸路로 수송하는 수레들은 서로 뒤를 잇는다.[22] (『東國李相國集』 卷19, 乙酉年大倉泥庫上樑文)

위에 제시한 자료 V-1)은 李奎報가 乙酉年(1225년)에 남긴 문장의 일부분으로, 국가 운영에 필요한 財源을 전국 각지에서 開京으로 배와 수레를 통해

---

20) 고려중기 이후 部曲制的 收取方式을 포기하고 郡縣制的 수취방식으로 전환되어 나갔다(朴宗基, 앞의 책, 1990, 192~193쪽).

21) 『高麗史』 卷80, 食貨3, 祿俸 外官祿 仁宗에서 13漕倉 判官이 확인된다. 하지만 해당 내용에서 13漕倉 判官과 동일하게 20石의 祿俸을 지급받는 義城縣 監務의 파견시기 등을 근거로 이 규정이 仁宗代 이후의 명종 8년~27년(浜中昇, 「『高麗史』 食貨志 外官祿條의 批判」, 『朝鮮歷史論集』 上, 1979)이나 神宗代(北村秀人, 「高麗時代の漕倉 制について」, 『朝鮮歷史論集』 上, 1979, 408~410쪽)의 기록이라고 추정하기도 한다. 이를 참조하면 13漕倉制가 13세기 초반까지 유지된 것으로 이해할 수 있다.

22) "我國家宅萬世之都 受四方之貢 知一日食之爲重 峙千斯倉以爲儲 水轉而泊岸者舟尾相 銜 陸輸而亘路者車輪如織". 이와 유사한 내용으로 崔滋의 三都賦 중 談叟가 北京(開京) 을 자랑하면서 읊은 시구도 참고된다. "급하게 독촉하여 집집이 거둬다가 / 수로·육로 로(漕轉陸輸) / 성화같이 운수해 와서 / 국고를 채워 주니 / 관가와 나라에 유공함을 / 말로 다 못하리"(『東文選』 卷2, 三都賦).

거두어 들여 창고에 보관하는 일련의 과정을 언급하고 있다. 그의 표현이 다소 修辭的이기는 하지만 조세 수취의 중요성과 그 수송의 활발함을 잘 보여주고 있다. 또한 당시 貢稅의 운수활동이 표면적으로 큰 어려움 없이 운영되었음을 짐작할 수 있다.

하지만 李奎報의 문학작품을 활용할 때에는 주의가 요구된다. 즉 이규보가 무인정권에 적극 참여하여 관료로 등용된 점을 고려하면, 그의 詩가 國政이나 사회 현실을 있는 그대로 반영한 것이라고 말하기는 어려울 것이다.[23] 그렇다 면 자료 V-1) 내용 이면에 깔려 있는 조창제의 모습은 어떠하였을까. 앞서 언급하였듯이, 이규보가 살았던 무인집권기는 農民의 유망, 權勢家에 의한 대토지겸병 등으로 인해 農民抗爭이 광범위하게 발생한 시기이다. 이러한 당시의 사회경제적 모순의 심화로 인해 조운활동도 정상적인 운영은 쉽지 않았다. 특히 일반 郡縣보다 과중한 수탈이 집중되었던 漕倉 거주민의 광범위 한 流亡이 예상되는데, 이것은 漕倉을 근간으로 운영되던 조창제의 혼란을 일으키는 주요 원인이었다.

權勢家들은 육상교통시설의 경우와 마찬가지로 水運활동을 위해 公的인 조운 기반(漕倉시설, 漕船, 漕倉民)을 사사로이 이용하였을 것이다. 이에 따라 苦役의 특수한 身役을 담당한 漕倉民의 유망도 심화되었을 것으로 예상된다. 여기에 III장 2절에서 살펴 본 耗米의 과다 징수나 고의적인 사고를 빙자하여 사사로이 이익을 취하는 관원이나 조운 담당자의 부정행위는 漕倉民의 이탈을 더욱 부채질하였다.

이러한 문제 등으로 인해 13세기 초·중반의 漕倉制는 예전처럼 원활히

---

23) 이와 관련하여 이규보의 農民詩나 현실인식이 政權擔當者, 어용적 文臣, 治者의 입장을 일면 띠고 있는 것으로 이해한 견해가 참고된다(申用浩, 「李奎報의 現實認識과 文學」, 『論文集』 22(人文科學篇), 公州師範大學, 1984 ; 金皓東, 「高麗 武臣政權時代 文人知識人 李奎報의 農村現實觀」, 『國史館論叢』 42, 1993 ; 이정호, 「이규보의 농촌 현실관과 농업진흥론」, 『史叢』 53, 2001).

240

수행되기 어려웠다. 하지만 중앙정부는 국가재정원의 확보라는 주요한 사안을 관철시키기 위해 力役 담당자를 충원하거나 주변 郡縣의 도움을 통해 漕倉 고유의 역할을 유지시켜 조운활동을 수행하도록 지원하였다.

이후 몽골족의 침입에 효과적으로 대응하기 위해 江華島로 遷都한 江都시기에도 조운활동은 지속되었다.[24] 고려전기의 조창제가 시행되는 가운데 운영상의 변화가 확인된다. 고종 30년(1243) 崔怡의 食邑인 晉陽(晉州牧)의 稅貢米가 左倉으로 수납된 사례[25]와 같이 당시의 조운시스템은 權勢家의 農場에서 생산되는 수취물자의 운반에도 이용되었다. 이와 함께 예전보다 漕倉民 이외의 船運集團이 조운활동에 더 많이 참여하고 있음도 추론할 수 있다.

　　　　V-2) 성시가 포구이니 / 城市卽浦
　　　　　　문밖이 바로 배라 / 門外維舟
　　　　　　꼴 베러 가거나 나무해 올 때에도 / 芻往樵歸
　　　　　　조그만 배에 둥실 실어 / 一葉載浮
　　　　　　육지보다 길 빠르니 / 程捷於陸
　　　　　　채취함과 수송하기 모두 쉬워 / 易採易輸
　　　　　　땔감 부족 없고 / 庖炊不匱
　　　　　　마소 먹이 넉넉하여 / 廐秣亦周
　　　　　　힘 덜 들고 씀씀이 넉넉 / 人閑用足力小功優
　　　　　　장삿배와 조공선이 / 商船貢舶
　　　　　　만리에 돛을 이어 / 萬里連帆
　　　　　　묵직한 배 북쪽으로 / 艤重而北
　　　　　　가벼운 돛대 남쪽으로 / 棹輕而南
　　　　　　돛대머리 서로 잇고 / 檣頭相續

---

24) 일부 연구자는 遷都 이후 40년 가까이 버틸 수 있었던 요인의 하나로 단절되지 않은 漕倉制의 운영을 강조하였다(北村秀人, 앞의 논문, 1979, 433~434쪽 ; 尹龍爀, 「武人政權의 江都生活」, 『高麗對蒙抗爭史研究』, 一志社, 1991, 202~204쪽).

25) 『高麗史』 卷129, 列傳42, 崔忠獻 附 崔怡 ; 『高麗史節要』 卷16, 高宗 30年 5月.

뱃고물이 맞물려서 / 舳尾相銜
바람편 순식간에 / 一風頃刻
팔방 사람 모여드니 / 六合交會
산해의 진미를 / 山宜海錯
안 실어오는 물건 없네 / 靡物不載 (『東文選』 卷2, 賦 三都賦)[26]

위의 자료 Ⅴ-2)는 13세기 전반기 江都의 해운활동을 보여주는 崔滋의 「三都賦」 일부 내용으로, 江都의 편리한 해운입지와 그곳을 중심으로 활발히 펼쳐진 海運활동을 짐작하기에 부족함이 없다. 商船과 貢船이 끊임없이 실어 날랐던 四方의 물자 속에는 당연히 漕運穀도 포함되었을 것이다. 貢船과 함께 「三都賦」에서 확인되는 江商·海賈는 江都시기 활발한 수상활동의 장본인이었다. 강화도의 물가 언덕에는 江商과 海賈 등의 집이 즐비하였는데,[27] 江商은 하천루트를 따라 활동하는 船商이고 海賈는 해상루트를 통해 교역활동을 수행한 船商일 것이다. 이들은 강화도로 연결되는 한강·임진강·예성강 등의 대하천을 통해 내륙의 물자를 賣買하거나 서해 연안을 무대로 교역행위에 종사하였다. 船商의 활동은 고려후기 민간수공업과 상업의 발달에 힘입어 더욱 활발하였는데,[28] 그들은 교역활동의 하나로 漕運에도 참여하였을 것이다.

이들 船商들이 漕運활동에 참여하게 되는 계기는 앞서 말한 漕倉民의 이탈 등으로 인해 漕倉시스템만으로 조운업무를 수행하는 것에 어려움이 따랐기 때문이었다. 이에 고려 정부는 漕運활동을 중지할 수 없는 상황에서 漕倉民의

---

26) 민족문화추진회 편, 『(國譯)東文選』 卷2, 賦 三都賦, 1968.

27) "江商海賈漁翁鹽叟之編戶也"(『東文選』 卷2, 賦 三都賦).

28) 고려후기 船商의 활동에 관한 내용은 다음의 연구논문이 참고된다(金東哲, 「고려말의 流通構造와 상인」, 『釜大史學』 9, 1985 ; 金三顯, 「고려후기 場市에 관한 연구」, 『明知史論』 4, 1992 ; 北村秀人, 「高麗時代の地方交易管見」, 『人文研究』 48-12, 1996 ; 한정훈, 「12·13세기 전라도지역 私船의 해운활동」, 『한국중세사연구』 31, 2011).

공백을 메우기 위해 私船을 소유한 船商을 활용한 것이다. 江都에서 활동한 船商들은 都邑에서 가까운 지역뿐 아니라 서남해 연안지역의 조운활동에도 관여하였을 것이다. 이렇게 船商의 활동이 증가하자, 중앙정부는 해상교역에 종사하는 선박으로부터 雜稅의 하나인 船稅를 징수하기도 하였다.[29]

이처럼 13세기 초·중반 일부지역의 조운활동에 私船이 참여하였다. 이것은 달리 말해 漕倉의 기능이 그만큼 약화되었음을 의미한다. 이러한 변화 속에서 漕運방식은 예전과 같이 漕倉·漕倉民에 의해 운영되던 일률적인 형태로 진행되지는 않았다. 각 지역과 개별 漕倉의 상황에 따라 조운업무가 개별 郡縣으로 전가되는 사례가 발생하기 시작한 것이다. 해당 내용은 다음 절에서 더 자세히 다루기로 한다.

2) 교통운송 기반의 손실

앞 항에서 13세기 교통운송시설 소속민의 이탈을 비롯한 내부 문제로 인해 교통운송기관의 파행적인 운영이 불가피하였음을 언급하였다. 뒤이어 13세기 중·후반부터 元朝의 무리한 물자 징발과 驛路網의 자의적인 재편 그리고 두 차례에 걸친 일본원정 준비로 인해 교통운송 기반이 손실됨에 따라 교통운송체제는 더욱 왜곡되어 갔다.

元간섭기에 앞선 대몽항쟁기 三別抄의 약탈행위도 빠뜨릴 수 없다. 고려 정부의 개경 還都(1270년)에 저항하여 珍島로 옮긴 삼별초 세력은 서남해를 주요 근거지로 삼아 全羅道와 慶尙道의 沿海 州縣은 물론 密城 등의 내륙지역까지도 습격하였다. 원종 12년(1271) 정월~3월에 元朝와 주고받은 글을 통해 당시의 조세 수취 및 운송체제의 문란함 그리고 이로 인한 국가재정의 심각성을 엿볼 수 있다. 그 해 정월과 2월의 기사에 따르면, 朝廷은 稅穀을 삼별초

---

29) 『高麗史』 卷129, 列傳42, 崔忠獻 附 崔沆. 崔沆이 金州와 洪州 등지의 魚梁船稅를 감면하였다는 내용을 통해 船稅의 부가를 짐작할 수 있다.

세력에 약탈당하였고, 역적 토벌을 빙자하여 국내에 주둔해 있는 몽골군의
軍糧 비용을 공급하였기 때문에 창고가 비어 백관들의 녹봉을 주지 못하는
상황에까지 이르렀다.[30] 이러한 상황은 서남해를 거점으로 활동한 삼별초세
력이 경상도·전라도의 세곡 운송활동을 저지하였기 때문이기도 하였다.

> V-3) 경상도·전라도의 공물과 부세는 모두 육상 운수로 나르지 못하고 반드시
> 바다로 운반해야 한다. 그런데 지금 역적(삼별초-필자 註)들이 거점으로
> 삼고 있는 珍島는 해상 수로의 목구멍과 같은 요충 지점인 까닭에 내왕하는
> 선박들을 그곳으로 통과시킬 수 없다. 그러므로 군량·사료·종자는 비록
> 징수하여도 운반할 길이 없다.[31] (『高麗史』卷27, 元宗 12年 3月 癸巳)

자료 V-3)의 내용을 통해 삼별초세력이 발호하기 이전까지 경상도·전라도
의 수취물은 예전과 마찬가지로 서남해의 漕運路를 통해 京倉으로 수납되었음
을 알 수 있다. 그런데 원종 12년(1271년) 3월에 삼별초세력이 조운경로의
목구멍[咽喉]에 해당하는 珍島에 주둔하였기 때문에 징수한 貢賦를 운반할
수 있는 방법이 없음을 하소연하고 있다. 당시 조운경로는 삼별초세력에
의해 차단되었고, 주요 陸運수단인 牛馬의 대부분은 삼별초 진압을 위해
몽골군에 차출된 상황이었다.[32] 이와 같이 몽골군의 주둔과 삼별초세력의
발호는 기존 교통운송체제의 원활한 운영을 어렵게 만들었고, 결국 輸役의
부담은 백성들에게 돌아갔다.[33]

몽골의 과다한 貢物 요구는 원 간섭 이전인 고종 18년(1231)부터 침략을
빌미로 馬 20,000필로 실어 나를 정도의 엄청난 양이었다.[34] 이때부터 高麗에

---

30) 『高麗史』卷27, 元宗 12年 2月 乙卯·3月 癸巳.
31) "慶尙全羅貢賦皆未得陸輸 必以水運 今逆賊據於珍島 玆乃水程之咽喉 使往來船楫不得
    過行 其軍糧牛料種子雖欲徵斂致之無路".
32) 『高麗史』卷27, 元宗 12年 3月 癸巳.
33) 『高麗史』卷27, 元宗 12年 12月 甲午 ;『高麗史』卷27, 元宗 13年 4月 丁巳.

서 강제 징발된 물자들은 元 大都로 끊임없이 운반되었다. 元간섭 초기는 元朝의 강압적인 물자 징발과 이로 인해 교통시설의 濫用이 심각한 수준이었다.[35]

이어서 元朝는 일본원정을 위한 준비에 필요한 막대한 양의 物資 제공과 그것의 輸送을 요구하였다. 이것은 고려의 사회체제를 붕괴시키기에 충분하였다. 특히 그로 인한 교통운송 기반의 손실은 장기간 동안 회복이 불가능할 정도였다. 이에 앞서 물자 수탈과 함께 陸運으로 인한 輸役의 부담이나 驛시설의 손실부터 살펴보자.

충렬왕 2년(1276) 여러 道의 장정들을 징발하여 交州道 경계에서 벌목하여 開城으로 운반하도록 하는 것[36]을 필두로 일본원정을 위한 물품과 輸役의 징발이 시작되었다. 특히 元朝는 군사활동과 교통운송수단으로 중요한 역할을 담당한 牛馬의 확보와 활용에 관심을 가졌다. 전국에서 징발한 馬를 珍島로 옮겨 放牧도 하였지만,[37] 驛馬를 合浦軍에 넘기거나 공주의 立朝 때 사사로이 사용하는 등 체계적인 관리가 이루어지지 않았다.[38] 결국 말의 품귀현상으로 馬價가 폭등하였다.[39] 당시 驛에는 말과 함께 소도 있었는데 이마저도 元의 관리들이 귀국할 때 가져감[40]으로 인해 중요한 교통운송수단인 牛馬의 부족현상이 심각하였다. 무인집권기와 비교해 볼 때, 원간섭기 교통운송기관의

34) 『高麗史』 卷23, 高宗 18年 12月 甲戌.

35) 13세기 후반 元朝의 물자징발 현황과 그로 인해 경제 사정에 대해서는 다음의 연구가 참고된다(李康漢, 「13세기후반 元의 물자징발과 교역의 위축」, 『13~14세기 高麗-元 交易의 展開와 性格』, 서울대 박사학위논문, 2007, 17~43쪽).

36) 『高麗史』 卷28, 忠烈王 2年 12月 ; 忠烈王 3年 7月 庚寅.

37) 『高麗史』 卷28, 忠烈王 2年 10月 甲子.

38) 『高麗史』 卷28, 忠烈王 2年 6月 壬申 ; 『高麗史』 卷28, 忠烈王 4年 3月 己亥.

39) 『高麗史』 卷28, 忠烈王 4年 3月 己亥. 농우 1마리에 명주 4필의 전례대로 사들이는 사례를 통해 당시 牛馬 매매행위가 활발하였음을 알 수 있다(『高麗史』 卷28, 忠烈王 3年 2月 丁卯).

40) 『高麗史』 卷30, 忠烈王 18年 1月 丙辰.

凋弊는 常存하는 지배층의 私的 橫行 보다 元과의 정치적 관계로 인한 물자 공출과 수송의 부담에서 기인하는 바가 더 컸다.

1차에 이어 2차 일본원정 준비를 위한 元朝의 물자 징발은 더욱 거세졌다. 충렬왕 6년(1280)에 西海道의 그 해 轉米를 嵒嶺道의 각 站에 주어서 郎哥歹를 접대하도록 하였다.[41] 이 사례는 京倉으로 入庫되어야 할 각지의 세곡이 사신 접대비용으로 활용되었음을 보여 준다. 특히 金郊站~生陽站의 9개 站은 使臣 迎送의 피해가 가장 심각하였으므로 內廐馬 2匹씩을 보충하기도 하였다.[42] 충렬왕 7년(1281)에는 모집한 군인 15,000명이 嵒嶺에서 合浦로 가는 도중에 쓸 군량과 사료를 제공하는 등 元朝가 물자 징발과 운송을 독촉하여 국가재정이 축나는 것은 물론이고, 백성들은 도망가고 지방 향리들은 목을 매어 죽는 경우도 발생하였다.[43]

충렬왕 재위 중반으로 가면서 元의 물자 징발 요구의 감소와 진휼곡의 유입 등으로 경제상황이 호전되면서 조세의 수취와 교통운송 기반도 조금씩 회복되어 나갔다. 그렇지만 官吏들의 私的인 驛시설 이용과 이러한 폐단으로 인해 驛戶들이 驛에서 이탈하는 것은 다반사였다.

이와 함께 元간섭 초기 元朝의 자의적인 고려 驛路網의 재편성은 22驛道 525驛으로 대변되던 예전의 육상교통망을 변형시켜 교통운수체제의 파행적인 운영의 빌미를 제공하였다.

元朝의 육상교통 분야에 대한 통제는 고종 40년(1253) 8月에 郵驛의 설치가 포함된 6事를 요구하면서 시작되었고, 원종 3년(1262) 12月에는 6事의 실시를

---

41) 『高麗史』 卷29, 忠烈王 6年 3月 甲辰.

42) 『高麗史』 卷82, 兵2, 站驛 忠烈王 6月 8月. 金郊站~生陽站에는 西海道 7站(『高麗史』 卷82, 站驛 忠烈王 34年)인 金郊站·興義站·金岩站·寶山站·安城站·龍泉站·嵒嶺站에 洞仙站과 生陽站이 포함되어 총 9개 站이 위치하였다.

43) 『高麗史』 卷29, 忠烈王 7年 1月 壬寅·乙丑. "한 해 전 11월에 충렬왕은 征東行省에 지금과 같은 軍糧과 軍馬 飼料의 수요라면 고려의 사정상 그 공급이 원활하지 못할 것이라고 말하였다"(『高麗史』 卷29, 忠烈王 6年 11月 己酉).

다시금 독촉하였다.[44) 그것의 구체적인 내용으로 원종 즉위년(1259) 8월에는
첩장을 통해 "사절들이 오가는 길가에 站赤(jamchi)가 없거나 적으니 西京
以南은 고려에서 站赤를 설치하고 거기에 필요한 인원과 驛馬 등 기타 일체의
물자들을 이전대로 두도록" 명령하였다.[45) 원종 즉위년(1259)에 내려진 명령
에 따라 개경에서 元으로의 使行路 구간에 필요한 驛站시설을 정비하였다.
西京을 전후로 하는 이 구간은 고려초기부터 지속적인 관심과 정비를 통해
22역도체계에서 金郊道－岊嶺道－興郊道－興化道로 이어지는 西北 幹線路
였다. 하지만 장기간 몽골의 침략으로 인해 서북방면 驛道의 손실은 심각한
수준이었다.[46)

　이때 元조정의 요구에 의해 복구된 역도망은 元 大都로 향하는 開京~義州간
幹線路일 것이다. 이것은 北界의 주요 군사도시(西京·寧州)를 중심으로 거점
軍鎭을 연결하면서 서북 邊境으로 여러 갈래의 支線이 분포하는 기존의 西北界
역도망[47)의 일부일 것이다. 이때부터 大都로 향하는 개경~義州간 간선로가
중시되었다. 元의 첩장에서 밝히고 있는 바와 같이, 幹線 역로망의 복원을
위해서는 驛 운영 인원과 驛馬·토지와 같은 일정량 이상의 人·物的 기반이
필요하였다.

　元朝의 본격적인 간섭 아래로 들어가는 충렬왕대에는 이전까지 서북방면에
한정되었던 站赤의 설치가 전국을 대상으로 확대되었다. 이러한 조치는 고려
의 전통적인 22역도망의 변화를 의미하는 것이기도 하였다. 충렬왕 4년(1278)

---

44)『高麗史』卷24, 高宗 40年 8月 戊午 ;『高麗史』卷25, 元宗 3年 12月 乙卯. 몽골의
　　站赤 설치 요구는 1239년 경부터 확인된다(森平雅彦,「高麗における元の站赤－ルートの
　　比定を中心に－」,『史淵』141, 九州大學 大學院 人文科學硏究院, 2004, 80~81쪽).

45)『高麗史』卷25, 元宗 卽位年 8月 乙酉.

46) 이때의 심각한 타격으로 인해 북계지역의 驛이 조선전기로 극히 일부만 계승되었다고
　　보기도 한다(鄭枃根,『高麗·朝鮮初의 驛路網과 驛制 硏究』, 서울大學校 博士學位論文,
　　2008, 115~117쪽).

47) Ⅳ장 3절 1항 참고. 보다 자세한 내용은 鄭枃根, 앞의 박사학위논문, 50쪽 지도와
　　114~130쪽 참고.

에 耽羅 다루가치[達魯花赤]가 나주·해남지방에 站赤를 설치하였다.[48] 나주와 해남 일대는 한반도의 서해안 지역과 남해안 지역을 연결하는 길목이면서 海路를 통해 耽羅로 출입이 가능한 곳이었다. 해안 경비와 耽羅로의 진출을 목적으로 몇 곳에 站赤가 설치된 것이다.

충렬왕 7년(1281)에는 고려에 설치된 40개의 驛이 운영상 어려움이 크다는 고려 조정의 요구를 수렴하여 20개 站으로 축소·개편하였다.[49] 이때 거론된 40개의 驛은 원종 초기(1259~1263년)에 元朝의 요구에 의해 급하게 복구되었던 驛시설이 대부분일 것이다.[50] 이에 반해 충렬왕 7년에 축소·개편된 20站은 기존의 驛 일부를 활용하였지만, 22역도망과 별도로 元朝의 필요에 따라 편성된 또다른 역참망이었다.[51] 축소된 20站은 기존의 개경~자비령에 있던 7개 驛과 자비령~의주 사이의 驛 중 간선로상에 있는 주요 驛을 중심으로

---

48) 『高麗史』 卷28, 忠烈王 4年 7月 壬辰.

49) "高麗國王王睹言 本國置驛四十 民畜凋弊敕倂爲二十站 仍給馬價八百錠"(『元史』 卷 11, 世祖8 至元 18年 6月 壬申).

50) 40개 역의 현황과 분포지역에 관해 한 차례 논의가 진행되었다. 40개의 驛이 慈悲嶺 이북, 즉 元의 영토로 병합되었던 동녕부에 위치한 역참들을 제외하고 개경~자비령, 개경~회원(마산), 개경~탐라의 세 방면으로 향하는 루트상에 위치한 것으로 본 견해(森平雅彦, 앞의 논문, 2004, 91~98쪽)와 개경~자비령~북계의 의주와 개경~鐵 嶺~동계의 定州의 두 방면으로 향하는 루트상에 위치한 것으로 본 견해(정요근, 「고려 역로망 운영에 대한 원(元)의 개입과 그 의미」, 『역사와현실』 64, 2007, 168~177 쪽)가 있다. 당시의 정치적 상황을 고려하면, 開京 以北에 분포한 것으로 이해한 후자의 견해가 더 타당한 것으로 이해된다. 다만 개경에서 東界 영역을 지나 黃草嶺·압 록강 중류의 滿浦를 통하여 遼陽行省의 開元路로 향하는 교통로를 복구했는가에 대해서는 세밀한 검토가 더 필요하다.

51) 이런 의미에서 필자는 驛과 站의 의미를 구분하여 이해하고자 한다. 비록 驛과 站이 동일한 역할을 하였고 洞仙驛(站)·興義驛(站)과 같이 혼용하여 쓰이기도 하지만, 당시의 站은 元조정의 요구에 따라 설치된 驛傳조직이므로 기존의 驛과 그 성격이 달랐을 것이다. 또한 站을 중심으로 구성된 驛站網은 幹線直路만이 중시된 반면 기존의 驛으로 구성된 역도망은 幹線과 支線으로 구성된 차이가 있다. 현재 학계에서는 驛과 站을 구별되는 조직으로 보는 견해(森平雅彦)와 기능적 측면에서 별다른 차이가 없다고 보는 견해(鄭枎根)로 나뉘어져 있다(정요근, 앞의 박사학위논문, 145~147쪽). 고려후기 驛制 관련 주제 중 향후의 논의가 필요한 부분이다.

248

통합(倂)하여 구성되었다. 충렬왕 7년에 개설된 20站의 대부분은 『永樂大典』
에서 대거 확인된다.52) 이 구간은 元간섭기 이전에 22역도의 岊嶺道·興郊道·興
化道로 편성된 데 반해, 元朝에서는 東寧路로 편성·관리하였다.53) 이렇게
元간섭 초기 북계지역의 역참로는 元 大都로 연결되는 幹線直路를 우선시하여
관리·운영되었다. 이어서 충렬왕 16년(1290)에는 西京과 雙城摠管府를 잇는
교통로에 3개의 站赤를 설치하였다.54) 이때 설치된 站赤는 Ⅳ장 3절에서
언급한 竹田嶺을 넘는 경로상에 위치하였을 것이다.55)

　　앞서 언급하였듯이 충렬왕 7년부터 元조정의 본격적인 의도에 따라 기존의
驛 중의 일부를 站시설로 전환하여 驛站網을 재구성하였다. 그 내용은 개경~의
주 방면과 개경~雙城(중국 하얼빈시 인근)뿐 아니라, 개경~會源, 개경~耽羅
로 향하는 幹線路상의 站赤 설치였다.56) 당시 피폐했던 驛시설과 달리, 간선직
로상에 설치된 站赤는 驛站路에서의 중요도로 인해 운영요원으로 30~40호의
站戶를 두었다.57)

<hr>

52) 當代 자료에서 확인되는 站시설을 순서대로 재구성하면, 洞仙站(黃州)·生陽站(西京)·
　　東寧站(西京)·林原站(西京)·安定站(西京)·肅州站(肅州)·都護站(寧州)·安信站(嘉州)·
　　新安站(郭州)·雲興站(郭州)·宣州站(宣州)·靈州站(靈州)·誼州站(義州) 순이다. 『永樂大
　　典』卷19426과 卷19326에 소개된 12개의 站赤에 대해서는 다음의 연구성과를 참고하
　　였다(森平雅彦, 앞의 논문, 2004, 83~87쪽 ; 정요근, 앞의 논문, 2007, 171~172쪽).
　　『永樂大典』에 소개된 12개의 站시설 이외에 新安站(『益齋亂藁』卷2, 詩 新安站)도
　　확인된다. 新安站은 興化道 新安驛(郭州)을 계승한 것으로 20站에 포함되었을 가능성
　　이 있다.
53) 『永樂大典』卷19422, 元朝各省站赤敷設狀況 東寧路.
54) “… 於雙城西京兩其中三百里地內 設立三站 走遞使客”(『永樂大典』卷19423, 站 雙城等
　　處立站 至元 27年 11月 3日).
55) 이유는 다음 해에 침입한 哈丹賊이 竹田嶺을 통해 평양으로 향하였고, 東北界에서
　　침략하는 哈丹賊을 방어하기 위해 竹田에 군사를 파견하였기 때문이다. 자세한 내용은
　　Ⅳ장 3절 1항 해당 내용 참고.
56) 개경~회원, 개경~탐라 간선로상의 站赤의 존재는 충선왕 즉위 教書에서 확인된다
　　(『高麗史』卷82, 兵2, 站驛 忠烈王 34年 8月).
57) “又元立站赤每處三四十戶”(『高麗史』卷32, 忠烈王 27年 4月 己丑).

충렬왕 7년(1281)의 20站을 비롯한 站赤의 설치와 驛站路의 재편성은 元의 驛制가 본격적으로 고려사회로 들어오게 되는 계기가 되었다. 이로 인해 기존의 제도나 교통망 구성에서 많은 변화가 예고되었다.[58] 元朝는 개경을 중심으로 네 방위로 뻗은 幹線直路에 站赤를 설치하여 교통통신망으로 활용하였다. 물론 이러한 站赤 중심의 간선직로가 원 간섭기 驛站網의 전부는 아니었다.

元朝에 의해 재구성된 驛站網의 幹線과 支線路上에 舊來의 驛시설은 여전히 함께 존재하였다. 이러한 모습은 충숙왕 후 6년(1337) 12월에 靑郊道 馬山驛·碧池驛·淸坡驛(＝淸波驛)의 驛吏들이 도망하였다는 내용 등을 통해 확인할 수 있다.[59] 또한 舊來의 驛 대부분이 元朝의 통제 아래에 과도한 驛務와 지배층의 私的인 濫用으로 인해 파행적 운영이 불가피하였음을 전하고 있다. 『高麗史』 권82, 站驛條에 수록된 元간섭기의 내용 대부분이 역로망의 凋弊와 끊임없는 복구를 위한 논의라는 점에서 그러한 상황을 잘 반영한다.[60]

이와 함께 站赤가 설치된 간선직로를 중심으로 驛站路의 관리체제가 세워지면서 支線路上에 위치한 驛과 驛路의 쓰임은 상대적으로 줄어들었을 것이다. 이것은 525개 驛으로 구성된 22역도체계가 변형되었을 가능성을 시사한다. 또한 高麗와는 다른 조선전기의 驛 분포와 역도망 구성에도 적지 않은 영향을 미쳤을 것이다.[61]

---

58) 초기 일본인 연구자인 內藤儁輔는 元의 驛制가 고려 驛制에 본격적으로 개입하였음을 강조하였는데 반해(內藤儁輔, 「高麗驛傳考」, 『歷史と地理』 34-4·5, 1934/『朝鮮史硏究』, 京都大東洋史硏究所, 1961 재수록), 최근 鄭枖根은 고려 驛制 운영에 대한 元의 영향력은 제한된 영역에서 작동한 것으로 이해하였다. 당시 元에서 도입된 元 驛制(鋪馬箚字色의 설치, 토드코순[脫脫禾孫]의 임명, 水站과 急遞鋪의 설치)는 어려움에 처한 고려 驛制의 해법이 되지 못하였다고 보았다(앞의 박사학위논문, 139~148쪽).

59) 『高麗史』 卷82, 兵2 站驛 忠肅王 後6年 12月.

60) 『高麗史』 卷82, 兵2 站驛. 원 간섭기 이래 驛制의 문제점과 운영체제 개편에 대해서는 鄭枖根의 박사학위논문(148~191쪽)에 잘 정리되어 있다.

61) 站과 함께 이전부터 존재하던 驛도 어떤 형태로든 복원되어 그 기능을 유지하면서

250

元간섭기 驛站路는 이전의 22역도망을 활용하였지만 일부 변형된 모습으로 구성되었을 것이다. 주요 간선로상에는 元朝의 요구에 의해 설치된 站赤가 위치하였고, 그 외의 幹線과 支線路상에는 이전의 驛 중 站으로 전환되거나 소멸된 驛을 제외한 다수의 驛이 존재하였다. 주요 육상교통시설인 站과 舊來의 驛이 공존한 것이다. 이렇게 구성된 驛站網은 국내는 물론 元으로의 公務 수행통로로서 기능하였다. 특히 6事에 포함된 軍糧을 비롯한 貢物의 수송로 역할에 적극 활용되었을 것이다.

이상과 같은 元朝의 驛站網 개편내용을 조세운송 네트워크와 연결시켜 보면 논지가 더욱 명확해진다. 이전까지 국가재정원인 稅穀을 운반하는 조운 경로는 각 군현에서 漕倉으로 이르기 위하거나, 또는 界首官 단위의 지방 행정이나 교역 활동을 위해 22역도망을 적극 활용하였다. 22역도망은 개경을 중심으로 하는 幹線路뿐 아니라 지역의 거점고을에서 주변 군현을 연결하는 支線路도 발달하였다.[62] 南道지역에 한정시켜 보면, 元朝에서 중시한 羅州나 合浦 방면의 幹線 驛站路뿐 아니라, 지방 거점고을 管內의 조세를 해당 漕倉으로 운반하는 支線路도 중시되었다. 하지만 元간섭 초기는 站赤가 설치된 幹線直路에 비해 支線이나 그 路上에 분포한 驛시설에 대한 지원이나 관리가 소홀했을 것이다. 이로 인해 기존의 驛시설의 소멸과 함께 22驛路網이 변형되지 않았을까 추측해 본다.

결국 元朝의 역참망 개편은 교통운송 네트워크의 한 축인 22驛道의 분포망을 변형시켰고, 그 역할을 축소시킨 셈이 되었다.[63] 물론 이러한 폐단이 다음에

역참망을 구성하였을 것이다. 하지만 支線路에 위치한 작은 규모의 驛은 소멸하거나 인근 驛과 합쳐졌을 가능성이 높다.

62) 이 내용은 Ⅲ장 1절 1항에서 살핀 22역도의 분포상 특징 중 하나이다.

63) 元朝가 설치한 水驛도 고려 물자의 元 大都로의 운수활동에 중요한 역할을 담당하였다. 최근에 수역의 설치 배경, 기능, 폐지 의미 등에 관한 연구(이강한, 「1293~1303년 高麗 서해안 '元 水驛'의 置廢와 그 의미」, 『한국중세사연구』 33, 2012)가 나왔지만, 고려 교통운수사에서 차지하는 의미도 생각해 볼만하다. 본문의 내용에 연결시키면,

살피는 漕船이나 항해인원 등의 조운 운영기반 만큼 결정적 타격을 입어 조운방식을 바꾸어야 하는 정도는 아니었다. 그렇지만 짧지 않은 기간 동안 이루어진 元朝의 물자 수탈과 육상교통체제의 파괴는 교통시설의 피폐뿐 아니라 일반백성이 과다한 輪役으로부터 벗어나지 못하게 하였다.

마지막으로 元간섭기 교통운송체제의 파행을 가져온 결정적 요인은 元朝의 일본원정이었다. 두 차례(1274년과 1281년)의 일본원정은 특히 沿海民과 그들의 해운활동에 기반이 되는 여러 요소에 많은 손실을 입혔다. 고려후기 漕倉制 쇠퇴의 중요한 요인 중의 하나가 바로 일본원정 준비로 인한 교통운송 기반의 손실 문제였다.

元조정의 해운 기반에 대한 요구와 징발도 元간섭기 이전부터 발생하였다. 1231년 몽골 침략 다음 해(1232)에 몽골의 요청에 의해 배 30척과 水手 3,000명이 龍州浦를 떠나 몽골로 갔다.[64] 이것은 앞으로 일어날 징발의 시작이었다. 元의 간섭 아래로 들어가는 1270년부터는 軍糧과 사료의 징발량이 상당하여 江都시기 때보다 左·右倉의 수입이 급감하여 국가재정 운영에 어려움을 더하였다.[65] 또한 이 시기 耽羅에 주둔한 삼별초세력을 진압하기 위한 3,000명의 水手 징발도 해운활동에 부담으로 작용하였다.[66]

軍糧 징발로 인한 漕運穀의 부족과 함께 선박·乘船요원의 차출도 지속적으로 이루어졌다. 江都시기에 元朝는 南宋과 일본원정을 염두에 두고 선박 1,000척을 만들도록 지시·감독하였다.[67] 원종 15년(1274) 정월부터 일본원정을 위한 준비가 시작되면서 연해지역의 수탈 양상은 더욱 심화되었다. 조운활

民의 노동력을 추가로 징발하고 기존의 교통운송체제를 와해시키는 또다른 요인으로도 간주할 수 있다.

64) 『高麗史』 卷23, 高宗 19年 3月 甲午.

65) 『高麗史』 卷28, 忠烈王 3年 2月 丁卯 ; 『高麗史』 卷29, 忠烈王 6年 3月 壬子.

66) 원종 13년(1272)에 삼별초세력 진압을 위해 水手 3천명을 징발하였다(『高麗史』 卷27, 元宗 13年 12月).

67) 『高麗史』 卷26, 元宗 9年 10月 庚寅.

동의 중심지인 全羅道를 중심으로 兵船 제작을 위해 선박 건조 匠人을 비롯한 일꾼 30,500명과 耽羅의 삼별초세력을 진압했던 梢工을 비롯한 水手 15,000명이 차출되어 그 해 6월에 大小船 900척을 완성하였다. 3월에는 兵船 건조작업에 필요한 軍糧으로 東京·晉州道 내의 전년도 祿轉을 수송해 와서 공급하였다.[68] 또다른 기록에 따르면, 元 조정에서 쌀 3,000~4,000석을 실을 정도의 兵船 1,000척을 건조하도록 요구하기도 하였다.[69] 이러한 준비 과정에서 고려 사회 특히, 沿海지역은 과도한 力役과 경비 마련 등으로 인해 조세 수취와 운송활동은 물론 기본적인 생계조차 위협을 받았다.

충렬왕 즉위년(1274) 10월에 蒙漢軍 25,000명, 高麗軍 8,000명, 梢工·引海·水手 6,700명이 전함 900여척에 나누어 타고 1차 일본원정을 단행하였다.[70] 하지만 밤중에 큰 비바람이 일어서 전함들이 바위와 언덕에 부딪쳐 파손·침몰되어 실패로 끝났다. 엄청난 人的·物的 손실에도 불구하고 元朝는 더욱 더 철저한 준비과정을 통해 2차 원정을 계획하였다. 당시에 侍中 金方慶 등이 "만약 다시 한번 일본원정을 시도한다면 그 戰艦과 兵糧은 실로 우리나라가 감당할 능력이 없다"고 호소할 만큼 열악한 상황이었다.[71]

충렬왕 원년(1275) 10월에 金光遠을 경상도에 파견하여 戰艦을 수리·건조하였고, 충렬왕 5년(1279) 5월에 東征元帥府을 통해 전함 900척의 건조를 시작으로 2차 원정을 위한 본격적인 준비에 돌입하였다. 그 결과 충렬왕 6년(1280) 11월에는 兵船 900척과 梢工·水手 15,000명, 正軍 10,000명 그리고 漢石으로 110,000석의 軍糧을 준비하였다. 준비한 軍糧 110,000석(漢石)의 내역은 저장 군량 70,727석에 관료들의 月俸과 國用의 賦稅 그리고 전국 각지의 民戶로부터

---

68) 『高麗史』 卷27, 元宗 15年 3月 庚戌 ; 同年 4月 甲子 ; 同年 6月 辛酉.

69) "造戰艦一千艘可載米三四千石者"(『高麗史』 卷102, 列傳15, 李藏用).

70) 『高麗史』 卷28, 忠烈王 即位年 10月 己巳.

71) "若復擧事於日本 則其戰艦兵糧 實非小邦所能支也 國已皮之不存 是爲無可奈何矣"(『高麗史』 卷28, 忠烈王 元年 正月 庚辰).

징수하여 마련한 40,000석까지 합친 것이다. 하지만 더욱 문제가 된 것은 兵船을 움직일 梢工과 水手의 징발이었다. 필요한 수효를 채우기 위해 농민 壯丁까지 징발하였지만 3,000명이 부족하여 결국 東寧府 所管의 여러 城과 東京路 沿海의 州縣에 거주하는 梢工·水手를 징발하여 보충해 줄 것을 요청하기도 하였다.72)

이렇게 梢工·水手의 징발에 어려움을 겪은 이유는 삼별초 세력의 진압, 1차 일본원정 등 元나라의 과도한 징발로 인해 항해 기술자들의 人的 손실이 컸기 때문이었다. 항해활동의 실무자였던 이들의 손실로 인해 漕運을 비롯한 해운활동의 원활한 운영이 불가능해졌다. 船乘人員인 梢工·水手를 航海에 경험이 없는 농민 壯丁으로 대체하였지만, 그 수가 모자라 西北 경계지역의 梢工·水手까지 징발하고자 했던 것은 당시 서·남해 연안지역의 항해 승선인원의 고갈이 얼마나 심각하였는지를 짐작케 한다.

충렬왕 7년(1281) 5월에 2차 일본원정을 시도하였으나, 결과는 1차 때와 마찬가지였고 고려의 군사 9,960명과 梢工·水手 17,029명 중 살아서 돌아온 자는 19,397명이었다.73) 두 차례의 일본원정 실패 이후에도 元 世祖의 정벌 의지가 지속되었기 때문에 간간이 兵器 제작과 戰艦 수리·건조를 명령하였다.74) 또한 여전히 많은 양의 稅糧이 東征軍의 軍糧으로 충당되었다.75) 충렬왕 14년(1288) 建州로의 軍糧 수송을 비롯한 군량 운반과 변방 수비로 인하여 백성들은 농사를 짓지 못하여 굶주리게 되었다.76)

---

72) 『高麗史』卷29, 忠烈王 6年 11月 己酉 참고. 내용에 따르면 兵船 1척당 27.7명이 乘船하였다.

73) 『高麗史』卷29, 忠烈王 7年 11月 壬午. 이 정도의 생존률(약 72%)은 500척에 싣고 간 蠻軍 10만여 명이 모두 溺死했다는 기록(『高麗史』卷29, 忠烈王 7年 6月 壬申)에 비춰 보면, 꽤 높은 편이다.

74) 『高麗史』卷29, 忠烈王 8年 11月 庚辰·丙戌 ; 『高麗史』卷29, 忠烈王 9年 3月 庚午.

75) "東征軍에 쓸 軍糧 12만 3천 5백 60여 석을 마련하게 하였다"(『高麗史』卷82, 兵2, 屯田 忠烈王 8年 4月) ; 『高麗史』卷82, 兵2, 屯田 忠烈王 9年 2月.

76) 『高麗史』卷30, 忠烈王 14年 4月 庚午 ; "比年國人征戍轉餉 失其農業以致饑饉"(『高麗

이 같은 어려움의 대가로 元朝는 江南米 100,000석을 賑恤穀으로 제공하였지만, 이것은 당시 고려사회의 농업 생산활동이 제대로 운영되지 못하였음을 반증하는 것이기도 하였다. 결국 충렬왕 20년(1294) 정월 元 世祖의 죽음으로 戰艦 건조는 중지되었지만,[77] 두 차례의 일본원정 준비 탓에 造船用 材木이 거의 벌목되어 당분간 선박을 만드는 것은 불가능한 상황에 이르렀다.

이와 같이 10년 가까이 진행된 元朝의 일본원정 준비는 고려 전역을 군사활동을 위한 주둔지와 물자 공급처로 전락시켰다. 이러한 상황 속에서 각지의 稅糧을 京倉으로 실어 나르는 조운활동의 정상적인 모습은 상상하기 힘들었다. 한 마디로 두 차례의 일본원정 준비는 교통운송 기반 자체를 완전히 파괴시켰다. 軍糧의 확보로 인한 조세 수납구조의 왜곡, 兵船의 확충으로 인한 漕船의 용도 변경과 선박용 목재의 고갈, 선박 건조기술자(匠人)와 항해 담당자(梢工·水手)의 손실 등이 그것이다.

당시 일본원정으로 인한 백성들의 비참한 생활상은 圓鑑國師 冲止가 남긴 시구를 통해 잘 알 수 있다.[78] 특히 2차 遠征에 쓰일 전함 건조 등의 준비로 분주했던 영남지역민이 부담한 租稅와 徭役은 백배나 되고 力役은 3년에 이르렀으며 水手·梢工은 苦役에 시달린 것으로 전한다.[79]

그러나 2차 일본원정 이후는 이전과 달리 元조정의 강압적인 軍糧 징수가 현격히 줄어들었다. 그것은 일단락한 江南지역의 財源 재편작업에 기인한 바가 컸다.[80] 이때 元朝의 요구로 遼陽으로의 조운활동이 간간이 이루어졌다.

史』卷80, 賑恤 水旱疫癘賑貸之制 忠烈王 17年 6月).

77) 『高麗史』卷31, 忠烈王 20年 正月 癸酉.

78) "일본 정벌이 시급한데/ 농삿일은 누구가 다시 생각하랴/ … 밤낮으로 벌목하여/ 전함 만들다 힘은 다했고/ 척지도 개간하지 못했으니/ 백성은 무엇으로 연명하랴"(冲止, 秦星圭 譯, 「憫農黑羊四月旦日雨中作」, 『圓鑑國師集』, 아세아문화사, 1988).

79) 冲止, 「嶺南難苦狀二十四韻-庚辰年造東征戰艦時作」, 위의 책, 1988.

80) 李康漢, 『13~14세기 高麗-元 交易의 展開와 性格』, 서울대 박사학위논문, 2007, 90~98쪽. 강남-고려-요동간 미곡의 운송 사례는 위의 논문에 정리된 내용을 이용하였다.

충렬왕 14년(1288)에 요동 지역민을 위한 진휼곡을 高麗에서 운송하는 논의가
있었고,[81] 이듬해 3월에는 쌀 64,000石을 배 483척과 船人 1,314명을 통해
盖州로 수송하였다.[82] 당시 요동지역은 哈丹의 亂 때문에 진휼구제책으로
高麗에서의 軍糧 수송이 필요하였다. 이와 함께 일본원정을 위한 軍糧 명목으
로 高麗로 대량의 江南米가 수송되기도 하였다.[83] 당시에 국내로 유입된
江南米는 고려민의 진휼곡이나 일본원정을 위한 軍糧도 있었지만, 대부분은
遼陽지역의 軍糧으로 운송될 米穀이었다. 江南米는 고려의 江華島 등지에
집적되었다가 遼陽으로 漕運되었다.[84] 하지만 두 차례의 일본원정 준비와
실패로 교통운송 기반을 상실한 상황에서 요양으로의 조운활동이 정상적으로
수행되기는 어려웠다. 이 때문에 고려 정부는 元朝에 糧穀 운반을 감소시켜
줄 것을 요청하기도 하였다.[85]

　이와 같이 遼陽지역으로 米穀을 옮기는 漕運활동은 漕運制의 전형적인
모습은 아니었다. 출발지가 각 漕倉이나 郡縣도 아니고 조운된 米穀이 국가재

---

81) 『高麗史』 卷30, 忠烈王 14年 4月 庚午·5月 壬子.

82) 『高麗史』 卷30, 忠烈王 15年 3月 辛卯. 7개월 후의 보고에 의하면, "군량 운반선(漕船)으
　　로 파괴된 것이 44척이요 바람을 만나 잃은 것이 9척이며, 쌀이 침몰된 것이 5,305석이
　　요 양식 부족으로 가만히 당겨 먹은 것이 908석 4두이며 물에 빠져 죽은 자가 119명,
　　병으로 죽은 자가 4명, 도망간 자가 67명, 행방불명된 자가 87명이다."라고 하였다(『高
　　麗史』 卷30, 忠烈王 15年 10月 乙丑). 원거리의 元나라로 향하는 대규모 輸送船團을
　　구성하는 것은 고려 조정에 큰 부담이었고, 船舶·船人·米穀의 손실률도 높은 편이었다.
　　船舶의 경우는 53척/483척, 船人의 경우는 277명/1,314명, 米穀의 경우는 6,213석
　　/64,000석으로, 손실률이 각각 11%, 21%, 9.7%이었다.

83) 당시 강남미의 용도가 일본원정을 위한 군량이라는 기록은 여러 차례 확인된다(『元史』
　　卷15, 世祖 至元 26年 1月 戊申 ; 『高麗史』 卷31, 忠烈王 19年 8月 ; 『高麗史』 卷31,
　　忠烈王 20年 12月 庚寅).

84) 다음의 자료를 통해 江南米의 중간 귀착지가 江華島인 점이 확인된다(『高麗史』
　　卷31, 忠烈王 20年 12月 庚寅).

85) 요양으로의 조운활동은 충렬왕 20년~21년에 집중된다. 다음의 자료에서 요양으로의
　　양곡 운반을 감소시켜 줄 것을 요구하는 내용이 확인된다(『高麗史』 卷31, 忠烈王
　　21年 2月 癸巳).

정원으로 활용되지도 않았다. 이들 조운활동의 출발지는 강화도 혹은 개경 일대이고, 목적지도 遼陽지역이었다. 이처럼 漕運시스템과 출발지·도착지 그리고 목적 자체는 다르지만, 장거리 海運인 점을 감안하여 출발시점이 3월·4월인 점은 동일하였다. 양자의 또 다른 차이점은 조운활동에 이용된 선박의 米穀 적재량이었다. 충렬왕 15년과 21년 기록에 따르면, 遼陽지역으로 출발한 운반선은 米穀 135石을 적재하는 규모에, 승선인원도 3명 정도에 불과하였다.86) 이 수치는 III장 2절 2항에서 海倉에 배속된 漕船이 1,000석을 실을 수 있고 승선인원도 11~16名인 것과 비교하면 상당한 차이가 있다.

위의 사례는 조운 운영기반이 열악한 상태에서 元朝의 요구에 의해 이루어진 해운활동으로 135석 가량이 적재 가능한 소형 선박을 임시로 활용한 것이다. 또한 소형 선박에 승선한 인원도 3·4명으로 많지 않았다. 이와 같이 元으로 米穀을 海運하는 경우뿐 아니라 당시의 세곡 운송을 담당한 대부분의 선박은 1,000석을 적재한 漕倉 소속의 漕船보다 훨씬 작은 규모였을 것이다. 조운활동에 이용된 소형 선박의 활약은 다음 절에서 언급할 군현별 조운활동에서 더욱 두드러진다.

12·13세기의 사회경제적 모순의 최일선에 자리한 교통운송기관의 내부 문제는 소속민의 이탈로부터 시작하였다. 이어 외부 요인으로 13세기 중후반 三別抄세력과 元朝의 약탈행위로 인해 교통운송 기반이 막대한 손실을 입게 되었다. 특히 대몽항쟁과 일본원정을 비롯한 장기간의 戰時體制 아래에서

---

86) 충렬왕대 요양지역으로 여러 차례 미곡을 수송하였다(『高麗史』 卷30, 忠烈王 15年 3月 辛卯 ;『高麗史』 卷31, 忠烈王 21年 3月 丁巳·4月 己卯·閏4月 癸酉). 그것의 세부적인 내용은 아래의 표와 같다.

시 기	배 척수	미곡량	1척당 미곡적재량	船人 數
충렬왕 15년 3월	483척	64,000석	132석	1,314명(1척당 2.7명)
충렬왕 21년 3월	73척	10,000석	137석	-
충렬왕 21년 4월	90척	12,180석	135.3석	-
충렬왕 21년 閏4월	65척	8,568석	132석	-

교통운송체제 운영을 위한 物的(稅穀·牛馬·수레·漕船)·人的 기반(驛人·梢工·
水手·선박제작 기술자)뿐 아니라 재생산 기반(선박용 목재)마저 잃어버리고
말았다. 이것은 22驛道체계와 漕倉制로 상징되는 고려전기의 교통운송체제의
파행적인 운영을 의미하였다. 이러한 상황은 교통운송체제를 복구하는 데에
걸림돌로 작용하였다.

2. 漕運시스템의 재편과 복구

1) 군현별 조운활동과 私船의 활용

12세기부터 발생한 내부 문제와 13세기 중·후반에 심화되는 외부 요인으로
인해 漕倉制 운영의 주요 기관인 漕倉은 기능 약화를 넘어 폐쇄 직전에까지
이르게 되었다. 이러한 상황 속에서 중앙정부는 漕運활동을 차질 없이 수행하
기 위해 각 郡縣에 그 책임을 부과시켰다.[87]

漕倉이 아닌 개별 郡縣이 조운활동을 주도하는 모습은 원종 13년(1272)
삼별초세력이 전라도 沿海의 浦口에 침입하여 각 州縣의 漕船을 약탈하는
기사에서 확인된다. 삼별초세력은 3월~4월에는 會寧郡·海際縣·海南縣에 침
입하여 해당 고을의 漕船을, 5월에는 大浦에 침입하여 漕船 13척을 약탈해
갔다.[88] 이전의 조창제 운영 시기에 會寧郡과 海南縣은 靈巖 長興倉으로,
海際縣은 靈光 芙蓉倉으로 그리고 大浦가 소재한 古阜郡은 保安 安興倉으로
각각 稅穀을 수납하였을 것이다. 하지만 삼별초의 약탈시기에 이들 지역에서

---

87) 중앙정부가 교통·운수 업무를 통괄하기 여의치 않은 경우, 인근 郡縣에 떠넘기는
모습은 육상교통의 경우에서도 확인된다. Ⅴ장 1절 1항 해당 내용 참고.

88) 『高麗史』 卷27, 元宗 13年 5月 辛酉 ; 『高麗史』 卷27, 元宗 13年 6月 壬子. 安興倉에
인접한 大浦는 潮水가 드나드는 古阜郡 눌제천의 하류에 위치하였다(『新增東國輿地
勝覽』 卷33, 高阜郡 山川). 만약 이들 漕船이 해당 漕倉으로 향하는 도중이라면,
조창으로의 운송 완료시점인 1월(Ⅲ장 2절 2항 참고)을 훨씬 초과한 것이 되므로,
군현별로 조운활동을 펼친 것으로 간주할 수 있다.

258

해당 漕倉(長興倉·芙蓉倉·安興倉)을 중심으로 하는 조운활동이 이루어졌을 가능성은 낮다. 그 이유는 漕倉民의 유망과 장기간의 대몽항쟁 등으로 인한 漕倉의 기능 약화를 들 수 있다. 이와 함께 삼별초가 각 郡縣의 漕船을 침략한 시기가 3월~5월이라는 점이다. 조창제의 發船규정[89]과 비교해 보면, 漕船이 삼별초에 약탈당한 시점은 漕倉으로 향하기 이전이 아니라, 각 군현에서 京倉으로 發船할 즈음으로 간주할 수 있다.

또한 제1차 일본원정(1274) 이후인 충렬왕 3년(1277) 11월에 全羅道 按廉副使 禹天錫이 임기가 만료되어 돌아가는 도중에 全州에서 私物을 漕船에 실어 보내려 하였다.[90] 이 내용을 통해 당시 全州에서 출발한 漕船의 존재를 짐작할 수 있다. 당시는 1차 일본원정 실패와 2차 일본원정 준비로 인해 漕倉의 기능이 급격히 약해진 상황이기 때문에 全州 일대의 收稅 漕倉인 臨陂 鎭城倉도 마찬가지였을 것이다. 더욱이 11월에 全州를 출발한 漕船의 發船시기까지 감안한다면, 이 사례도 漕倉을 경유하지 않는 군현별 조운활동으로 이해할 여지가 있다.[91]

이러한 郡縣단위의 漕運활동은 삼별초세력의 발호 이전에도 확인된다. 원종 4년(1263)에 諸州縣貢船이 金州 管內의 熊神縣 勿島에서 왜구에게 약탈당 하였다.[92] 이 漕船은 해당 漕倉(石頭倉)으로 가던 도중이 아니라, 군현에서 發船하여 京倉으로 향하다가 피해를 당한 선박일 가능성이 높다. 각 郡縣에서

---

89) 각 군현에서 해당 조창으로의 수납은 11월~이듬해 1월에 이루어졌다(『高麗史』 卷79, 食貨2, 漕運 ; 『經國大典』 卷2, 戶典 漕轉).

90) 全羅道按廉副使禹天錫秩滿將還至全州 封四笥屬所信吏曰 文簿也付漕船以送(『高麗史』 卷28, 忠烈王 3年 11月 丁酉).

91) 고려전기 漕倉制 아래에서는 각 郡縣(全州)의 稅穀이 이듬해 정월까지 漕倉(鎭城倉)에 옮겨졌다가 2월~4·5월에 京倉으로 漕運되었다. 11월에 출발한 禹天錫의 사례는 이러한 漕倉制의 운영시스템 아래에서 이루어진 것 같지 않다. 만약 그러하였다면 鎭城倉을 경유하여 다음 해 4·5월에 開京에서 私物을 되찾아야 하므로, 禹天錫이 이용한 漕船은 全州에서 京倉으로 바로 運航하였을 가능성이 높다.

92) 『高麗史』 卷25, 元宗 4年 2月 癸酉·4월 甲寅.

해당 漕倉으로의 수납 기한(11~1월)을 넘겨 2월에 항해한 점이나 여타 漕倉
보다 열악했던 石頭倉의 漕運여건을 고려하면,[93] 고려전기의 漕倉制와 달리
운영된 漕船임을 짐작할 수 있다.

　13세기 중·후반의 군현별 조운활동에 동원된 선박은 앞 절에서 언급한
충렬왕대 元朝의 요구에 의해 이루어진 해운활동 때와 같이 150石 전후의
소형 선박이었을 가능성이 있다. 이와 관련하여 사례가 더 확인된다. 바로
앞에서 언급한 원종 13년(1272) 몇 차례에 걸쳐 왜구에 약탈당한 배가 20척이고
穀米가 3,200石이라는 기록을 통해 배 한 척당 160석 가량이 적재되었음을
짐작할 수 있다.[94] 또한 충렬왕대 全羅道王旨使用別監이 된 林貞杞는 자기에
대한 비방을 없애기 위하여 80여 척의 漕船을 이용하여 富豪들의 田租와
內庫米를 왕경으로 漕運해 주었다.[95] 이 사례는 원 간섭기 官員이 私的으로
조운기관을 이용하는 실태일 뿐 아니라, 漕船의 규모가 소형화되었음도 알려
준다. 이와 함께 공민왕 4년(1355)에 왜구에게 약탈당한 전라도 漕船 200여
척의 경우[96]를 감안해도 고려후기 소형 漕船의 모습을 떠올릴 수 있다.

　200석 이하의 세곡을 적재한 소형 선박은 13세기 후반부터 약화된 漕倉
중심의 漕運활동을 대신하는 군현별 조운방식 아래에서 적극 활용되었다.
그 규모를 파악할 수 있는 간접 자료로 조선 태종대의 상황도 참고된다.
태종대 조운활동에 관한 기록을 근거로 추측하면, 漕船 1척당 米穀 적재량이
300석~500석 정도임을 알 수 있다.[97] 태종 원년(1401)에는 軍船과 私船이

---

93) 合浦 石頭倉은 고려시대 11개 海倉 중 가장 먼 항해거리와 수많은 해상 험로를
　　경유해야 하는 불리한 조운 여건 때문에 상대적으로 이른 시기에 그 기능이 약화되었을
　　가능성이 높다.

94) 약탈된 배의 척수(20척)와 약탈 세곡량(3,200석)을 비교하여 당시 조운활동에 이용된
　　선박의 적재량을 유추하는 것은 일정한 한계가 있지만 그 정황을 추적하는 데에는
　　별무리가 없을 것이다.

95) “未幾爲全羅道王旨使用別 監務苛暴聚斂事權貴欲悅衆弭謗 令新島句當使韓允 宜漕運
　　豪家田租與內庫米　並到禮成江　凡八十餘艘”(『高麗史』 卷123, 列傳36, 林貞杞).

96) 『高麗史』 卷38, 恭愍王 4年 4月 辛巳.

주도하는 조운활동의 폐단을 극복하기 위한 官船漕運體制의 일환으로 대대적인 漕船의 建造를 지시하였다.[98] 이렇게 王命에 의해 건조된 漕船이었던 만큼 그 규모는 고려말·조선초의 통상적인 漕船에 비해 그 규모가 좀 더 컸을 것이다. 결국 고려후기 이래로 조운활동에 동원된 私船의 규모는 더 작았을 것이다. 이렇게 이해한다면 고려후기 조운활동에 참여한 漕船은 조창제 운영시기에 海倉 배속의 대규모 漕船[嗩馬船]이 주종을 이루는 것과 달리 적재 규모가 줄어들었을 뿐 아니라 私船을 포함하는 다양한 운영방식을 취하였다.

이상과 같이 13세기 후반에 일부 지역에서는 예전의 漕倉制와 달리 군현별 조운활동이 나타나기 시작하였다.[99] 이것은 14세기부터 본격화되는 군현별 조운방식의 초기 모습으로, 元朝의 일본원정 등 外的 요인으로 인해 漕倉의 기능이 한층 약화·소멸됨에 따라 더욱 확대되어 갔다. 13세기 후반 조운 기반의 피해가 컸던 지역에서는 군현별 조운방식이, 그 반대 상황의 지역에서

---

97) 태종대 조운활동이 비교적 자세히 기록된 자료는 다음과 같다(『太宗實錄』 卷2, 太宗 2年 6月 癸丑 ; 卷5, 太宗 3年 5月 辛巳 ; 卷24, 太宗 12年 11月 甲申). 태종 2년 6월의 경우는 1척당 407石, 태종 3년 5월 경우는 294石, 태종 12년 11월 경우는 500石을 각각 적재한 것으로 이해하였다. 태종 2년 경우는 그 해 5년에 건조한 251척이 102,314석을 조운한 것으로 전제하였다. 각각의 적재량이 300~500석으로 다양하고 추정한 내용의 정확도가 의심스러운 부분도 있지만, 고려후기에 줄어들었던 漕船의 규모가 조선 개창 이후 조금 더 커졌음을 보여주고 있다.

98) 태종 원년에 三道의 백성을 징발하여 漕船 500척을 만들도록 하였다(『太宗實錄』 卷2, 太宗 元年 12月 壬申).

99) 군현별 조운활동에 대한 기존의 연구성과를 소개하면 다음과 같다. 北村秀人의 연구성과(「高麗時代の漕倉制について」, 『朝鮮歷史論集』 上, 1979) 이후, 군현별 조운활동(군현에 의한 漕船 운영)이 고려 말기부터 나타난 것으로 이해하였다(六反田豊, 「高麗末期の漕運運營」, 『久留米大學文學部紀要』 第二號(國際文化學科編), 1993). 이와 달리 吉田光男은 전기부터 漕倉船이 각 郡縣마다 할당되어 있던 것으로 이해하였다(「高麗時代の水運機構 '江'について」, 『社會經濟史學』 46-4, 1980, 註37). 필자는 기본적으로 전자의 견해와 같이 군현별 조운방식으로의 변화는 고려후기에 나타나는 것으로 이해하면서도, 고려전기부터 漕倉 소속 이외의 郡縣 漕船이 조운활동에 동원되었다는 吉田光男의 견해를 지지한다.

는 漕倉을 경유하는 漕倉制가 그대로 유지되었을 것이다. 전자의 대표적인 지역인 전라도와 경상도는 대몽항쟁기 때부터 군현단위로 조운활동을 수행하였을 것이다.

후자에 해당하는 조창제의 모습은 漕倉의 존재를 통해 확인할 수 있다. 고려후기에 확인되는 漕倉은 충렬왕 17년(1291) 原州 興元倉, 14세기 초반 慶陽縣으로 승격되는 牙州 河陽倉 그리고 공민왕 7년(1358)의 臨陂 鎭城倉 정도이다.[100] 충렬왕 17년(1291) 哈丹族이 原州를 침략하였을 때에 興元倉 判官 曹愼은 原州別抄 元沖甲과 함께 맞서 싸웠다.[101] 흥원창 판관은 흥원창으로 보내진 세곡을 京倉으로 운반하는 업무를 책임지는 관리였다.

앞 절의 내용과 같이, 일본원정 이후 조운 운영기반의 복구가 제대로 이루어지지 않았을 1291년에도 남한강 연안지역은 興元倉을 중심으로 조운활동이 이루어졌다. 이것은 江倉이 여타 海倉과 달리 짧고 안전한 京倉으로의 운송경로 등 조운 여건이 양호하였기 때문에 漕倉의 기능 복구가 상대적으로 용이하였기 때문이었다. 설령 피해를 입었다 하더라도 이러한 지리적 이점으로 조운활동의 재개가 어렵지 않았다. 漕倉의 平底船과 함께 강변 주민들이 소유한 소규모의 私船이 조운활동에 활용되었을 것이다. 흥원창 가까이에 위치한 忠州 德興倉도 비슷한 상황이었을 것이다.

이와 달리 멀고 험한 海路를 경유해야 하는 漕倉은 충렬왕 즉위 전후시기에 막대한 타격을 입었기 때문에 장거리의 조운활동을 주도하지 못하였다. 전라도와 경상도지역을 중심으로 13세기 중·후반부터 나타나기 시작한 군현별 조운 방식은 14세기에 접어들어 漕倉 중심의 조운방식 보다 더 보편적인 형태로 자리잡게 되었다. 14세기 조운방식의 변화는 서·남해 일부 漕倉의

---

100) 『高麗史』 卷104, 列傳17, 元沖甲 ; 『高麗史』 卷56, 地理1, 天安府 稷山縣 ; 『高麗史』 卷39, 恭愍王 7年 4月 丁酉.

101) 興元倉은 몽골의 끊임없는 침략이 이어지는 高宗 44년(1257)에도 확인된다(『高麗史』 卷24, 高宗 44年 4月 丙子).

폐쇄와 군현별 조운체제로의 전환으로 요약할 수 있다. 이러한 모습은 庚寅年 (1350)부터 본격화되는 왜구의 주요 약탈 대상이 漕倉이 아니라 각 군현의 漕船(諸郡縣漕船)이라는 점에서도 확인된다.

漕倉의 기능이 약화·소멸된 당시의 상황에서 대부분의 조창은 소속 郡縣으로 흡수되었을 가능성이 크다. 이 내용과 관련하여 고려후기 部曲制 영역의 재편방향이 참고된다.102) 자세한 내막은 알 수 없지만, 漕倉이 위치한 郡縣의 개편 내용을 통해 추측해 볼 수 있다. 漕倉이 속했던 郡縣 중 14세기 전후시기에 변동이 확인되는 곳은 永豊倉이 소재한 富城縣, 海陵倉이 소재한 羅州, 海龍倉이 소재한 昇州, 石頭倉이 소재한 合浦縣 정도이다. 영풍창은 富城縣이 충렬왕 연간(1275~1308)에 瑞山郡·瑞州牧으로 승격될 때,103) 해릉창은 羅州 南浦江邊에 榮山縣이 신설될 때 각각 郡縣에 흡수되었을 것이다.104) 또한 해룡창은 충선왕 즉위 초 昇州牧·順天府로의 변동 때에, 석두창은 충렬왕 8년(1282) 會原縣으로 승격될 때에 각각 해당 군현에 흡수된 것으로 추측된다.105) 이들 漕倉은 해당 군현에 흡수되면서 이전의 조창 기능 즉, 收稅區域 稅穀의 보관과 조운을 담당하던 기능을 상실하였다. 이외의 원거리 漕倉(사주 통양창, 영암 장흥창 등)도 기능의 약화·소멸로 인해 소속 郡縣에 흡수되었을 가능성이 크다.

이렇게 대부분의 漕倉이 소속 군현으로 흡수되는 것과 달리 河陽倉은 慶陽縣으로 승격하였다.106) 기존의 연구에서는 하양창 사례를 일반적인 것으

---

102) 본문과 같이 이해한 근거 중 하나는 부곡제 영역이 郡縣으로 승격되기보다 기존 군현의 일부로 흡수되는 것이 더 일반적이라는 연구성과이다(朴宗基, 「部曲制의 變質」, 『高麗時代部曲制研究』, 서울大學校出版部, 1990, 197~200쪽).

103) 『高麗史』 卷56, 地理1, 清州牧 富城縣.

104) 榮山縣의 설치시기가 언제인지 정확히 알 수 없지만, "黑山島 사람들이 육지로 건너 와서 南浦江邊에서 붙여 살았는데 그 곳을 榮山縣이라고 불렀으며 공민왕 12년(1362)에 郡으로 승격시켰다(『高麗史』 卷57, 地理2, 羅州牧)"는 해당 내용을 통해 일단 14세기 전반에 榮山縣이 설치된 것으로 이해할 수 있다.

105) 『高麗史』 卷57, 地理2, 羅州牧 昇平郡 ; 『高麗史』 卷57, 地理2, 金州 合浦縣.

로 이해하지만,[107) 이것에 대해서는 보충 설명이 필요하다. 고려후기 조운제의 변화가 반영된 郡縣制의 개편을 이해할 때도 漕倉의 기능 약화를 전제할 필요가 있다.

다수의 漕倉이 소속 군현으로 흡수된 데 반해, 河陽倉이 慶陽縣으로 승격한 것은 특수한 상황이 반영된 결과이다. 하양창은 다른 海倉에 비해 짧은 조운거리 등의 양호한 조운여건으로 인해 조운 거점으로서의 활용도가 여전히 높았다. 비록 예전과 같은 漕倉의 역할은 아니라 하더라도, 慶陽縣은 여전히 양광도 내륙에 위치한 일부 郡縣의 조운활동이 시작되는 거점으로 기능하였다.[108) 고려말엽 왜구가 慶陽縣을 경유하여 安城郡·平澤縣 등지를 약탈하는 사실[109)을 보면, 안성천 인근 郡縣이 慶陽縣을 통해 서해상으로 진출하였음을 짐작할 수 있다. 또한 慶陽浦가 조선초기 收租處인 점[110)도 14세기 군현별 조운체제 하에서 조운 거점으로 기능하였음을 알려 준다.

그런데 경양현에 파견된 縣令이 鹽場官을 겸임한 것은 이 지역의 鹽場[111)에서 나오는 수취물(소금)과 부가세(鹽稅)에 대한 체계적인 관리를 위한 조치였

---

106) "河陽倉을 慶陽縣으로 고쳐서 縣令을 두어 鹽場官을 겸임케 하였다"(『高麗史』 卷56, 地理1, 天安府 稷山縣). 慶陽縣으로의 승격시기를 1309~1344년으로 보는 北村秀人의 견해를 참고하였다(北村秀人, 앞의 글, 1979, 410~411쪽).

107) 기존 연구성과에 따르면, 12세기 이래로 고려 조정은 사회경제적 모순을 극복하고 왕조의 지배력을 강화하기 위해 郡縣制를 개편하면서 屬縣이나 部曲지역을 郡縣으로 병합하거나 승격시켰다. 이러한 개편 방향과 마찬가지로 개별 漕倉도 縣으로 승격된 것으로 이해하면서 그 구체적인 사례가 牙州 河陽倉의 慶陽縣 승격이라고 보았다(丸龜金作, 「高麗の十二漕倉に就いて」, 『靑丘學叢』 21·22, 1935 ; 北村秀人, 앞의 글, 1979 ; 崔完基, 「高麗朝의 稅穀運送」, 『韓國史硏究』 34, 1981 ; 六反田豊, 앞의 글, 1993).

108) 河陽倉이 慶陽縣으로 승격됨에 따라 예전에 하양창으로 稅穀을 수납하는 郡縣은 독자적으로 조세를 수납하였을 것이다. 하지만 경양현 인근의 일부 군현은 여전히 '慶陽浦'를 통해 조운하였을 것이다.

109) 『高麗史』 卷126, 列傳39, 王安德 ; 『高麗史』 卷133, 列傳46, 禑王 元年 3月·3年 2月.

110) 『世宗實錄』 卷28, 世宗 7年 6月 27日 ; 『世宗實錄地理志』 忠淸道 序文.

111) 조선초기 慶陽縣을 병합한 稷山縣에 鹽所가 위치하였음(『世宗實錄地理志』 稷山縣)이 참고된다.

264

다. 충선왕 원년(1309) 権鹽制의 본격적인 시행[112]과 관련하여 鹽場이 있는 牙山灣 연해지역의 개발과 관리를 위해 慶陽縣으로 승격시켰을 가능성이 있다. 즉 河陽倉의 慶陽縣으로의 승격은 沿岸지역 관리를 위해 행정체제를 개편한 것으로 이해할 수 있다. 이를 위해 기존 河陽倉 소속민의 이탈을 방지하고 지배력을 강화하기 위해 慶陽縣으로 승격시킨 것은 이례적인 것으로 평가할 수 있다. 이뿐 아니라 공민왕 7년(1358) 4월에 확인되는 鎭城倉의 존재를 근거로 14세기 중엽의 조운방식이 漕倉制인 것으로 이해하는 견해도 재고할 필요가 있다.[113] 전반적인 상황을 고려하면, 군현별 조운방식이 대세인 14세기 중엽에 등장하는 진성창의 경우도 특별한 사례로 이해하는 것이 바람직할 것이다.[114]

고려후기 교통운송체제의 동요와 파행을 거치면서도 조운활동을 멈출 수 없었던 이유는 國政 운영의 근간인 國家財政源 수급이라는 漕運의 중요성 때문이었다. 그 결과 조운활동이 漕倉이 아닌 개별 郡縣 중심으로 운영되었다. 이에 따라 각 군현 인근의 浦口가 세곡의 집산처나 漕船의 출발지가 되어 이전의 집약적 방식과 달리 개별적인 형태로 조운활동을 진행하였다. 앞서 언급한 禹天錫이 按廉副使의 임기를 마치면서 全州에서 漕運을 부탁한 浦口는 이전에 鎭城倉(臨陂縣)이 있던 朝宗浦(Ⅱ장 3절 <표-4> D그룹 참고)가 아니라 바닷물이 들어오는 新倉津일 가능성이 높다.[115] 신창진은 고려 이래로 조선시대까지 줄곧 전주에서 서해로 진출하는 주요 포구로 기능하였고,[116] 명칭도

---

112) 『高麗史』卷33, 忠宣王 元年 2月 乙卯 ; 『高麗史』卷79, 鹽法 忠宣王 元年 2月.

113) 孫弘烈의 연구(「高麗 漕運考」, 『史叢』21·22, 1977) 이후, 대부분의 연구에서 14세기 조운방식의 변화를 주목하지 못하였다.

114) 추측하건대 鎭城倉은 고려전기 조창제부터 공민왕 7년(1358)까지 줄곧 존속하지 않았을 것이다. 전라도의 여타 漕倉과 마찬가지로 13세기 중후반에 사라졌다가, 공민왕 7년 이전에 그 기능이 재개되었을 가능성이 있다. 이것의 주요 요인은 곡창지대인 전라도의 가장 북쪽에 위치하여 京倉으로의 항해거리가 짧을 뿐 아니라 陸路와 함께 하천 水運 등 교통 여건이 양호한 지리적 입지일 것이다.

115) 新倉津은 『高麗史』卷57, 地理2 全州에서 확인된다.

새로이(新) 창고(倉)의 기능을 하는 나루(津)라는 의미를 담고 있다. 또한 14세기 전후에 소멸한 永豊倉(富城縣)에 조세를 수납하던 일부 군현은 오늘날의 삽교천 일대의 內浦에서, 海陵倉(羅州)에 수납하던 일부 군현은 南浦津과 같은 영산강변의 포구에서 각각 京倉으로의 조운활동을 시작하였을 것이다.117) 군현별 조운체제에 따라 이들 포구는 새로운 조운 거점으로 주목받게 되었다. 이렇게 군현별로 인근 포구를 통해 개별적으로 수행된 조운활동은 공양왕대에 漕轉城이 修築될 때까지 지속되었다.

14세기 초반 대부분의 漕倉이 사라진 상태에서 조운활동은 각 군현별로 이루어졌다. 예전에 漕倉이 주도한 조운업무를 개별 郡縣에 전가한 것은 개별 군현이 어느 정도의 조운 역량을 갖추었기 때문에 가능한 일이었다. 沿海의 각 군현은 자체적으로 漕船과 人力을 준비하여 조운활동을 수행하였고, 이러한 조운 여건이 여의치 않은 郡縣은 인근 沿海지역의 민간 船運집단을 이용하였을 것이다. 이에 따라 자연히 漕運船의 성격도 바뀌었다. 고려전기 漕倉 중심의 조운시스템이 운영될 때는 漕倉이나 해당 郡縣에 배속된 公船이 주도하면서 私船이 일부 동원되었지만, 군현별 조운활동이 본격화되면서 私船집단이 조운활동에 적극 참여하게 되었다.118)

이와 같이 군현단위로 조운활동이 이루어졌기 때문에 고려전기의 조운규정이 엄격하게 준수되지 못하였다. 특히 재정운영에 직결되는 漕運穀 輸納 期限의 지연이 문제시되었는데, 이것은 고려후기 조세제도의 큰 특징 중

---

116) 『世宗實錄地理志』 全州府 ; 『新增東國輿地勝覽』 卷33, 全州府 山川.

117) 內浦를 통한 군현별 조운활동은 후술하는 본장의 註153)에서, 나주에 위치한 南浦津은 『高麗史』 卷57, 地理2, 羅州牧에서 각각 확인된다.

118) 고려후기 사선의 해운활동에 대한 연구성과가 참고된다(한정훈, 「12·13세기 전라도지역 私船의 해운활동-수중 발굴성과를 중심으로-」, 『한국중세사연구』 31, 2011). 내용에 따르면 私船집단은 米穀의 해운활동뿐 아니라 도자기를 비롯한 민간수공업이 발달함에 따라 원격지 교역에 적극 참여하였다. 최근 보고된 태안선과 마도1호선도 사선의 해운활동으로 이해하였다.

하나인 代納化 경향과 관련이 있다.119)

대개 代納이나 先納은 貢物의 수납과정에서 빈번히 확인되지만, 稅穀의 군현별 운송구조를 감안하면 貢物 만큼은 아니지만 代納도 충분히 예상된다. 충숙왕 後8년(1339) 5월에 監察司가 공포한 禁令에 따르면, 兩倉에 납부하는 祿轉米와 貢物의 輸納 기한이 지연되었기 때문에 경비 지출이 모자라게 되었고, 이런 기회를 이용하여 이익을 획득하는 貨殖之徒들이 나타났다. 이들은 그 본전을 바친 뒤, 해당 고을에 가서 2배의 이자를 받아 내었다. 이에 각 道의 存撫使 등의 관원들로 하여금 祿轉의 운송과 수납을 제 기한보다 늦어지게 한 자의 죄를 추궁하도록 하였다.120)

고려전기에 운송거리가 멀거나 山間僻地의 지리적 조건이 불리한 내륙지역을 중심으로 조세를 布貨로 바꾸어 수납[代納]하기도 하였다.121) 이와 달리 고려후기 조세의 代納은 중앙정부의 관리·감독이 약화된 틈을 타서 지방 향리층과 內外의 관료가 결탁하여 조세운송과정에 개입하는 것이었다. 公的인 조운 거점인 漕倉을 경유하지 않는 세곡의 운송과정에 殖利를 목적으로 하는 상인층이 개입되어 있었다. 이러한 유통구조를 바탕으로 운영된 조세 수납방식에 대해 중앙정부는 본질적인 대책을 세우지 못한 채, 재정원 확충을 위해 稅穀의 수납 기한만을 강조하여 조세의 代納으로 인한 폐단은 더욱 커져

---

119) 조세의 代納과 관련된 연구성과는 다음과 같다(金東哲,「고려말의 流通構造와 상인」, 『釜大史學』9, 1985 ; 蔡雄錫,「高麗後期 流通經濟의 조건과 양상」,『韓國 古代·中世의 支配體制와 農民』(金容燮敎授停年紀念韓國史學論叢 2), 1997 ; 박종진,『고려시기 재정운영과 조세제도』, 서울대학교출판부, 2000, 232~235쪽 ; 이정희,『고려시대 세제의 연구』, 國學資料院, 2000, 205~210쪽).

120)『高麗史』卷78, 食貨1 貢賦 忠肅王 後8年 5月. 또한 在京人이 관청에 납부하는 貢物을 代納함으로 인해 과중한 貢賦를 납부하는 폐단도 심각하였다(『高麗史』卷78, 食貨1 貢賦 恭愍王 元年 二月).

121) 祿俸이나 租稅를 穀物을 대신하여 布貨로 지급하는 代納이 예종 10년(1115) 이전의 고려전기에 이루어지고 있었다(『高麗史』卷80, 食貨3, 祿俸 諸衙門工匠別賜 睿宗 10年 ; 姜晉哲,『高麗土地制度史研究』, 고려대출판부, 1980, 261~264쪽).

갔다.[122)]

개경의 京倉에 가까운 양광도와 서해도지역에서는 다른 수납유형 보다 租稅의 代納이 더욱 성행하였을 것이다. 대납 담당자는 가중한 輸役을 부담하는 일반농민을 대신하여 先納하고 뒤에 대가를 받았다. 물화 유통의 중심지인 開京 인근에 거주하는 상인층과 과중한 力役에 시달리는 농민들의 이해가 맞아떨어졌다. 또한 14세기 중엽에 직납지역에 해당하는 西海道 信州의 租稅를 대신하여 布로 折價 代納한 사례도 확인된다.[123)] 내용에 따르면 義成·德泉倉의 하급 관리가 이익을 챙기기 위해 육운 비용의 절감이라는 명목으로 代納을 행하였다. 비록 開京~信州간 路程을 거짓 보고하여 실패하였지만, 내용에 전하는 정황상 당시에 代納행위가 크게 문제시 되지 않았음을 알 수 있다.[124)]

郡縣民은 이러한 代納으로 인해 기존의 稅額에 이자와 운송비용까지 포함된 곱절의 租稅量을 부담하는 어려움에 시달렸다. 반면 관료와 결탁한 상인집단은 군현별 조운활동에 참여하는 기회를 통해 더욱 성장하였다. 이와 같은 代納 현상은 兩界지역에서도 확인된다. Ⅳ장 3절에서 현지수납지역으로 분류한 兩界로의 운반과정에 軍資의 先納이나 折價 代納과 같은 부정행위를 통해 이익을 본 官員이나 운수집단이 존재하였다. 의종 원년(1147)에 兩界에 지급하는 軍資를 저질의 물품으로 보내고, 그 대가는 고가로 받아 내는 부정이 자행되기도 하였다.[125)] 禑王 5년(1379)에는 兩界지역의 수령들이 布帛을 民戶에 분급하고 米穀을 징수하여 이익을 취하고 있어 禁令을 내리기도 하였다.[126)]

---

122) 貢物의 代納에 대한 본질적인 대책을 세우지 못한 채, 수납 기한만을 강조함으로써 그 폐단이 더욱 커졌음을 지적한 연구성과(박종진, 앞의 책, 232~234쪽)를 참고하였다.

123) 『高麗史』 卷114, 列傳27, 金普.

124) 蔡雄錫, 앞의 논문, 1997, 288쪽.

125) 『高麗史』 卷85, 刑法2, 禁令 毅宗 元年.

126) "近者守令受京都相識所屬布帛 分諸民戶 徵收米穀或換軍須傳次輸運 民不忍苦流徙異土 願自今一皆禁斷 違者送布人及守令憲司申聞科罪 米布屬軍須"(『高麗史』 卷85, 禁令 禑王 5年 正月).

이처럼 兩界지역의 군수조달구조를 이용하여 이윤을 추구하는 모습도 확인할 수 있다.[127]

고려후기의 이와 같은 租稅의 代納과 함께 조세를 운반하는 徭役의 物納 및 雇立化 현상도 확인된다. 이러한 徭役制의 변화는 고려후기 民의 流亡으로 인한 노동력 부족이나 요역노동의 비효율성에서 기인한다. 기존의 연구성과에서는 고려후기 徭役制의 변화를 국가의 公的인 役事(대토목공사)를 통해 설명하고 있다. 避役현상이나 物納으로 노동력이 감소한 상황 아래에서 토목공사에 필요한 노동력을 확보하기 위해 임금을 주고 노동력을 고용하는 雇立制가 부분적으로 시행된 것으로 이해하였다.[128]

이러한 내용을 참고하면 稅穀의 漕運役에서도 雇立制의 징후가 확인된다. 토목공사에 필요한 工匠과 함께 운반도구인 수레(車)를 빌려서 재목을 실어 나르는 것[129]처럼, 稅穀을 운반하기 위해서 선박도 빌렸을 것이다. 고려후기 요역제에서 物納·雇立의 등장은 物納 가능한 경제적 여력을 지닌 民의 출현이나 민간수공업 내지 유통경제의 발전이라는 여건이 크게 작용하였다.[130] 마찬가지로 주요 浦口의 운송집단이 군현별 조운활동에 참여하면서 漕運役의 雇立형태도 더욱 발전하게 되었다. 즉 고려후기 漕役의 雇立化 경향에 직접적인 영향을 준 요인은 군현별 조운방식이었다.

漕倉 중심에서 군현별 조운방식으로 전환되면서 조운활동의 새로운 주체가 된 郡縣은 漕船과 船人을 확보할 필요가 있었다. 하지만 모든 郡縣이 관할지역 내에서 漕船과 船人을 직접 징발하여 조운활동을 수행하는 것은 불가능하였다. 연근해나 하천에 인접하지 않는 郡縣의 경우는 漕船과 梢工·水手 등으로

---

127) 蔡雄錫, 앞의 논문, 1997, 291~292쪽.

128) 이정희, 앞의 책, 233~256쪽.

129) "(중략) 其工匠則髡而家居者 受傭競進 雇車輸材 差官董役 始于五月二四日 訖于九月晦日而畢"(『牧隱文藁』 卷6, 「重房新作公廨記」).

130) 이정희, 앞의 책, 243~246쪽.

구성된 전문 船運집단을 구하는 것이 쉽지 않았다. 이런 경우는 漕運 여건이 좋은 인근 郡縣 뿐 아니라 주요 浦口를 중심으로 활동하던 船運집단의 도움을 받아야 했다.[131] 이때 해당 郡縣은 船運집단의 漕船과 船人을 雇用하여 조운활동을 일임하고 그 대가를 지불하는 雇立制의 형태를 취하였을 것이다. 유사한 사례로 공민왕 7년(1358) 7월에 전라도 租稅의 안전한 漕運을 위해 전문 船運집단인 漢人 6인에게 조운업무를 청구한 사실이 참고된다.[132] 이와 관련하여 宋나라 漕運體制上의 변화가 참고된다. 송나라 초기 漕運활동은 官船·官人에 의해 수행되었지만 北宋 중기 이후에는 그것의 비능률성을 자각하여 사람까지 포함하여 배를 빌리는 傭船방식이 광범위하게 진행되었다.[133] 또한 조선전기에도 漕運시스템에 민간 선운업자를 고용하였고, 이를 통해 그들이 성장하게 되었다.[134] 이러한 점에 비춰 보면, 조선전기의 모습은 고려시대에까지 소급 가능한 내용이며, 조선초기에 官船 위주의 조운체제를 확립하고자 한 것은 13세기부터 私船에 의존도가 높아진 漕運활동에 대한 조치로 이해할 수 있을 것이다.

그리고 일반 군현단위에서 船材의 채벌부터 시작되는 선박의 제작공정에서

---

131) 다음 항의 <표-21>(나)자료에 보이는 南原과 求禮의 漕船은 漕運 여건이 좋지 않은 南原府와 求禮縣이 沿海 郡縣이나 船運집단으로부터 빌린 선박일 가능성이 있다. 이들 군현은 船運집단에게 조운활동 일체를 청구하였을 것이다.

132) "以漢人張仁甫等六人爲都綱 各授唐船一艘戰卒百五十人 漕全羅稅租"(『高麗史』 卷 39, 恭愍王 7年 7月 壬戌).

133) 斯波義信, 「宋元時代における交通運輸の發達」, 『宋代商業史研究』, 風間書房, 1968, 115쪽. 상품유통이나 사회분업의 발전정도가 高麗와 다른 宋나라의 경우이지만, 宋初에 官船 제1주의에서 北宋 중기 이후, 점차 民船의 和雇에 의한 민간 운반조직에 의존하는 경향이 심화되었다. 이것은 官民 양자의 경합 중에서 민간 운반업이 독점적인 관영기업에 대항하면서 그 실력을 높인 것이다. 斯波義信의 연구는 선박, 運船기업, 운선업의 경영구조 등 宋代 교통운수의 발달 양상을 상세히 밝히고 있어 시사하는 바가 크다.

134) 崔完基, 「朝鮮初期의 穀物賃運考」, 『史叢』 23, 1979/「官船漕運體制下의 私船賃運活動」, 『朝鮮後期 船業史研究』, 一潮閣, 1988 재수록.

발생하는 대규모의 노동과 전문화된 造船기술자를 보유하여 漕船을 건조하여 보유하는 것은 쉬운 일이 아니었다. 漕役이 지니는 전문성과 선박 건조의 특수성을 감안한다면, 노동력뿐 아니라 선박까지 雇用하였을 가능성이 높다. 이들 노동력(船人)과 운송수단(漕船)을 함께 빌리는 데 필요한 재원을 마련하기 위해 郡縣民의 徭役은 物納으로 거두어 들였을 것이다.

이와 같이 선박 건조와 漕船 항해는 매우 전문적인 徭役이기 때문에 토목공사를 비롯한 다른 분야보다 物納이나 雇立의 정도나 범위가 더 진행되었을 것이다. 특히 개경 인근의 예성강·임진강·한강변의 船商은 직납지역의 稅穀을 비롯하여 外方지역의 物貨 운송과정에 참여하여 상당한 상업적 이익을 획득하였을 것이다. 이들 私船집단 중에는 官僚와 결탁하여 稅穀의 先納이나 代納과 같은 행위를 통해 더욱 성장하는 경우도 있었을 것이다.

한편 대규모의 농장에서 수취한 租稅의 운송도 농장주가 私的으로 수행하였다. 대표적인 사례가 沔州 등지에서 거둔 租稅를 운반하기 위해 수레와 배를 마련한 李穡의 경우이다.[135] 私田租의 운송활동은 船運집단에 의해 이루어지기도 하고, 대농장주의 경우는 船價나 운송기간 등을 감안하여 직접 해운활동을 펼치기도 하였다.

船商의 성격을 띤 船運집단은 군현별 조운활동과 농장의 해운활동에 적극 개입하여 성장기반을 다져 나갔다. 이에 따라 고려전기에 비해 私船이 조운활동에 참여하는 비율은 더욱 높아졌다. 江都시기에 강화도에 거주하는 江商이나 海賈의 모습으로 확인되던 船商은 고려말엽에 禮成江 입구에서 賈舠나 海上의 商船으로 활동하였다.[136] 충혜왕 4년(1343)에는 이렇게 해운활동에 종사하는 船主들에게 船稅를 징수하였는데 배를 소유하지 않은 자에게도 징수하는

---

135) 租를 운반하는 舟車의 존재가 확인된다(『牧隱詩藁』 卷12, 將遣家奴 踏驗新田 ; 卷27, 沔州米船至). 두 번째 자료에서는 沔州의 稅米를 內浦에서 西江 언덕까지 漕運하였다.
136) 江都시기의 모습은 본장의 註26)에서, 고려말·조선초 船商의 활동은 다음의 자료에서 각각 확인된다(『陶隱文藁』 卷1, 漢江謠 ; 『牧隱文藁』 卷2, 過鹽場).

폐해가 발생하기도 하였다. 船稅로 징수한 재물과 비단이 너무 많아 운반하던 牛馬가 쓰러져 죽거나 沿海 州郡民이 도망가서 산과 섬에 숨었기 때문에 漕運이 통하지 않는 일까지 벌어졌다.[137] 이 내용을 통해 私船을 보유한 船運집단의 참여 없이는 군현별 조운활동이 제대로 운영되기 어려웠음을 짐작할 수 있다.

2) 왜구의 약탈과 漕轉城의 수축

13세기 후반 교통운송 기반의 손실로 인해 쇠퇴해 가던 조운활동은 14세기부터 본격적인 군현별 조운방식을 통해 회복되기 시작하였다. 하지만 조운활동은 다시 한 번 倭寇의 약탈로 인해 어려움에 봉착하게 된다. 14세기 왜구의 약탈행위는 元간섭 초기 조운 운영기반의 손실 보다 조운의 정상화를 방해하는 직접적인 장애요인이었다. 이 시기는 1,000년에 가까운 韓國漕運史에서 최고의 수난기라 평가할 만하다.

이러한 왜구의 약탈 기록 속에서 군현별 조운활동을 더욱 명확히 확인할 수 있다.[138] 왜구는 漕運穀을 획득하기 위해 浦口에 정박 중이거나 항해 중인 漕船을 습격하였다. 수많은 약탈 기사 중 漕船을 대상으로 한 주요내용을 정리하면 <표-21>과 같다.

<표-21>에서 눈에 띄는 것은 당시의 조운활동이 군현별로 이루어졌기 때문에 漕船의 소속 郡縣이 확인되는 점이다. 해당 자료에서 (가)·(나)·(마)는 '○○郡縣+漕船'의 형태로 기록되어 있고, (다)·(라)는 '郡縣에 침입하여 漕船을 노략질하였다'는 내용이 각각 서술되어 있다. 서술 형태는 다르지만 漕船의

---

137) "又徵船稅 雖無舟者亦被其害 其船稅財帛巨萬 途道轉輸牛馬踣斃 沿海州郡之民逃匿山島 至有漕運不通"(『高麗史』 卷79, 食貨2, 科斂 忠惠王 4年 3月) ; 『高麗史』 卷124, 列傳32, 閔渙.

138) 이밖에 군현별 조운활동을 확인할 수 있는 근거는 金鉉이 각 郡縣의 漕船(諸州漕船)에서 課稅하여 자기 집으로 옮긴 내용이다(『高麗史』 卷125, 列傳38, 金鉉).

〈표-21〉 왜구에 약탈된 각 郡縣의 漕船 분석[139]

구분	년도	약탈 시기	漕船의 소속 군현	약탈 장소
(가)	충숙왕 10년(1323)	6월	會原	群山島
(나)	충정왕 2년(1350)	4월	南原, 求禮, 靈光, 長興	해당 연안
(다)	공민왕 10년(1361)	8월	東萊, 蔚州	해당 연안
(라)	공민왕 15년(1366)	9월	陽川	한강 하류
(마)	공민왕 18년(1369)	11월	寧州, 溫水, 禮山, 沔州	삽교천 일대

소속 군현을 확인할 수 있다. 이와 함께 왜구에 약탈된 시기도 주목할 필요가 있다. Ⅲ장에서 제시한 조운규정에 따르면, 각 漕倉에서 2월에 출발하여 4~5월까지 京倉으로 조운을 완료하였고, 發船시기를 어길 경우에는 엄한 문책을 당하였다.[140] 그런데 <표-21>과 같이 14세기의 조운활동은 漕運규정과 달리 조운기간을 준수하지 않았다. 이것은 郡縣의 상황에 따라 發船 및 漕運활동이 개별적으로 이루어졌음을 알려준다.

(가) 群山島에서 약탈당한 會原 漕舡은 세곡 조운을 위해 會原縣에서 마련한 선박이다. 13세기 후반 沿海 일부 지역에서 확인되던 군현별 조운방식이 14세기가 되면서 경상도를 비롯한 沿海 全域으로 확대되었음을 의미한다. 왜구의 침입이 본격화되는 庚寅年(1350년)[141] 이후부터는 각 군현의 漕船에

---

139) 『高麗史』 卷35, 忠肅王 10年 6月 丁亥 ; 『高麗史』 卷37, 忠定王 2年 4月 ; 『高麗史』 卷39, 恭愍王 10年 8月 癸巳 ; 『高麗史』 卷41, 恭愍王 15年 10月 丁未 ; 『高麗史』 卷41, 恭愍王 18年 11月 戊午. 물론 14세기 이전에도 군현의 漕船이 확인된다. 원종 4년(1263) 2월에 金州 管內 熊神縣 勿島에서 왜구에 약탈당한 州縣의 貢船(『高麗史』 卷25, 元宗 4年 2月)과 앞서 언급한 삼별초 세력 발호시기에 등장하는 전라도 會寧·海際·海南의 漕船(『高麗史』 卷27, 元宗 13年 3月·6月)이 그것이다.

140) <표-21>의 다섯 사례 중 조운규정의 發船시기를 지킨 경우는 (나)사례 뿐이다. <표-21>에 표기된 약탈 시기는 왜구에 약탈당한 '○○郡縣 漕船'이 漕倉을 경유하지 않고 개별 군현에서 發船하여 京倉으로 향하던 배임을 추측하는 데에 중요한 단서를 제공한다. 예를 들어 (나)長興의 漕船은 4월에 왜구에 약탈당했는데, 만약 약탈을 당하지 않고 收納 漕倉인 長興倉(靈巖)을 경유하여 京倉으로 갔다면 조창에서 경창에 이를 수 있는 시간적 여유가 없게 된다. 따라서 4월에 장흥에서 發船하여 京倉으로 향하던 시점에 왜구에 약탈당한 것이다.

대한 약탈행위가 더욱 빈번해졌다. 이처럼 稅穀이 집적된 漕倉이 아닌 漕船이 주요한 약탈대상이 되고 있는 것은 漕倉을 대신하여 郡縣이 조운활동을 주도하고 있었기 때문이었다.

(나)내용은 『高麗史』에 나오는 기록으로, "충정왕 2년(1350) 4월 왜구가 100여 척의 배로 順天府를 침략하여 南原·求禮·靈光·長興의 조운선을 노략하였다"는 것이다.[142] 내용에 따르면 순천부 연안에 인근의 장흥뿐 아니라 섬진강으로 연결되는 내륙의 구례·남원의 漕船이 정박한 것으로 이해할 수 있다. 하지만 순천부 연안에서 상당히 멀리 떨어져 있던 靈光의 漕船까지 포함되어 있다는 것은 자료에 대한 재해석을 필요로 한다. 『東史綱目』에서는 해당 내용을 주요 내용(왜구가 順天 등지를 노략질하였다)과 세부 내용(왜구가 순천·남원·구례·영광·장흥의 漕船을 약탈하였다)으로 나누어 기록하고 있다.[143] 이 내용을 참고하면 해당 내용을 기존 견해처럼 왜구가 순천 앞바다에 집결해 있던 남원·구례·영광·장흥의 漕船을 약탈한 것[144]이 아니라, 순천·영광·장흥 沿岸을 습격하여 해당 군현의 漕船을 약탈한 것이다.

(다)는 경상도 연안에서의 약탈행위이고, (라)는 한강 하류의 陽川에서 漕船이 약탈당한 내용이다. 漕船이 약탈당한 대부분의 郡縣이 沿近海지역인데 반해 陽川縣은 내륙 하천변이었다. 양천현에서 왜구에 약탈당한 漕船에는 다른 郡縣의 稅穀이 실렸을 가능성도 있다. 왜냐하면 漢江 以南의 楊廣道 남부지역의 稅穀은 한강 수운의 요충지인 孔巖津이 있던 陽川縣에서 內陸水運

---

141) "倭寇之侵始此"(『高麗史』 卷37, 忠定王 2年 2月).

142) "倭船百餘艘寇順天府 掠南原求禮靈光長興漕船"(『高麗史』 卷37, 忠定王 2年 4月). 또한 『高麗史節要』 卷6, 忠定王 2年의 해당 부분에도 동일한 기록이 나온다.

143) "夏四月倭掠順天等地[倭掠順天南原求禮靈光長興府漕船]"(『東史綱目』 卷14 上, 庚寅 年 忠定王 2年 4月).

144) 六反田豊을 비롯한 대부분의 연구자들은 『高麗史』의 내용을 그대로 받아들이고 있다(六反田豊, 「高麗末期の漕運運營」, 『久留米大學文學部紀要』 第二號(國際文化學 科編), 1993, 93~95쪽).

을 통해 京倉으로 운반되었을 가능성이 있기 때문이다. 또한 남한강 수운을
이용하던 다른 郡縣의 漕船이 陽川에 정박하였다가 약탈당했을 가능성도
있다. 이러한 정황은 "貢賦가 陽川(縣)에 모인 후, 兩江을 통해 京師로 들어간다"
는 偰長壽의 지적을 통해 짐작할 수 있다.[145] 당연히 풍부한 물산이 경유하는
지점인 만큼 왜구 약탈의 주요 목표지점이 되었다.[146]

　　이러한 왜구의 漕船 약탈행위는 공민왕대에 이르러 본격화되는데, 특히
전라도 지역의 漕船이 주요 표적이었다. 대표적으로 공민왕 3년(1354) 4월에
전라도 漕船 40여 척과 공민왕 4년 4월에 전라도 漕船 200여 척이 약탈당하였
다.[147] 전라도는 전통적으로 농업 생산량이 많을 뿐 아니라 우수한 해운
역량을 보유한 지역이었다.[148] 漕倉制 운영시기에 총 13개의 漕倉 중 6개의
漕倉이 全羅道에 소재한 것처럼, 14세기 군현별 조운체제에서도 전라도의
위상은 절대적이었다. 전라도는 元간섭 초기 漕運 운영기반의 손실이 가장
큰 지역이었지만, 이전의 漕運 전통과 역량을 복구하여 군현별 조운활동을
주도하였다. 공민왕 4년(1356) 4월에 왜구에게 약탈당한 200여척의 全羅道
漕船은 당시 전라도의 활발한 해운활동을 짐작케 한다. 이들 漕船에는 소규모
의 私船이 다수 포함되어 있었다.[149]

---

145) "至若兩江京師之脣齒 陽川貢賦之會同"(『高麗史』卷112, 列傳25, 偰遜 附 偰長壽).

146) <표-21>의 (라)내용 이외에도 몇 가지의 사례가 더 확인된다(『高麗史』卷43, 恭愍王
　　21年 10月 辛巳 ; 『高麗史』卷44, 恭愍王 22年 6月 丙申 ; 『高麗史』卷133, 禑王
　　4年 8月).

147) 『高麗史』卷38, 恭愍王 3年 4月 己酉·4年 4月 辛巳. 이후에도 왜구의 약탈에 노출된
　　대부분의 사례가 전라도의 漕船이다(『高麗史』卷39, 恭愍王 7年 7月 壬戌 ; 『高麗史』
　　卷40, 恭愍王 13年 3月 丙戌 ; 『高麗史』卷43, 恭愍王 21年 2月 庚辰). 이것은 다른
　　지역이 일시적이나마 陸運으로 전환한 것과 달리, 전라도는 세곡운송방식으로 군현별
　　조운체제를 고수하였기 때문이기도 하다.

148) 한정훈, 「12·13세기 전라도지역 私船의 해운활동－수중 발굴성과를 중심으로－」,
　　『한국중세사연구』31, 2011, 91~95쪽.

149) 앞 항에서 언급하였듯이, 漕倉制 운영시기보다 군현별 조운활동 시기에 私船의
　　동원이 더 활발하였다. 이러한 상황을 알려 주는 사례 중 하나로 다음의 내용이

마지막 (마)사례는 공민왕 18년(1369) 11월에 왜구가 寧州·溫水·禮山·沔州의 漕船을 약탈한 내용이다. 漕倉制 운영시기에 寧州(=天安府)·溫水·禮山은 牙州 河陽倉의 수납지역이었고, 沔州는 富城 永豊倉의 수납지역이었다. 하지만 14세기 여타의 海倉과 마찬가지로, 楊廣道 西海의 海倉도 기능이 약화·소멸되어 군현단위로 조운활동을 수행하였다. 이러한 상황 속에서 위의 지역이 포함된 삽교천 일대의 內浦지역은 세곡 집산처이자 조운 거점으로 부상하였고, 이에 따라 왜구 침범도 잦았다.150)

<표-21>에서 쉽게 확인되듯이, 왜구의 약탈행위는 14세기 중반 이래로 더욱 거세졌다. 그 가운데 공민왕 4년(1355) 4월 全羅道 漕船 200여척의 피해는 국가적으로 큰 손실이면서 향후 대응책 마련의 계기가 되었다. 이로 인해 조정에서는 이듬해(1356년)에 모든 수송은 陸路를 이용하도록 명령하였다.151) 이어서 공민왕 7년(1358)에 그나마 漕倉의 기능을 수행하던 鎭城倉이 왜구의 침략에 노출되자, 沿海에 위치한 倉庫들을 內地로 옮기도록 하였다.152) 이들

참고된다. "공민왕 7년(1358) 3월 기유일에 왜구가 角山 방어소에 침입하여 배 3백여 척에 불을 질렀다"(『高麗史』 卷39, 恭愍王 7年 3月 己酉). 이전 연구에서는 불탄 300여 척의 배 중에 通陽倉의 漕船이 상당수 포함된 것으로 이해하였다(金載名, 「高麗의 漕運制度와 泗川 通陽倉」, 『한국중세사연구』 20, 2006, 183쪽). 하지만 당시는 漕倉의 기능이 유명무실하였고 私船이 활약하였기 때문에 불탄 300여 척의 배에는 私船과 角山戍의 兵船이 대다수 포함되었을 것이다.

150) "倭寇內浦破兵船三十餘艘掠諸州租粟"(『高麗史』 卷42, 恭愍王 19年 2月 己巳) ; 『高麗史』 卷125, 列傳38, 金鉉.

151) "漕運不通 凡所轉輸皆從陸路 宜令有司量地遠近營立院館"(『高麗史』 卷39, 恭愍王 5年 6月 乙亥).

152) "丁酉倭寇韓州及鎭城倉 全羅道鎭邊使高用賢 請徙沿海倉廩於內地 從之"(『高麗史』 卷 39, 恭愍王 7年 4月 丁酉). 앞 항에서 언급하였듯이, 이 시기는 漕倉의 기능이 이미 약화·소멸된 상태이므로 內地로 옮긴 沿海의 창고는 漕倉이기보다 郡縣倉이나 軍倉일 가능성이 높다. 기록상 약탈당한 漕倉은 鎭城倉(공민왕 7년)뿐인 반면, 鎭溟倉(『高麗史』 卷43, 恭愍王 21年 4月 壬辰), 喬洞 甲山倉(『高麗史』 卷124, 列傳37, 崔安道), 會原倉(『高麗史』 卷133, 禑王 3年 正月), 吾斤倉·沓谷倉(『高麗史』 卷134, 禑王 7年 3月 戊戌) 등 대부분이 郡縣倉이다. 물론 14세기 중엽에도 漕倉 소재지에서 왜구의 침입이 확인되지만, 이것은 灣 깊숙한 漕倉 소재지의 입지조건을 이용하여 배의 정박이나 내륙으로

조치로 인해 전라도의 郡縣別 조운활동도 잠시나마 陸運으로 전환하였을
가능성이 있다. 이 때문인지 이후 왜구의 약탈지역은 楊廣道 內浦일대와
京畿灣 沿岸으로 북상하였다.153)

급기야 공민왕 6·7년에는 왜구의 약탈로 인해 祿俸을 지급하지 못하는
상황에 이르렀다.154) 이런 와중에도 왜구는 黔毛浦에 침입하여 전라도의
漕船에 불을 질렀다.155) Ⅳ장 2절 安興倉 해당 내용에 따르면, 黔毛浦는
안흥창(보안현)이 있던 浦口인데, 안흥창이라 하지 않고 浦口 명칭을 쓴 것은
漕倉의 기능이 사라지고 浦口의 입지만 이용되었음을 의미한다. 왜구가 漕船에
가한 행위는 대개 '掠', '奪'로 표기되는 노략질이었다. 왜구가 노획한 주요
물품이 米穀이었던 만큼 고려 국가재정은 고갈되어 갔다. 여기서 말하는
漕船의 노략질에는 선박에 적재된 곡물류뿐 아니라 船體와 乘組員까지 拿捕하
는 경우도 다수 포함되었을 것이다.156)

13세기 후반 조운 운영기반의 손실 이후에 人的·物的 기반을 충원하여
군현별 조운활동과 私船의 동원을 통해 조운체제가 조금씩 수습되어 갔다.
하지만 漕船과 沿岸의 주요 邑治 및 浦口에 대한 왜구의 약탈행위로 인해
다시금 혼란에 빠지게 되었다. 이러한 왜구의 약탈행위에 대해 고려 조정은
소극적인 대응으로 일관하였다.

하지만 전라도의 漕船이 통하지 않는 파행이 지속되자, 다급해진 朝廷은

진입하기 위한 목적 때문이다.

153) 1360년대부터 왜구의 주요 약탈지점이 양광도 해안으로 북상하였다(『高麗史』 卷40,
恭愍王 13年 4月 丁酉 ; 『高麗史』 卷42, 恭愍王 18年 11月 壬辰·戊午 ; 恭愍王 19年
2月 己巳).

154) 『高麗史』 卷80, 食貨3 祿俸 恭愍王 6年 9月·7年 5月.

155) "壬戌 倭侵黔毛浦焚全羅道漕船 時倭寇爲梗漕運不通 以漢人張仁甫等六人爲都綱 各授
唐船一艘戰卒百五十人漕全羅稅租 賊乘風縱火焚之 我師敗績死傷甚多"(『高麗史』 卷
39, 恭愍王 7年 7月 壬戌).

156) 太田弘毅, 「朝鮮半島における詐術の形態」, 『倭寇-商業·軍事史的研究』, 春風社, 2002,
13~20쪽.

漕船의 안전한 항해를 위해 군사적 지원을 취하였다. 漢人 6명을 都綱으로 삼고 이들에게 각각 唐船 1척과 戰卒 150명을 주어 全羅道의 漕運활동을 護衛토록 하였다.157) 비록 이 海上作戰은 실패로 끝나고 말았지만 조선초기 船軍과 軍船이 동원된 漕運 운영의 선구적인 형태로 평가할 수 있다. 조선초기 船軍·軍船을 漕運에 使役하는 모습은 水軍都體察使 王康이 활약하던 恭讓王代 (1389~1392)로 소급되는데,158) 이에 앞서 위와 같이 공민왕 7년(1358) 戰卒 동원도 비슷한 형태로 이해할 수 있다. 이때 동원된 戰卒은 船軍制가 개편되는 공양왕대 以前이므로 船軍의 성격을 띠지는 않았다. 조선초기에 水軍 병력이 軍船을 활용하여 조운활동을 직접 수행하는 반면, 고려 공민왕대는 戰卒이 투입되는 정도였다. 하지만 안전한 조운활동을 위해 軍兵力을 활용하였다는 측면에서 유사성을 찾을 수 있다.

공민왕 13년(1364)에는 兵馬使나 都巡禦使로 하여금 전라도의 漕船을 인솔하도록 조치를 내렸다.159) 하지만 全羅道 都巡禦使로 임명된 金鋐이 여러 郡縣의 漕船에 課稅하여 자기 집으로 싣고 가는 부정을 저지르는 것과 같이 중앙정부의 의지만큼 효과는 크지 않았다. 이와 같이 공민왕대는 왜구에 대한 대응책이 몇 차례에 걸쳐 이루어졌지만 왜구의 압도적인 水軍力으로 인해 번번이 실패로 끝났다. 그럼에도 군사적 지원을 통해 漕轉의 안전성을 확보하려는 노력은 앞으로 진행되는 여러 조운 복구책의 신호탄이라는 점에서 의미가 있다.160) 공민왕 22년(1373) 11월에는 수십 년간 침범한 倭寇를 방어하

---

157) 註155) 참조. 漢人 6명 각각에게 唐船 1척과 戰卒 150명씩을 주었으므로, 총 唐船 6척과 戰卒 900명을 전라도 조세의 안전한 수송을 위해 투입한 셈이다. 이러한 노력에도 불구하고 왜구의 공격에 稅穀이 불타고 군사도 매우 많이 죽었다.

158) 六反田豊, 「朝鮮初期漕運制における船卒·船舶の動員体制」, 『朝鮮文化研究』 4, 東京大 學 文學部 朝鮮文化研究室, 1997, 74~75쪽.

159) 『高麗史』 卷40, 恭愍王 13年 3月 丙戌·4月 丁酉 ; 『高麗史』 卷125, 列傳38, 金鋐.

160) 14세기 조운제는 '조운의 公的인 성격의 상실' 또는 '조운제의 붕괴'로 설명되지만, 이와 동시에 14세기 중엽부터 조운제의 정상화를 위해 시행된 대책들도 간과할 수 없는 부분이다. 즉 陸運化, 沿海倉庫의 內地化, 조운로에 대한 경계업무의 강화

는 守勢적 자세를 전환하여 해상으로 나아가 추격 체포하기 위해 明나라에 화약을 요청하고 이를 위해 선박을 건조하였다.161)

이후 禑王이 즉위하는 甲寅年(1374년)부터 왜구의 약탈행위는 한층 더 격렬해졌지만,162) 우왕대는 해상의 왜구활동을 소탕하기 위한 적극적인 군사적 대응전략을 세웠다. 우왕 3년(1377) 10월에는 火熥都監을 설치하였고, 우왕 6년(1380)에는 鎭浦에서 왜구와 싸워 큰 승리를 거두었다.163) 이러한 성과는 해안 州郡의 山城 수축, 水軍조직의 재정비, 전함의 건조 등 적극적인 대응의 결과였다.164)

이어 우왕 9년(1383)에는 屯田을 개척하여 軍糧을 확보하고, 助戰元帥들이 왜구 방어 태세를 감찰하면서 왜구의 진압을 위해 閑職으로서 지방에 있는 奉翊·通憲 등에게 출정 명령을 내리기도 하였다.165) 우왕 11년에는 海島에 들어가서 왜구를 수색하여 사로잡기도 하였다.166) 이처럼 禑王代는 적극적인 대응전략을 통해 왜구를 제압하는 소기의 성과를 거두었다. 그럼에도 불구하고 여전히 왜구의 침략은 최고조에 치달았다. 이러한 탓에 중앙 창고의 貯藏穀이 고갈되어 국가재정 운영에 어려움을 겪었다.167) 고려말엽 조세 수취와

조치 등은 14세기 후반의 조운제 복구에 기여한 바가 컸다. 이러한 관점에서 고려 말엽 조운제를 고찰한 연구성과로 다음의 연구가 참고된다(六反田豊, 앞의 논문, 1993 ; 앞의 논문, 1997).

161) 『高麗史』 卷44, 恭愍王 22年 11月 乙丑 ; 『高麗史』 卷83, 兵3, 船軍 恭愍王 22·23年.

162) 羅鐘宇, 『韓國中世對日交涉史研究』, 원광대학교 출판부, 1996, 142~143쪽 ; 정영현, 「高麗 禑王代 倭寇의 동향과 성격 변화」, 『역사와 세계』 33, 2008.

163) 『高麗史』 卷133, 禑王 3年 10月 ; 『高麗史』 卷134, 禑王 6年 8月.

164) 『高麗史』 卷133, 禑王 3年 2月·3月 ; 『高麗史』 卷134, 禑王 5年 9月. 禑王代 왜구의 특징 중 하나로 내륙으로의 진출을 꼽을 수 있는데(정영현, 위의 논문, 2008), 그 요인 중 하나로 조운의 陸運化 추진과 함께 海上의 倭寇에 대한 적극적인 대응도 생각해 볼 수 있다.

165) 『高麗史』 卷135, 禑王 9年 3·6·7月.

166) 『高麗史』 卷135, 禑王 11年 6月 壬申.

167) 『高麗史』 卷133, 禑王 4年 12月 ; 『高麗史』 卷134, 禑王 8年 11月. 또한 國庫·料物庫와

운송의 어려움은 權近의 다음과 같은 지적을 통해 짐작할 수 있다.

Ⅴ-4) ①남방의 漕轉으로 들어오는 데에는 오직 전라도가 가장 멀어 반드시 바다로 수송한 뒤라야 서울에 올 수 있다. ②倭가 일어나면서부터는 租稅 받는 곳은 海口가 아니라 산에 있는 모든 城이 되었으므로 조세 바치는 백성들이 소와 말에 싣고 험한 산천과 빙판을 오르내려 三冬을 지나서야 겨우 끝난다. ③봄이 되어 조운할 때가 되면 또 바다로 수송하게 되는데, 길이 멀고 험하여 며칠이 걸려야 닿게 되므로 그들의 농사일은 하지도 못하고 여름이 되어야 끝나게 된다. 겨울에는 얼고 굶주리며 봄에는 주리고 지쳐, 사람과 가축 죽은 것이 길에 즐비하게 된다. 또 斗量할 때마다 줄어들어 반드시 조세를 더 받아 보충하는데, 심지어 빚을 내서라도 정액을 내게까지 하니 백성의 병폐가 이보다 심한 것이 없다.[168] (『陽村先生文集』卷11, 記類 龍安城漕轉記)

위의 내용은 공양왕 2년(洪武 23년 ; 1390)에 龍安城을 축조하고 작성한 記文의 일부로, 漕轉城 수축의 필요성과 의미를 피력하면서 당시의 漕轉 상황도 언급하고 있다. ①의 내용을 통해 고려 멸망 직전에 경상도지역의 稅穀 운송방법은 漕運이 아니었음을 알 수 있다. 앞의 <표-21> (가)와 (다)에서 확인되듯이, 14세기 초·중엽 會原縣(1323년)과 東萊縣·蔚州(1361년)에서는 漕船을 마련하여 조운활동을 펼쳤다. 또한 공민왕 11년(1362) 白文寶가 경상도 의 漕輓之費가 조세의 2배에 해당하는 高率임을 지적한 내용[169]을 통해서도

여러 倉庫·豊儲倉·廣興倉의 貯藏穀이 고갈되어 재정 운영이 어려웠음은 여러 자료에 서 확인된다(『高麗史』卷133, 禑王 3年 7月 ; 卷134, 禑王 7年 6月·10月 辛酉 ; 卷136, 禑王 13年 正月).

168) "南方漕轉之入 惟全羅最遠 必浮于海而後達于京師 自倭之興 收租之所 不海口而于山 之諸城 民之納租 牛載馬馱 登涉險阻 顚躋氷雪 歷三冬而甫訖 及春將漕 又輸于海 道途 遼隔 數宿而達 不事其農 迨夏乃已 冬則凍餒 春則飢羸 人畜物故 絡繹于道 又其斗耗 隨量隨減 則必加租以補 甚至稱貸而取盈 爲民之病 莫此甚矣". 「龍安城漕轉記」末尾에 洪武 23년(1390)에 작성한 것이 확인된다.

이때까지 경상도지역에서 漕運활동이 유지되고 있었음을 알 수 있다.

하지만 14세기 말엽에 접어들면서 朝廷은 왜구의 약탈을 이유로 경상도지역의 조세운송을 陸運으로 전환시켰다. 공민왕 20년(1371) 12월 왜구로 인하여 漕運이 통하지 않아 遠近의 운수가 陸路를 경유하였다는 기록170)을 통해 경상도지역 세곡 운송경로의 변화를 확인할 수 있다.

경상도지역 稅穀의 陸運으로의 전환에는 고려말엽에 심각한 사회문제로 대두되는 高率의 조운비용도 일조하였다. 조운방식이 漕倉을 경유하거나 郡縣別로 이루어지는 것과 상관없이 조운활동에는 비용이 발생하였다. 이러한 조운비용을 고려말엽에는 漕輓之費나 漕運之費171)라고 표현하였는데, 선박 이용료(船價)와 기타 잡비까지 포함하였다. 고려말엽에 漕輓之費가 문제가 된 것은 이전에 없던 조운비용이 발생한 것이기 보다는 이 시기에 조운비용이 高率化되었기 때문이다.

당시 官吏의 부정이나 왜구의 약탈이라는 불안요인에 기인하여 漕輓之費가 높아졌다. 이와 함께 14세기에 군현별 조운방식이 본격화됨에 따라 조운활동에 私船이 참여하는 비중이 높아졌고, 이로 인해 조운비용이 상승하였을 것이다. 추측컨대 고려말엽의 조운비용은 조선초기의 경우172)와 마찬가지로

---

169) 『高麗史』 卷78, 食貨1, 租稅 恭愍王 11年. 14세기 중엽 경상도지역의 세곡 운송은 군현별로 이루어졌고, 이전에 존재했던 泗州의 通陽倉과 合浦縣(會原縣)의 石頭倉은 그 기능을 상실한 상태였다. 이곳이 조운 거점으로 다시 주목받게 되는 계기는 공양왕대 漕轉城의 수축이었다. 이때 泗州 通陽倉은 通洋倉城으로 탈바꿈한다.

170) "近因倭寇漕運不通 遠近輸轉皆由陸路 其令州郡修葺院館儲峙薪蒭 以便行旅"(『高麗史』 卷80, 食貨3 賑恤 水旱疫癘賑貸之制 恭愍王 20年 12月).

171) 『三峰集』 卷13, 「朝鮮徑國典」 上, 賦典 經理.

172) "경상도 가운데 낙동강 하류의 沿江 각 고을은 三價稅[船價·人價·馬價]를 거두어서 사람을 모집해 배에 싣고 거슬러 올라와 尙州에 이르러서 陸路로 운반하여 聞慶 草岾을 지나 慶原倉에 바치면 站船으로 서울에 이른다"(『世宗實錄地理志』 慶尙道 序文). 앞의 註171)의 「朝鮮徑國典」 上, 賦典 經理 내용에 따르면, 조세를 운반할 때 발생하는 운송비용에는 漕運之費 이외에 人馬의 접대비(人馬之供億), 강제로 사는 물건(求請抑買之物), 노자로 쓰이는 돈(行脚之錢)이 포함되어 있다.

船價 이외에 人價·馬價에 準하는 항목 등으로 구성되었을 것이다.

漕倉制 운영시기에는 漕倉民의 身役과 漕倉에 배속된 漕船이 조운활동을 주도하였으므로 公的인 조운시스템의 안정적인 운영이 가능하였다. 하지만 14세기가 되면 漕倉의 기능이 약화·소멸되어 郡縣別 조운방식으로 전환하였고, 이로 인해 조세를 운반하는 徭役의 징수에도 物納이나 雇立의 형태가 나타나게 되었다. 이러한 변화는 조운활동에 私船이 동원되는 것과 관련이 깊다. 먼 항해거리 등 漕運여건이 불리한 경상도지역의 조운활동에 私船을 소유한 船運집단이 깊이 관여하면서 漕輓之費는 더욱 高率化되었을 것이다. 이러한 이유로 인해 朝廷에서는 漕輓之費가 稅米의 두 배에 달하는 폐단이 발생하더라도 쉽게 해결하지 못하였다. 조선왕조의 건국세력은 고려말엽 私船의 성행과 그로 인한 폐단을 해결하기 위해 官船漕運體制를 골자로 하는 漕運 개혁안을 추진하였다.

한편 왜구의 약탈로 인해 稅穀의 陸運化가 이루어졌던 만큼 그것은 전국적인 경향으로 이해할 수 있다. 고려왕조가 海運을 바탕으로 漕轉방식을 유지해 온 것을 고려하면, 왜구의 약탈이 고려왕조에 미친 파장은 작지 않았다. 하지만 전라도 沿海지역은 공민왕과 우왕대의 몇 차례 陸運化 조치[173]에도 불구하고 꾸준히 조운활동을 진행하였다. 이러한 모습은 지방장관의 감독 아래에 군현별로 이루어진 우왕 9년(1383) 萬頃縣의 사례에서도 확인된다.[174]

---

173) 앞서 언급한 공민왕 20년(1371) 12월 이외에도 공민왕 5년 6월(『高麗史』 卷39, 恭愍王 5年 6月 乙亥), 공민왕 21년 2월(『高麗史』 卷43, 恭愍王 21年 2月 庚辰) 그리고 우왕 2년 閏9월(『高麗史』 卷133, 禑王 2年 閏9月) 등 몇 차례의 육운화 조치가 확인된다. 공민왕 5년·20년 陸運化 이후 또다시 공민왕 21년에 전라도 漕運穀을 육운화할 것을 요청하는 점과 4년 후인 우왕 2년(1376)에 또다시 漕運 중지를 명령하는 것은 전라도 沿海지역에서 여전히 漕運에 의한 조세운송방식이 유지되고 있음을 반증하는 것이다.

174) "萬頃安集金瑞元鎭撫韓福押漕轉 托以漂沒竊米布 囚鞠之"(『高麗史』 卷135, 禑王 9年 8月 壬午). 이전의 조운제 연구에서는 우왕 2년(1376) 漕運의 중지 이후 공양왕대 漕轉城 수축(1390년) 때까지 14년간 漕運이 중단된 것으로 이해하는 경향이 짙다(崔完

자료 Ⅴ-4)의 ②내용과 같이, 왜구가 발흥하면서 거두어들인 稅穀을 안전히
지키기 위해 收租之所를 海口가 아닌 山城으로 택하였다.175) ③이듬해 봄
山中의 城에 보관 중이던 稅穀을 해안가로 옮기는 일도 농사철과 겹치는
시기상의 문제와 苦役으로 인한 폐해가 발생하였다. 이에 1389년에 全羅道都觀
察使 盧嵩은 왜구 방어는 물론이고 백성의 輪役을 줄이면서 漕轉업무를 원활히
하기 위해 물가 높은 언덕의 龍安(全州)과 榮山(羅州)을 택하여 방어용 성벽을
갖춘 漕轉城을 설치하였다.176)

　　공양왕대 漕轉城의 수축은 공민왕 말엽과 우왕대에 진행된 築城策의 연장으
로 이해할 수 있다. 공민왕 19년(1370) 明나라 황제가 보낸 親書에 "왜구의
침략에 효과적으로 대처하기 위해 海濱에 城郭을 쌓아라"177)라는 내용이
포함되어 있었다. 이러한 지적과 필요성으로 인해 禑王代에 들어서 왜구
방비책으로 沿海 州郡에 山城과 함께 일부지역의 邑城을 修築하였다.178)
沿海지역 山城과 邑城 修築에 이어, 우왕 13년(1387)에는 羅州와 같은 요충지에
城을 쌓아 軍船을 배치하여 왜구를 소탕하고 沿海지역을 개발시키는 논의가
있었다.179) 이러한 築城활동과 함께 해상방어책의 일환으로 水軍지휘체계의

　　　　基, 「朝鮮前期 漕運試考」, 『白山學報』20, 1976, 395~397쪽). 하지만 만경현의 조운
　　　　사례와 權近의 지적(자료 Ⅴ-4))을 통해 전라도 연해지역에서는 여전히 조운활동이
　　　　이루어지고 있었음을 확인할 수 있다.
175) 당시 세곡 보관처가 海口가 아닌 山城에 위치하는 것은 공민왕 7년에 왜구가 鎭城倉
　　　　등의 해안을 침입하자, 전라도 沿岸의 倉廩을 內地로 옮긴 조치(『高麗史』 卷39,
　　　　恭愍王 7年 4月 丁酉)에 따른 결과일 가능성이 높다.
176) 『太宗實錄』 卷28, 太宗 14年 8月 甲辰 ; 『新增東國輿地勝覽』 卷34, 龍安縣 倉庫
　　　　得成倉.
177) 『高麗史』 卷42, 恭愍王 19年 5月 甲寅.
178) "修築沿海州郡山城"(『高麗史』 卷133, 禑王 3年 2月) ; 『高麗史』 卷133, 禑王 3年
　　　　7月 ; 『高麗史』 卷82, 兵2 城堡 禑王 4年 12月 ; 崔鐘奭, 『고려시대 '治所城' 연구』,
　　　　서울대 박사학위논문, 2007, 188~210쪽 ; 구산우, 「고려말 성곽축조와 향촌사회의
　　　　동향」, 『역사와경계』 75, 2010.
179) 『高麗史』 卷136, 禑王 13年 5月. 우왕대 沿海지역에 邑城을 축조한 것은 왜구의
　　　　침략으로 황폐해진 邑治를 복구하여 흩어진 民人을 불러들이는 차원에서 이루어졌다

확립과 船軍의 보강을 통해 水軍力도 강화하였다.[180) 前王代 海防策의 성과를
발판으로 공양왕대는 漕轉城 수축을 비롯하여 安興梁 掘鑿工事 시도, 豊儲倉·
廣興倉의 창고 시설과 수납·관리체제의 정비 등 漕運制 재건을 위해 노력하였
다.[181)

　이와 같은 공양왕대 漕轉城의 수축은 공민왕·우왕대 海防策, 즉 연해지역의
방어와 개발을 위한 築城과 함께 水軍力의 강화를 통해 왜구를 소탕하였기
때문에 가능하였다. 자료 Ⅴ-4) ②의 내용과 같이 山城에 있었기 때문에
조세의 보관과 운송상 어려움이 있던 收租之所를 다시 海口로 옮길 수 있게
되었다. 沿海의 조운 거점에 방어용 성벽을 두른 漕轉城은 漕船이 바로 밑에까
지 댈 수 있는 바닷가 언덕(濱水之丘)에 입지하였기 때문에 세곡의 船積이
용이하였고 개경에 닿는 기일도 빨라졌다. 1387년 羅州 일대에 築城과 軍船
배치가 논의된 지 3년 만인 1390년에 全羅道 漕轉의 편리함을 위해 龍安(全州)과
榮山(羅州)에 漕轉城을 쌓게 된 것이다.[182) 다음 해인 공양왕 3년(1391)에는
楊廣道 新昌縣 獐浦에도 漕轉城(唐城)을 쌓아「인근 州縣의 稅穀」을 집합시켜
배에 싣고 京倉까지 운반하였다.[183) 唐城에 세곡을 보낸 인근의 州縣이 정확히
어떤 곳인지 알 수 없지만,[184) 주요한 조운 거점인 唐城을 중심으로 집약적인

（崔鐘奭, 앞의 박사학위논문, 205～207쪽).

180) 吳宗祿,「高麗後期의 軍事 指揮體系」,『國史館論叢』24, 1991 ; 權寧國,「고려말
　　지방군제의 변화」,『한국중세사연구』창간호, 1994 ; 尹薰杓,「麗末鮮初 船軍役制의
　　改編」,『韓國 古代·中世의 支配體制와 農民』, 지식산업사, 1997 ; 洪榮義,「高麗末
　　軍制改編案의 基本方向과 性格」,『軍史』45, 2002.

181)『高麗史』卷45, 恭讓王 2年 11月 癸卯 ;『高麗史』卷46, 恭讓王 3年 3月 戊戌 ;『高麗史』
　　卷116, 列傳29, 王康.

182) 전라도지역에서 두 곳의 漕轉城이 먼저 수축된 것은 다른 지역에 비해 꾸준히
　　조운활동이 이루어졌고, 그에 따라 필요성이 대두하였기 때문이다.

183) “恭讓王三年 築城縣西獐浦 收旁近州縣租 載舟浮海達于京師”(『高麗史』卷56, 地理1,
　　天安府 新昌縣). 조선시대 지리지에 따르면, 신창현 獐浦에 쌓은 漕轉城을 唐城이라
　　불렀다(『世宗實錄地理志』新昌縣 ;『新增東國輿地勝覽』卷20, 新昌縣 建置沿革).

184) 唐城이 위치한 獐浦가 삽교천의 지류인 오늘날의 도고천에 위치한 것이 확인되므로(『大

조운활동이 다시금 이루어지게 되었을 것이다.

서해 연안에 이어 남해 연안에도 金海를 비롯한 몇 곳에 漕轉城이 수축되었다. 김해의 漕轉城인 佛巖倉은 동래·양산·김해 등 낙동강 하류 兩岸의 세곡을 모아서 京倉으로 조운하였을 것이다. 이외에 泗州와 順天府에서는 기존의 漕倉址을 활용하여 漕轉城이 수축되었다.[185] 이렇게 남해안에도 漕轉城이 수축되면서 陸運하던 慶尙 下道의 租稅도 漕轉城에 수집·보관되었다가 京倉으로 漕運되었다.[186]

이와 같은 漕轉城의 수축은 군현별 조운방식의 장애물이었던 왜구의 약탈을 극복하기 위해 시도된 여러 대책(軍兵力의 투입, 陸運化, 沿海倉庫의 內地化)에 이어 등장한 漕運 복구책의 하나였다. 하지만 이것은 여타의 대책과 달리 고려 말기에 행해진 여러 복구책의 종결이라는 의미를 지닌다. 또한 漕倉의 기능이 약화되는 13세기 이래로 郡縣別 漕運體制를 거치면서 잃어버렸던 '조운의 집약성'을 되찾는 계기가 되었다. 현재 全州 龍安城, 羅州 榮山城, 新昌縣 唐城을 비롯하여 順天 海龍倉, 泗州 通洋倉城, 金海 佛巖倉, 昌原 馬山倉 7곳이 漕轉城으로 알려져 있다.[187] 漕轉城을 거점으로 수행된 조운활동은 이전의 군현별 조운활동과 달리 집약적인 방식으로 이루어졌다. 즉 '인근 州縣의 稅穀을 집합'시켜 조운하는 형태는 고려전기의 漕倉制와 비슷한 모습이었다.[188] 恭讓王代 조운 거점(漕轉城)의 재설치를 통해 회복된 조운의 집약성

東輿地圖』), 禮山縣을 비롯한 삽교천 以東지역의 조세가 이곳으로 수납되었을 것이다.

185) 남해안의 경우는 서해안과 달리 漕轉城의 존재 여부와 명칭 등에 대해 당시의 기록이 전하지 않는다. 관련 자료를 제시하면 다음과 같다. 金海 漕轉城(『新增東國輿地勝覽』 卷32, 金海都護府 古跡), 泗州 通洋倉城(『新增東國輿地勝覽』 卷31, 泗川縣 古跡), 順天 海龍倉 古城(『大東地志』 卷14, 順天 城池).

186) "경상도 漕船 16척이 安興梁에 이르러 바람을 만나 침몰하였다."(『太祖實錄』 卷7, 太祖 4年 5月 乙酉)는 내용을 통해 漕轉城의 수축으로 경상도지역의 조운활동이 재개되었음을 알 수 있다.

187) 六反田豊, 「李朝初期の田稅輸送體制」, 『朝鮮學報』 123, 朝鮮學會, 1987 ; 「高麗末期の 漕運運營」, 『久留米大學文學部紀要』 2號(國際文化學科編), 1993.

은 이후 조선왕조가 멸망할 때까지 지속되었다.

하지만 漕轉城은 이전의 漕倉과 같이 조운 거점의 역할을 수행하였지만, 漕倉民이나 漕船 등의 조운 기반을 충분히 갖추지는 못하였다. 따라서 漕轉城을 통해 수행된 조운활동을 漕倉制와 동일하게 이해하는 것은 곤란하다. 漕轉城에서는 해당 郡縣이 보유한 漕船과 沿海民의 徭役뿐 아니라, 海岸 警備船인 軍船과 船軍을 활용하였다. 또한 일정 부분의 선박과 노동력은 私船을 보유한 船運집단을 동원하여 조운활동을 수행하였을 것이다. "公私의 漕運船이 東江과 西江에 폭주하였고, 이들로부터 거둔 稅가 國用에 이로움이 많다"는 鄭道傳의 지적189)이나 태조 7년(1398)에 "만약 公船이 부족하면 마땅히 私船을 빌려서라도 시기에 맞추어 조운하게 하고, 규정에 의거하여 船稅를 지급하도록" 지시한 내용190)은 당시 조운활동에 참여한 私船의 비중이 적지 않았음을 잘 보여준다.

고려말엽 조운활동의 운영상 특징은 왜구의 약탈이라는 불안 요소로 인해 軍兵力이 漕運船團을 호위하거나 직접 조운활동에 참여한 것이다. 또한 水軍과 함께 私船집단도 또 다른 운영 주체였다. 이러한 모습은 船軍·軍船과 私船이 동원된 조선초기 조운제와 유사한 측면이 있다. 이 점을 감안하면, 조선초기 조운제는 고려후기 이래로 부족하였던 조운 운영기반(漕運 專用 船舶·人員 등)을 확충해 나가는 과정으로 이해할 수 있을 것이다.

이상에서 살펴 본 것처럼, 고려후기 조창민의 유망을 비롯한 내부 요인과 元朝와 같은 외부세력에 의한 조운 운영기반의 손실은 결국 漕倉의 기능을

---

188) 앞의 註 183)에 나오는 "收旁近州縣租"의 의미는 조창제의 "州郡租稅各以附近輸諸倉" (『高麗史』 卷79, 食貨2, 漕運)과 유사하다.

189) "本朝濱海以國 魚鹽之利爲多 而公私漕運輻湊於東西之江 置司水監以掌之 而收其稅以助國用焉 其利亦厚矣"(『三峰集』 卷13, 「朝鮮徑國典」 上 賦典 船稅). 公·私 漕運이 公田과 私田에서 징수한 漕運穀이라는 의미를 배제할 수 없지만, 船稅 징수에 관한 내용임을 감안한다면 公·私船을 의미할 가능성이 크다.

190) "若公船不給 須借私船 及時漕運 依式給稅"(『太祖實錄』 卷15, 太祖 7年 12月 辛未).

약화·소멸시켰다. 이로 인해 漕運업무는 각 郡縣에게 전가되었다. 군현별로 조운활동이 수행됨에 따라 私船을 소유한 船運집단의 참여가 확대되고, 이로 인해 漕運役이 物納이나 雇立의 형태를 띠게 되었다. 이러한 조운활동마저도 왜구의 빈번한 약탈행위가 겹쳐 순조롭지 못하였다. 조운활동을 하기 위해 軍兵力을 투입하고, 陸運化나 倉庫의 內地化 등을 시도하였지만 큰 실효를 거두지 못하였다. 개별 군현별로 진행되던 조운방식은 공양왕대에 이르러 漕轉城을 수축하면서 회복의 단초를 마련하게 되었다. 漕轉城을 통한 조운활동은 三別抄의 跋扈 이후, 약화되었던 집약적인 漕運시스템을 복구하는 것이었다. 고려말엽 조운제 복구를 위한 노력은 조선왕조로 계승되어 제도 정비의 출발점이 되었다.

VI. 결론

　한국중세의 교통·운수 분야는 중앙집권적 재정운영구조와의 관계 속에서 발전하였다. 고려왕조는 국가재정원의 안정적인 확보를 위해 전국의 조세를 중앙으로 운반하는 조세운송시스템을 마련하였다. 고려시대 조세운송방식은 왕조 건국시기 조세행정 外官의 파견으로부터 시작하여 성종대 60浦制를 거쳐 현종대 漕倉制로 정착·운영되었다. 고려후기 漕倉의 기능 약화로 인해 14세기에는 본격적인 郡縣別 漕運體制로 운영되다가 공양왕대 漕轉城體制로 귀결되었다. 이러한 변천과정을 거친 고려시대 조세운송활동은 22驛道로 대변되는 육상교통망과 내륙하천을 포함하는 연근해 해로를 무대로 삼아 수행되었다. 본서에서는 고려시대 교통과 조운시스템의 형성과정, 22驛道와 漕倉制의 운영, 권역별 교통 네트워크 현황 그리고 교통과 조운시스템의 변동을 중심으로 살펴보았다. 본문에서 서술한 주요 내용을 요약하는 것으로 결론을 대신하고자 한다.

　우선 II장에서는 고려초기 교통과 조운시스템의 형성 과정에 대해서 검토하였다. 고려시대 조세운송시스템의 형성 배경으로 통일신라의 조세운송활동을 살펴본 다음, 고려시대의 그것과 비교하였다. 통일신라의 조세 운송도 육상교통망(五通)뿐 아니라 연근해 항로를 통해 이루어졌지만, 고려시대에 비해 海運의 비중은 크지 않았다. 그리고 통일신라시기의 漕運활동은 漕倉과 같은 수집 및 운송을 위한 거점이 설치되지 않았기 때문에 고려시대와 달리 정기성·집약성을 띠지 못하였다.

王京인 慶州의 지형조건과 지방 거점고을(9주 5소경)~王京간 교통로의 분포를 통해 조세운송경로를 추측하였다. 경주는 조운활동에 적합한 河港都邑이 아니었기 때문에 王京으로의 조세운송활동은 陸路에 의존하는 바가 컸다. 지방 郡縣 중 바닷길을 조세운송경로로 이용하는 것이 용이한 지역은 康州·朔州·武州 管內의 연안지역 정도로 넓지 않았다. 이와 같은 불리한 해운 여건 아래에서 통일신라시기 조운활동은 국가제도로서 정착하지 못하였다.

후삼국을 통일한 고려 태조는 開京 중심의 교통망 편성과 租藏을 비롯한 조세행정 外官의 파견을 주요 내용으로 하는 초기 교통운송시스템을 마련하였다. 후삼국 통일전쟁시기 태조 왕건의 정복활동은 開京을 軸으로 하는 새로운 교통망 형성에 중요한 경험이 되었다. 당시 전국 각지에서 확인되는 군사이동로나 물자수송로는 이후 22驛道와 漕運經路의 시원적인 성격을 지닌다. 특히 해상활동 속에서 습득한 해양 정보와 항해기술은 성종대 60浦制나 현종대 漕倉制와 같이 海運을 바탕으로 하는 조세운송체계를 마련하는 중요한 기반이 되었다.

중앙집권체제의 기틀을 마련한 성종대는 唐制인 大·中·小路 구분을 驛制에 채용하여 驛道 관리의 효율성을 높이고자 하였다. 大·中·小路 관리방식에 따른 驛田·驛長 규정 등을 마련하여 전국에 산재하는 교통시설에 대한 통제력을 강화해 나갔다. 하지만 성종 말엽에 북방 이민족과의 군사적 대치 속에서 군사방어체계를 효과적으로 지원하기 위한 6科體制가 운영되면서 고려 驛制는 일정 기간동안 질적인 변화를 맞이하였다.

6과체제는 성종 2년(983)부터 驛制에 적용되었던 역도 관리방식(大·中·小路)을 따르지 않고, 개별 驛의 중요도에 따라 丁戶 數를 일정한 규모로 재조정한 驛制였다. 이것은 大·中·小路 구분을 전제로 하는 韓國中世 驛制史에서 이례적인 驛制이며, 중국·일본의 경우와 비교해 보아도 高麗만의 독자적인 성격을 지닌다. 하지만 현종 말엽에 전국적인 역도망인 22驛道體系가 성립하면서 6과체제는 사라졌다.

또한 성종 11년(992)에는 稅穀 운송을 위해 전국의 주요 浦口 60곳을 선정하여 輸京價를 제정하면서 수운교통시설에 대한 지배력을 확대하였다. 각 浦口의 輸京價 책정 기준으로는 운송거리가 우선시되었다. 이와 함께 海路는 遭難地帶의 경유 여부가, 內陸水路는 여울이나 얕은 水深 등의 운송여건이 중요한 요인으로 작용하였다. 60浦制는 전국을 대상으로 정례적인 조세 운송활동을 펼치기 위해 주요 浦口를 수운거점으로 활용하였다는 점에서 조세운송방식에서 진일보한 의미를 갖는다.

이와 같은 성종대의 6科體制와 60浦制를 거쳐 고려시대 교통운송체제의 전형인 22驛道體系와 漕倉制가 현종 말엽에 성립하였다. 이렇게 본다면 성종대는 태조대 이래의 교통운송 분야의 성과를 계승하면서 현종대의 그것을 준비하는 시기라고 말할 수 있다.

Ⅲ장에서는 525驛으로 구성된 22驛道와 수운시설이 결합된 전국 단위의 水陸交通網에 대해서 알아보았다. 이와 함께 그것을 활용하여 성립한 漕倉制의 역사적 의미와 漕運규정의 보완과정에 대해서도 살펴보았다. 현종 말엽에는 驛制 전반에 대한 개선과 역로망에 대한 대폭적인 재편을 통해 22역도망을 마련하였다. 전국단위의 단일한 驛制가 성립하면서 교통로를 大·中·小路의 구분에 따라 관리하는 방식이 전형적인 제도로 자리잡게 되었다.

22역도의 개별 驛道명칭에 대한 분석을 통해 형성과정과 편성 의도를 확인하였다. 역도명칭의 유래는 크게 두 가지로 나뉜다. 하나는 靑郊道처럼 주요 驛名(靑郊驛)을 이용하는 경우이고 다른 하나는 尙州道처럼 주요 고을명칭(尙州)을 이용한 경우이다. 전자의 驛道群은 교통 중심지대인 開京 가까이에 위치하면서, 개경은 물론 주요 교통 거점인 西京·南京을 기점으로 뻗어 있었다.

이들 역도가 분포하는 영역은 개경을 중심으로 X자형의 간선 교통로가 형성되어 있는 곳으로, 주요 교통 거점간을 연결하는 편성 양상을 보인다. 이와 달리 후자의 驛道群은 단일한 界首官내 여러 군현의 연결을 주요 목적으로 하면서 인근의 교통 거점을 잇는 경향성을 띠었다.

그리고 驛道가 국가통치체제의 일환으로 개설되었기 때문에, 郡縣體制가 22驛道 편성에 일정한 원리로 작용하였다. 郡縣體制(界首官 - 主郡縣 - 屬郡縣)와 驛의 분포를 비교해 본 결과, 모든 界首官에는 당연히 驛이 위치하였고, 계수관 한 곳당 3.67개의 驛이 분포하는 데 반해 主郡縣은 평균 2.05개, 屬郡縣은 평균 0.71개의 驛시설이 각각 분포하였다. 22역도는 開京을 종착지점으로 하는 전체적인 구성을 염두에 두면서, 각 역도의 驛은 界首官(혹은 管內의 주요 領郡)을 중심에 두면서 主-屬縣체제를 기본적으로 연결하였다.

또한 22역도망은 전국을 하나의 네트워크(network)로 연결하기 위해 수상교통시설도 적극 활용하였다. 水運시설(津·浦·渡) 중 渡河 나루는 기능상 육상교통망의 구성에서 중요한 역할을 담당하였다. Ⅲ장에서는 내륙하천으로 인해 끊어진 22역도망을 이어주는 수운시설을 중심으로 인근 교통로를 복원하였다. 驛道網 속에 분포하는 주요 수운시설을 하천별로 구분하여 표와 그림(Ⅳ장에 제시)으로 제시하였다. 이렇게 내륙하천뿐 아니라 해안에 위치한 주요 수운시설과의 연계를 통해 22역도망은 물자 운송통로로서의 기능을 극대화하였다.

고려시대 최대의 수륙교통 중심지대인 開京을 중심으로 X字形의 幹線 驛路上에 大路구간이 설정되었다. 문종 30년(1076) 柴地 분급지역의 교통 입지를 분석한 결과, 1·2日程에 해당하는 고을은 X字 형태의 幹線 驛路上에 위치할 뿐 아니라 역도망이 발달하지 않은 楊廣道 서남부도 祖江·漢江 水運을 이용하여 근거리 생활권으로 편입되어 있었다.

현종대는 22驛道를 비롯한 교통·운수 분야의 진전을 바탕으로 새로운 조세운송방식인 漕倉制가 성립하였다. 조창제의 가장 큰 특징은 이전에 없던

漕倉이 灣 깊숙한 곳과 하천변에 설치된 것이다. 漕倉의 설치는 조세수납유형과 각 郡縣의 조세운송체계가 확립되는 직접적인 계기였다. 해당 군현 조세의 운송 목적지와 운송경로에 따라 조세수납 및 운송유형은 ①경창직납지역, ②조창경유지역, ③현지수납지역으로 구분되었다. ②조창경유지역의 개별 군현은 조세를 수납하는 漕倉이 정해져 있어 집약적인 조운활동을 통해 효율성을 높일 수 있었다.

고려전기 조세 수납유형별로 郡縣 數를 비교(<표-13> 참고)한 결과, 조창경유지역의 稅穀量이 京倉에 入庫되는 전체 稅穀의 80% 정도를 차지하였다. 그런 만큼 조창제는 고려왕조의 중요한 官制로 인식되었다. 현종 말엽에 외형적 틀을 갖춘 조창제는 원활한 운영을 위해 꾸준히 조운규정을 보완해 나갔다. 문종대에 이르기까지 조운기한의 엄수, 조운활동 도중의 부정행위에 대한 처벌, 漕船의 배속 규정, 耗米 증액 등을 정비하였다. 이와 함께 西海道에 安瀾倉이 추가 설치되면서 문종대에 조세수납 및 운송체계가 13漕倉制로 확립되었다.

Ⅳ장에서는 집권적 재정구조 아래에서 조창제 운영시기에 조세운송 네트워크가 권역별로 어떻게 운영되었는지에 대해 살펴보았다. 조세운송활동은 경창직납·조창경유·현지수납지역에 따라 교통로의 이용이나 운송방식이 다양하였다.

경창직납지역으로 분류한 西海道와 交州道 영역은 兩界에서 분리되어 광역의 행정단위인 道로 성립하였다. 서해도의 성립시기가 문종대인 반면 교주도는 인종대로 상대적으로 늦었다. 그 이유 중 하나는 東界에 軍糧을 지원하기 위해 교주도 영역을 군량 보급처로 활용하였기 때문이었다. 문종대에 서해도가 성립하면서 소속 군현의 조세수납체계에도 변화가 일었다. 예성강에 인접한 15개의 州縣이 京倉으로 직납한 반면, 安西大都護府 海州 以西지역의 세곡은 安瀾倉을 통해 경창으로 조운되었다. 안란창의 개설은 漕倉의 일반적인 목적과 함께 北界지역의 군량 보급과도 일정한 관련성이 있다. 즉 西北界 최북단으로의 장거리 해상 운수활동을 좀 더 효과적으로 수행하기 위해서였다.

직납지역의 또 다른 영역은 楊廣道인데, 이 중 漢江 以北의 楊州 직할 군현의 稅穀은 서해도나 교주도의 경우와 같이 역도망을 통해 京倉으로 운반되었다. 이에 반해 나머지 관할지역과 廣州 소속 군현의 세곡은 漢江·祖江과 臨津江 水運을 이용하여 京倉으로 운반되었다(<그림-3> 참고). 또한 서해도 黃州牧 管內의 조세 운송활동이 禮成江 水運을 이용하는 것과 같이 開京에 인접한 직납지역은 편리한 역도망뿐 아니라 內陸水運도 적극 활용하였다.

조창경유지역의 조세운송활동은 陸路와 水路가 결합된 장거리 운송경로를 통해 수행되었다. 조창경유지역의 세곡 운송경로는 각 漕倉별로 나누어 고찰하였다(<그림-4>~<그림-6> 참고). 國家財政源 수입에 많은 비중을 차지하는 조창경유지역은 運輸활동의 효율성을 높이기 위해 陸運과 水運이 연속해서 이용 가능한 交通 네트워크를 운영하였다. 郡縣~漕倉~京倉으로의 전체 조운 경로에서 각 군현~漕倉으로의 운수활동은 의외로 陸運에 의존하는 바가 컸다. 이렇게 본다면, 중간에 위치한 13개의 漕倉은 운송방법을 전환하는 복합터미널(terminal)의 성격을 띠었다. 이와 함께 조운활동 최고의 장애물인 險阻處와의 관계 속에서 漕倉의 입지뿐 아니라 漕渠 건설공사, 교통편의시설 설치, 대체 경로로 沿岸 陸路의 활용 등 다양한 내용을 검토하였다. 또한 각 조창의 收稅區域은 郡縣 數에서 편차가 확인되는데, 이것은 조창으로 수집되는 稅穀量의 차이를 의미한다. 따라서 조운규정에서 개별 조창에 배속된 漕船 數는 조운활동에 필요한 기본적인 漕船의 隻數인 것이다. 덕흥창(충주)이나 통양창(사주)과 같이 배속된 漕船 數에 비해 수세구역이 넓은 조창은 배속된 漕船(=官船) 이외에 私船이 동원되는 비중이 높았다.

마지막 유형인 현지수납지역인 兩界지역은 북계와 동계 상호간은 물론 南道지역과도 높은 산지로 가로 막혀 있었다. 심지어 개별 역도 또한 산지에 의해 나뉘어져 있었다. 이러한 상황에서 고개[嶺·峴]를 통한 산지교통로는 양계의 교통망을 이어주는 역할을 하였지만, 軍糧米와 같은 대규모의 물자 수송에는 부적합하였다. 이러한 지형의 불리함으로 인해 양계에서 생산한 적은 양의 조세는 現地에서 모두 소비하였을 뿐 아니라, 다수 軍鎭 운영에 필요한 軍糧을 南道에서 장거리 海運을 통해 지원받았다.

남도지역에서 수송된 軍糧은 주요 浦口에서 하역된 뒤, 다시 陸路를 통해 목적지로 옮겨졌다. 이때 海運의 종착지이면서 陸運의 출발지점인 교통거점으로 북계의 宣州와 동계의 元興鎭·鎭溟縣이 주목되고, 이곳을 중심으로 일정한 운송권역이 형성되었다. 이들 고을은 남도의 漕倉 소재지와 마찬가지로 운송방법(해운↔육운)의 전환이 이루어지는 교통거점으로 浦口나 저장시설을 갖추고 있었다. 남도의 조창이 水陸交通과 물류의 중심지인 것처럼, 선주와 원흥진·진명현도 양계의 주요한 수륙교통거점으로 평가할 수 있다.

Ⅴ장에서는 고려후기 교통운송체제의 위기 상황 속에서 조운시스템이 몇 차례의 재편을 거쳐 복구되어 가는 일련의 과정에서 대해서 살펴보았다. 교통운송기관은 12·13세기부터 내부 문제에 노출되어 있었다. 驛·나루·漕倉은 지배층의 부정행위와 수탈 그리고 그로 인한 소속민의 이탈 등 여러 가지 사회경제적 모순의 최일선에 자리하였다. 뒤이어 13세기 중·후반부터 元朝의 무리한 물자 징발과 자의적인 驛路網의 재편은 교통운송체제의 운영을 더욱 어렵게 만들었다. 元朝가 신설한 站赤를 중심으로 운영된 幹線 驛站路는 예전의 교통운송망인 22驛道를 변형시키고 그 역할을 축소시켰다. 결국 간선 역참로 이외의 支線路와 다수의 驛시설은 관리가 소홀해지게 되었다. 그리고 두 차례에 걸친 일본원정 준비는 沿海民과 그들의 해운활동 기반에 상당한 손실을 입혔다. 이와 함께 倭寇의 약탈행위로 인해 파괴된 漕倉의 기능은 고려 멸망 때까지 거의 회복되지 못하였다.

이러한 상황 아래에서 중앙정부는 漕運업무를 재개하기 위해 해당 郡縣에 조세운송의 책임을 전가하였다. 13세기 후반부터 간헐적으로 진행된 군현별 조운활동은 14세기에 들어 조운방식의 주도적인 형태로 바뀌었다. 14세기 중엽 왜구의 약탈이 본격화되기 이전의 조운활동은 각 지역의 운송여건에 따라 漕倉을 경유하거나 각 군현별로 수행하는 양상이 혼재하였다. 하지만 점차 漕倉 중심의 조운방식(漕倉制)에서 郡縣 단위의 조운방식으로 바뀌어 나갔다. 이에 따라 조운활동을 주도하는 선박의 성격도 바뀌었다. 고려전기 漕倉 소속의 官用 漕船이 주도하고 私船이 일부 동원되던 漕船 구성에서 군현별 조운활동이 본격화되면서 민간 소유의 私船 비중이 점차 늘어나게 되었다. 즉 군현단위의 조운활동이 私船의 참여를 더욱 확대시킨 것이다. 하지만 내륙지역에 위치한 郡縣의 경우는 자체적으로 수행하는 것이 불가능하였기 때문에 漕船과 梢工·水手 등으로 구성된 私船집단을 고용하여 조운활동을 그들에게 일임하였다. 그 대가를 지불하기 위해 군현민의 徭役을 物納으로 거두어 들였을 가능성이 있다.

14세기 군현별 조운방식을 통해 회복의 기미를 보이던 조운활동은 왜구의 약탈행위로 인해 또다시 위기에 봉착하게 되었다. 왜구는 漕運穀을 획득하기 위해 漕倉이 아닌 浦口에 정박 중이거나 항해 중인 漕船을 습격하였다. 이에 대해 朝廷은 일정 기간 소극적인 대응으로 일관하다가 恭愍王代에 이르러서는 군사적 지원을 통해 漕轉의 안전성을 확보하고자 노력하였다. 왜구 침략이 최고조에 다다른 禑王代는 왜구를 제압하는 소기의 성과를 거두기도 하지만, 고려말엽에는 여전히 중앙 창고의 貯藏穀이 고갈되어 국가재정 운영에 큰 어려움을 겪었다. 이러한 難題를 극복하기 위한 漕轉 복구책으로 陸運化, 軍兵力의 투입, 沿海倉庫의 內地化 등이 시행되었고, 恭讓王代에는 여러 시도의 종결을 의미하는 漕轉城을 수축하였다.

고려후기 파행적인 운영을 이어오던 조운제도는 漕轉城 수축을 통해 잃어버렸던 조운방식의 집약성을 되찾았다. 하지만 漕倉民이나 漕船 등의 조운기반이 구비되지 못하였기 때문에 조운활동에 많은 수의 軍船이나 私船을 동원하였다. 고려후기 대규모의 농장 경영도 私船의 해운활동을 부추겼다. 이처럼 고려말엽 조운활동에 私船의 비중이 적지 않았기 때문에, 조정에서는 경상도의 漕輓之費가 조세의 2배에 달하는 폐단이 발생하더라도 쉽게 해결하지 못하였다. 이와 같은 私船의 성행과 그로 인한 폐단 때문에 조선왕조 개창세력은 官船漕運體制를 골자로 하는 漕運 개혁안을 추진하였다.

이상과 같이 검토한 내용을 交通運輸史 연구에 필요한 구성 요소에 비춰 보면, 교통 종사자나 운송 수단 그리고 운영조직 등에 대해 풍부하게 다루지 못하였음을 알 수 있다. 또한 육상교통과 수상교통 양자를 결합시킨 연구방법적인 성과에 반면, 각 분야에 대한 여러 논의를 충분히 싣지 못하였을 뿐 아니라 상호간의 결합관계가 여전히 미진한 점도 인정하지 않을 수 없다.

또한 본서에서는 최근의 수중고고학 발굴성과와 연구의 활용을 가급적 자제하였다. 왜냐하면 아직까지 발굴·정리·연구가 진행 중이기 때문에 시간적 여유를 두고 활용할 필요가 있다고 판단하였기 때문이다. 향후 고고학 자료의 적절한 활용과 조선시대의 풍부한 문헌자료 검토를 통해 驛站·漕運과 같은 公的인 교통운송시스템과 더불어 민간영역의 교통운수활동에도 본격적인 관심을 가져 韓國中世 交通運輸史를 보다 체계적으로 연구하고 이해할 수 있기를 기대해 본다.

〈부표〉 군현별 驛과 주요 포구 일람[1]

王京開城府

主郡縣	屬郡縣	驛	주요 포구
開城府		狻猊道 狻猊驛 靑郊道 靑郊驛	碧瀾渡·西浦
	牛峯郡	金郊道 金郊驛·安信驛·白原驛	猪灘·元中浦
	貞州	中靈驛[2]	河源渡·昇天浦
	德水縣	靑郊道 平理驛	祖江渡·引寧渡
	江陰縣	金郊道 金郊驛·玉池驛	岐灘(=岐平渡)
	長湍縣	桃源道 白嶺驛	長湍渡
	臨江縣	桃源道 臨江驛	
	臨津縣	靑郊道 通波驛	臨津渡
	松林縣	桃源道 桃源驛	
	積城縣	靑郊道 橡林驛·丹棗驛	
교통시설이 없는 郡縣 : 兎山縣, 麻田縣, 波平縣			

楊廣道

主郡縣	屬郡縣	驛	주요 포구
楊州		靑郊道 迎曙驛·淸波驛·蘆原驛 春州道 南京驛·仇谷驛, 平丘道 平丘驛	楊津(廣津)·沙平渡·鹵水浦· 從山浦·德原浦
	交河郡		洛河渡
	見州	靑郊道 綠楊驛	
	抱州	春州道 雙谷驛·安遂驛	
	幸州	靑郊道 幸州驛	德陽浦·靈石浦
	峯城縣	靑郊道 馬山驛	
	高峯縣	靑郊道 碧池驛	
	豊壤縣	春州道 桑樹驛	
	沙川縣	春州道 臨川驛	
교통시설이 없는 郡縣 : 深嶽縣			
樹州		靑郊道 金輪驛	
	衿州		楊花渡·深逐浦·丹川浦
	通津縣		通津
	孔巖縣		孔巖津·廣通浦
	金浦縣		楊柳浦·居安浦·慈石浦·潮海浦 ·淸水浦
	守安縣	靑郊道 從繩驛	

	교통시설이 없는 郡縣 : 童城縣		
仁州		靑郊道 重林驛	
	교통시설이 없는 郡縣 : 唐城郡, 載陽縣		
水州		忠淸州道 同和驛·長足驛·菁好驛	媚風浦·息浪浦
	陽城縣	忠淸州道 嘉川驛	
	교통시설이 없는 郡縣 : 安山縣, 永新縣, 雙阜縣, 龍城縣, 貞松縣, 振威縣		
江華縣			梯浦·瓦浦·仇浦·狸浦·草浦
	교통시설이 없는 郡縣 : 鎭江縣, 河陰縣, 喬桐縣		
廣州牧		平丘道 奉安驛 廣州道 德豊驛·慶安驛·長嘉驛·安業驛· 南山驛	尙原浦·同德浦·和平浦
	川寧郡	平丘道 楊化驛	鎭江渡·澄波浦·安石浦· 柳條浦·梨花浦·涤花浦· 丈喦浦·楊花津
	利川郡	廣州道 五行驛·安利驛	
	竹州	廣州道 佐贊驛·分行驛	
	果州	廣州道 良梓驛	深原浦
	砥平縣	平丘道 田谷驛·伯冬驛	
	龍駒縣	廣州道 金嶺驛	
	楊根縣	平丘道 娛賓驛	龍津渡·陽原浦·花梯浦· 恩波浦·虞山浦·神魚浦
忠州牧		平丘道 嘉興驛·連原驛	麗水浦(德興倉)·楊津
	槐州	廣州道 丹月驛·安富驛	
	陰竹縣	廣州道 無極驛	崑岡浦
	陰城縣	廣州道 遙安驛	
	淸風縣	平丘道 黃剛驛·壽山驛·安陰驛	
	교통시설이 없는 郡縣 : 長延縣, 長豊縣		
原州		平丘道 幽原驛·丹丘驛·安壤驛·神林驛	銀蟾浦(興元倉)·安昌津
	寧越郡	平丘道 延平驛·溫山驛·正陽驛	
	堤州	平丘道 泉南驛	
	平昌縣	平丘道 樂壽驛	
	丹山縣	平丘道 靈泉驛·長林驛	
	永春縣	平丘道 義豊驛	
	黃驪縣	平丘道 新興驛·新津驛	黃麗浦·新津
	교통시설이 없는 郡縣 : 酒泉縣		
淸州牧		忠淸州道 栗峯驛·雙樹驛·猪山驛·長池驛	
	燕山郡	忠淸州道 燕山驛	
	鎭州	忠淸州道 長楊驛·堆糧驛	
	全義縣	忠淸州道 蒲谷驛	

	燕岐縣	忠淸州道　金沙驛	熊津
교통시설이　없는　郡縣：木州, 淸川縣, 道安縣, 靑塘縣, 懷仁縣			
公州		忠淸州道　廣庭驛·日新驛·坦平驛 全公州道　敬天驛·得延驛·利道驛	熊津渡
	懷德郡	全公州道　貞民驛	
	扶餘郡	忠淸州道　銀山驛	
	連山郡	全公州道　平川驛	
	市津縣		市津浦
	定山縣	忠淸州道　楡楊驛	
	新豊縣	忠淸州道　維鳩驛	
교통시설이　없는　郡縣：德恩郡, 德津縣, 鎭岑縣, 儒城縣, 石城縣, 尼山縣			
洪州		忠淸州道　洪州驛	風海浦
	大興郡	忠淸州道　光世驛	
	靑陽縣	忠淸州道　金井驛	
	新平縣		懷海浦
	伊山縣	忠淸州道　汲泉驛	
	餘美縣	忠淸州道　得熊驛	
	貞海縣	忠淸州道　夢熊驛	
교통시설이　없는　郡縣：槥城郡, 結城郡, 高丘縣, 保寧縣, 興陽縣, 德豊縣, 唐津縣, 驪陽縣			
天安府		忠淸州道　新恩驛	
	溫水郡	忠淸州道　理興驛	
	牙州	忠淸州道　長世驛	便涉浦(河陽倉)
	新昌縣	忠淸州道　昌德驛	獐浦
	豊歲縣	忠淸州道　金蹄驛	
	禮山縣	忠淸州道　日興驛	利涉浦·內浦[3]
	稷山縣	忠淸州道　成歡驛	
교통시설이　없는　郡縣：平澤縣, 安城縣			
嘉林縣		忠淸州道　靈楡驛	
	鴻山縣	忠淸州道　非熊驛	
	藍浦縣		藍浦
교통시설이　없는　郡縣：西林郡, 庇仁縣, 韓山縣			
富城縣			倉浦(永豊倉)·炭浦
교통시설이　없는　郡縣：地谷縣, 蘇泰縣			

300

慶尙道

主郡縣	屬郡縣		주요 포구
慶州		慶州道 活里驛·牟良驛·阿弗驛·知里驛·奴谷驛·仍己驛·仇於且驛	
	興海郡		母山津
	章山郡	慶州道 押梁驛	
	壽城郡	慶州道 凡於驛	
	永州	慶州道 淸通驛·新驛·加火驛	東京渡
	安康縣	慶州道 安康驛	
	新寧縣	慶州道 長守驛	
	淸河縣	慶州道 松蘿驛	
	神光縣	慶州道 六叱驛	
	杞溪縣	慶州道 仁比驛	
교통시설이 없는 郡縣 : 慈仁縣, 河陽縣, 延日縣, 解顔縣, 長鬐縣			
蔚州		金州道 屈火驛·肝谷驛	
	東萊縣	金州道 蘇山驛	
	彦陽縣	金州道 德川驛	
禮州		慶州道 柄谷驛·赤冗驛	
	英陽郡	慶州道 琴田驛	
	平海郡	慶州道 阿叱達驛	南浦
	盈德郡	慶州道 酒峴驛·南驛	
교통시설이 없는 郡縣 : 甫城府, 靑鳧縣, 松生縣			
金州		金州道 德山驛·省仍驛·赤頂驛·金谷驛·大驛	磊津·南浦
	義安郡	金州道 自如驛	主勿淵津
	咸安郡	金州道 繁谷驛	
	漆園縣	金州道 靈浦驛·昌仁驛	蔑浦·靈浦
	合浦縣	金州道 近珠驛	螺浦(石頭倉)·合浦
	熊神縣		三日浦
梁州		金州道 梁州驛·黃山驛·源浦驛·渭川驛	伽倻津·黃山江·源浦
	機張縣	金州道 阿等良驛·機長驛	
교통시설이 없는 郡縣 : 東平縣			
密城郡		金州道 無乙伊驛·永安驛·用家驛	密津
	昌寧郡	金州道 內也驛	
	淸道郡	金州道 省乙峴驛·楡川驛·西之驛·買田驛	
	玄風縣	金州道 竝山驛	
	桂城縣	金州道 一門驛	
	靈山縣	金州道 溫井驛	伽倻津

	교통시설이 없는 郡縣 : 豊角縣		
晋州牧		山南道 平居驛·正樹驛·竈村驛·小男驛	
	江城郡	山南道 新安驛	
	河東郡	山南道 栗原驛·橫浦驛	橫浦
	泗州	山南道 灌栗驛	通潮浦(通陽倉)
	岳陽縣	山南道 平沙驛	
	鎭海縣	山南道 常寧驛	
	昆明縣	山南道 浣沙驛	
	班城縣	山南道 富多驛	
	宜寧縣	山南道 知男驛	
	교통시설이 없는 郡縣 : 永善縣		
陜州		山南道 速陽驛·勸賓驛	
	嘉樹縣	山南道 有隣驛	
	利安縣	山南道 沙斤驛	
	草溪縣		黃屯津
	巨昌縣	山南道 聖奇驛·茂村驛	松邊浦
	교통시설이 없는 郡縣 : 三岐縣, 山陰縣, 丹溪縣, 加祚縣, 感陰縣, 新繁縣, 冶爐縣, 含陽縣		
固城縣		山南道 春原驛·排頓驛·望隣驛	赤田浦·漆浦
南海縣		山南道 德新驛	觀音浦
	平山縣		平山浦
	교통시설이 없는 郡縣 : 蘭浦縣		
巨濟縣		山南道 烏壤驛	
	松邊縣		松邊浦
	교통시설이 없는 郡縣 : 鵝洲縣, 溟珍縣		
尙州		尙州道 洛原驛·洛東驛 京山府道 洛陽驛·洛山驛	龍浦·洛東津
	聞慶郡	尙州道 聊城驛	犬灘
	龍宮郡	尙州道 智保驛	河風津
	開寧郡	京山府道 扶桑驛	
	報令郡	京山府道 猿岩驛·舍林驛	
	咸昌郡	尙州道 德通驛	
	永同郡	京山府道 會同驛	
	海平郡	尙州道 上林驛	
	化寧郡	京山府道 長寧驛	
	比屋縣	尙州道 雙溪驛	
	安定縣	尙州道 安溪驛	
	中牟縣	京山府道 常平驛	
	虎溪縣	尙州道 幽谷驛	

	禦侮縣	京山府道 秋風驛	
	多仁縣	尙州道 守山驛	
	一善縣	尙州道 連鄕驛·仇於驛 京山府道 安谷驛[4]	餘次尼津·龍浦
	孝靈縣	尙州道 曹溪驛	
교통시설이 없는 郡縣 : 靑山縣, 山陽縣, 功城縣, 單密縣, 靑里縣, 加恩縣, 軍威縣, 缶溪縣			
京山府		京山府道 安堰驛·踏溪驛	東安津
	高靈郡	京山府道 安林驛	加兮浦
	知禮縣	京山府道 長谷驛·作乃驛	
	加利縣	京山府道 茂淇驛	茂溪津
	八莒縣	京山府道 水鄕驛·綠情驛	
	金山縣	京山府道 金泉驛	
	黃澗縣	京山府道 屬溪驛	
	管城縣	京山府道 增若驛	
	安邑縣	京山府道 利仁驛	
	陽山縣	京山府道 順陽驛	
	利山縣	京山府道 土峴驛	
	花園縣	京山府道 舌火驛	
교통시설이 없는 郡縣 : 若木縣, 仁同縣, 大邱縣, 河濱縣			
安東府		尙州道 甕泉驛·安基驛	
	臨河郡	尙州道 琴曹驛·通山驛·松蹄驛	
	義興郡	尙州道 牛谷驛	
	甘泉縣	平丘道 幽洞驛	
	奉化縣	平丘道 道深驛	
	安德縣	尙州道 文居驛·和目驛	
	豊山縣	尙州道 安郊驛	
	興州	平丘道 昌樂驛	
	順安縣	平丘道 平恩驛·昌保驛	
	義城縣	尙州道 靑路驛·鐵波驛	
	基陽縣	尙州道 通明驛[5]	
교통시설이 없는 郡縣 : 禮安郡, 一直縣, 殷豊縣, 基州縣			

全羅道

主郡縣	屬郡縣	驛	주요 포구
全州牧		全公州道 三禮驛 山南道 盤石驛	新倉津·速通浦
	金馬郡	全公州道 彩平驛	
	鎭安縣	山南道 丹嶺驛	
	高山縣	山南道 築山驛	
	雲梯縣	全公州道 玉庖驛	
	礪良縣	全公州道 良材驛	
	伊城縣	全公州道 鶯谷驛	
	咸悅縣	全公州道 材谷驛	
	교통시설이 없는 郡縣：朗山縣, 沃野縣, 紆州縣, 馬靈縣, 利城縣		
南原府		南原道 銀嶺驛·昌活驛·通道驛	鶉子津
	任實郡	南原道 烏原驛	
	居寧縣	南原道 獒樹驛	
	九皐縣	南原道 葛覃驛	
	雲峯縣	南原道 印月驛	
	求禮縣	南原道 鑽燧驛	潺水津
	교통시설이 없는 郡縣：淳昌郡, 長溪縣, 赤城縣, 長水縣		
古阜郡		全公州道 菰原驛	大浦
	保安縣		濟安浦(安興倉)·勵涉浦·東津
	大山郡	全公州道 新保驛·居山驛	古塚浦
	井邑縣	全公州道 川原驛	
	교통시설이 없는 郡縣：扶寧縣, 仁義縣, 尙質縣, 高敞縣		
臨陂縣		全公州道 蘇安驛	朝宗浦(鎭城倉, 鎭浦)
	沃溝縣		風潮浦
	교통시설이 없는 郡縣：澮尾縣, 富潤縣, 萬頃縣		
進禮縣		全公州道 進賢驛·濟元驛	
	清渠縣	山南道 獺溪驛	
	珍同縣	全公州道 珍化驛	
	茂豊縣	所川驛[6]	
	교통시설이 없는 郡縣：富利縣, 朱溪縣		
金堤縣		全公州道 榛林驛·內材驛	
	교통시설이 없는 郡縣：平皐縣		
金溝縣	교통시설이 없는 郡縣：金溝縣, 巨野縣		
羅州牧		昇羅州道 靑巖驛	通津浦(海陵倉)·南海浦(＝南浦津)
	務安郡	昇羅州道 慶新驛·淸淵驛·龍溪驛	大堀浦·德浦·龍津

	潭陽郡	昇羅州道 德奇驛	
	谷城郡	南原道 知新驛	
	樂安郡	昇羅州道 樂新驛	波平浦
	南平郡	昇羅州道 廣里驛	
	鐵冶縣	昇羅州道 烏林驛	
	會津縣		會津
	珍原縣	昇羅州道 永新驛	
	和順縣	昇羅州道 嘉林驛	
	교통시설이 없는 郡縣：潘南縣, 安老縣, 伏龍縣, 原栗縣, 餘艎縣, 昌平縣, 長山縣		
長興府			
	遂寧縣	昇羅州道 碧山驛	
	耽津縣		耽津·軍營浦
	會寧縣		風調浦
	교통시설이 없는 郡縣：長興府, 長澤縣		
靈光郡		昇羅州道 綠沙驛	芙蓉浦(芙蓉倉)
	長城郡	昇羅州道 丹嚴驛	
	牟平縣	昇羅州道 德樹驛	
	咸豊縣	昇羅州道 街豊驛	利通浦
	茂松縣	昇羅州道 靑松驛	
	교통시설이 없는 郡縣：壓海郡, 森溪縣, 陸昌縣, 海際縣, 臨淄縣, 長沙縣		
靈岩郡		昇羅州道 永保驛	潮東浦(長興倉)·德眞浦
	黃原郡	昇羅州道 南里驛	
	道康郡	昇羅州道 通谷驛	
	海南縣	昇羅州道 涤山驛	三才浦
	竹山縣	昇羅州道 別珍驛	
	교통시설이 없는 郡縣：昆湄縣		
寶城郡		昇羅州道 嘉新驛	
	福城縣	昇羅州道 軍知驛	
	兆陽縣	昇羅州道 波淸驛	安波浦·兆陽浦
	玉果縣	南原道 大富驛	
	교통시설이 없는 郡縣：同福縣, 南陽縣, 泰江縣, 荳原縣		
昇平郡		昇羅州道 栗陽驛	潮陽浦(海龍倉)
	富有縣	南原道 高陽驛·樂水驛	
	麗水縣		利京浦·長生浦
	光陽縣	昇羅州道 益新驛·蟾居驛	蟾津·海安浦
	교통시설이 없는 郡縣：突山縣		
海陽縣		昇羅州道 仙嚴驛·慶陽驛	
珍島縣			大津
	교통시설이 없는 郡縣：嘉興縣, 臨淮縣		

綾城縣		昇羅州道 仁物驛	
耽羅縣			涯月浦·咸德浦

交州道

主郡縣	屬郡縣	驛	주요 포구
交州		桃源道 銀溪驛·通堰驛	德津
	金城郡	桃源道 梨嶺驛·直木驛	
	嵐谷縣	桃源道 松間驛·丹林驛	
	岐城縣	桃源道 熊壤驛	菩提津
교통시설이 없는 郡縣 : 長楊郡, 通溝縣, 和川縣			
春州		春州道 保安驛·員壤驛·富昌驛·仁嵐驛	
	嘉平郡	春州道 甘井驛	
	狼川郡	春州道 川原驛·芳春驛·山梁驛·原貞驛	
	朝宗縣	春州道 連同驛	
	麟蹄縣	春州道 瑪瑙驛	
	橫川縣	春州道 橫川驛·蒼峯驛 溟州道 安昌驛·烏原驛	
	洪川縣	春州道 甘泉驛·連峯驛[7]	
	瑞禾縣	春州道 嵐橋驛	
	楊溝縣	春州道 遂仁驛·含春驛	
교통시설이 없는 郡縣 : 基麟縣, 文登縣, 方山縣			
東州		桃源道 龍潭驛·楓川驛·田原驛	
	金化郡	桃源道 桃昌驛·南驛·丹嵒驛	
	朔寧縣	桃源道 朔寧驛	
	平康縣	桃源道 臨湍驛	
	漳州縣	桃源道 玉溪驛	澄波渡
	僧嶺縣	桃源道 烽谷驛	
	洞陰縣	桃源道 洞陰驛	
교통시설이 없는 郡縣 : 伊川縣, 安峽縣			

西海道

主郡縣	屬郡縣	驛	주요 포구
海州		狻猊道 淸端驛·嘉栗驛·望汀驛·金剛驛· 楊溪驛	
	鹽州	狻猊道 深洞驛	
	白州	狻猊道 金谷驛	金谷浦

主郡縣	屬郡縣	驛	주요 포구
豊州	安州	岊嶺道 金洞驛	垣浦
			西河郡浦·碧達浦
	安岳郡		阿斯津·元堂浦
	靑松縣	獤猊道 維安驛	
	교통시설이 없는 郡縣：儒州, 殷栗縣, 嘉禾縣, 永寧縣		
瓮津縣			瓮津·吾乂浦
	長淵縣		海葦浦(安瀾倉)
	永康縣	獤猊道 佐丘驛	
白翎鎭	교통시설이 없는 郡縣：白翎鎭		
黃州		岊嶺道 洞仙驛·丹林驛	琵琶浦·鐵和浦
	鳳州	岊嶺道 岊嶺驛·陶工驛	
	교통시설이 없는 郡縣：信州, 土山縣		
平州		金郊道 金岩驛·寶山驛·安城驛·班石驛·麒麟驛·溫泉驛	浿江渡(猪淺)[8]
	洞州	金郊道 龍泉驛	
谷州		金郊道 今勿驛·泉頭驛	
	俠溪縣	金郊道 管山驛·杻谷驛	
	교통시설이 없는 郡縣：新恩縣		
遂安縣		岊嶺道 射嵒驛	

東界

主郡縣	屬郡縣	驛	주요 포구
登州		朔方道 朔安驛	浪城浦
	瑞谷縣	朔方道 寶龍驛	
	汶山縣	朔方道 嵐山驛	
	衛山縣	朔方道 孤山驛	
	派川縣	朔方道 原深驛	
	鶴浦縣	朔方道 瑤池驛	鶴浦
	霜陰縣	朔方道 追風驛	
	교통시설이 없는 郡縣：翼谷縣		
和州		朔方道 知遠驛	
高州		朔方道 鐵關驛·通達驛	
宜州	교통시설이 없는 郡縣：宜州		
文州		朔方道 德嶺驛	
長州		朔方道 長春驛·通歧驛·茂林驛	

定州		朔方道 長昌驛	都連浦(道鱗浦)
豫州	교통시설이 없는 郡縣 : 豫州		
德州		朔方道 懷寧驛·宣德驛·巨川驛[9]	道安浦·狗頭浦
寧仁鎭		溟州道 靜山驛	
耀德鎭		溟州道 歸厚驛	
長平鎭		溟州道 通化驛	
龍津鎭		溟州道 長富驛	龍津
永興鎭		溟州道 平元驛	
靜邊鎭		溟州道 安身驛	
雲林鎭	교통시설이 없는 郡縣 : 雲林鎭		
永豊鎭	교통시설이 없는 郡縣 : 永豊鎭		
隘守鎭		朔方道 碧木驛·林雲驛·巨坊驛·溢水驛	
鎭溟縣		朔方道 朝東驛	鎭溟浦
溟州		溟州道 大昌驛·橫溪驛·珍富驛·大化驛·芳林驛·雲橋驛·木界驛·安仁驛·丘山驛·高坦驛	鏡浦
	羽溪縣	溟州道 樂豊驛	
	旌善縣	溟州道 餘粮驛	
	連谷縣	溟州道 同德驛	
金壤縣		朔方道 長豊驛	
	臨道縣	朔方道 藤路驛	助乙浦
	雲岩縣	朔方道 超塵驛·長歧驛·富寧驛	
교통시설이 없는 郡縣 : 碧山縣			
翕谷縣		朔方道 同德驛	
高城縣		朔方道 高岑驛	三日浦·高城浦
	豢猳縣	朔方道 養麟驛	
	安昌縣	朔方道 泰康驛	
杆城縣		朔方道 竹苞驛·淸澗驛	白石浦
	烈山縣	朔方道 灌木驛·雲根驛	
翼嶺縣		溟州道 祥雲驛·翼令驛·降仙驛[10]	
	洞山縣	溟州道 驎駒驛	
三陟縣		溟州道 平陵驛·史直驛·橋柯驛·龍化驛·沃原驛	桐津
蔚珍縣		溟州道 壽山驛·德新驛·興府驛·祖召驛	

北界

主郡縣	屬郡縣	驛	주요 포구
西京		岊嶺道　廻郊驛·生陽驛·高原驛·神地驛·雲峯驛 興郊道　安定驛·林原驛·玄嵒驛 雲中道　長壽驛	楊明浦·長命浦·馬灘　紫浦·白銀灘·南浦·石浦
寧州		興郊道　興材驛	
龜州		興化道　城陽驛·三妓驛·通義驛·大平驛·嵒舍驛	
宣州		興化道　林畔驛·通陽驛	
龍州		興化道　名駒驛	龍州浦
靜州		興化道　鴨綠驛	
麟州		興化道　靈騏驛	
義州		興化道　會元驛	
朔州		興化道　芳田驛·昌平驛	
昌州		雲中道　玉關驛·梓田驛	
雲州		雲中道　玉兒驛·雲畔驛	
延州		雲中道　圓林驛·問平驛·沙川驛·豊川驛	
博州		興郊道　興郊驛 興化道　長寧驛[11] 雲中道　安德驛·安洞驛·德林驛	沙現浦
嘉州		興化道　安信驛	
郭州		興化道　新安驛·雲興驛	
鐵州		興化道　豊陽驛	烽串浦
靈州		興化道　光池驛	鴨綠渡(鴨江渡)
孟州		雲中道　雲谷驛·東山驛·泰來驛	
德州	교통시설이 없는 郡縣 : 德州		
撫州		雲中道　蘇民驛[12]·新定驛[13]·通路驛[14]·新豊驛	
順州		雲中道　密田驛·咸德驛	
渭州		雲中道　寬化驛·石牛驛	
泰州		興化道　長興驛 雲中道　葦溪驛·安泰驛	
成州		雲中道　寬洞驛·長林驛	
殷州		雲中道　興德驛	
肅州		興郊道　通德驛·雲嵒驛	
慈州		雲中道　通德驛·善田驛·金川驛	
寧德鎭		興化道　昌泰驛	
威遠鎭		興化道　從化驛	

定戎鎭		興化道 花田驛·臨川驛	
寧朔鎭		興化道 銀嵒驛·榛田驛	
安義鎭		興化道 寶峯驛·懷仁驛	
淸塞鎭		雲中道 永安驛	
平虜鎭		雲中道 石城驛·櫻谷驛·平寧驛	
寧遠鎭		雲中道 牽牛驛·淄潭驛·寬川驛	
朝陽鎭		雲中道 長梨驛·長歡驛·豊歲驛	
陽岩鎭		雲中道 淸澗驛	
樹德鎭		雲中道 臨洞驛	
安戎鎭		興郊道 安壽驛, 興化道 安富新驛	
通海縣	교통시설이 없는 郡縣 : 通海縣		
永淸縣		興郊道 迎德驛·深原驛	
咸從縣		興郊道 迎和驛	
龍岡縣		興郊道 連城驛	木串浦

1) 일람표의 기본적인 구성은 『高麗史』 地理志의 郡縣體制에 따랐다. 일람표의 驛은 22역도체계를 바탕으로 하였고, 포구는 『高麗史』 등의 사료에서 확인되는 것 뿐 아니라 교통로의 분포상 예상되는 포구도 포함하였다. 『高麗史』 등에 나오는 수많은 포구 중 그 위치가 未詳인 것은 제외하였다.

2) 『高麗史』 卷26, 世家26, 元宗 11年 5月 乙卯. 22역도 525역에는 포함되어 있지 않다.

3) '內浦'는 개별 포구를 지칭하기도 하지만, 오늘날의 삽교천 일대를 가리키기도 한다. 일단 禮山郡으로 비정하였다.

4) 『高麗史』 兵志 站驛에 連鄕驛·仇於驛 그리고 安谷驛이 善州에 위치한 것으로 기록되어 있다.

5) 『高麗史』 兵志 站驛에 通明驛이 甫州에 위치한 것으로 기록되어 있다. 하지만 『高麗史』 地理志의 군현체제에 따라 명종 2년 이후의 邑名인 基陽縣에 속한 것으로 표기하였다.

6) 『高麗史』 卷135, 列傳48, 禑王 10年 8月 庚午. 22역도 525역에는 포함되어 있지 않다.

7) 鄭枃根, 「高麗前期 驛制의 整備와 22驛道」, 『韓國史論』 45, 2001 <부표 2> 참고. 『世宗實錄地理志』 江原道 洪川縣에서 확인되는 연봉역과 천감역의 존재가 참고된다.

8) 추명엽, 「高麗前期 關·津·渡의 기능과 商稅」, 『國史館論叢』 104, 국사편찬위원회, 2004, 153쪽 참고.

9) 『高麗史』 兵志 站驛에는 懷寧驛과 宣德驛이 宣德鎭에, 巨川驛이 元興鎭에 각각 위치한 것으로 기록되어 있다. 하지만 『高麗史』 地理志의 군현체제에 따라 德州에 소속시켰다.

10) 『高麗史』兵志 站驛에는 祥雲驛·翼令驛·降仙驛이 襄州에 위치한 것으로 기록되어
    있다. 하지만 『高麗史』地理志의 군현체제에 따라 양주의 예전 邑名인 翼嶺縣에
    소속시켰다.

11) Ⅳ장 3절 내용 註204)에 의거하였다.

12) 蘇民이 영변도호부의 동쪽 방면에 위치하므로(『大東地志』寧邊都護府) 撫州로 비정하
    였다.

13) 渭州에 위치하였을 가능성도 있지만, 일단 撫州에 위치한 것으로 추측하였다.

14) 通路驛의 옛터가 영변도호부 동 60리의 魚川 앞 뜰에 있는 것(『新增東國輿地勝覽』
    卷54, 寧邊大都護府 山川·古跡 ; 『東史綱目』卷9下, 甲午 4年 10月)을 보면, 撫州에
    위치하였을 것이다.

참고문헌

1. 기본사료

『三國史記』『三國遺事』『高麗史』『高麗史節要』『破閑集』『補閑集』
『東國李相國集』『圓鑑國師集』『益齋亂藁』『陽村集』『三峯集』『稼亭集』
『牧隱集』『謹齋集』『東文選』『遁村遺稿』『太祖實錄』『世宗實錄』
『慶尙道續撰地理志』『慶尙道地理志』『世宗實錄地理志』『經國大典』
『續大典』『新增東國輿地勝覽』『練藜室記述』『東史綱目』『磻溪隨錄』
『續東文選』『輿地圖書』『大東地志』『大東輿地圖』『東國輿地誌』『萬機要覽』
『增補文獻備考』『唐律疏議』『舊唐書』『新唐書』『宋史』『宣和奉使高麗圖經』
『元史』『永樂大典』.

2. 단행본 및 박사학위논문

姜晋哲, 『高麗土地制度史研究』, 高麗大學校 出版部, 1980.
고석규·강봉룡 외, 『장보고 시대의 포구조사』, 해상왕장보고기념사업회, 2005.
具山祐, 『高麗前期 鄕村支配體制 研究』, 혜안, 2003.
국립해양문화재연구소, 『고려 뱃길로 세금을 걷다』, 2009.
國防部戰史編纂委員會, 『麗遼戰爭史』, 1990.
國史編纂委員會, 『국역 中國正史朝鮮傳』, 1986.
權悳永, 『古代韓中外交史』, 一潮閣, 1997.
權寧國 外 6명, 『譯註≪高麗史≫食貨志』, 韓國精神文化研究院, 1996.
金甲童, 『羅末麗初의 豪族과 社會變動研究』, 高麗大 民族文化研究所, 1990.
김기섭 외 6, 『일본 고중세 문헌 속의 한일관계사료집성』, 혜안, 2005.
金琪燮, 『韓國 古代·中世 戶等制 研究』, 혜안, 2007.
김난옥, 『高麗時代 賤事·賤役良人 研究』, 신서원, 2001.
金南奎, 『高麗兩界地方制度史研究』, 새문사, 1989.
金大植, 『高麗前期 中央官制의 成立과 六典制의 影響』, 성균관대 박사학위논문, 2004.

金明鎭, 『高麗 太祖 王建의 統一戰爭 硏究』, 경북대 박사학위논문, 2009.

金玉根, 『高麗財政史硏究』, 一潮閣, 1996.

金龍善 編, 『高麗墓誌銘集成』, 한림대학교 출판부, 1993.

金日宇, 『고려 초기 국가의 地方支配體系연구』, 일지사, 1998.

김재명, 『高麗 稅役制度史硏究』, 한국정신문화연구원 박사학위논문, 1994.

김창석, 『삼국과 통일신라의 유통체계 연구』, 일조각, 2004.

金賢羅, 『高麗後期 下層身分 硏究』, 부산대 박사학위논문, 2006.

羅鐘宇, 『韓國中世對日交涉史硏究』, 원광대학교 출판부, 1996.

南都泳, 『韓國馬政史』, 한국마사회 마사박물관, 1996.

柳永哲, 『高麗의 後三國 統一過程 硏究』, 景仁文化社, 2004.

문경호, 『고려시대 조운제도의 연구와 교재화』, 공주대학교 박사학위논문, 2012.

문안식, 『후백제 전쟁사 연구』, 혜안, 2008.

朴龍雲, 『고려시대 開京 연구』, 一志社, 1996.

박용운, 『高麗時代 官階·官職 硏究』, 고려대학교 출판부, 1997.

박종기, 『지배와 자율의 공간, 고려의 지방사회』, 푸른역사, 2002.

朴宗基, 『高麗時代 部曲制硏究』, 서울大學校 出版部, 1990.

박종진, 『고려시기 재정운영과 조세제도』, 서울대학교 출판부, 2000.

변남주, 『前近代 榮山江 流域 浦口의 歷史地理的 考察』, 목포대학교 박사학위논문, 2010.

邊太燮, 『高麗政治制度使硏究』, 一潮閣, 1971.

서영일, 『신라 육상교통로 연구』, 학연문화사, 1999.

서영일, 『충북의 고대사회』, 충북학연구소, 2002.

孫兒鉉, 『韓國海洋史』, 韓國船員船舶問題硏究所, 1982.

순천대학교 박물관, 『순천 해룡산성』, 2002.

순천시사편찬위원회, 『順天市史』, 1997.

신형식, 『통일신라사연구』, 삼지원, 1990.

安秉佑, 『高麗前期의 財政構造』, 서울대학교 출판부, 2002.

오일순, 『高麗時代 役制와 身分制 變動』, 혜안, 2000.

劉善浩, 『高麗郵驛制硏究』 檀國大博士學位論文, 1992.

尹京鎭, 『高麗 郡縣制의 構造와 運營』, 서울대 박사학위논문, 2000.

윤명철, 『한국해양사』, 학연문화사, 2003.

尹龍爀, 『高麗對蒙抗爭史硏究』, 一志社, 1991.

위은숙, 『高麗後期 農業經濟硏究』, 혜안, 1998.

李康漢, 『13~14세기 高麗-元 交易의 展開와 性格』, 서울대 박사학위논문, 2007.

李基東,『新羅 骨品制社會와 花郎徒』, 一潮閣, 1984.

李基白,『高麗兵制史研究』, 一潮閣, 1968.

이기백·김용선,『≪高麗史≫병지 역주』, 일조각, 2011.

李文基,『新羅兵制史研究』, 一潮閣, 1997.

李炳熙,『高麗後期 寺院經濟 研究』, 景仁文化社, 2008.

李樹健,『韓國中世社會史研究』, 一潮閣, 1984.

李仁在·許敬震 共譯,『耘谷詩史』, 原州文化院, 2001.

李仁哲,『新羅政治制度史研究』, 一志社, 1993.

李貞薰,『高麗前期 政治制度 研究』, 혜안, 2007.

이정희,『고려시대 세제의 연구』, 國學資料院, 2000.

李宗峯,『韓國中世度量衡制研究』, 혜안, 2001.

李智冠,『校勘譯註 歷代高僧碑文』(高麗篇 2), 1995.

장국종,『조선교통운수사(고대-중세편)』, 사회과학출판사, 2012.

張東翼,『高麗後期外交史研究』, 一潮閣, 1994.

全基雄,『羅末麗初의 政治社會와 文人知識層』, 혜안, 1996.

전덕재,『한국고대사회경제사』, 태학사.

田溶新,『韓國古地名辭典』, 高麗大 民族文化研究所, 1993.

鄭求福 외4,『譯註 三國史記』, 韓國精神文化研究院, 1997.

정진술 외,『다시보는 한국해양사』, 신서원, 2008.

鄭枓根,『高麗·朝鮮初의 驛路網과 驛制 研究』, 서울대 박사학위논문, 2008.

정은정,『고려시대 開京의 도시변화와 京畿制의 추이』, 부산대 박사학위논문, 2009.

鄭學洙,『高麗前期 京畿制 研究』, 건국대 박사학위논문, 2008.

趙炳魯,『韓國驛制史』, 한국마사회 마사박물관, 2002.

蔡尙植,『高麗後期佛敎史研究』, 一潮閣, 1991.

蔡雄錫,『高麗時代의 國家와 地方社會』, 서울대학교 출판부, 2002.

崔圭成,『高麗 太祖 王建 研究』, 주류성, 2005.

崔永俊,『嶺南大路－韓國古道路의 歷史地理的 研究』, 高麗大 民族文化研究所, 1990.

崔永禧 외,『韓國道路史』, 韓國道路公社, 1981.

崔完基,『朝鮮後期船運業史研究』, 一潮閣, 1988.,

최정환,『고려 정치제도와 녹봉제 연구』, 신서원, 2002.

崔鐘奭,『高麗時代 ‘治所城’ 研究』, 서울대 박사학위논문, 2007.

하우봉外,『해양사관으로 본 한국사의 재조명』, 해상왕장보고기념사업회, 2004.

河炫綱,『韓國中世史研究』, 一潮閣, 1988.

314

한국고대사회연구소 編, 『譯註 韓國古代金石文』 3권, 1992.

한국역사연구회 編, 『譯註 羅末麗初金石文』(上·下), 혜안, 1996.

한국향토사연구 전국협의회, 『榮山江流域史研究』, 1997.

韓基汶, 『高麗寺院의 構造와 機能』, 民族社, 1998.

해양수산부, 『한국의 해양문화』 4권, 해양수산부, 2002.

洪承基 編, 『高麗太祖의 國家經營』, 서울대학교 출판부, 1996.

黃善榮, 『高麗初期 王權研究』, 동아대학교 출판부, 1988.

14세기고려사회성격연구반, 『14세기 고려의 정치와 사회』, 민음사, 1993.

3. 국내논문

姜鳳龍, 「統一期 新羅의 土地 分給制度의 整備」, 『國史館論叢』 69, 國史編纂委員會, 1996.

姜鳳龍, 「後百濟 甄萱과 海洋勢力-王建과의 海洋爭覇를 중심으로」, 『歷史敎育』 83, 2002.

강봉룡, 「고려시대의 해양문화와 국사교과서 서술」, 『韓國史學報』 16, 2004.

姜錫五, 「高麗時代 漕運制度에 關한 研究」, 성균관대 석사학위논문, 1994.

강영철, 「高麗驛制의 構造와 運營」, 『崔永禧華甲紀念 韓國史學論叢』, 1987.

姜英哲, 「高麗驛制의 成立과 變遷」, 『史學研究』 38, 1984.

康賢子, 「高麗 顯宗代 奉先弘慶寺의 機能-『奉先弘慶寺碣記』를 중심으로-」, 『史學研究』 84, 韓國史學會, 2006.

곽호제, 「고려~조선시대 泰安半島 漕運의 실태와 運河掘鑿」, 『지방사와 지방문화』 12-1, 2009.

구문회, 「신라통일기 지방재정의 구조」, 『역사와현실』 42, 2001.

具山祐, 「高麗 成宗代 對外關係의 展開와 그 政治的 性格」, 『韓國史研究』 78, 1992.

구산우, 「고려말 성곽 축조와 향촌사회의 동향」, 『역사와경계』 75, 2010.

權悳永, 「遣唐使의 往復行路」, 『古代韓中外交史』, 一潮閣, 1997.

權悳永, 「新羅下代 西·南海域의 海賊과 豪族」, 『韓國古代史研究』 41, 2006.

權純馨, 「高麗中期 南京에 대한 一考察」, 『향토서울』 49, 서울시사편찬위원회, 1990.

權寧國, 「고려말 지방군제의 변화」, 『한국중세사연구』 창간호, 1994.

김갑동, 「高麗 顯宗代의 地方制度 改革」, 『韓國學報』 80, 1995.

金甲童, 「高麗太祖 初期의 中央官府와 支配勢力」, 『史學研究』 71, 한국사학회, 2003.

김갑동, 「고려초기 홍성지역의 동향과 지역세력」, 『史學研究』 74, 2004.

김갑동, 「고려 건국과 한강 유역 호족세력의 편입」, 『鄕土서울』 68, 2006.

김갑동, 「고려의 건국과 충남」, 『충남역사의 이해』, 충청남도역사문화연구원, 2010.

金琪燮, 「新羅 統一期 田莊의 經營과 農業技術」, 『新羅文化財學術發表論文集』 13, 1990.

金琪燮, 「高麗前期 農民의 土地所有와 田柴科의 性格」, 『韓國史論』 17, 1987.
金琪燮, 「統一新羅 土地分給制의 전개와 中世의 起點」, 『釜大史學』 23, 1999.
金蘭玉, 「高麗時代 驛人의 社會身分에 관한 硏究」, 『韓國學報』 70, 1993.
김대식, 「高麗 光宗代의 對外關係」, 『사림』 29, 수선사학회, 2008.
김대식, 「고려 초기 중앙관제의 성립과 변화」, 『역사와현실』 68, 한국역사연구회, 2008.
金東旭, 「≪于勒十二曲≫에 대하여」, 『新羅伽倻文化』 1, 新羅伽倻文化硏究所, 1966.
金東哲, 「고려말의 流通構造와 商人」, 『釜大史學』 9, 1985.
김병인, 「高麗時代 寺院의 交通機能」, 『全南史學』 13, 1999.
金三顯, 「고려후기 場市에 관한 연구」, 『明知史論』 4, 1992.
金壽泰, 「高麗初 忠州地方의 豪族－忠州 劉氏를 중심으로」, 『忠淸文化硏究』 1, 한남대,
        1989.
김아네스, 「高麗時代의 察訪使」, 『韓國史硏究』 82, 1993.
김아네스, 「高麗初期 地方支配와 使」, 『國史館論叢』 87, 1999.
김양진, 「≪高麗史≫食貨志 漕運條 所載의 몇몇 地名에 대하여」, 『地名學』 16, 2010.
金蓮玉, 「고려시대의 기후환경」, 『논총』 44, 이화여대 한국문화연구원, 1984.
金龍德, 「部曲의 規模 및 部曲人의 身分에 대하여(上)」, 『歷史學報』 88, 1980.
金潤坤, 「羅·麗 郡縣民 收取體系와 結負制度」, 『民族文化論叢』 9, 1988.
金潤坤·宋聖安, 「高麗時代 寺院手工業에 관한 一檢討」, 『慶大史論』 10, 1997.
김은택, 「고려시기 역참의 분포」, 『력사과학』 1986-3, 1986.
金載名, 「高麗時代의 京倉」, 『淸溪史學』 4, 1987.
金載名, 「高麗의 漕運制度와 泗川 通陽倉」, 『한국중세사연구』 20, 2006.
김종수, 「군산도와 고군산진의 역사」, 『전북사학』 37, 2010.
김종혁, 「조선전기 한강의 津渡」, 『서울학연구』 23, 2004.
김창석, 「7세기 신라에 의한 경제통합과 토지제도 개편책」, 『역사와현실』 23, 역사비평사,
        1997.
金昌錫, 「신라 倉庫制의 성립과 租稅 運送」, 『韓國古代史硏究』 22, 韓國古代史學會, 2001.
金哲俊, 「崔承老의 時務28條」, 『韓國古代史硏究』, 知識産業社, 1981.
南都泳, 「고려시대의 마정」, 『불교사학논총－조명기 박사 화갑기념－』, 1965.
盧啓鉉, 「高麗外交史 序說」, 『韓國放送通信大學論文集』 9, 1988.
문경호, 「1123년 徐兢의 고려 항로와 慶源亭」, 『한국중세사연구』 28, 2010.
문경호, 「고려시대 조운제도와 조창」, 『지방사와지방문화』, 2011.
문경호, 「태안 마도 1호선을 통해 본 고려의 조운선」, 『한국중세사연구』 31, 2011.
閔德植, 「新羅王京의 都市設計와 運營에 關한 考察」, 『白山學報』 33, 1986.

민현구, 「高麗前期의 對外關係와 國防政策 : 文宗代를 中心으로」, 『아세아연구』 99, 고려대 아세아문제연구소, 1998.

朴廣成, 「孫亐項에 대하여」, 『畿甸文化研究』 9, 仁川敎大 畿甸文化研究所, 1978.

朴根七, 「唐代 漕運路와 外商의 活動」, 『대외문물교류연구』 3, 2004.

朴方龍, 「新羅關門城의 銘文石考察」, 『美術資料』 31, 國立中央博物館, 1982.

朴方龍, 「新羅 都城의 交通路」, 『慶州史學』 16, 1997.

朴方龍, 「新羅 王京의 都市計劃」, 『文物研究』 3, 동아시아문물연구학술재단, 1999.

朴相銀, 「嶺南地域 古代 地方道路의 研究」 영남대학교 석사학위논문, 2006.

朴相佾, 「小白山脈地域의 交通路와 遺蹟」, 『國史館論叢』 16, 國史編纂委員會, 1990.

朴晟煥, 「고대 왕경도로와 간선도로에 대한 일고찰」, 『考古廣場』 9, 부산고고학연구회, 2011.

박윤진, 「高麗時代의 開京 一帶 寺院의 軍事的·政治的 性格」, 『韓國史學報』 3·4, 1998.

朴正賢, 「韓國中世의 漕運과 泰安漕渠－掘浦 및 漕倉遺蹟을 중심으로－」, 공주사범대학교 교육대학원석사논문, 1988,

박종기, 「고려시대 남경지역 개발과 京畿制」, 『서울역사박물관 논문집』 창간호, 2003.

배종도, 「≪고려사≫지리지의 일고찰」, 『역사와현실』 6, 1991.

변동명, 「김총의 城隍神 推仰과 麗水·順天」, 『全南史學』 22, 2004.

邊東明, 「海龍山城과 順天」, 『全南史學』 19, 2002.

邊太燮, 「高麗의 三司」, 『歷史敎育』 17, 1975.

邊太燮, 「高麗時代 京畿의 統治制」, 『高麗政治制度史研究』, 一潮閣, 1971.

邊太燮, 「高麗前期의 外官制」, 『韓國史研究』 2, 1968.

변태섭, 「高麗初期의 地方制度」, 『韓國史研究』 57, 1987.

徐榮一, 「新羅 五通考」, 『白山學報』 52, 1999.

서영일, 「남한강 수로(水路)의 물자유통과 흥원창(興元倉)」, 『史學志』 37, 2005.

서영일, 「죽산지역의 역사·지리적 배경」, 『奉業寺』, 京畿道博物館·安城市, 2002.

孫弘烈, 「高麗漕運考」, 『史叢』 21·22合輯, 1977.

신안식, 「고려시대 '京畿'의 위상과 역할」, 『人文科學研究論叢』 25, 明知大 人文科學研究所, 2003.

신호철, 「고려 건국기 西南海 지방세력의 동향」, 『역사와 담론』 58, 2011.

沈正輔, 「三國史記 文武王答書에 나타나는 <熊津道>에 대하여」, 『黃山李興鍾博士華甲紀念史學論叢』, 1991.

安秉佑, 「6~7세기의 土地制度」, 『韓國古代史論叢』 4, 1992.

安日煥, 「高麗時代 通度寺의 寺領支配에 對한 一考」, 『釜大 敎養課程部 論文集』 4, 1974.

呂恩暎,「麗初 驛制形成에 대한 小考」,『慶北史學』5, 1982.
吳宗祿,「高麗後期의 軍事 指揮體系」,『國史館論叢』24, 1991.
魏恩淑,「高麗時代 驛에 대한 一考察－특히 郡縣制와의 관련을 중심으로」, 부산대 석사학
　　　　위논문, 1982.
위은숙,「고려전기 東界지역의 지배체제와 재정구조」,『전근대 동해안 지역사회의 운용
　　　　과 양상』, 경인문화사, 2005.
劉善浩,「朝鮮初期의 驛路와 直路」,『歷史敎育』70, 1999.
劉承源,「朝鮮初期의 驛吏의 身分的 地位」,『朝鮮初期身分制研究』, 乙酉文化社, 1987.
柳在春,「驛에 대한 築城과 기능에 대하여－三陟 沃原驛城을 중심으로」,『江原文化史研究』
　　　　3, 1998.
尹京鎭,「≪高麗史≫地理志 정리의 기준 시점」,『韓國史研究』110, 2000.
윤경진,「고려 성종 11년의 읍호개정에 대한 연구－고려초기 군현제의 구성과 관련하여
　　　　－」,『역사와현실』45, 2002.
尹京鎭,「고려전기 界首官의 설정원리와 구성 변화」,『震檀學報』96, 2003.
尹京鎭,「고려초기 10道制의 시행과 운영체계」,『震檀學報』101, 2006.
尹武炳,「高麗時代 州府郡縣의 領屬關係와 界首官」,『歷史學報』17·18, 1962.
尹龍爀,「서산·태안지역의 漕運관련 유적과 高麗 永豊漕倉」,『百濟研究』22, 1991.
윤용혁,「나말여초 洪州의 등장과 運州城主 兢俊」,『한국중세사연구』22, 2007.
윤용혁,「고려시대 서해 연안해로의 객관과 안흥정」,『역사와경계』74, 2010.
尹薰杓,「麗末鮮初 船軍役制의 改編」,『韓國 古代·中世의 支配體制와 農民』, 지식산업사,
　　　　1997.
이강한,「1293~1303년 高麗 서해안 ‘元 水驛’의 置廢와 그 의미」,『한국중세사연구』
　　　　33, 2012.
李景植,「高麗時期의 兩班口分田과 柴地」,『歷史敎育』44, 1988.
李根花,「고려 태조대 북방정책의 수립과 그 성과」,『박성봉교수회갑기념논총』, 1987.
李基東,「新羅 中古期 淸道 山西지방의 戰略的 중요성」,『尹容鎭敎授停年退任紀念論叢』,
　　　　1996.
李基東,「新羅下代의 浿江鎭－高麗王朝의 成立과 關聯하여－」,『韓國學報』4, 1976.
李基白,「稟主考」,『新羅政治社會史研究』, 一潮閣, 1974.
이도학,「弓裔의 北原京 占領과 그 意義」,『東國史學』43, 2007.
李東注,「蔚山 屈火里 遺蹟」,『考古歷史學志』17·18합집, 동아대 박물관, 2002.
이병희,「高麗時期 僧侶와 말(馬)」,『韓國史論』41·42, 1999.
이병희,「高麗時期 院의 造成과 機能」,『靑藍史學』2, 1998.

이병희, 「고려시기 벽란도의 '해양도시'적 성격」, 『도서문화』 39, 2012.

李相培, 「朝鮮時代 南漢江 水運에 관한 研究」, 『江原文化史研究』 5, 2000.

李相瑄, 「高麗 寺院의 商行爲考」, 『誠信史學』 9, 1991.

李聖學, 「韓國歷史地理研究－陸上交通(主로 驛站制를 中心으로)에 관한 연구－」, 『慶北大 論文集』 12, 1968.

李樹健, 「土姓研究」, 『韓國中世社會史研究』, 一潮閣, 1984.

李銖勳, 「固城 巨流山城과 咸安 蓬山山城의 검토」, 『釜大史學』 30, 2006.

李純根, 「高麗初 鄕吏制의 成立과 實施」, 『金哲埈博士 華甲紀念 史學論叢』, 1983.

이영수, 「손돌목(孫乭項) 傳說의 分析과 現場」, 『比較民俗學』 13, 1996.

이인재, 「신라통일 전후기 조세제도의 변동」, 『역사와현실』 4, 1990.

이인재, 「≪通度寺誌≫ ＜寺之四方山川裨補篇＞의 분석」, 『역사와현실』 8, 1992.

이인재, 「고려 초기 원주 지방의 역사와 문화」, 『한국사상과 문화』, 한국사상문화연구원, 2006.

李正守, 「16세기 黃海道의 米穀生産과 商品流通」, 『釜大史學』 19, 1995.

이정훈, 「高麗前期 各司의 설치와 운영방식의 변화」, 『韓國史研究』 128, 2005.

李鍾英, 「安興梁 對策으로서의 泰安漕渠 및 安民倉 問題」, 『東方學志』 7, 1963.

李志雨, 「傳統時代 馬山地域의 漕運과 漕倉」, 『加羅文化』 16, 2002.

李泰鎭, 「高麗宰府의 成立－그 制度史的 考察－」, 『歷史學報』 56, 1972.

李販燮, 「忠南 珍山·秋富地域의 古代 交通路」, 『錦江考古』 4, 2007.

이해준, 「해운과 해양사－충청편－」, 『한국의 해양문화』 서해안, 해양수산부, 2002.

이현모, 「羅末麗初 晉州地域의 豪族과 그 動向」, 『歷史敎育論集』 30, 2003.

李鉉淙, 「京江津·渡·船에 대하여」, 『鄕土서울』 27, 서울시사편찬위원회, 1966.

李惠恩, 「朝鮮初期 交通網과 交通手段에 관한 研究」, 『國史館論叢』 80, 1998.

李喜寬, 「統一新羅時代 官僚田의 支給과 經營」, 『新羅産業經濟의 新研究』, 新羅文化祭學術 發表會論文集 13, 1992.

李義權, 「高麗의 郡縣制度와 地方統治政策－主·屬縣考察을 중심으로」, 『高麗史의 諸問題』, 三榮社, 1986.

張容碩, 「新羅 道路의 構造와 性格」, 『嶺南考古學』 38, 영남고고학회, 2006.

전덕재, 「삼국시대 황산진과 가야진에 대한 고찰」, 『韓國古代史研究』 47, 2007.

田中俊明, 「新羅의 交通體系에 대한 豫備的 考察」, 『馬事博物館誌』, 한국마사회 마사박물관, 2003.

정동락, 「고려시대 對民統治의 측면에서 본 寺院의 역할」, 『民族文化論叢』 18·19, 1998.

丁善溶, 「弓裔의 勢力形成 過程과 都邑 選定」, 『韓國史研究』 97, 1997.

정연식, 「조선시대의 도로에 관하여」, 『韓國史論』 41·42, 1999.

정영현, 「고려 우왕대 왜구의 동향과 성격 변화」, 『역사와 세계』 33, 2008.

鄭永鎬, 「尙州방면 및 秋風嶺 北方의 古代交通路 硏究 ; 山城의 調査를 중심으로」, 『國史館論叢』 16, 國史編纂委員會, 1990.

鄭枖根, 「高麗前期 驛制의 整備와 22驛道」, 『韓國史論』 45, 2001.

정요근, 「7~11세기 경기도 북부지역에서의 간선교통로 변천과 '長湍渡路'」, 『韓國史研究』 131, 2005.

정요근, 「고려중·후기 '임진도로(臨津渡路)'의 부상(浮上)과 그 영향」, 『역사와현실』 59, 한국역사연구회, 2006.

정요근, 「고려 역로망 운영에 대한 원(元)의 개입과 그 의미」, 『역사와현실』 64, 한국역사연구회, 2007.

정요근, 「고려시대 驛 분포의 지역별 불균등성」, 『지역과 역사』 24, 2009.

정요근, 「통일신라시기의 간선교통로」, 『한국고대사연구』 63, 2011.

정은정, 「고려전기 京畿의 형성과 大京畿制」, 『한국중세사연구』 17, 2004.

정청주, 「新羅末·高麗初 順天地域의 豪族」, 『全南史學』 18, 2002.

鄭學洙, 「高麗京畿의 成立過程」, 건국대 석사학위논문, 1996.

정홍일, 「고려시대 전라도 지방 조창연구」, 목포대학교 석사학위논문, 2012.

조영옥, 「高麗時期 驛制의 整備에 대한 硏究－22역도를 중심으로」, 연세대 석사학위논문, 1986.

趙仁成, 「弓裔政權의 中央政治組織」, 『白山學報』 33, 1986.

蔡尙植, 「羅末麗初 忠州地域의 豪族과 禪宗」, 『蘂城文化』 16·17, 1996.

蔡雄錫, 「高麗前期 貨幣流通의 기반」, 『韓國文化』 9, 1988.

蔡雄錫, 「高麗後期 流通經濟의 조건과 양상」, 『韓國 古代·中世의 支配體制와 農民』(金容燮敎授停年紀念韓國史學論叢 2), 지식산업사, 1997.

崔圭成, 「고려 태조의 경제정책」, 『祥明史學』 3·4合輯, 1995.

崔永俊, 「南漢江 水運 硏究」, 『地理學』 35, 大韓地理學會, 1987.

崔完基, 「朝鮮前期 漕運試考」, 『白山學報』 20, 1976.

崔完基, 「朝鮮前期의 穀物賃運考」, 『史叢』 23, 1979.

崔完基, 「高麗朝의 稅穀運送」, 『韓國史研究』 34, 1981.

崔完基, 「朝鮮時代 牙山 貢津倉의 설치와 운영」, 『典農史論』 7, 2001.

崔壹聖, 「德興倉과 慶原倉 考察」, 『忠州工業專門大學論文集』 25, 1991.

崔壹聖, 「興元倉 考察」, 『祥明史學』 3·4合輯, 1995.

崔在錫, 「신라 文武大王의 對唐·對日 정책」, 『韓國學報』 95, 一志社, 1999.

추명엽, 「高麗前期 關·津·渡의 기능과 상세」, 『國史館論叢』 104, 국사편찬위원회, 2004.
하일식, 「고려초기 지방사회의 주관(州官)과 관반(官班)」, 『역사와현실』 34, 1999.
韓基汶, 「高麗中期 李奎報의 南遊詩에 나타난 尙州牧」, 『歷史敎育論集』 23·24, 1999.
한정훈, 「고려전기 驛道의 형성과 기능」, 『한국중세사연구』 12, 2001.
한정훈, 「신라통일기 육상교통망과 五通」, 『釜大史學』 27, 2003.
한정훈, 「고려시대 漕運制와 마산 石頭倉」, 『한국중세사연구』 17, 2004.
한정훈, 「6·7세기 新羅 交通機構의 정비와 그 성격」, 『역사와 경계』 58, 2006.
한정훈, 「고려시대 13조창과 주변 교통로 연구」, 『한국중세사연구』 23, 2007.
한정훈, 「고려전기 兩界의 교통로와 운송권역」, 『韓國史硏究』 141, 韓國史硏究會, 2008.
한정훈, 「고려 초기 60浦制의 실시와 그 의미」, 『지역과역사』 25, 부경역사연구소, 2009.
한정훈, 「고려시대 漕運制의 海洋史的 의미」, 『해양문화재』 2, 국립해양문화재연구소,
       2009.
한정훈, 「고려 후기 漕運制의 운영과 변화」, 『東方學志』 151, 2010.
한정훈, 「고려시대 險路의 交通史的 의미」, 『역사와 담론』 55, 2010.
한정훈, 「고려시대 연안항로에 관한 기초적 연구」, 『역사와 경계』 77, 2010.
한정훈, 「12·13세기 전라도지역 私船의 해운활동」, 『한국중세사연구』 31, 2011.
한정훈, 「고려·조선 초기 낙동강유역 교통 네트워크 연구」, 『대구사학』 110, 2013.
洪榮義, 「高麗末 軍制改編案의 基本方向과 性格」, 『軍史』 45, 2002.

4. 국외 저서 및 논문

仁井田陞, 『唐令拾遺』, 東京大學出版會, 1933.
靑山定雄, 『唐宋時代の交通と地理地圖の硏究』, 吉川弘文館, 1963.
三品彰英 遺撰, 『三國遺事考証(上)』, 塙書房, 1975.
淸木場 東, 『唐代財政史硏究(運輸編)』, 九州大學出版會, 1996.
靑土關井 外3, 『律令』(日本思想大系 3), 岩波書店, 1978.
藤原良章·村井章介 編, 『中世のみちと物流』, 山川出版社, 1999.
江原正昭, 「高麗時代の驛ついて」, 『鎭西學院短期大學紀要』 創刊號, 1971.
高橋美久二, 「古代の交通路」, 『古代史の論点③－都市と工業と流通』, 小學館, 1998.
吉田光男, 「高麗時代の水運機構 ‘江’について」, 『社會經濟史學』 46-4, 1980..
金子修一, 「唐代前期の國制と社會經濟」, 『中國史』 2, 山川出版社, 1996.
內藤儁輔, 「高麗驛傳考」, 『朝鮮史硏究』, 京都大 東洋史硏究所, 1961.
渡邊信一郎, 「唐代後半期の地方財政」, 『中國專制國家と社會統合』(中國史硏究會編), 文理
       閣, 1990.

梅原 郁,「北宋」,『中國史』 3, 山川出版社, 1997.

木下良,「日本の古代道路」,『古代文化』 47-4, 古代學協會, 1995.

白壽彝,「隋唐宋時代之交通」,『中國交通史』, 商務印刷館, 1998.

北村秀人,「高麗初期の漕運についての一考察」,『古代東アジア史論集』 上, 吉川弘文館, 1978.

北村秀人,「高麗時代の漕倉制について」,『朝鮮歷史論集』 上, 1979.

北村秀人,「高麗時代の地方交易管見」,『人文研究』 48-12, 1996.

濱田耕策,「新羅의 迎賓機構－關門과 領客府」,『古代文化』 42-8, 1990.

浜中昇,「≪高麗史≫ 食貨志 外官祿條의 批判」,『朝鮮歷史論集』 上, 1979.

斯波義信,「宋元時代における交通運輸の發達」,『宋代商業史研究』, 1968.

森平雅彦,「高麗における元の站赤－ルートの比定を中心に－」,『史淵』 141, 九州大學 大學院 人文科學研究院, 2004.

森平雅彦,「高麗群山亭考」,『年報朝鮮學』 11, 九州大學朝鮮學研究會, 2008.

森平雅彦,「高麗における宋使船の寄港地馬島の位置をめぐって」,『朝鮮學報』 207, 2008.

外山軍治,「唐代の漕運」,『史林』 22-2, 京都帝國大學史學會, 昭和12年.

六反田豊,「高麗末期の漕運運營」,『久留米大學文學部紀要』 第二號(國際文化學科編), 1993.

六反田豊,「朝鮮初期漕運制における船卒·船舶の動員体制」,『朝鮮文化研究』 4, 東京大學 文學部 朝鮮文化研室究, 1997.

李鎔賢,「統一新羅の伝達体系と'北海通'」,『朝鮮學報』 171, 1999.

井上秀雄,「≪三國史記≫にあらわれた新羅の中央行政官制について」,『新羅史基礎研究』, 東出版, 1974.

井上秀雄,「新羅王畿の構成」,『新羅史基礎研究』, 東出版, 1974.

周藤吉之,「高麗朝の三司とその地位」,『朝鮮學報』 77, 1975.

中村太一,「計劃道路の形成」,『日本の古代道路を探す』, 平凡社, 2000.

太田弘毅,「朝鮮半島における詐術の形態」,『倭寇－商業·軍事史的研究』, 春風社, 2002.

丸龜金作,「高麗の十二漕倉に就いて」,『靑丘學叢』 21·22, 1935.

ABSTRACT

A study of Traffic and Transportation
in the period of Goryeo Dynasty

Han, Jeong-Hun

This book is an attempt to understand land and water transportation by incorporating both modes, differently from the view of the existing researches which separated the land transportation from that of the waterways. In this work, I presented not only that the land-based transportation system in Goryeo, twenty-two postal station circuits(22驛道), connected to the water routes of transportation played a role as part of trade networks for goods, but also that transport flows of grain paid as a tax, one of the goods through the waterways, could help outline the traffic and transportation system, including traffic points, and range of transport service and zones. These could end up mapping the whole network of tax transportation which consisted of spot, line, side, and last but not least, direction.

I tried to place the tax grain at the centre of this study because the development of traffic and transportation in medieval Korea was deeply related to financial management by a centralized government. The operation method of transporting tax including the tax grain which was supposed to be the most important source of national revenues varied over time. In this book, thus shipping system of tax in Goryeo was expressed in comparison with that of Unified Silla, and was sub-divided into five phases to trace some characteristics in its operation method : first is the dispatch of officials of tax administration in the reign of King Taejo, second, the 60 ports system(60浦制) during the reign of King Seongjong, third, the Jochang system(漕倉制) from the later years of King Hyeonjong's reign, fourth, the management of the shipping system of grain paid as a tax by individual countries and prefectures in the fourteenth century, and lastly, granary surrounded by a rampart system(漕轉城) during the reign of King

Gongyang.

Chapter Two undertook a research on the formation of marine transportation system in the early period of Goryeo. It is no doubt that wars that lasted from the later three kingdoms period and reorganization of local administrative area system by the government was the significant moments in the establishment of network of 22 postal station circuits and sea routes of shipping tax grain. It is, in particular, important that marine activity taken by a group of founders of the kingdom allowed the tax transportation system based on shipping modes such as 60 ports system or the warehousing system for grain paid as a tax(漕倉制) take root in Goryeo. More concretely, tax officials who took charge of taxation and looking after tax transportation were assigned to a positions in local provinces during the reign of Taejo(918~943), and a transitional system, the six graded classification system of postal stations(6科體制), and the 60 ports system were put into effect in the reign of Seongjong(982~997). These resulted in the formation of 22 postal station circuits system and the Jochang system in the later years of King Hyeonjong's reign.

In Chapter Three, the 22 circuits of postal station made up of 525 postal stations and network of traffic by land and water combined with facilities for water traffic on a national scale are analysed. It is also examined, in addition to this, that the historical significance in the warehousing system for tax grain which was fused with them, and the perfection of legislation concerning the shipping system of grain as a tax. Within the context of reorganization of local administrative regions during the reign of Hyeonjong(1009~1031) the 22 postal station circuits developed, and it made active use of transportation facilities by water in order to maximize the function of transportation route. Moreover, the revised warehousing system for grain as a tax set up on the basis of organized network of traffic by land and water on a national scale. This caused both mode of tax receipt and system of tax transportation in each local regions to be strengthened. The government had recognized the importance the marine transportation system, so had continuously amended and supplemented the rule of it until the reign of King Munjong(1047~1082) due to the fact that grain paid as a tax which was shipped to the central storage house(Gyeongchang ; 京倉) via the storage houses for grain collected as tax(漕倉) was considered to account for a great part of finance of government.

Chapter Four is devoted to expound the regional network of tax transportation at the time when the Jochang system was put into force. The method of tax transportation is divided into three types depending on destination for tax to be collected and course of transportation : the first boundary where the collected tax was directly sent to Gyeongchang, the second being the regions which sent it via Jochang to Gyeongchang, and the third boundary where the collected tax was reserved and spent without shipping it to Gyeongchang. In the first case, both land transport network and inland water transportation were used for a geographical condition of proximity to the capital of Goryeo, Gaegyeong(開京). In the second type of region, tax transportation was made along the path from country(郡縣) via Jochang to Gyeongchang. In this case, it can be assured that the combination of both land and water transportation formed the sequentially available network of traffic. 13 Jochangs which lay on the paths of tax transportation carried out a role of terminal complex incorporating the waterway transportation as well as that of the land. Other issues like Humjocheo(險阻處) and mobilization of privately owned ships are also included in this chapter. The third boundary includes some of the military areas (Yanggyae ; 兩界) in Goryeo where collected tax was supplied by the long-distance transport from the southern area of Goryeo in order to cover the lack of provisions. In doing so, some land and water traffic points including Jochang in the southern Goryeo were arranged.

The last chapter shows the changes in traffic and tax transportation system in the late Goryeo dynasty. Transportation facilities were considered to be a pressing issue directly connected to various social and economic absurdities including a problem of people who had been affiliated to it but had to leave from it. Furthermore, when the Won dynasty(元朝) made a unreasonable demand on Goryeo with regard to procurement and reorganized the post road network at its disposal, traffic and transportation system was disrupted and disturbed. The government, in this situation, assigned the role of Jochang to local authorities to get tax transportation system back on track, and encouraged privately owned ships to take part in this business. Later, when Japanese pirates(倭寇) made an incursion into Goryeo and destructed the tax transportation system, the government tried more, on the one hand, to use the tax transportation by land, and to rid of the pirates, and, on the other hand, to place warehouses on the coast inland. These gave a birth to the fortresses called Jojunseong(漕轉城) during the reign of King Gongyang(1389~1391). These attempts in a difficult situation a starting point of the tax transportation system in the successive dynasty, Joseon.

찾아보기

가

伽倻津　123, 125, 204

幹線 大路　42, 130, 172

幹線路　47, 106, 221, 246, 248, 250

幹線 驛道　102, 127

侃珍　43, 80

監倉使　160, 216, 225, 226, 228

江　27, 82, 115

江商　241, 270

江倉　136, 142, 206

開京　114, 127, 129, 131, 159, 172, 267

「開仙寺石燈記」　51

견훤　48

『經國大典』　18

京山府道　52, 123, 178, 184

慶安驛　59

慶州道　46, 47

京倉　82, 92, 141, 143, 144, 146, 177, 254, 267

京倉直納地域　34, 88, 134, 135, 136, 142, 151, 158, 186, 206, 291

鷄立嶺　49, 178, 182, 183, 215

界首官　20, 47, 112, 250, 290

『高麗史』漕運條　24, 82, 133, 137, 145, 150

『高麗史』站驛條　21

孔巖津　120, 174, 273

供驛署　15, 76, 101

公廨田　64

關　22

官船漕運體制　25, 151, 260, 281, 295

關·驛·江·浦의 명칭　66

館驛使　20, 101

廣州道　120, 178

交州道　159

교통거점　21, 111, 216, 217, 228, 229, 231

交通 네트워크　159, 287, 292

교통운송기관　234, 236, 238, 244, 256, 293

교통운송 기반　254, 255

교통운수 네트워크　62, 158, 175, 180, 250

교통운수시스템　127, 233

國家財政源　36, 81, 144, 180, 215, 240, 250, 255, 264, 287, 292

군사방어체계　105

群山島　194, 272

群山亭　210

군현별 조운체제　154, 155, 262, 263, 268, 274, 281, 284, 287

군현별 조운활동　256, 258, 259, 260, 268, 271, 276, 284, 294

郡縣制　17, 23, 70, 109, 114, 236

郡縣體制　108, 113, 134, 142, 290

차

타

파

하

민족문화 학술총서를 내면서

　21세기의 새로운 미래를 향해 나아가는 현 시점에서 한국학 연구는 새로운 전기를 맞이하고 있다. 한국은 물론이고, 아시아·구미 지역에서도 한국학에 대한 관심은 고조되고 있으며 여러 분야에서 다각도로 심층적인 분석이 이루어지고 있다. 이러한 추세에 발맞추어 우리나라의 한국학 연구자들도 지금까지의 연구를 기반으로 하여 방법론뿐 아니라, 연구 영역에서도 보다 심도 있는 연구가 요청되고 있는 형편이다. 따라서 우리는 동아시아 속의 한국, 더 나아가 세계 속의 한국이라는 관점에서 민족문화의 주체적 발전과 세계 문화와의 상호 관련성을 중시하는 방향에서 연구를 진행해야 할 것이다.

　본 한국민족문화연구소는 한국문화연구소와 민족문화연구소를 하나로 합치면서 새롭게 도약의 발판을 마련한 이래 지금까지 민족문화의 산실로서 중요한 역할을 수행해 왔다. 그런 중에 기초 자료의 보존과 보급을 위한 자료총서, 기층 문화에 대한 보고서, 민족문화총서 및 정기학술지 등을 간행함으로써 연구소의 본래 기능을 확충시켜 왔다. 이제 이러한 성과를 바탕으로 한국학 연구자의 연구 성과를 보다 집약적으로 발전시켜 나아가기 위해서 민족문화 학술총서를 간행하고자 한다.

　민족문화 학술총서는 한국 민족문화 전반에 관한 각각의 연구를 체계적으로 정리함으로써 본 연구소의 연구 기능을 극대화하는 역할을 할 것으로 기대한다. 또한 본 학술총서의 간행을 계기로 부산대학교 한국학 연구자들의 연구 분위기를 활성화하고 학술 활동의 새로운 장이 되기를 바란다.

　아울러 본 학술총서는 한국학 연구의 외연적 범위를 확대하는 의미에서 한국학 관련 학문과의 상호 교류의 장이자, 학제간 연구의 중심 기능을 수행함으로써 명실상부한 한국학 학술총서로서 자리잡을 수 있도록 해야 할 것이다.

1997년 11월 20일

부산대학교 한국민족문화연구소

한 정 훈

부산대학교 사학과에서 박사학위를 받았고, 부산대·가톨릭대에서 박사후과정을 마쳤으며 현재는 부산·울산지역에서 강의를 하고 있다. 전공 분야는 한국 중세 교통운수사이며, 최근에는 고려시대 상업유통이나 문자자료인 木簡에도 관심을 가지고 있다.

민족문화학술총서 61

고려시대 교통운수사 연구

한 정 훈 지음

2013년 8월 30일 초판 1쇄 발행

펴낸이 · 오일주
펴낸곳 · 도서출판 혜안
등록번호 · 제22-471호
등록일자 · 1993년 7월 30일

주   소 · ㉾ 121-836 서울시 마포구 서교동 326-26번지 102호
전   화 · 3141-3711~2 / 팩시밀리 · 3141-3710
E-Mail · hyeanpub@hanmail.net

ISBN 978-89-8494-472-5   93910

값 27,000 원